L'AVENIR D'UNE IDÉE

DU MÊME AUTEUR

« Faire la révolution de l'emploi », Note de la Fondation Jean Jaurès, 2010.

Choisir ! Lettre ouverte à ceux qui veulent encore espérer de la gauche, Lignes de repères, 2008.

Élus du peuple. Le roman d'une circonscription, Sury-en-Vaux (Cher), A à Z patrimoine éditions.

La France sans président. L'affaire Millerand, Paris, Balland, 1993.

Gaëtan Gorce

L'AVENIR D'UNE IDÉE

Une histoire du socialisme

Fayard

Ouvrage édité sous la direction d'Anthony Rowley

Mes remerciements vont à Patricia Puget pour son aide fidèle.

Couverture : un chat au plafond

ISBN : 978-2-213-66138-4

À la mémoire de Patrick Roy,
député maire de Denain (Nord),
et de France Vincent,
petit-fils et fils de mineur.

« L'esprit de l'homme contient tous les possibles,
parce que tout est en lui, tout le passé comme tout l'avenir. »

Joseph Conrad,
Au cœur des Ténèbres

Introduction

Une idée en mouvement

Le socialisme, l'avenir d'une idée ! La formulation fait naturellement écho à l'ouvrage de François Furet voyant dans le communisme le « passé d'une illusion[1] ». Mais il s'agit ici plutôt de parier sur le devenir d'un projet, osons le mot : d'une philosophie, que certains ont pu juger dépassée ou simplement épuisée.

Cet optimisme n'est certes pas tiré du contexte dans lequel ce livre intervient : le mouvement socialiste, privé de toute forme de crédibilité intellectuelle, traverse dans l'Europe entière une profonde crise d'identité.

Au point que l'on trouve aujourd'hui plus de socialisme dans les bibliothèques que sur les bancs de certaines de nos assemblées. Si beaucoup s'en réclament, et je suis fier d'en être, l'idée qui est à l'origine de cette affiliation reste pourtant bien confuse. Aussi n'aurai-je pas la cruauté de citer les définitions qu'en donnent à satiété ses représentants officiels dont la créativité n'a d'égal que la vacuité. Passé les frontières, le constat n'est guère plus rassurant. C'est de Rome, Londres et Berlin que court aussi la rumeur rava-

1. François Furet, *Le Passé d'une illusion. Essai sur l'idée communiste au XXe siècle,* Paris, Robert Laffont, 1995.

geuse qui voudrait que le ciel des idées ait été à son tour déserté. Si la liturgie a gardé ses grands prêtres, si ceux-ci ont conservé leurs indulgences, les récitants paraissent désormais bien peu inspirés. Les églises se vident, la foi vacille. Au débat d'idées a succédé la mise en scène égocentrique de leaders sans leadership, et de dirigeants sans véritables orientations, à laquelle on ne saurait se résigner !

Cet optimisme ne se nourrit pas non plus des définitions que l'on a coutume de donner à l'idée socialiste et qui, trop souvent, l'enferment dans une époque ou… un principe.

Ainsi de Furet, justement, qui choisit de relier étroitement l'idée socialiste non à la formation du mouvement ouvrier ou à la naissance d'un prolétariat, non plus qu'à la révolution industrielle, mais à un concept politique, celui de l'égalité[1] ; à une méthode, celle de la rupture initiée par la Révolution française que le marxisme ne fera que renouveler. Et qui, ce faisant, lui impose une temporalité : son impact aurait cessé d'opérer avec la fin de la force propulsive de l'idée jacobine, observable depuis la chute du mur de Berlin… Né avec la Révolution, le socialisme serait ainsi condamné avec le modèle qui l'a vu naître.

Ainsi, tout aussi bien, de Léon Blum qui élargit pourtant cette conception en associant à la revendication d'égalité le sentiment de justice : « De quoi est né le socialisme ? » questionne-t-il, dans un beau texte écrit au lendemain de la Première Guerre mondiale : « De la révolte de tous les sentiments blessés par la vie, méconnus par la société. Le socialisme est né de la conscience de l'égalité humaine alors que la société où nous vivons est tout entière fondée sur le privilège. Il est né de la compassion, de la colère que suscite en tout cœur honnête ce spectacle intolérable : la misère, le chômage, le froid, la faim[2]. »

Plus impliqué, Blum veut enraciner l'idée socialiste dans un sentiment permanent et indestructible de révolte contre l'injustice, lui

1. À l'instar de Norberto Bobbio, *Droite et gauche, essai sur une distinction politique*, Paris, Seuil, 1997, ou de Jean-Michel Salanskis, *La Gauche et l'égalité,* Paris, Presses universitaires de France, 2009.

2. Léon Blum, « Pour être socialiste », in *L'Œuvre de Léon Blum*, tome III, Paris, Albin Michel, 1972.

donnant, comme avant lui Jaurès, une dimension morale de protestation et, ce faisant, une noblesse, une dignité, qui l'ouvre sur des combats plus larges, comme ceux pour les droits de l'homme, par exemple. Et lui garantit ainsi une pérennité, sous des formes diverses (socialisme aujourd'hui, « progressisme » demain ?). Il ne dément cependant le pessimisme de Furet qu'au prix d'une dilution de l'idée socialiste dans un humanisme généreux, mais que l'on peine alors à distinguer de la gauche et, en France, du parti républicain.

Or la gauche est une notion vague issue de la géographie parlementaire[1], dont le contenu politique n'a cessé de se modifier en vertu d'un processus de « sinistrisme » rejetant à droite une partie de ceux qui lui avaient précédemment appartenu. Les socialistes furent ainsi réticents à l'usage de cette notion jusqu'à ce qu'elle finisse, au début du XXe siècle, par s'imposer et, surtout (avec la disparition progressive des radicaux), par se confondre avec eux : pour les socialistes d'alors, comme plus tard pour les premiers communistes, le clivage passait moins entre la droite et la gauche qu'entre le bloc ouvrier et les autres. Édouard Vaillant ainsi n'hésitait pas à s'exclamer à la Chambre en 1907 : « Pour moi la droite commence beaucoup plus à gauche que vous ne croyez. » À tel point que Maurice Agulhon sera tenté, dans un essai de nomenclature, d'ajouter à la droite et à la gauche un troisième partenaire, le camp du refus ou de la violence, prenant ainsi le contrepied d'un Jaurès qui n'aura de cesse, au contraire, de tenter de rapprocher réforme et révolution.

Au total, le reproche que l'on peut adresser à ces définitions trop « essentialistes », c'est qu'elles passent à côté de l'une des caractéristiques majeures de l'idée socialiste, et sur laquelle on ne cessera d'insister, qui est d'être toujours en mouvement, épousant le changement des temps économiques... au point de ne jamais pouvoir être confondue avec les formes qu'elle a pu prendre à chaque étape de sa maturation : « utopique », scientifique, sociale-démocrate ou simplement démocratique. Si bien que demeure une question : une fois ses qualificatifs dépassés, quelle est alors sa substance ?

---

1. Marcel Gauchet, « La droite et la gauche », *in* P. Nora (dir), *Les Lieux de mémoire*, vol. III, Paris, Gallimard, 1997.

Les trois temps du socialisme

Et si, au-delà du concept, l'origine du mot nous donnait une indication plus juste ? Le néologisme apparaît en effet au début du XIXe siècle, incontestablement contemporain de la révolution industrielle. Il apparaît même là où précisément celle-ci a pris naissance : en Angleterre, sous la plume d'un manufacturier, prophète, philanthrope, prosélyte. Pour Robert Owen, qui l'utilise pour la première fois dans sa correspondance en 1822, puis dans la revue de son mouvement, *Cooperative Magazine*, en 1827, le socialisme désigne une forme collective de la propriété fondée sur l'association des travailleurs.

Il n'est pas indifférent que le mot surgisse en France, à la même époque, sous la plume d'un des disciples de Saint-Simon, Pierre Leroux, en décembre 1833, dans un article de *La Revue philosophique* : il l'oppose alors à l'individualisme, les deux notions étant, de son point de vue, à considérer péjorativement, l'une signifiant la tyrannie de l'égoïsme et l'autre, celle de la société. Ainsi, Leroux comme Owen sont à la recherche d'un système qui permette d'ajuster l'économique au social.

Dès lors, tous ceux qui se rangeront progressivement sous la bannière du socialisme, vers le milieu du XIXe siècle, le feront autour d'une seule et même préoccupation : trouver une forme d'organisation qui mette un terme au formidable désordre généré par les transformations rapides et brutales du capitalisme et visibles à l'œil nu. Et le faire à partir d'une analyse critique, presque scientifique, des faits sociaux.

C'est donc à bon droit qu'Élie Halévy, dans son cours sur l'*Histoire du socialisme européen*[1] qu'il donne à Sciences-Po de 1898 à 1937, peut définir le socialisme d'abord comme « une doctrine économique qui affirme qu'il est possible de remplacer la libre initiative d'individus par l'action concertée de la collectivité et la répartition de la richesse ».

1. Paris, Gallimard, 1974, p. 22.

C'est la même définition que livre, au moins dans l'esprit, Émile Durkheim au terme de son étude consacrée aux différentes formes de socialisme et plus particulièrement à Saint-Simon : « Est socialiste toute doctrine qui réclame le rattachement de toute fonction économique, ou de certaines d'entre elles qui sont actuellement diffuses, au centre directeur et conscient de la société[1]. »

La question de la propriété et de sa socialisation, si souvent mise en avant comme le cœur du projet socialiste[2], ne peut en conséquence n'être considérée que comme secondaire. Elle ne sera pertinente et ne servira de référence qu'à un moment seulement de l'histoire socialiste, celle qui l'identifie au marxisme et à ses succédanés.

Dès lors et au-delà des contingences historiques, ou des présupposés éthiques, il est possible d'affirmer que le socialisme, par son origine, est avant tout une doctrine économique et sociale, une tentative de réponse aux désordres générés par le capitalisme dont il est « indétachable ». Son objet initial est d'organiser le développement prodigieux de la production de telle façon que la cohésion de la société en sorte renforcée. Et il ne deviendra un mouvement politique que lorsque cette doctrine aura fait jonction avec le mouvement ouvrier, ce qui n'arrivera pas avant les deux dernières décennies du XIXe siècle.

Loin de s'identifier à un principe permanent, il se construit par étapes, tentative de réponse dix fois renouvelée à la « grande transformation[3] » à l'œuvre à partir de la fin du XVIIIe siècle sous l'impulsion d'un libéralisme économique (dont il fait son principal adversaire) qui fit alors basculer le monde dans un ordre (ou plutôt un désordre) nouveau. L'équilibre qui prévalait entre l'État, le marché et la société s'en trouve bouleversé. Désormais, ce sont les besoins du marché qui déterminent l'organisation sociale, imposent ses limites au pouvoir politique. Et la place de chacun n'est plus fixée une fois

1. Émile Durkheim, *Le Socialisme*, Paris, PUF, 1928.

2. Cf. la définition qu'en donne Michel Winock, *Le Socialisme en France et en Europe, XIX-XXe siècle*, Paris, Seuil, « Points », 1992.

3. Karl Polanyi, *La Grande Transformation : aux origines politiques et économiques de notre temps*, Paris, Gallimard, 1944, rééd. 1983.

pour toutes à la naissance en fonction de son statut social, mais par sa position sur le marché. Le capitalisme est ainsi, à l'origine et dans son principe même, un processus « révolutionnaire » auquel Marx ne manquera pas de rendre hommage. Un processus qui, comme le rappelle Pierre Rosanvallon, nie la politique, absorbée par le marché, présentée alors comme l'outil d'une « harmonisation » globale des intérêts particuliers[1]. Mais un processus qui, par sa violence, sécrète ses anticorps ; au premier rang desquels un ensemble de doctrines assez disparates qui, sous le nom de « socialisme », engage le combat intellectuel tout d'abord, puis politique, contre les forces qui visent à désocialiser l'économie, pour tenter de leur imposer des bornes au nom de la protection de l'individu ou de l'intérêt de la collectivité. C'est chaque étape de cette lutte que nous nous efforcerons de retracer.

Face à la toute-puissance du marché, sa logique est en premier lieu celle de la confrontation qui tisse l'histoire d'un socialisme d'alternative et de combat tout au long du XIXe siècle. Mais le caractère insupportable de la violence infligée par le marché à la société, tout comme le renforcement progressif du mouvement ouvrier, débouche dans un second temps, par réaction, à travers les convulsions de deux guerres mondiales et d'une crise économique majeure, sur une autre logique, celle de la coopération, qui est aussi celle d'une resocialisation de l'économie, annoncée ici ou là, dès le début du XXe siècle, mais qui est surtout à l'œuvre tout au long de sa deuxième moitié, au « fordisme » répondant la social-démocratie !

La crise des années 1970, la chute du Mur et la fin des blocs marquent enfin le moment clef d'un retournement historique et politique à travers ce qu'il est convenu d'appeler désormais la globalisation et qui constitue une nouvelle mutation en profondeur du capitalisme. Celui-ci s'est remis en mouvement, obligeant le socialisme, son vieux partenaire, à se réinventer ! Ou à disparaître… C'est en ce sens que l'on peut parler des trois temps du socialisme. Le troisième s'ouvrant devant nous !

C'est en ce sens également que l'on peut aussi parier sur l'avenir de l'idée socialiste : née avec la première révolution industrielle,

1. Pierre Rosanvallon, *Le Capitalisme utopique*, Paris, Seuil, 1979.

c'est-à-dire avec le développement du capitalisme, elle accompagnera chacune de ses mutations, s'adaptant à chaque fois à ses formes nouvelles. Le destin de l'un, comme de l'autre, paraît ainsi indissolublement lié tels les deux côtés d'une même pièce.

Si bien qu'au nouveau capitalisme, et aux défis sociaux mais aussi démocratiques et écologiques qu'il soulève, peut et doit correspondre une volonté nouvelle d'organisation de la société et du monde que le socialisme a vocation à incarner.

Revenir à l'histoire !

Ainsi le socialisme est-il autant un héritage qu'une promesse. Lui fixer rendez-vous, c'est se placer au croisement de trajectoires multiples, philosophiques et politiques qui n'ont eu de cesse de s'entremêler au cours des deux derniers siècles. L'économisme qui règne aujourd'hui partout en maître et que seule la sociologie s'efforce de contrebalancer nous fait perdre de vue le nécessaire retour sur soi pour se propulser vers l'avant. Dès lors, à la question : « Qu'est-ce que l'idée socialiste aujourd'hui ? », la réponse doit être recherchée dans l'histoire : c'est en faisant renaître les grands débats doctrinaux qui l'ont fait émerger et l'ont progressivement dessiné, que l'on pourra redéfinir son identité et démontrer son actualité. Aussi pourra-t-on affirmer que, si socialistes et sociaux-démocrates d'Europe sont aujourd'hui en panne de projet, c'est certes pour des raisons contingentes déjà examinées dans un précédent ouvrage[1], mais c'est d'abord et surtout parce qu'ils ont perdu le fil de leur mémoire politique. Il ne leur suffit pas de ressusciter celle-ci pour trouver des réponses adaptées aux défis d'un monde en mouvement. Mais c'est en retrouvant les fondements de ce qui fait leur personnalité, leur singularité politique, que les socialistes européens pourront dénouer l'écheveau difficile à démêler de leurs contradictions.

Nous sommes encore bien peu à partager cette vérité : « Plus que jamais, se rebelle pourtant Vincent Duclert, le présent de la gauche

1. *Choisir ! Lettre ouverte à ceux qui veulent encore espérer de la gauche*, Paris, Lignes de repères, 2008.

doit être confronté à la critique de l'histoire. Pour cela, il importe de ne pas limiter l'enquête aux seuls partis, élections et gouvernements, mais d'envisager la politique comme une vision du monde et un lien social[1]. »

Aussi, pour retrouver l'esprit du socialisme, j'ai cédé à cette mode si contemporaine et cette fois bien utile de reconstituer son arbre généalogique. Symbole pour symbole, comment oublier que la politique relève d'abord de l'imaginaire ? Celui de la gauche est en pièces, au point qu'un « Important[2] », pour reprendre le mot d'Adolphe Thiers, a pu, voici quelques années, dire à la droite qu'elle avait gagné la bataille des idées. L'angoisse de l'avenir, la religion de l'utilité, la dévalorisation de l'engagement public ne constituent certes pas un environnement favorable à ceux pour qui la générosité comme la justice ont gardé quelques lettres de noblesse. Mais les mots, fussent-ils entourés d'emphase, sonnent creux lorsque l'on est incapable d'en définir le contenu. Et si l'on peut se réjouir que les valeurs démocratiques soient tombées dans le domaine public et devenues le fond commun de (presque) tous les partis en Europe, c'est au prix d'un affadissement qui leur ôte désormais tout véritable impact. D'où la nécessité de faire cet effort, comme une gymnastique de l'esprit, de dépasser les items, de bousculer les totems, pour redéfinir les concepts qu'ils couvrent.

Revenons aux premiers livres (et dans leur version originale) pour préparer la réforme. Trop d'interprétations se sont interposées, trop de traductions en ont été faites que l'on n'éprouve le besoin, voire la nécessité de ressortir archives et grimoires. S'y trouvent quelques poussières de vérité que nous aurons garde d'épousseter.

Il est curieux, d'ailleurs, que le chemin reste à défricher. Les histoires du socialisme ne manquent pas : mais toutes débutent avec celles des congrès pour se clore dans les palais, de la naissance des grands partis ouvriers à leur passage au pouvoir. L'on s'y focalise sur telle ou telle personnalité, telle ou telle faction, tel ou tel événe-

1. Vincent Duclert, *La Gauche devant l'histoire*, Paris, Seuil, 2009, p. 19.

2. François Fillon, en 2007… Voir également Raffaele Simone : « L'ensemble des convictions que l'on appelait autrefois "les idéaux de gauche" semble obscurci et en déclin », in *Le Monstre doux. L'Occident vire-t-il à droite*, Paris, Gallimard, 2010.

ment comme si l'idée socialiste était une donnée, fixée une fois pour toutes, le plus souvent à la suite de Marx et de ses épigones. Comme s'il n'y avait ni avant ni après. Aussi ai-je choisi de replacer l'idée socialiste dans le cours des événements qui l'ont affectée, modelée, ciselé, modifiée, burinée.

Au lieu de l'apathie intellectuelle qui règne aujourd'hui, j'ai trouvé dans ma recherche le formidable bouillonnement d'une pensée vivante. Cette via Appia que constitue l'histoire du socialisme est bordée de formidables monuments moins ravagés par le temps qu'il n'y paraît au premier abord : progrès, harmonie, égalité, justice, réforme, révolution, liberté, démocratie, humanité cohabitent selon des architectures parfois changeantes. Même si la violence a pu y tailler sa place, l'on n'y trouve que peu de traces de cynisme ou de cupidité. De tout temps, et malgré d'inévitables errements, les socialistes cherchent les voies et les moyens du bien commun. Ceux-ci ont pu parfois leur apparaître sous les traits d'une science ou d'un prolétariat triomphants ; d'autres ont pu considérer qu'indiquer une direction comptait plus que le point d'arrivée. Mais tous se sont efforcés de répondre à cette question lancinante : comment associer l'ordre à la liberté et créer une société qui, dégagée du carcan de la tradition comme de l'autorité, puisse fonder son unité sur l'égal respect dû à chacun ?

PREMIÈRE PARTIE

Le temps des confrontations

Le socialisme est né du capitalisme ou, plus exactement, en réaction à celui-ci. Il est né du choc produit sur la société par la première révolution industrielle. Il est né du refus du désordre provoqué partout par l'effondrement des cadres sociaux, politiques et économiques traditionnels. Il est né d'une volonté d'en comprendre les causes et de chercher à en domestiquer les effets ; la violence de ceux-ci nourrissant une critique toujours plus vive autour de laquelle va se constituer peu à peu la perspective d'une inévitable confrontation. L'instabilité du capitalisme, la répétition des secousses qui l'agitent de crise en crise, la dureté des relations sociales qu'il impose suscitent, comme un tremblement de terre sa réplique, une réponse radicale. Pour beaucoup d'esprits « rationnels » et généreux, un tel désordre ne peut faire système ; il ne peut être qu'une transition vers une forme d'organisation qui réconciliera le progrès de l'économie avec celui de la science et les exigences de la raison. Les premiers socialistes n'ont de cesse, depuis leur table d'observation, d'imaginer les formes d'une organisation nouvelle, indépendamment d'abord du cours des évènements politiques et sociaux, puis, dans la deuxième moitié du siècle à travers la conjonction qui va s'opérer entre un prolétariat naissant et de plus en plus puissant et une doctrine cohérente. Le marxisme, utopie qui succède à quelques autres, exprime mieux qu'aucune autre alors l'aspiration de la société à prendre en mains son propre destin.

Le socialisme a dès lors sous son influence moins pour objet de préparer ce que sera la société future (à la différence de Saint Simon ou de Fourrier, Marx y consacre à peine quelques pages), que d'expliquer pourquoi et comment la société présente doit et va disparaître. C'est d'ailleurs dans cette radicalité que le socialisme trouve sa force de conviction et d'entraînement : non pas seulement dans l'ordre politique, en unifiant le prolétariat pour lui confier un rôle unique ; mais tout aussi bien dans l'ordre des idées, à l'intérieur du socialisme lui-même, en prétendant se donner une base scientifique. Faut-il pour autant parler de deux cultures, comme on le fera plus tard[1] ? La thèse, avec le recul, paraît osée. Ce qui différencie le marxisme des autres socialismes, et en particulier de ceux qui fleurirent en France tout au long du XIXe siècle, c'est peut-être l'accent mis sur le rôle de l'État, de préférence à l'action du mouvement syndical lui-même. Mais, pour tous ces pionniers, la perspective reste celle d'une transformation de l'ordre économique et social.

C'est aussi paradoxalement cette dynamique que trouve le mouvement socialiste qui le plonge dans des contradictions que les grands partis sociaux-démocrates, nés dans le dernier quart du siècle, ne peuvent surmonter qu'artificiellement, via des compromis (sur la démocratie) ou des impasses (sur la nation) que la guerre fera exploser inexorablement. Le socialisme est pris alors à son propre piège : celui du pouvoir, qu'il revendique mais qui s'offre à lui via la participation parlementaire, de manière partielle ou occasionnelle, c'est-à-dire au total compromettante ; celui de la violence surtout, dont l'appel devient dans son discours de plus en plus symbolique mais que la fureur des temps va déchaîner, non entre la bourgeoisie et le prolétariat, comme il l'annonce, mais plutôt entre les peuples, à laquelle il n'était nullement préparé.

Au total, le temps des confrontations, qui voit le socialisme se dresser comme une alternative au capitalisme, n'épargne pas le mouvement socialiste lui-même…

1. Discours de Michel Rocard au congrès de Nantes (1977).

CHAPITRE PREMIER

L'ère des organisateurs

Au commencement, il y eut le verbe.

Curieuse armée, en effet, que celle qui va fonder le mouvement socialiste, dépenaillée, dépareillée, souvent constituée de philanthropes égarés, de philosophes d'occasion, en désaccord sur presque tout sauf sur la nécessité de combattre, non pas tant le capitalisme industriel que l'idéologie qui le sous-tend : le libéralisme économique.

Comme le libéralisme, pourtant, le socialisme a partie liée avec la Révolution française. L'un comme l'autre s'accordent à considérer que l'effondrement du système de valeurs de l'Ancien Régime appelle la définition d'un nouveau corps de pensée. Mais si le libéralisme voit dans la Révolution le début d'une nouvelle ère fondée sur le libre examen et l'affermissement de la raison dont il serait impossible de prédire l'évolution, le socialisme n'en fait très tôt qu'une étape dans un processus d'évolution répondant aux nécessités de l'histoire. Liberté ou nécessité, initiative ou déterminisme, les termes du débat sont posés, et pour longtemps.

Là où les uns identifient une formidable potentialité, les autres ne voient qu'un grand vide qu'il faut impérativement combler. La rupture sera consommée avec la révolution industrielle. Le libéralisme, étendu à la sphère économique, y trouve la promesse d'un progrès illimité, pour autant que l'État n'interfère pas plus dans le fonctionnement du marché qu'il ne doit le faire dans les rapports civils.

Le socialisme y décèle au contraire, pour reprendre, en la détournant, la fameuse formule de Goethe, une injustice et un désordre ; une injustice parce qu'un désordre. Et il s'en faut de peu que les socialistes ne discernent dans la fameuse « main invisible » qui, selon Adam Smith, incarne le marché, ce qui pourrait ressembler à la main du Diable. Ils ont (faut-il le préciser ?) à l'appui de leur thèse de solides arguments. L'apparition de la fabrique, l'usage de l'énergie tirée de la vapeur, l'innovation technique (notamment dans le textile) vont certes enclencher un processus de croissance spectaculaire. Mais celui-ci va s'accompagner d'un bouleversement des rapports sociaux sans équivalent dans l'histoire du monde. Paysans chassés de leurs terres pour rejoindre l'usine, petits artisans contraints d'abandonner leur activité, femmes et enfants enchaînés au travail plus de douze à quinze heures par jour, salaires de misère, insalubrité des logements, ces maux sont indissociables de la révolution industrielle. Et si les libéraux y voient un prix à payer pour les progrès futurs, nombreux sont ceux qui s'indignent et trouvent le tribut dont doivent s'acquitter les plus misérables déjà trop lourd.

L'économie classique prétend pourtant fournir sa justification à ce désordre : la loi de l'offre et de la demande assurerait, par l'évolution des prix, l'équilibre des marchés. Chacun serait ainsi justement récompensé pour ce qu'il produit. Jean-Baptiste Say en résume le principe à travers sa « loi des débouchés » : chaque produit apporté sur le marché incorpore la demande pour un autre produit. Le revenu disponible est donc par principe égal à la valeur de la production. Le déséquilibre ne peut venir que des obstacles mis à la circulation ou à l'échange. Frédéric Bastiat, dans ses *Harmonies économiques*, énonce sans détour le credo : l'État ne doit intervenir que pour « empêcher les choses déshonnêtes. Quant aux choses innocentes par elles-mêmes comme le travail, l'échange, l'enseignement, l'association, la banque [...], il faut pourtant opter. Il faut que l'État laisse faire ou empêche de faire. S'il laisse faire, nous serons libres [...]. S'il empêche de faire, malheur à nos libertés et à notre bourse[1] ».

1. *Jacques Bonhomme*, n°1, juin 1848, page 161 (cité par Michel Beaud, *Histoire du capitalisme*, Paris, Seuil, « Points », 1981).

Cette vision-là n'en est pas moins utopiste que d'autres. La réalité d'alors du capitalisme industriel est en effet loin de répondre aux recommandations des libéraux, en particulier en matière de liberté du commerce. Mais le point de vue qu'ils expriment a l'avantage d'offrir une réponse simple à la question de l'équilibre entre les intérêts individuels et les intérêts collectifs : c'est de la confrontation et de l'attraction des égoïsmes individuels que naîtrait l'harmonie sociale. Le philosophe David Hume, un siècle plus tôt, n'y était d'ailleurs pas allé par quatre chemins : considérant que c'est par l'intérêt que l'on mène les hommes, il n'hésitait pas à affirmer qu'« il faut rendre leur avarice insatiable, leur ambition démesurée et tous leurs vices profitables au bien public ». Au-delà de ces formules, ce qu'il convient de retenir, c'est que, dans la constitution de l'idée libérale, la notion d'« émancipation et de souveraineté de l'individu » vient avec Adam Smith s'associer à celle de l'émancipation et de souveraineté de l'économie. L'une comme l'autre doivent échapper à l'emprise du politique jusqu'alors tout-puissant. La philosophie libérale offre à l'individu la promesse d'un bonheur construit par sa libre initiative éclairée par sa raison ; l'économie libérale élargit la perspective et offre à la société un projet d'harmonie fondé paradoxalement sur la libre compétition. Le libéralisme ne méconnaît pas cependant le « risque » que représente cette liberté, non plus que les désordres ou les inégalités qu'elle peut produire. Et Adam Smith sera aussi l'auteur d'une « théorie des sentiments moraux ». Mais il s'en remet, pour y pourvoir, à la faculté naturelle d'empathie de l'individu qui préviendra l'apparition des injustices. Le libéralisme n'oublie ainsi qu'une chose : c'est la société et l'influence qu'elle exerce sur le destin ou le comportement des individus qui la composent. Aussi est-ce cette question du corps social, angle mort de la pensée libérale, du lien organique qui réunit de facto les individus en un même ensemble, que les premiers socialistes vont s'efforcer d'aborder en priorité. Avec d'autant plus de force dans leur argumentation, de virulence dans leurs critiques, que la réalité qu'ils observent est loin de correspondre à l'idéal que promettent les partisans du laisser-faire.

Socialisme ou harmonisme ?

Contre ceux-ci des voix s'élèvent, d'abord celles des moralistes émus par la démesure de la misère sociale et morale de ce prolétariat en formation ; puis celles, indignées et révoltées, de tous ceux qui veulent non s'en tenir aux effets, mais dénoncer les causes d'un si puissant désordre.

Au fond, le principal reproche qui est fait alors au libéralisme est d'avoir posé les fondements de la société civile (en séparant l'économique, le social et le culturel du politique), tout en méconnaissant explicitement son existence ou, plus précisément, en la soumettant aux seules lois du marché. Comme le résume l'économiste Karl Polanyi[1], « la faiblesse congénitale de la société du XIXe siècle ne vient pas de ce qu'elle était une société industrielle mais de ce qu'elle était une société de marché ». Seul l'« utilitarisme », qui connaîtra une large diffusion en Grande-Bretagne au début du XIXe siècle et fera la jonction avec la revendication démocratique contenue dans le chartisme, tentera dans le cadre de la philosophie libérale d'apporter une réponse cohérente. Partant de l'idée que chaque individu reste mû par le désir d'obtenir le maximum de plaisir et d'avantages, Jeremy Bentham élargit ce point de vue à la société tout entière dont l'objectif devra être symétriquement d'assumer « le plus grand bonheur pour le plus grand nombre », ce qui revenait à fonder « un art de la législation » qui trouverait là à la fois un motif comme une limite à son intervention.

Il est donc possible d'affirmer, contrairement à ce qui s'est écrit ici ou là, que socialisme et libéralisme ont bien deux natures différentes et il n'est qu'à juger de la violence de leur affrontement pour s'en convaincre. Les deux doctrines se forment à peu près au même moment, dans la première moitié du XIXe siècle. Elles partagent ce que l'on pourrait appeler l'« esprit du temps » : le principe de libre examen, la foi dans la science et le progrès. Mais elles reposent sur deux axes totalement opposés : l'une rêve d'un individu libre laissé à sa raison, au point que les « premiers socialistes » y verront une

1. Karl Polanyi, *La Grande Transformation*, *op. cit.*

doctrine de désagrégation du corps social ; l'autre d'une société stabilisée autour de valeurs communes, au point que les libéraux dénonceront dans le socialisme le retour en force d'un esprit dogmatique, quasi religieux, abattu par la Révolution.

Qui sont donc ces premiers socialistes et que veulent-ils ? Comme le fait justement remarquer Christophe Prochasson[1], tous eussent sans doute été bien étonnés de se voir appliquer un tel qualificatif. Celui-ci ne leur sera décerné d'ailleurs que postérieurement, vers la fin du XIXe siècle, quand le socialisme cherchera à conforter sa croissance politique et électorale en se donnant un arbre généalogique. Loin de représenter la tête d'un mouvement philosophique ou populaire, ils constituent au début du XIXe siècle une constellation vague de personnalités disparates, isolées, opposées entre elles parfois jusqu'à l'outrance, mais persuadées d'avoir mis au jour, contre le libéralisme, les lois de la société future. Ce qui relie en effet un Saint-Simon à un Fourier ou à un Robert Owen, pour ne prendre que ces trois grandes figures, n'est certes pas leur origine sociale. L'un est le petit cousin du mémorialiste ; aristocrate, il a combattu en Amérique lors de la guerre d'Indépendance ; agioteur, il connaît quelques soucis avec la Révolution et, plus encore, la Convention, et terminera sa vie entretenu par son valet[2]. L'autre, Charles Fourier, est un marchand qui a découvert, à ses dépens, les dures lois du commerce. Le troisième, Owen, fera fortune très jeune dans le textile avant de se tourner vers la philantropie sociale. Tous trois sont des autodidactes un peu prophètes qui créent autour d'eux des sortes de sectes qui ne seront pas pour rien dans la diffusion de leurs œuvres. Mais ils ont en commun la vigueur de leurs critiques sociales. Là où les libéraux se réjouissent de la société qui naît du développement de l'industrie et du jeu des marchés, eux sont révulsés. Ils estiment que le désordre qui caractérise la société industrielle naissante n'est pas le résultat d'une crise transitoire précédant un rapide retour à l'équilibre. Il est un dérèglement qui tient à la contradiction qui s'est établie entre une économie livrée à elle-même et les lois de l'histoire et

1. Christophe Prochasson *in* Jean-Jacques Becker et Gilles Candar (dir.), *Histoire des gauches en France,* Paris, La Découverte, 2004, vol. 1.

2. Christophe Prochasson, *Saint-Simon ou l'anti-Marx*, Paris, Perrin, 2005.

de la société qu'ils s'efforcent de mettre au jour. Et c'est ce dérèglement, ce décalage, qu'ils se font fort de corriger.

À ce jeu, le « socialisme français » est le plus performant. Il doit sans doute sa vitalité intellectuelle à la Révolution française qui a fait tomber les tabous et laisse le champ libre à la spéculation philosophique. À l'opposé, le socialisme britannique naissant se fait plus pragmatique. En avance sur le plan des transformations économiques et industrielles, l'Angleterre reste en revanche attachée à un modèle politique et social dont les fondements ne sont plus discutés depuis la Glorieuse Révolution. Aussi la critique sociale de Robert Owen, pour sincère et déterminée qu'elle soit, se limitera à la dénonciation de l'injustice. Il mettra certes en accusation la société, responsable, par la misère et le défaut d'éducation, des maux qui accablent les plus pauvres. Il développera l'idée que l'homme n'étant que le produit de son milieu, la misère, l'ignorance, l'exploitation ne peuvent produire que la violence[1]. Cette critique se doublera d'une critique morale qui, chez Saint-Simon comme chez Owen (c'est moins vrai pour Fourier), refusera d'assimiler l'individu à la défense et à la protection de ses seuls intérêts.

Mais si la contribution d'Owen à la naissance du socialisme mérite d'être retenue, c'est moins en raison de son apport théorique, qui restera limité, que de sa formidable combativité politique et sociale qui le conduira à livrer plus de trois décennies durant une lutte interrompue seulement par la mort. La perspective de celle-ci n'ébranlait pas d'ailleurs son optimisme, lui qui, sur son lit d'agonie, se reprochera seulement d'avoir eu « raison trop tôt ». Pour reprendre la formule fameuse de Kautsky, consacrée par Lénine, c'est plutôt du côté de l'économie politique qu'il faudrait chercher la contribution anglaise à la formulation du premier socialisme. Contribution « involontaire » d'ailleurs, puisque c'est en retournant ses propres arguments contre l'ordre libéral qu'il défend, que beaucoup verront dans David Ricardo le père de la théorie de la valeur et de la lutte des classes.

Aussi est-ce d'abord chez Saint-Simon et Fourier que l'on trouve les bases philosophiques du socialisme naissant : au départ, chez l'un

1. George Douglas Howard Cole, *Robert Owen*, Londres, Ernst Benn Limited, 1925.

comme chez l'autre, une vigoureuse mise en cause de l'ordre établi. Saint-Simon dénonce ainsi avec force l'accaparement de la richesse et du pouvoir par les classes parasites (le clergé, l'aristocratie, la bourgeoisie rentière). La *Parabole des abeilles et des frelons* constitue un bel exemple de l'entrain qu'il met à dénoncer les désordres sociaux qui s'exercent au détriment de la classe des producteurs au sein de laquelle il range aussi bien patrons qu'ouvriers. Ce n'est que sur la fin de sa vie qu'il élargira sa critique à la misère et aux difficultés de la classe laborieuse.

La critique sociale est aussi vive chez Fourier : le laisser-faire multiplie les intermédiaires et accapare une partie de la richesse sans en produire aucune. Ainsi le célèbre exemple de la pomme, par lequel Fourier se comparant à Newton fait preuve et de lucidité et d'un inhabituel sens de l'humour : commandant ce fruit dans un restaurant de Paris, il observe que son prix est dix fois supérieur à celui auquel le vend son producteur en Normandie. Il y voit la preuve de son génie, mais surtout de la désorganisation de la distribution et de la rapacité du négoce ! Le libéralisme provoque ainsi le morcellement et la libre initiative prive la société des bénéfices de la mise en commun des compétences comme des ressources. Tout ce qui devrait être partagé pour améliorer la productivité de la société est au contraire séparé par les lois du libre-échange et de la concurrence. Et ainsi de l'individu qui, plutôt que d'être invité à utiliser ses facultés et ses passions, est au contraire contraint à les canaliser, voire à les réprimer.

Mais, s'ils s'en tenaient là, les « premiers socialistes » ne feraient guère que recouper les critiques et les dénonciations prononcées par les philanthropes de tous bords qui s'émeuvent des violences injustes provoquées par la révolution industrielle, en leur donnant seulement un peu plus de véhémence et de cohérence. Leurs critiques ne se bornent donc pas à dénoncer les défauts de la société moderne, mais à en fournir l'explication et à insérer celle-ci dans un système historique dont les lois seraient précisément contredites par le libéralisme économique.

Ceux qu'Engels, pour les décrédibiliser, qualifiera plus tard d'utopistes[1], sont en réalité des hommes de leur temps. Ils ne s'opposent

1. Friedrich Engels, *Socialisme utopique et socialisme scientifique*, Paris, Éditions sociales, 1971.

pas à la révolution industrielle en tant que telle et, à la différence des courants réactionnaires ou du socialisme agraire qui se fait jour ici ou là, ne préconisent nul retour en arrière. Ils prétendent au contraire comprendre pourquoi un tel bouleversement a pu survenir dans l'ordre économique, culturel et social et mettre au jour les lois de la société moderne au même titre que le libéralisme prétend avoir découvert celles de l'économie. À la critique sociale, ils vont donc ajouter une véritable philosophie de l'histoire et du progrès. De ce strict point de vue, la réflexion de Saint-Simon paraît de loin la plus achevée.

Certes, Owen, s'appuyant sur son expérience d'industriel et d'homme d'affaires, peut condamner un individualisme libéral qui lui paraît en contradiction avec les caractéristiques de la société nouvelle, à savoir l'abondance des biens. Alors que ceux-ci ne sont partagés qu'entre une minorité, il plaide pour un nouveau système coopératif, qui garantisse que la production s'opère au bénéfice de tous. Mais sa « doctrine » s'inscrit dans un cadre « contemporain » et non dans une perspective d'ensemble.

Fourier, qui voit peut-être plus loin, assure avoir découvert à l'instar de Newton pour la physique les lois de la gravitation ou de l'attraction sociale. Selon lui, la société doit non pas réprimer, mais prendre en compte la diversité des talents, des passions et des plaisirs, dont l'harmonisation ne pourra résulter que d'une organisation et d'une articulation minutieuses. Au sein de cette société dont le phalanstère n'est que l'ébauche, des groupes humains devraient être constitués en fonction des combinaisons possibles et définies selon des lois mathématiques de leurs tempéraments, compétences et passions. Combinaisons qui pourront changer selon la nature des activités assumées par ces différents groupes. Mais si son projet, par sa prodigalité intellectuelle, peut fournir d'utiles ouvertures, il n'en paraît pas moins fondé sur une formule explicative aussi sympathique que hasardeuse.

Aussi est-ce Saint-Simon, plus qu'Owen et Fourier, qui va, y compris via ses disciples[1], poser les jalons du socialisme du XIXe siècle.

1. En effet, ce qu'on appelle le saint-simonisme est surtout le produit de l'effort de synthèse auquel se livreront ses héritiers.

Esprit novateur, Saint-Simon l'est d'abord en prenant la société elle-même comme objet d'étude, ce qui fait de lui le précurseur de la sociologie et expliquera l'attention que lui portera près d'un siècle plus tard Émile Durkheim[1] dont le neveu, Marcel Mauss, écrira en 1899 dans *La Revue socialiste* : « Saint-Simon n'est pas qu'à l'origine du socialisme ; il est un fondateur de la philosophie positive et de la science positive des faits. » À la différence des libéraux, qui partent de la révolution de l'individu, Saint-Simon lui part du « tout » que constitue le corps social. Et c'est l'origine, la cause de ses transformations sur le long terme qui retient son attention. Pour lui, l'infrastructure de la société, pour anticiper une formulation marxiste, est constituée par l'« état des connaissances », c'est-à-dire par le progrès plus ou moins avancé de la science à un moment donné. En découle une vision de l'histoire, de son développement strictement corrélé à l'évaluation de cet « état ». À un état des connaissances donné correspond, selon lui, l'organisation sociale adéquate, et c'est le décalage entre l'une et l'autre, le retard pris de l'une par rapport à l'autre, qui produit les troubles, voire les révolutions. Ainsi va-t-il construire, en quelque sorte, une loi du progrès dans la mesure où, d'après lui et à l'unisson de ses contemporains, la société ne saurait suivre qu'un chemin linéaire allant vers une amélioration morale et intellectuelle constante.

Armé de cet outil d'analyse, Saint-Simon va passer au crible l'histoire humaine et ses développements les plus récents. Ainsi considère-t-il « 1789 » comme la conséquence directe d'une mutation de l'ordre des idées et des rapports économiques, entamée depuis la Renaissance, qui a vu progressivement se renforcer le pouvoir des marchands au détriment de celui des militaires, et de celui des savants au détriment de celui des prêtres. Et qui n'a pu se concrétiser que par une irruption violente, l'ordre politique n'ayant pas su s'adapter de lui-même à cette transformation. Mais si la Révolution a joué pleinement son rôle en détruisant l'ordre ancien, elle s'est malheureusement révélée incapable d'introduire l'ordre nouveau dont elle aurait dû accoucher, faute d'avoir cherché à organiser la société autour de son nouvel axe, à savoir l'industrie et la science.

1. Émile Durkheim, *Le Socialisme*, *op. cit.*

Saint-Simon considère en effet que la loi de l'histoire est d'aller toujours un peu plus loin dans le sens d'un accroissement de l'emprise de l'homme sur les choses.

Dès lors, la production des biens utiles constitue l'unique objet de l'organisation sociale qui devra, à l'étape ultime de son évolution, être placée entre les mains de ceux dont la fonction, justement, est de produire. Pour Saint-Simon, les progrès de la science et de l'industrie ont atteint une telle intensité que c'est désormais sur l'une et l'autre que doit reposer la société. Et sa critique de la Révolution est d'abord celle de ces classes intermédiaires qui prirent à cette occasion le pouvoir, en particulier les juristes, mais qui, en répugnant à céder la place, ont mis des bâtons dans les roues du progrès lui-même, retardant l'avènement de l'organisation nouvelle. À l'inverse, le « socialisme » (même si tel n'est pas le terme qu'emploie Saint-Simon) consistera-t-il à tirer toutes les conséquences de cette mutation et à faire éclore un ordre dans lequel la politique s'effacera devant la science de la production pour qu'au gouvernement des hommes puisse succéder la simple administration des choses. Celle-ci reviendra à une assemblée représentative des forces de la connaissance et de l'économie, dans laquelle ouvriers et patrons, doués de la même vocation, auront par conséquent la même place. L'industrie ne sera pas socialisée mais placée sous le contrôle d'un pouvoir régulateur, et la propriété fondée sur le mérite. Ce qui condamne tout aussi bien l'héritage ! En somme, il ne s'agit que d'organiser la société en conformité avec l'ordre des choses, celui que dicte le degré atteint et par la science et par la capacité productive.

On raconte que Saint-Simon se faisait réveiller chaque jour par son valet selon la même formule : « Levez-vous, monsieur le comte, vous avez de grandes choses à faire ! » On comprend mieux qu'il ait été non le premier à s'efforcer d'embrasser dans une même approche toute l'histoire du monde, mais à vouloir appliquer à celle-ci un même mécanisme qui ne sera pas sans influencer Auguste Comte et Karl Marx. Ce n'est qu'à la fin de sa vie qu'il en viendra à considérer la nécessité de fournir à la société un but moral qui ne pouvait être que la fraternité obtenue par la plus grande redistribution possible des richesses. Pris d'une hésitation sur les conséquences de son déterminisme économique, il s'efforcera de fonder un « nouveau christianisme », science sans conscience n'étant que ruine de l'âme[1]. Enfin, ne voyant aucune raison objective, pour des nations placées à un même niveau de développement et d'organisation, de s'affronter – les frontières n'étant que des limites à la prospérité que permet l'évolution technologique –, Saint-Simon en appelle à la fusion des grands pays industriels à l'échelle franco-britannique d'abord, européenne ensuite.

La cohérence de cette construction intellectuelle vaut à Saint-Simon plus qu'à d'autres socialistes l'hostilité forcenée des libéraux qui voient dans sa démarche une forme de « papisme industriel », pour reprendre la formule de Victor Cousin, visant à retirer le pouvoir à l'entreprise privée pour le confier à une collectivité d'autant plus « dangereuse » qu'elle prétend s'inspirer des valeurs communes à la société. La menace pour l'ordre établi reste pourtant limitée : d'abord, parce que Saint-Simon, comme tous ces premiers socialistes, n'a que faire du pouvoir politique et se montre totalement indifférent à la forme du gouvernement. Ensuite, parce que aucun d'eux n'a de prise sur le mouvement social, c'est-à-dire sur une classe ouvrière qui émerge peu à peu sans nourrir encore de véritable conscience d'elle-même. Enfin, parce que philosophes et rationalistes se voulant les porteurs d'une approche scientifique, les mêmes prêchent avant tout pour l'expérimentation. À l'instar du savant qui prouve par la réussite de l'expérience la validité de sa thèse, les premiers socialistes vont tous se livrer à des tentatives qui contribueront plutôt à entamer leur crédit qu'à faciliter leur propagande. Ainsi de Fourier et de ses phalanstères qui connaissent un relatif succès, puis se transforment peu à peu en simple coopératives de production après avoir été des modèles réduits d'une nouvelle forme d'organisation sociale fondée sur la mise en commun des ressources et des biens, l'égalité des sexes et la recherche du bonheur.

Ainsi des communautés mises en place par Robert Owen, en Angleterre comme aux États-Unis, qui nées de son imagination et de sa détermination périclitent toutes les unes après les autres non sans avoir connu un brillant mais éphémère essor. Ainsi des thèses de Saint-Simon qui donnent lieu, à travers la recherche du nouveau pou-

1. La formule appartient bien sûr à François Rabelais.

voir spirituel qu'il annonce à la fin de sa vie, à la naissance d'Églises qui se disputent aussitôt avec violence son héritage et sa succession[1].

On le voit, ce « socialisme »-là ne prêche ni la lutte des classes (Saint-Simon par exemple n'oppose pas les prolétaires aux bourgeois, mais les oisifs aux producteurs), ni la suppression des hiérarchies sociales[2], pour autant qu'elles soient fondées sur la valeur, ni l'abolition de la propriété privée (même s'ils en font la critique), proposant plutôt son partage, du moins quant à son usage.

Leur grand sujet est de trouver la recette d'une société apaisée, réconciliée avec elle-même, organisée autour de la recherche de l'intérêt général, ce qui peut se traduire parfois (chez Saint-Simon) par une approche quasi « technocratique » de la vie politique et sociale.

Malgré leurs indiscutables faiblesses, qu'il s'agisse de Fourier, d'Owen ou de Saint-Simon et de leurs nombreux disciples, tous vont contribuer à jeter les bases d'une idée nouvelle : celle de la nécessaire organisation de l'ordre économique établie à partir d'une critique argumentée du désordre social, justifiée par une forme de déterminisme historique et fondée sur l'association, la coopération sociale.

Au total, on le voit, une pensée qui n'a d'utopique que son indifférence au contexte politique et social du moment. Aussi serait-il plus juste d'évoquer à son égard un « socialisme conceptuel » ou une sorte d'« harmonisme » d'autant plus éloigné du mouvement social que celui-ci reste au début du siècle relativement faible. Mais une pensée qui va fournir à ceux qui veulent continuer la lutte contre le libéralisme économique les moyens de franchir une nouvelle étape.

1. Notons cependant que, si le saint-simonisme annonce à coup sûr le premier socialisme, son indifférence à la politique et la priorité accordée à l'industrie sont aussi à l'origine d'une classe d'entrepreneurs qui se distingueront à travers le siècle dans les affaires (Michel Chevalier par exemple). Ce sont en effet souvent des hommes d'action, des ingénieurs issus de Polytechnique que Saint-Simon saura ainsi amener à lui ou qui se reconnaîtront plus tard dans sa pensée.

2. Ils vont en revanche très loin sur la revendication d'égalité, entre les hommes et les femmes notamment.

CHAPITRE II

La parenthèse de 1848

Si l'on a pu jusqu'à présent parler de « socialisme » à propos de ses précurseurs, sans craindre l'abus de langage ou de concept, c'est au moins pour trois raisons.

La première est liée à la nature même du mouvement qui tout à la fois oppose et unit et, au total, entraîne des personnalités si diverses que Fourier ou Owen, Saint-Simon, Cabet ou Buchez. Tous ont en commun cette caractéristique de penser contre l'ordre bourgeois ou, plus exactement, contre le désordre libéral. Ils relèvent donc, pour camper en marge du système, de la même définition « topographique ».

La deuxième tient au type de société que dessinent les prophètes d'une organisation économique et sociale nouvelle. Cette organisation ne ressemble en rien à ce que la théorie libérale a rêvé, ni à ce qu'a produit la deuxième révolution industrielle. Ainsi serait-on fondé de la qualifier de « socialiste », faute de mieux...

La troisième naît du rapprochement qui va s'opérer après 1830 entre ce mouvement d'idées et le mouvement ouvrier naissant, d'une part, et entre ce nouvel ensemble et le courant démocratique ou républicain, d'autre part.

Ce rapprochement est particulièrement évident en France et en Angleterre. Il est le fruit d'une vision de plus en plus répandue d'une société séparée en classes, que les républicains à Paris, comme les radicaux à Londres ont fini par faire leur : les mauvaises expériences aidant (de la confiscation de la révolution de Juillet par le parti des affaires à Paris à l'échec des premières grandes manifestations chartistes à Londres), la revendication sociale et la revendication citoyenne n'en font bientôt plus qu'une.

Mais cette synthèse – de la double exigence de liberté et d'égalité – n'est rendue possible que par un retour au politique que les premiers socialistes avaient au contraire dédaigné. Il ne s'agit plus désormais de convaincre un cercle d'affidés, ni de compter sur la seule exemplarité des expériences engagées en quelques coins du monde, mais de mobiliser les masses et d'obtenir des changements au présent.

Les amours contrariés du « premier socialisme » et de la démocratie

Comment va s'opérer le glissement d'un socialisme initialement purement économique, à prétention scientiste, vers ce qu'il faut bien appeler un socialisme démocratique ou, pour s'en tenir à la France, républicain ? Le contexte politique et social va naturellement jouer un grand rôle. Les années qui suivent 1830 sont celles, pour la classe ouvrière comme pour les démocrates, des désillusions. Et le désespoir du prolétariat naissant, illustré par la marche des Blanketeers[1] à Manchester, ou les martyrs de Tolpuddle[2], comme par la double révolte des Canuts et la violence de la répression militaire, constitue un terrain favorable à l'émergence d'une idéologie nouvelle qui en appelle à l'action politique comme à la justice sociale. « Çà et là, observe François Bédarida à propos de l'Angleterre, un ferment subsiste, en dépit de la répression, des déceptions, des échecs : c'est le sentiment qu'une situation intolérable est faite à des millions d'êtres humains affamés, au sein d'une société regorgeant de richesse, esclaves dans un pays fier de ses libertés[3]. » La classe ouvrière

1. Du nom de ses ouvriers qui défilent enveloppés dans des couvertures (*blankets*) qu'ils fabriquent pour un salaire de misère (1817).

2. Six journaliers déportés pour avoir soutenu la création d'un syndicat (1836).

3. François Bédarida *in* Jacques Droz, *Histoire générale du socialisme*, tome 1, Paris, PUF, 1972-1974, page 311.

anglaise ne demande pas autre chose que le prolétariat français, même s'il use de termes plus concrets : le pain et la liberté !

Mais ce glissement, est rendu d'autant plus facile qu'à l'intérieur même du mouvement socialiste un changement s'est opéré. C'est vrai en Angleterre où Owen se rapproche du mouvement syndical en formation, avant de se fondre sans réticence dans le projet chartiste. C'est plus vrai encore en France où le processus va passer par plusieurs sas philosophiques avant de pouvoir se concrétiser.

Si Saint-Simon a construit sa doctrine à l'écart de toute problématique de conquête du pouvoir, ses disciples sont aussi les héritiers déçus des Trois Glorieuses. Certes, comme le fait remarquer l'un des leurs, Prosper Enfantin, en 1831 : « Leur puissance sur le peuple est nulle. » C'est vrai si on entend par là le nombre de ses propagateurs (environ 6 000 personnes). Mais la crise qui va frapper la nouvelle Église va servir sa diffusion, provoquant une diaspora intellectuelle qui essaime de ville en ville. Cette ouverture sur la société et sur le peuple est aussi facilitée par ce que l'on pourrait appeler le « gauchissement » de la doctrine auquel vont se livrer ses héritiers. Regroupant en un seul ouvrage le texte des conférences qu'il avait consacrées à Saint-Simon entre décembre 1828 et juin 1830, Enfantin publie en 1831 *L'Exposition de la doctrine* qui donne une place particulière, majeure, à la dimension sociale et morale dans l'œuvre de l'auteur du *Catéchisme des industriels*. Il y énonce les dogmes fondamentaux du saint-simonisme : « Toutes les institutions sociales doivent avoir pour but l'amélioration morale, intellectuelle et physique de la classe la plus nombreuse et la plus pauvre. [...] Tous les privilèges de la naissance, sans exception, seront abolis. [...] À chacun selon ses capacités, à chaque capacité suivant ses œuvres »

Ces affirmations prennent dans l'actualité d'alors une tournure quasi révolutionnaire, d'autant que vient s'y greffer une vision de la propriété fondée non plus sur l'hérédité, mais sur la détention et la transmission du savoir. Si le saint-simonisme, à la différence d'autres courants socialistes ou républicains, ne condamne pas, on l'a vu, la propriété privée, il l'allie en revanche intimement à la capacité. Il ne s'agit donc plus d'un « droit inaliénable et sacré », mais d'un droit délégué aux « meilleurs ». Et s'il ne récuse pas l'idée d'une hiérarchie sociale, il fonde celle-ci sur le savoir et le mérite.

Cette évolution va le rapprocher d'un mouvement ouvrier qui commence tout juste à s'affirmer.

L'évolution de la critique fouriériste autour de Victor Considérant va à son tour contribuer à ce processus. Le mouvement est à cet égard plus facile à opérer : le fouriérisme n'avait pas à redéfinir sa conception du progrès dans la mesure où celle-ci lui était étrangère. Dépourvu de vision historique, le fouriérisme veut seulement réunir les conditions d'un retour à l'harmonie sociale. Enfin, son rapprochement avec le mouvement ouvrier est facilité par la nature beaucoup plus vigoureuse et large de sa critique des « féodalités financières et industrielles ». À la différence de Saint-Simon, Fourier nourrit dès l'origine une contestation des castes au pouvoir sans distinguer les oisifs des productifs. Le succès croissant du fouriérisme tient enfin à la présentation plus claire qu'en fait Victor Considérant, insistant sur l'idée d'un travail attrayant au moment où la mécanisation rend celui-ci plus pénible, critiquant au profit du village phalanstérien le développement de l'anarchie urbaine, garantissant à chacun un minimum de subsistance et de loisirs. Ces revendications sociales très précises sont compréhensibles pour le plus grand nombre. Un large mouvement de convergence des différentes familles socialistes s'opére alors, facilitant leur mise en contact avec les premiers groupements ouvriers.

Mais c'est un schisme au sein du courant saint-simonien qui permet aux socialistes de se rapprocher cette fois du libéralisme politique (tout en maintenant leur critique, voire leur condamnation, du libéralisme économique), jetant les bases d'un socialisme original associant à la revendication sociale l'attachement à la démocratie.

Le saint-simonisme reposait sur une vision de l'histoire conçue comme l'alternance stricte de « périodes critiques » (durant lesquelles s'exerce un processus de destruction de l'ordre existant, à l'instar du XVIIIe siècle aux prises avec les Lumières) et de « périodes organiques » (qui, à la suite de la période critique, trouvent leur équilibre sous la forme d'un ordre nouveau qui devra être celui du XIXe siècle). Il portait par conséquent en lui-même une vision déterministe et laissait peu de place à l'initiative des acteurs politiques et sociaux. En réintroduisant l'idée d'une continuité entre ces deux périodes, la dissidence saint-simonienne avance l'idée que les forces de progrès et de reconstruction sont déjà à l'œuvre dans les périodes critiques. Ou, plus exactement, que les forces qui ont aidé à saper l'ordre ancien sont tout aussi utiles pour concevoir le nouvel ordre social. Chez les grands hommes du siècle précédent, dira Leroux, « régnait un sentiment commun, le sentiment de l'émancipation, de la liberté, de l'affranchissement. Mais, ce n'était pas seulement pour être libres [...], pour s'affranchir, pour se moquer des rois, des nobles et des prêtres : c'était pour créer, pour organiser ; c'était pour que l'humanité vécût un jour de la vie nouvelle dont ils recélaient le germe[1] ». Les néo-saint-simoniens réintroduisent ainsi la liberté, ce formidable acquis des Lumières et de la Révolution, dans l'organisation nouvelle. Celle-ci n'est plus en rupture avec la précédente et soumise à un dogme, mais se situe dans son prolongement, répondant de ce fait aux mêmes principes de libre examen et de libre discussion. C'était une manière en quelque sorte de se rallier à une philosophie politique commune, libérale certes, mais aussi sociale et, au total, républicaine.

Le conflit avec le libéralisme, s'il est du coup plus nuancé, n'est cependant pas complètement réglé. Le néo-saint-simonisme continue en effet de considérer que, si la liberté ne peut pas être conditionnée à une loi historique, elle reste soumise à la volonté exprimée par l'humanité, c'est-à-dire, en termes politiques, à la souveraineté du peuple. Cette référence à l'« humanité » peut certes offrir une forme de réconciliation à une partie du courant catholique (Lamennais, Buchez), elle n'en constitue pas moins une source de différends avec les libéraux qui récusent a priori toute idée d'une autorité ou d'un pouvoir abstrait supérieur à la liberté de l'individu, fût-il issu du suffrage universel. On voit dès lors se dessiner la nouvelle ligne de partage qui se manifestera aussi bien en France qu'en Angleterre entre démocrates et socialistes d'un côté et « libéraux orthodoxes » de l'autre...

Rompant, comme on l'a vu, avec la vision trop déterministe du saint-simonisme, les nouveaux socialistes, au premier rang desquels Louis Blanc et Pierre Leroux, ne s'en remettent cependant pas à la

1. Cité par Paul Bénichou, *Le Temps des prophètes*, Paris, Gallimard, 1977, p. 334.

raison individuelle pour garantir le bon équilibre du corps social. Celui-ci reste, de leur point de vue, travaillé par l'injustice et l'inégalité. Pierre Leroux en apportera la démonstration en publiant, à la veille de la révolution de février 1848, une analyse de la société française faisant apparaître, à partir d'une étude des cotes d'imposition, un groupe de 196 000 chefs de famille dont la fortune n'a cessé de progresser au détriment du reste de la population (*De la ploutocratie ou du gouvernement des riches*). L'enjeu est dès lors de changer l'ordre social de telle sorte qu'il soit en phase avec la conscience que chacun peut avoir de la justice, sans pour autant mettre en péril les libertés : de faire la justice avec les armes de la liberté !

À l'échelon économique, le socialisme a déjà trouvé sa manière propre de surmonter cette possible contradiction en promouvant la logique de la coopération ou de l'association qu'Owen, en Angleterre, a concrétisée à travers la création de milliers de coopératives et la création de la bourse nationale d'échanges du travail[1]. Et que de multiples penseurs n'ont en France d'autre ambition que de mieux préciser. Puisqu'il ne saurait être question de supprimer la propriété privée (assumée comme l'une des bases de la liberté) mais plutôt d'en faciliter la diffusion, ou d'en organiser l'usage, Louis Blanc préconise dans *L'Organisation du travail* la création d'ateliers, propriété commune de ceux qui y produisent, financés par le crédit public via une banque centrale placée sous le contrôle de l'État, et qui, mis en concurrence avec les ateliers privés, finiront nécessairement par occuper la totalité de la sphère de la production et de la distribution. Le tout est pour Louis Blanc complété par l'idée récente, mais largement répandue, d'une solidarité sociale résultant d'un partage des bénéfices en quatre parts : l'une allant à l'amortissement du capital ; l'autre, aux salaires ; la troisième, à l'embauche ; la quatrième, enfin, à des caisses de secours mutuel.

Mais, à la différence de leurs prédécesseurs, ces « nouveaux socialistes » ne croient pas à la seule valeur d'exemple du projet coopératif. Celui-ci doit être amorcé, impulsé, accompagné par une

1. Chaque travailleur échangeant sa production contre celle d'un autre travailleur, sur la base du temps de travail incorporé dans chaque produit, les « trade-unions » servant à fixer le taux de change.

législation sociale rendue possible par l'universalisation du suffrage qui garantit de donner la majorité au peuple et à sa volonté. Aussi réintroduisent-ils dans le socialisme une dimension qui leur semble, au regard de l'évolution de la société et du poids que prend l'État, incontournable. Cette conviction est d'ailleurs de plus en plus partagée au sein du mouvement socialiste, que ce soit par Constantin Pecqueur, qui plaide à son tour pour une approche gradualiste, allant d'une amélioration immédiate mais limitée à une socialisation progressive via la pédagogie que permet la démocratie ; ou par Félicité de Lamennais qui prône la liberté d'association ou l'éducation gratuite ; ou même encore par Étienne Cabet qui, dans son *Voyage en Icarie,* admet l'idée d'une phase intermédiaire durant laquelle la propriété privée serait conservée.

« La société, notera Gustave Isambert, observateur attentif de cette philosophie qui s'affirme, doit être comme une grande famille où la distribution des tâches et des biens se fait suivant l'âge et la vigueur : l'État est le père de famille[1]. » Malgré les reproches que lui adressera à ce sujet Proudhon, Louis Blanc (plus peut-être que d'autres, mais globalement à l'unisson de la plupart de ses contemporains) ne voit, en effet, que la puissance publique pour présider à cet équitable partage. Mais rendons-lui cette justice, une puissance publique transformée par le suffrage universel, soumise à la volonté populaire et non plus aux intérêts et au bon vouloir de quelques-uns. Ce qui, selon lui, change tout dans la vision que l'on peut alors avoir de l'État. C'est parce que le pouvoir aura reçu sa légitimité du suffrage universel qu'il pourra, sans risque pour les libertés, exercer les plus larges prérogatives. Là où les premiers socialistes voyaient une possibilité de dépérissement de l'État, l'ordre des choses répondant à la fin des fins aux lois de la raison, Louis Blanc introduit l'idée d'un bien commun fluctuant avec le temps et le suffrage. La rupture avec Saint-Simon et Fourier est ici totale pour cette simple raison, dit Louis Blanc, que « ne pas prendre le pouvoir pour instrument, c'est le rencontrer comme obstacle ». Mais, pour beaucoup, la référence au suffrage universel ne suffit pas à empêcher le socialisme de som-

1. Gustave Isambert, *Les Idées socialistes en France de 1815 à 1848*, Paris, Félix Alcan, 1905.

brer dans un étatisme menaçant pour les libertés. Le recours légitimé à l'État ne prépare-t-il pas le terrain à la vision insurrectionnelle de Blanqui qui, faisant l'économie de l'élection, plaide, lui, pour le coup de force afin d'établir une dictature du peuple qui procédera d'autant mieux à la redistribution de la richesse et de la propriété qu'elle aura su éliminer préalablement ses adversaires[1] ? N'est-ce pas mettre le doigt dans un engrenage qui conduit tout droit au Léviathan ?

C'est à cette question que Pierre Leroux, plus qu'aucun autre, va tenter de répondre. Typographe, un temps influencé par Saint-Simon, plus tard député comme Louis Blanc et proudhonien de la IIe République, Leroux va s'efforcer de donner au socialisme démocratique un véritable fondement philosophique qui puisse le distinguer tout à la fois de l'« économisme » organisateur des premiers socialistes et du libéralisme dans lequel il voit, on l'a dit, l'individualisme absolu. Ce fondement, c'est ce que chaque homme a de commun avec les autres hommes : son humanité. Non pas définie à partir d'une prétendue nature humaine qui préexisterait à la société et sur laquelle furent fondées les différentes théories du pacte social. Mais une « humanité » considérée comme indissociable de la société sans laquelle elle ne peut se réaliser. Une « humanité » qui dispose cependant d'une primauté : si l'homme n'est rien sans la société, sans l'homme il n'y a rien de social. Ce qui oblige la société à s'organiser en fonction de l'homme et de ses droits. Et, du même coup, à respecter la singularité qui est en chaque individu et qui se nourrit du lien social. Il s'agit bien, comme le fait remarquer Vincent Peillon[2], d'une philosophie des droits de l'homme. Mais d'une philosophie agissante, qui ne relève pas du seul domaine de la métaphysique ou de la morale. Leroux est le concepteur d'une religion civique nourrie par une foi dans l'humanité, d'où découlent logiquement une politique et une volonté d'action. « La société est en poussière, observe-

1. Cet état d'esprit qui en fera le spécialiste des tentatives d'insurrection manquées lui vaudra un grand prestige et de longs passages en prison, ainsi que le surnom d'« Enfermé ».

2. Vincent Peillon, *Pierre Leroux et le socialisme républicain. Une tradition philosophique,* Lormont, Le Bord de l'eau, 2003.

t-il, parce que l'homme est étranger à l'homme. Et il en sera ainsi tant qu'une foi commune n'éclairera pas les intelligences et ne remplira pas les cœurs[1]. » Et c'est cette religion de l'humanité, et la fraternité qui en découle, qui constitue la plus puissante incitation à la réforme sociale. L'injustice la heurte en effet de plein fouet. L'égalité devient dès lors le seul objectif que puisse convenablement s'assigner le corps social.

L'homme n'étant pleinement lui-même qu'en société, celle-ci doit par conséquent s'organiser pour lui permettre d'exprimer pleinement sa liberté. Ce n'est qu'à cette condition que l'égalité, non pas absolue, mais liée à la diversité des talents et des mérites, sera réalisée. Pour Leroux, l'égalité ne signifie pas la négation des différences, et moins encore l'égalitarisme si cher au communisme, mais la disparition progressive ou la correction de tout ce qui la fausse, à savoir en particulier tous les avantages acquis de fortune ou de position.

1848 : année noire du socialisme démocratique...

Cette approche, qui s'impose à la veille de la révolution de 1848, a une conséquence décisive sur la conception du socialisme tel qu'on pouvait le définir jusqu'alors. Il s'agit bien désormais de prendre la société telle qu'elle est pour la corriger et l'amender en fonction des inégalités réelles qui y sont constatées, des obstacles concrets opposés à la liberté, et non plus de la considérer de l'extérieur en fonction d'un objet ou d'un ordre idéal. La volonté politique retrouve ici tout son rôle, se trouvant limitée cependant par le principe même qui lui a rendu son autonomie : le respect des droits de l'homme. Dès lors, la souveraineté de l'individu revendiquée par les libéraux, pas plus que celle du peuple revendiquée par les communistes, n'autorise-t-elle plus tout. Les exigences de liberté et d'égalité sont intrinsèquement liées. L'une ne pouvant se concevoir ni s'accomplir sans l'autre. Cela n'étant rendu possible, comme l'écrit alors Edgard Quinet, que

1. Saint-Simon, à la fin de sa vie, n'était pas arrivé à une autre conclusion que celle de la nécessité d'un nouveau christianisme que ses héritiers eurent hâte de transposer dans la réalité.

« parce que Dieu est descendu en l'homme », lui conférant du même coup une totale et égale dignité et un devoir d'agir pour l'accomplir au bénéfice de chacun.

Le chemin parcouru par rapport aux premiers socialistes (dont Blanc, Leroux, Pecqueur, Considérant sont les descendants directs) est considérable. Ce socialisme ne prétend plus s'imposer au nom de l'histoire, mais d'une idée de l'homme. Il n'est plus une utopie, mais un projet. Il ne fait plus de l'économie le seul ressort de la société, mais redonne à la politique et à la volonté humaine tout leur rôle. Il réintroduit enfin l'aspiration à la liberté et veille à l'égalité d'une manière nouvelle : par la réforme démocratique. En quelques années, le « saut qualitatif » est brutal. Au point de paraître paradoxalement, au regard de la division des classes qui s'affirme, bientôt anachronique.

Cette philosophie est, en effet, une puissante incitation à l'action. Elle précipite le mouvement socialiste dans la réalité, l'invite à se doter d'un programme, lui permet de fédérer, plus ou moins, socialistes bien sûr, mais aussi démocrates, républicains, radicaux et prolétaires. Elle va même trouver une force propulsive dans la protestation populaire qui court tout au long des années 1830, accentuée encore dans les années 1840 par une conjoncture économique particulièrement dégradée. Elle débouchera, cependant, dans l'Europe entière, et particulièrement en France et en Angleterre, sur un échec brutal dont les secousses seront d'autant plus durement ressenties par le mouvement socialiste que s'étaient mises en branle des forces considérables.

Nul doute que c'est sous l'impulsion du socialisme dans sa diversité qu'émerge ainsi la IIe République ; et les revendications vite déçues du droit au travail et de la liberté d'association. La Commission dite du Luxembourg placée sous la présidence de Louis Blanc, initialement créée pour proposer un modèle général d'organisation du travail, débouche petitement sur la création de chantiers nationaux. Et s'il est bien question de placer sous le contrôle de l'État la Banque de France ou les Chemins de fer, c'est leur rachat et non l'expropriation que l'on propose. De même, le budget social voulu par la Commission pour protéger les travailleurs contre les aléas de la vie, et qui reste à l'état d'ébauche, serait financé non par tous, au moyen de l'impôt, mais par les seuls revenus de la propriété publique. Malgré sa timidité, le mouvement est enfin déçu par le moyen même dont il attendait la victoire : les élections d'avril voient le succès des campagnes et celles-ci sont conservatrices. Contredits par le suffrage universel sans le soutien duquel ils ne voient pas de transformation progressive possible, les « socialistes républicains » assistent passivement aux « journées de juin » qui signent la fin de leurs espérances, écartelés entre leur solidarité avec le mouvement ouvrier et leur attachement au légalisme parlementaire.

Le chartisme, si proche au fond du socialisme républicain, connaît de l'autre côté de la Manche un sort voisin. Pour des raisons sur lesquelles il n'est pas nécessaire de revenir, il ne s'est pas, pour sa part, encombré d'une large réflexion philosophique. Il puise à toutes les sources, celles d'Owen bien sûr, mais aussi celles libertaires de Godwin, ou celles plus réformistes mais réticentes à l'égard de l'État d'Hodgskin. Lui non plus ne préconise ni la suppression de la propriété ni le renversement de l'ordre social. Mais il lie à la revendication d'une extension du champ de la citoyenneté une exigence parallèle, bien que confuse, d'émancipation sociale. Il associe avec force et constance démocratie et justice, liberté et égalité. Fondé par un groupe d'artisans londoniens, parmi lesquels William Lovett, relayé par des hommes d'action comme James O'Brian ou Feargus O'Connor, le mouvement n'attend pas le changement social de la révolution (même s'il n'écarte pas l'idée d'un « Grand National Holiday », d'une grève générale), mais du suffrage universel dont il exige, dans la « Charte du peuple » signée en 1838, l'instauration. Le chartisme apparaît comme le point d'orgue d'une agitation ouvrière beaucoup plus dense, beaucoup plus nourrie qu'en France, et qui prend pendant deux décennies des formes diverses, en particulier la constitution difficile et souvent réprimée de syndicats. Il réussit, à l'instar des « quarante-huitards » à Paris, à faire converger ces multiples courants autour d'un programme simple que pourraient soutenir les libéraux les plus avancés, comme John Stuart Mill. Aussi obtient-il une large adhésion populaire et se transforme-t-il en véritable mouvement de masse qui s'exprime par des manifestations et des pétitions. Après avoir réuni des centaines de milliers de partisans, le mouvement s'éteint pourtant peu à peu, autant victime de ses divisions que de la vigueur de la répression après l'échec de la grande manifestation de Kensington Common le 10 avril 1848, sans avoir rien obtenu de ce qui motiva plus de vingt ans de combat.

« Beaucoup de bruit pour rien ! » pourrait-on être amené à conclure ? Certes non ! Au-delà des événements, ce sont, en effet, les raisons qui conduisent à ce double échec qui doivent retenir notre attention.

Nul doute, en premier lieu (s'agissant de la France, mais cela vaut aussi pour la résistance de l'aristocratie en Grande-Bretagne), que les socialistes républicains aient négligé le poids d'une économie et d'une société rurales dans laquelle le vote des campagnes ne pouvait se montrer qu'hostile à toute expérience de partage de la propriété. Nul doute, ensuite, qu'ils se soient heurtés au courant libéral qui, pour une partie, devait rejeter la main tendue et refuser d'accomplir le changement auquel les républicains l'invitaient. Loin de faire l'unité, en effet, la réconciliation promise par Leroux de la liberté et de l'égalité allait susciter l'opposition virulente d'une pensée libérale qui, paradoxalement et par crainte du désordre, n'hésitera pas à s'en remettre à l'État (selon ce paradoxe du libéralisme français bien étudié par Lucien Jaume[1]). Alors que ce « néo-socialisme » s'efforçait de se réconcilier avec la liberté, le libéralisme de Guizot, puis de Thiers, n'aura de cesse au contraire de trouver à l'autorité des vertus et de donner à l'esprit d'ordre des justifications. Au fond, pour ces « libéraux », le libéralisme est d'abord un moyen d'établir un « gouvernement de sages » (c'est-à-dire de propriétaires) qui n'a que faire de la république et du suffrage universel.

En Angleterre, le mouvement chartiste est, quant à lui, d'abord victime de ses propres divisions. Une partie de ses leaders se détourne par exemple du combat pour la Charte afin de rejoindre la campagne pour l'abolition des *corn laws* qui limitaient l'importation des céréales et élevaient le coût du pain. Il se heurte également à la détermination de classes dirigeantes qu'il avait manifestement sous-estimées et qui opposent aux mobilisations de masse une résistance sans faille et, si nécessaire, une répression brutale mobilisant l'armée.

1. Lucien Jaume, *L'Individu oublié ou les paradoxes du libéralisme français*, Paris, Fayard, 1998.

Aussi, la leçon que tirent la classe ouvrière et ses représentants du double échec d'avril 1848 en Angleterre et de juin à Paris est symétrique. Celle d'abord d'une division profonde, quasi insurmontable, de la société en classes antagonistes, la bourgeoisie et l'aristocratie dominante n'hésitant pas à employer la force pour conserver leurs prérogatives. Division justifiant pleinement le recours à la lutte par un prolétariat organisé. Lénine verra ainsi dans le chartisme « le premier mouvement révolutionnaire du prolétariat appuyé authentiquement par les masses et politiquement organisé ». Et Marx, dans les journées de juin : une clarification du débat, c'est-à-dire la cruelle démonstration de l'impuissance du socialisme à s'appuyer sur la démocratie. Celle-ci est, en effet, avec les victimes des soulèvements de juin, la « grande perdante » des événements. La réorientation du socialisme vers une action politique intégrant les lois de la démocratie en en faisant une arme de changement est brusquement interrompue. Le rapprochement, amorcé, du socialisme et du libéralisme politique est non seulement suspendu, mais surtout discrédité. À cet égard, ces deux grands mouvements que sont le socialisme « quarante-huitard » et le chartisme, qui auraient pu contribuer à refonder la philosophie socialiste, vont, certes, laisser dans l'histoire des traces profondes, mais bien différentes de celles qu'escomptaient leurs leaders, voire même totalement opposées aux objectifs qu'ils s'étaient assignés. Leur échec témoigne, à leur corps défendant, de la pertinence, rendue évidente par la violence de la répression, de la lutte acharnée des classes[1] !

---

1. Qu'illustre ce propos d'un proche de Louis Napoléon Bonaparte, Morny, dans une lettre qu'il adresse à celui-ci : « Croyez-moi, si vous voyiez un socialiste de près, vous n'hésiteriez pas à lui préférer un cosaque. Mon patriotisme s'arrête là » (cité par Michel Beaud, *Histoire du capitalisme, op. cit.,* p. 150).

CHAPITRE III

L'ère des imprécateurs

Cette première alliance du socialisme et de la démocratie n'aura donc été qu'une courte parenthèse. Au point même d'être le plus souvent traitée comme on le ferait d'un simple accident historique ou idéologique.

Son échec, en tout cas, laisse face à face deux conceptions du socialisme caractérisées l'une et l'autre par la volonté d'en découdre. À mesure qu'il s'affirme, le capitalisme ne se fait-il pas plus dur[1] ? Loin de rien céder, la lutte des classes n'est-elle pas imposée au prolétariat par une bourgeoisie âpre au gain ? N'est-on d'ailleurs pas en droit de s'interroger sur la pérennité d'un système économique secoué par la succession rapide de courtes phases de prospérité et de récession brutale ? L'imbrication étroite d'une économie plus industrielle dans une société encore largement rurale ne s'opère pas sans à-coups : une mauvaise récolte, et ce sont des débouchés qui se ferment. La tendance à la baisse des prix, comme des salaires, est constante tout au long de la deuxième partie du XIXe siècle, même si elle se retourne dans les années 1890. Comment, dans un tel contexte, s'étonner de la poussée de socialistes unis par une même défiance à

1. Engels compare ainsi le prolétariat de Manchester à « une armée de retour de campagne » tant sont nombreux les ouvriers rendus invalides par des « accidents » de travail…

l'encontre d'une démocratie qui, estiment-ils, les a trahis et une même primauté donnée aux transformations économiques, et plus précisément encore à l'abolition de la propriété privée ?

Cette question n'avait jusqu'alors tenu qu'une place limitée dans la littérature socialiste. Si elle ne bénéficiait pas d'une grande sympathie, sa régulation, l'organisation de son usage, plus que sa suppression, avait été évoquée. La propriété privée apparaissait même à Blanc ou à Leroux, on l'a vu, comme un prolongement naturel de la liberté. Or, cette question désormais devient centrale au point de constituer l'axe autour duquel vont se coaguler accords et divergences. Ce reflux du « politique » dégage tout naturellement le terrain à un « socialisme des philosophes » et, à l'opposé, à un « socialisme syndical » qui profitent l'un et l'autre de ce que les gens d'assemblée ou de plume ont tous été, au lendemain de 1848, arrêtés, déportés, exilés, c'est-à-dire réduits à l'impuissance politique. Il n'est pas étonnant dans un tel contexte que s'affirment peu à peu, aux dépens de ces derniers, les deux grands courants qui vont se disputer la direction du mouvement socialiste dans la seconde moitié du XIXe siècle. Certes, il serait abusif de prétendre que ces deux courants résument à eux seuls toute l'histoire du socialisme européen d'alors. Mais il ne fait aucun doute qu'au prix de mutations, d'interprétations, de reconstructions, ces deux courants forment bien le couple d'idées dont l'opposition et le divorce vont conditionner l'évolution des grands partis sociaux-démocrates en formation dans le dernier quart du siècle.

Marx contre Proudhon

Vu le contexte politique, l'on ne s'étonnera guère que Marx comme Proudhon aient fait en quelque sorte leurs premières armes en dénonçant, avec une même vigueur, mais une inégale ironie, ce qu'ils appellent les illusions de la IIe République. Proudhon, le premier, dubitatif sur la possibilité de faire de la révolution politique l'instrument de la révolution économique, souligne les ambiguïtés du nouveau régime. Dans *La Solution du problème social*, longtemps annoncée et enfin publiée une fois la république installée, il reproche à ses partisans de n'avoir pas vu qu'avec le développement de l'industrie et de la banque le pouvoir est passé à l'économie. Aussi est-ce de la transformation de celle-ci qu'il faut attendre la transformation sociale, ce qui revient à sonner le glas de la politique. Dans *L'Organisation du crédit* en mars, puis dans *La Banque des changes* en août 1848, il situe même la clef du problème dans la maîtrise du crédit : sa gratuité, le remplacement de la Banque de France par une banque mutualiste, la suppression du numéraire pour faciliter l'échange direct entre les produits, la priorité donnée au travail pour constituer un capital, toutes ces réformes, écrit-il, auraient pu conduire à retourner la situation. Faute d'y avoir procédé, la IIe République s'est laissé entraîner dans une parodie de démocratie qui ne pouvait que mal se terminer dans la mesure où, loin d'exprimer la véritable volonté du peuple, le suffrage universel, selon Proudhon, n'exprime en réalité que l'humeur du moment…

La critique de Marx, flanqué d'Engels, est à la fois plus nuancée et plus brutale. Mais, comme celle de Proudhon, elle permet de poser les bases d'une alternative. Pour les auteurs des *Luttes de classes en France* et du *18 Brumaire de Louis-Napoléon Bonaparte*[1], les républicains comme les socialistes utopiques se sont laissé abuser par l'illusion de la fraternité. Marx critique les mots d'ordre de « droit au travail » et d'« organisation du travail » pour leur opposer ceux d'abolition du salariat et de lutte des classes. L'échec de la IIe République n'aura eu, selon eux, qu'un mérite : celui d'avoir fait ressortir la vérité de l'ordre social, à savoir l'affrontement inéluctable des classes et la résistance violente à laquelle ne peut que se heurter le prolétariat ouvrier chaque fois qu'il aspire, pour lui-même, au pouvoir. La leçon ne doit pas être perdue, s'exclame Marx qui tire aussi de cet échec une conception de l'État : celui-ci n'ayant fait que se perfectionner au fil des révolutions et, en particulier, perfectionner son efficacité répressive, le prolétariat doit se fixer pour objectif de s'en emparer pour exercer sa dictature et permettre, par la vigueur des moyens employés, de vaincre les résistances de l'ordre ancien.

Ainsi dressé le bilan des combats passés, il reste aux deux courants à définir, par le débat et la confrontation, leur projet. Le rapport de forces d'abord favorable à Proudhon, en raison de l'ancienneté de son

1. Karl Marx, *Les Luttes de classes en France*, Paris, Gallimard, « Folio », 2002.

engagement et du prestige qui l'accompagne, se retourne rapidement en faveur d'un Marx, plus offensif, plus méthodique, plus déterminé. Difficile d'imaginer d'ailleurs deux personnalités plus différentes : par leurs origines sociales tout d'abord, le fils du tonnelier autodidacte de Besançon a peu en commun avec l'intellectuel issu d'une famille bourgeoise de Trèves ; par la langue ensuite, dans la mesure où Proudhon ne parlant pas l'allemand, l'accès direct à une partie de la philosophie, en particulier d'Hegel, lui est interdit, sinon par le truchement de Marx lui-même qu'il sollicite avant 1848 régulièrement ; par leur tempérament et leur mode de pensée enfin : l'un avance par intuition et ne craint ni la contradiction ni la solitude ; l'autre s'efforce de construire méthodiquement une œuvre cohérente qui prétend à la vérité scientifique et ramène toute autre réflexion à de vagues spéculations pour oisifs. Si bien qu'à leur désaccord idéologique vient rapidement s'ajouter, après des années d'échanges, un différend personnel, une forme de mépris réciproque. La rupture est consommée en 1847 quand, en réponse à sa *Philosophie de la misère,* Proudhon doit essuyer une *Misère de la philosophie* dans laquelle Marx mobilise toute sa fureur de polémiste. En France, écrit Marx dans l'avant-propos de l'ouvrage, « M. Proudhon a le droit d'être mauvais économiste parce qu'il passe pour être bon philosophe allemand. En Allemagne, il a le droit d'être mauvais philosophe parce qu'il passe pour être un des économistes français des plus forts. Nous, en notre qualité d'Allemand et d'économiste à la fois, nous avons voulu protester contre cette double erreur ». Tentons de définir la nature politique de leur discorde.

À la différence des premiers socialistes, dont tous deux ont dénoncé les faiblesses[1], l'un et l'autre s'entendent pour condamner la propriété privée dont ils font la source de la misère, c'est-à-dire de l'exploitation. Leur ambition commune, à la différence des socialistes démocrates, indécrottables rêveurs, est bien de transformer à la base les rapports de production.

1. « Donner un système composé de toutes pièces, et complet [...] est le plus damné mensonge qu'on puisse proposer aux hommes », écrira Proudhon à l'égard de Saint-Simon et Fourier. Quant à Engels, on sait qu'il s'efforcera de discréditer le premier socialisme en le qualifiant d'utopique par opposition à celui, scientifique, élaboré par Marx.

Proudhon, le premier, ouvre le feu. À la question : « Qu'est-ce que la propriété ? » (1839), il répond par une formule promise à la postérité : « C'est le vol ! » La propriété est injuste, argumente-t-il, parce que l'on ne peut la justifier. Aucun argument ne tient en sa faveur. Doit-on la légitimer par l'occupation ? Dans ce cas, chaque individu a droit à occuper une certaine quantité de terre. Or, la terre représente une étendue fixe, alors que le nombre d'habitants varie. « La possession en droit ne pouvant jamais demeurer fixe, il est impossible en fait qu'elle devienne propriété », conclut-il, implacable. Veut-on la justifier par l'appropriation des produits de son travail ? À la condition, précise-t-il, que n'y intervienne alors pas le travail d'autrui. Car, entre le donneur et le preneur de travail, il y a nécessairement « erreur de compte ». L'employeur, fait-il remarquer, paie des salaires individuels dont la somme est inférieure à la valeur produite par le collectif que forme l'ensemble des salariés qu'il mobilise. Prenant l'exemple de l'obélisque de Louxor, dressé en quelques heures par deux cents grenadiers, il fait valoir qu'un homme seul travaillant deux cents journées n'y serait en revanche jamais parvenu !

Cette critique de l'origine du profit annonce les prémisses de la théorie de la plus-value sur laquelle s'appuiera *Le Capital* de Marx. Mais la critique de Marx, elle, est double : elle repose d'abord sur le caractère contingent de la propriété privée. Celle-ci constitue non une donnée, mais une forme historique d'organisation des rapports de production appelée à ce titre à disparaître. Elle fait ensuite de la propriété privée la source de l'exploitation de l'homme et dénonce l'extorsion de la valeur du travail au détriment de ceux qui la produisent. Marx est d'accord avec Proudhon pour fustiger un propriétaire qui ne rémunère pas le salarié à son vrai prix. Cette « plus-value » est bien la source de son profit. Ce qui fait la valeur d'une marchandise, énonce-t-il[1], ou plutôt permet de l'évaluer, dans une unité comparable pour toutes les marchandises, c'est le temps de travail que la marchandise inclut. Le profit, ou la plus-value, réalisé par le capitaliste résulte tout simplement du fait que le produit obtenu incorpore plus de travail qu'il n'en est rémunéré. Si le prix du travail est celui

1. Reprenant d'ailleurs une idée qui appartient à l'économiste libéral David Ricardo.

nécessaire pour assurer sa reproduction, le profit résulte de ce que l'employeur fait travailler les salariés au-delà du temps nécessaire à cette reproduction (du temps de travail gratuit en quelque sorte). Marx en déduit l'inéluctabilité de la lutte des classes (c'est-à-dire du combat pour s'approprier la plus-value) tant que la propriété privée n'aura pas été supprimée. Là est la *summa divisio*, la grande séparation entre les possesseurs du capital et ceux qui ne possèdent que leur force de travail. Leur lutte pour la répartition de la richesse est selon lui le « moteur de l'histoire » ; ce qui exclut toute forme de collaboration de classes et condamne à l'échec, à l'instar des républicains de 1848, ceux qui ne peuvent s'y résoudre.

La condamnation que fait Marx de la propriété privée n'a ainsi aucune portée morale : la propriété privée correspond simplement à un moment de l'histoire humaine, c'est-à-dire à un état donné du développement économique rendu possible par des conditions objectives qui ne le seront plus demain. Pour Marx, qui construit sa philosophie autour d'un déterminisme historique non sans rapport avec Saint-Simon, le capitalisme connaît une évolution qui pousse à sa disparition. La loi de l'accumulation (c'est-à-dire du besoin croissant de capital nécessaire pour soutenir la concurrence) conduit en effet à la concentration des forces de production, et à la disparition relative de la propriété privée à travers son regroupement dans les mains de quelques-uns. La socialisation des moyens de production est par conséquent la conclusion naturelle de ce processus d'autodestruction, en quelque sorte, de la propriété privée. Ce mouvement, assimilé au progrès, ne peut cependant s'opérer que par la violence – la contradiction opposant les forces en présence ne pouvant se résoudre que dans des résistances et des convulsions. D'où l'importance de l'État, outil de pression, qu'il sera utile de retourner contre ses utilisateurs pour hâter le changement. D'où, tout aussi bien, l'opportunité de sensibiliser, de mobiliser et pour cela d'organiser la classe ouvrière sous l'égide de grands partis permettant de dépasser l'égoïsme, le corporatisme que symbolise le syndicat.

Inéluctabilité de la lutte des classes et de l'effondrement du capitalisme, conviction d'agir selon les lois de l'histoire et dans le sens du progrès, prise de contrôle de l'État, tels sont en quelque sorte les préceptes que le marxisme va tenter d'imposer. L'ambition de Marx n'est rien moins que de fusionner la théorie et la pratique pour faire de la philosophie la simple exposition des faits. « L'exposition des buts des communistes ne saurait être autre chose que celle des buts du mouvement historique et l'exposition de leurs tendances, qui les différencient des autres tendances du socialisme, ne saurait être que celle du partage que l'histoire opère entre ceux qu'elle met en mesure de découvrir sa propre tendance et ceux qui demeurent pris dans l'illusion[1]. » C'est autour de ce double « déterminisme » de l'affrontement social et de l'évolution économique, que se noue le désaccord entre les deux conceptions du socialisme qu'incarnent les deux hommes.

Si Proudhon ne nie pas la réalité du combat des classes, il n'en tire pas la même conclusion. Aussi ne plaide-t-il pas pour la poursuite de la lutte, mais au contraire pour la réconciliation. Il récuse en effet tout conditionnement : pour lui, le socialisme n'est et ne peut être la conséquence du mouvement de l'histoire. Le socialisme, pour Proudhon, n'est pas autre chose qu'une idée à l'échelle de l'histoire, un processus d'émancipation humaine qui passe par l'affirmation et le respect des droits de l'homme que sont la liberté et l'égalité. La première « parce qu'elle est à l'homme comme l'impénétrabilité est à la matière : la condition de son existence » ; la deuxième parce que sans elle « il n'y a pas de société ». La liberté est d'ailleurs le critère de toute société et Proudhon sait trouver, pour le dire, les mots qu'il faut : « Plus l'individualité est libre, indépendante, initiatrice, plus la société est bonne, au contraire, plus l'individualité est subordonnée, absorbée, plus la société est mauvaise. »

Il en découle une seconde source de désaccord : pour Marx, on l'a vu, ce mouvement de l'histoire peut être accéléré par la prise de conscience de ses lois et par le recours à l'État. Proudhon y est, lui, fondamentalement hostile : recourir à l'État, c'est mettre en péril la liberté : « L'exaltation de l'État, dit-il, n'est rien d'autre que la glorification de la police », pour ajouter : « L'humanité, comme un homme libre, hésite et chancelle entre deux abîmes : d'un côté la propriété, de l'autre l'étatisme. La question est de savoir comment il franchira ce défilé. » Proudhon a là-dessus son idée : récusant la violence et les conséquences de la révolution, il préconise l'action éco-

1. Claude Lefort, *Essais sur la politique,* Paris, « Points », Seuil, 1986, p. 201.

nomique et sociale qui passe par la séparation progressive des producteurs du reste de la société. Comment ? À travers la constitution de mutuelles (hors de toute aide de l'État) qui pourront ensuite se fédérer. C'est donc par l'action concertée et volontaire que s'opérera le changement. La libération des ouvriers sera bien le fait des ouvriers eux-mêmes.

Mais quelle forme cette libération finira-t-elle par prendre ? On l'a vu, la clef de la transformation sociale pour Proudhon comme pour Marx réside dans la suppression de la propriété privée et sa socialisation. Mais, pour Marx, il s'agit d'une collectivisation dans laquelle l'État joue le rôle d'initiateur et de redistributeur. Pour Proudhon, il est au contraire question de mutualisation, c'est-à-dire d'association. Dans un cas, le mouvement vient du haut et passe par la conquête de l'État. Dans l'autre, il vient du bas et implique sa disparition ou plus exactement sa reconstitution sur une base nouvelle : le fédéralisme. « Toutes mes idées économiques, écrit Proudhon, peuvent se résumer en trois mots : fédération agricole et industrielle ; toutes mes vues politiques se résument en une formule semblable : fédération politique ou décentralisation[1]. » La société sera ainsi un « nœud de contrats » liant les uns aux autres. Et le mutualisme apporte la solution tant recherchée : assurer l'ordre dans la liberté puisque le premier dépend du libre engagement des autres. Enfin, pour éviter que ne se reconstitue un capital qu'il faudrait rémunérer, la monnaie est abolie et remplacée par des billets gagés sur la valeur des produits et ne pouvant s'échanger que contre d'autres produits.

Ainsi, Proudhon récuse toute approche totalisante de la société : plus proche du socialisme républicain qu'il ne peut l'admettre, il part de l'individu, de son épanouissement dont il fait la valeur de base. Il refuse l'action politique qui signifie confiscation du pouvoir au sein des partis comme à travers l'État, pour encourager la coopération qui prendra alors la forme de l'action syndicale et donnera à celle-ci, à tout le moins, une vocation propre : celle d'opérer le changement social pour devenir ensuite la cellule de base de la société reconstituée par leur association, leur fédération. Et s'il admet que l'histoire répond à une loi, c'est à celle du progrès, c'est-à-dire de la justice dont la victoire

1. *Du principe fédératif*, p. 110.

n'est cependant jamais certaine[1]. De sorte qu'il n'est pas possible de prévoir une fin à l'histoire, ni même de lui en donner une : « Cherchons ensemble, si vous voulez, les lois de la société, le mode dont ces lois se réalisent, le progrès suivant lequel nous parviendrons à le découvrir, écrit-il à Marx en 1846 ; mais pour Dieu ! Après avoir démoli tous les dogmatismes *a priori*, ne songeons point à notre tour à endoctriner le peuple ; ne tombons pas dans la contradiction de votre compatriote Martin Luther, qui après avoir renversé la foi catholique se mit aussitôt, à grands renforts d'excommunications et d'anathèmes à fonder une théologie protestante [...]. Parce que nous sommes à la tête d'un mouvement, ne nous faisons pas les chefs d'une nouvelle intolérance, ne nous posons pas en apôtres d'une nouvelle religion ; cette religion fût-elle la religion de la logique, la religion de la raison[2]. »

Pour autant, Marx garde l'avantage. Pour la raison que la philosophie qu'il développe s'inscrit dans une dynamique. Elle ne plaide pas à la différence des « publicistes » du siècle précédent pour un « ordre stable », fût-il déduit de la raison. Il ne rêve pas, à la différence de Proudhon, à une impossible harmonie des contraires, que garantirait la suppression de la monnaie. Il part non de l'idée, ni même de la réalité matérielle, mais de l'homme : un homme vivant, concret, agissant. C'est cet homme qui fait l'histoire, « même s'il ne sait pas toujours l'histoire qu'il fait ». Il porte ainsi un espoir, une perspective de transformation en phase avec l'esprit du pays... et des hommes de ce temps.

Il serait pour autant totalement anachronique d'imaginer ces deux philosophies aux prises comme deux lutteurs, agrippés l'un à l'autre, cherchant à chaque occasion à marquer des points.

D'abord, parce que le débat est le plus souvent limité à quelques cercles d'exilés qui profitent de leur inactivité forcée pour tenter de préciser leurs convictions. Leur préférence va indéniablement aux thèses inspirées de Proudhon, mais leur point de vue est le plus souvent imprégné des multiples influences qui s'expriment alors, et

1. Il existe selon lui un rapport d'entraînement mutuel entre la « réalité et l'idéalité ». Ainsi, « l'idée surgit de l'action et doit revenir à l'action, sous peine de déchéance pour l'agent ». *De la justice*, 1858.

2. Lettre de Proudhon à Marx, 17 mai 1846, *in Philosophie de la misère*, tome 3, p. 326.

entretiennent une large confusion idéologique au sein du mouvement socialiste. En France, si Proudhon conserve intacte son influence, celle-ci est due plus à la persistance d'anciennes solidarités qu'à la consolidation de sa doctrine. Il est certes particulièrement prolixe au cours des années 1850-1860 et précise ses conceptions du fédéralisme comme du mutualisme. Celles-ci n'ont guère de mal à s'imposer face aux blanquistes qui, s'ils tirent partie du prestige de l'*Enfermé*, ne parviennent guère à recruter au-delà du milieu étudiant. L'influence de Proudhon en France comme en Belgique est desservie par les ambiguïtés de son action : fidèle à son indifférence à la politique, ne cherche-t-il pas à se rapprocher de l'empereur ? En contradiction avec la montée des tensions sociales, ne désavouera-t-il pas les grèves et les actions violentes qui parfois les accompagnent ? Au point qu'après sa mort, en 1865, certains de ceux qui se sont situés dans sa filiation idéologique n'hésiteront pas, tout en le niant, à s'en éloigner pour céder à l'attraction du marxisme, que son soutien à la Commune va rendre populaire parmi les exilés.

Ensuite, parce que le « marxisme » est loin encore de s'être constitué en une « idéologie » cohérente, du moins à l'égard de ceux qui en prennent connaissance : les ouvrages de jeunesse de Marx, c'est-à-dire antérieurs à 1848, ne sont pas connus (et ne le seront véritablement que dans les années 1920). *Le Capital*, publié en 1867, son œuvre majeure, n'est pas traduite ou seulement par bribes. Et si le *Manifeste du parti communiste* fait mieux qu'exprimer les fondements d'un programme, il n'a, à l'époque (1848), guère retenu l'attention parmi une floraison de publications de toutes sortes. La victoire (posthume) de Marx sera, par conséquent, plus politique que philosophique. Si bien que lorsque le marxisme finira par s'imposer, en tant qu'idéologie, on pourra légitimement se demander si cette victoire appartient bien à l'auteur du *Capital* ou si elle est plutôt celle de ses héritiers et interprètes[1].

1. « Aucun philosophe n'a eu plus d'influence que Marx, aucun n'a été plus mal compris. Les raisons pour lesquelles la pensée philosophique de Marx est restée plongée jusqu'à nos jours dans une obscurité complète [...] se réfèrent toutes [...] au marxisme. Le marxisme est l'ensemble des contresens qui ont été faits sur Marx », Michel Henry, *Marx*, Paris, Gallimard, 1976.

CHAPITRE IV

Mort de Marx, naissance du marxisme

C'est au sein de l'Association internationale des travailleurs (AIT) créée en 1864 que Marx va progressivement construire son influence. À l'origine, l'Internationale fut pourtant conçue par le mouvement ouvrier seul, dans un esprit très hostile à toute forme d'action politique. Les premiers jalons sont posés par les syndicats britanniques qui, pragmatiques, invitent à l'Exposition universelle de Londres en 1862 une délégation française conduite par des ouvriers proches de Proudhon (Tolain, etc.), laquelle est tolérée et même financée par Louis Napoléon Bonaparte qui cherche à regagner le mouvement ouvrier à sa cause.

Pour les syndicalistes anglais, marqués par l'expérience de nombreux réfugiés présents à Londres (comme Marx, l'Italien Mazzini ou des socialistes polonais), il s'agit surtout de faire preuve de solidarité internationale comme de compassion. Peut-être aussi de garder un œil sur la manière dont peut être favorisé ou dissuadé l'accueil en Angleterre d'une main-d'œuvre étrangère. À l'inverse, les Français, eux, cherchent dans cette organisation nouvelle des points d'appui pour se reconstruire et sortir de l'affaiblissement dans lequel les a plongés l'échec de la révolution de 1848.

Des trois « adresses » qui sont présentées aux congressistes, c'est celle de Marx, invité de dernière minute (et auquel sera même confié le secrétariat du Conseil général de l'Internationale), qui est retenue.

Moins pour des raisons de fond que pour tirer partie des qualités « littéraires » du philosophe allemand dont chacun reconnaît la capacité à traduire en un langage direct et clair les laborieux compromis auxquels parviennent les divers protagonistes. Malgré ce succès d'estime, Marx est encore loin de pouvoir imposer ses vus : l'Association internationale des travailleurs, qui va rapidement se développer à travers ses sections nationales, reste un mélange hétérogène de tous les courants qui gravitent autour du socialisme et dans lesquels les proudhoniens notamment, via les Français, tiennent encore la corde. Le congrès de Genève en 1866 récuse ainsi toute perspective d'action révolutionnaire pour prôner l'amélioration des conditions de travail et le recours au mutualisme. Mais, peu à peu, comme au congrès de Bâle en 1869, l'AIT bascule vers les thèses les plus collectivistes, l'affrontement connaissant son épilogue au congrès du Havre en 1872. La répression de la Commune a en effet décapité le mouvement ouvrier français et affaibli son influence internationale. Marx y voit une opportunité et n'hésite pas discrètement à s'en réjouir : « La défaite de la Commune va permettre de transférer le centre de gravité du mouvement socialiste de la France à l'Allemagne », pronostique-t-il non sans raison.

Le débat met face à face deux orientations antagonistes, cette fois clairement affirmées : Marx contre Bakounine, autoritaires contre anti-autoritaires. Au-delà du choc des personnalités, Bakounine, « héritier » de Proudhon, plaide pour la grève générale, revendique comme moyen de parvenir au socialisme une plus grande autonomie pour les sections nationales et se déclare favorable à l'abstention en matière politique, alors que Marx réclame, plus que jamais, une action coordonnée, fondée sur la révolution politique et la lutte des classes. Le congrès s'achève par l'exclusion de ceux qu'on appelle alors les jurassiens (en raison de l'influence qu'ils exercent sur le mouvement ouvrier suisse), c'est-à-dire les amis de Bakounine et de James Guillaume. Victoire, certes, mais victoire en trompe-l'œil puisque le siège de l'Internationale doit être transféré à New York afin d'échapper à l'influence corrosive de sa minorité, ce qui débouchera sur sa disparition pure et simple lors du congrès de Philadelphie en 1876.

Cependant, la dissolution de l'Association internationale des travailleurs est moins l'ultime conséquence des luttes passées que le résultat d'une évolution centripète des différents courants qui la composent : l'anarchisme a pris son autonomie, en Suisse et en Belgique notamment. En Allemagne, au contraire, c'est la social-démocratie naissante qui, dans ses premières années, est d'abord préoccupée par un combat national rendu particulièrement difficile par la répression policière dont elle est victime ; enfin, les trade-unions en Grande-Bretagne, pourtant à l'origine de l'AIT, unifiés dès 1868, sont de moins en moins attirés par une organisation qui privilégie trop l'action politique et révolutionnaire. Si bien qu'à la mort de Marx, en 1883, le « marxisme », s'il a marqué des points, est loin d'avoir assuré son hégémonie intellectuelle.

Aussi est-ce par la constitution progressive des grands partis sociaux-démocrates que le « marxisme » va parvenir à s'imposer, non sans devoir tenir compte de leurs particularismes. Pour se construire, le parti allemand a pu ainsi compter sur l'essor d'un mouvement ouvrier pourtant plus qu'amorphe jusqu'aux événements de 1848. L'impact de ceux-ci, suivis d'un rapide développement de l'industrie, va s'accompagner d'un pullulement d'associations ouvrières, vivier de propagandistes et de dirigeants. Ferdinand Lassalle, en 1862, sait trouver l'énergie de fédérer au sein d'un premier parti socialiste allemand ceux qui se reconnaissent dans un programme qui n'a alors guère à voir avec l'influence de Marx exilé à Paris, puis à Londres depuis près d'une vingtaine d'années. Jeune avocat, Lassalle plaide tout à la fois pour la constitution de coopératives, le refus de collaborer avec l'aile libérale de la bourgeoisie, le rejet de toute action syndicale comme de la grève, la « loi d'airain » des salaires rendant impossible toute amélioration progressive de la condition ouvrière. Aussi est-ce sur l'État qu'il compte pour transformer la société dans un sens plus favorable au prolétariat. Son prestige est considérable et c'est seulement sa disparition prématurée qui va faciliter la constitution d'un parti concurrent autour de W. Liebknecht et Bebel, beaucoup plus proches de Marx, qui fusionne au sein du parti social-démocrate allemand à Gotha en 1875. Sur le même modèle suivront bientôt les partis belge et italien. Et si l'unité socialiste n'est réalisée en France qu'en 1905, le Parti ouvrier français dirigé par Jules Guesde, qui a découvert Marx durant son exil en Suisse puis à Londres, se veut dès la fin des années 1870 le porte-parole de l'auteur du *Capital*.

Dès lors, l'influence de celui-ci ne cesse de s'approfondir par le truchement du parti allemand qui bénéficie d'un double avantage : ses dirigeants ont pu, plus tôt que les autres, retardés par les délais de traduction, prendre connaissance de l'œuvre de Marx et notamment du *Capital* ; sa force numérique est de loin la plus impressionnante de tout le mouvement socialiste européen.

Ainsi, plus que des considérations idéologiques, ce sont des raisons « fonctionnelles » qui conduisent à rapprocher ces organisations du marxisme, d'autant qu'il leur faut mener la lutte contre un syndicalisme révolutionnaire renaissant qui met en cause leur légitimité à représenter la classe ouvrière en dépit (ou plutôt peut-être à cause) des résultats significatifs qu'ils obtiennent aux élections dans les années 1890. Or, Marx, et plus encore Engels après la mort de celui-ci, n'a de cesse d'affirmer la légitimité du travail politique destiné à faciliter la prise de conscience par le prolétariat de ses intérêts propres dans la lutte à mort que lui livre la bourgeoisie. C'est donc sur eux que les partis sociaux-démocrates prennent appui pour mener une offensive d'autant plus déterminante que toute action de propagande leur étant interdite en dehors du Parlement, les sociaux-démocrates allemands sont amenés à développer au sein de celui-ci une rhétorique qui fait d'autant plus de place à l'action révolutionnaire que celle-ci est renvoyée à plus tard dans les faits. Le « marxisme » dès lors devient, dans les mains des sociaux-démocrates, une arme scientifique destinée à leur faire gagner la bataille en légitimité qui va déchirer le mouvement socialiste et dont la IIe internationale sera le cadre.

Reconstituée à Paris en 1889 à la faveur d'une recrudescence de l'agitation ouvrière, en particulier autour de la question de la journée de huit heures, la nouvelle Internationale s'est d'abord ouverte à tous les courants socialistes dans leur diversité. Partis, syndicats, groupements y trouvent leur place quelle que soit leur doctrine, pour autant qu'ils s'inscrivent dans la perspective de la transformation sociale. « Politiques » et « syndicaux » y tiennent une part égale, toujours forte. Les premiers sont partisans de la conquête de l'État, les partis constituant à la fois un moyen de mobilisation de la classe ouvrière et l'outil futur de la dictature du prolétariat. Les seconds, dans le prolongement des thèses de Proudhon, défendent, au contraire, la voie de l'autonomie ouvrière autour de la cellule de base qu'est le syndicat, et le mot d'ordre de la grève générale comme outil de renversement de l'ordre capitaliste.

Leur affrontement se noue, après de multiples échauffourées lors du congrès de Londres en 1896, autour d'une question de procédure, ce dont chacun au fond choisira de s'accommoder, les deux camps étant alors décidés à la séparation.

Le feu couve en réalité depuis bien longtemps. Au précédent congrès de Zurich en 1893, la motion finale indiquait : « Toutes les Chambres syndicales sont admises au Congrès et aussi des partis et organisations socialistes qui reconnaissent la nécessité de l'organisation des travailleurs et de l'action politique. » Et d'ajouter : « Par action politique, on entend que les organisations de travailleurs cherchent, autant que possible, à employer ou à conquérir les droits politiques et le mécanisme de la législation pour amener ainsi le triomphe des intérêts du prolétariat et de la conquête du pouvoir politique. »

Y avait-il une virgule après « Congrès » ? Tout le débat va porter sur cette seule question. Autrement dit, les conditions relatives à l'action politique s'appliquent-elles aux seuls partis ou englobent-elles aussi les chambres syndicales ? Derrière cette question apparemment de pure syntaxe s'en profile cependant une autre : a-t-on affaire à un congrès « ouvrier » où votent les composantes du mouvement, aussi bien la politique que la syndicale, chacune y ayant sa place ? Ou s'agit-il d'un congrès « socialiste », c'est-à-dire limité aux seules organisations politiques comme le voudraient les leaders de l'Internationale ? C'est qu'ils entendent bien débusquer derrière l'autonomie syndicale l'idéologie anarchiste qu'elle abrite parfois et dont les excès contribuent à déconsidérer l'ensemble du mouvement. C'est celle-ci qu'ils veulent exclure, quitte à exclure du même coup les syndicats. Mais cette volonté d'exclusive, portée en particulier par les guesdistes, et soutenue par les indépendants, fait en réalité écho à celle, non moins déterminée, des anarchosyndicalistes et de Pelloutier, le patron de la nouvelle CGT, décidés à « gagner » leur autonomie en faisant porter la responsabilité de la rupture aux « partis ». Au fond, chacun est d'accord pour ne plus s'entendre et laisser les partis seuls maîtres à bord de l'Internationale.

Mais, treize ans après la mort de Marx et un an après celle d'Engels, au service de quelle doctrine ?

Un « marxisme introuvable[1] » ?

« En un sens, le *Capital* de Karl Marx a été fatal au socialisme allemand par sa grandeur même. En dehors de la pensée marxiste, personne n'ose plus penser ou n'ose même plus interpréter cette pensée du maître[2]. » En quelques mots, Charles Andler va bien réussir à décrire cette sorte de fatalité qui finira par accabler un mouvement socialiste pourtant en plein élan.

Des combats de l'Internationale, pourtant, un socialisme politique nouveau sort, à première vue, tout armé d'une idéologie cohérente : le marxisme. Mais ne s'agit-il pas d'une lecture trop rapide ? Et Marx lui-même y retrouverait-il ses petits ? D'abord, et c'est l'évidence, cette victoire n'est qu'incomplète. Demeurent des foyers de résistance, dont le syndicalisme révolutionnaire, exclu « consentant » de la IIe Internationale, mais bien vivant, en France, comme en Grande-Bretagne autour du socialisme de la Guilde qui dénonce avec une égale vigueur les « autoritaires » fabiens, le parlementarisme du Labour et le déterminisme du marxisme. Sa vision s'appuie sur le souvenir des corporations, c'est-à-dire d'une gestion équilibrée de l'activité économique par les métiers eux-mêmes qui leur semble offrir la meilleure perspective pour l'avenir. L'idée est de faire des syndicats la base même de la société future. Appuyé sur l'hebdomadaire *New Age*, le mouvement se développe autour d'une alliance originale mêlant travailleurs et intellectuels comme l'historien G. D. H. Cole par exemple. La démocratie industrielle doit prendre le pas dans leur esprit sur la démocratie politique.

On est très proche des thèses défendues envers et contre tout par le courant syndical français. Celui-ci n'a en effet, depuis sa reconstitution dans les années 1870, de cesse d'échapper à la férule des politiques

1. Daniel Lindenberg, *Le Marxisme introuvable*, Paris, Calmann-Lévy, 1975.
2. Charles Andler, Notes sur le socialisme berlinois *in* Luc Gersal, *L'Athènes de la Sprée*, Paris, Albert Sarine, 1892.

pour incarner une voie originale vers le socialisme. Aussi prend-il définitivement son autonomie au congrès de Nantes en 1894 grâce à l'apport massif de militants anarchistes ou issus du mouvement des bourses du travail qui mettent en minorité les militants marxistes du Parti ouvrier français qui s'étaient efforcés jusqu'alors d'instrumentaliser la Fédération des syndicats. Autonomie qui débouchera sur la création de la CGT à Limoges en 1895. Le grand animateur de ce mouvement, c'est Fernand Pelloutier qui voit dans le syndicat le maillon de base d'une transformation économique qui prendrait la forme d'un système fédératif autogéré par les travailleurs et arraché par la grève générale, définie comme l'expropriation simultanée de tous les capitalistes. Proudhon n'est pas mort ! Même si un zeste de violence s'est invité dans son cocktail coopératif. Dès lors, lorsqu'en 1906 est proclamée la charte d'Amiens, il ne s'agit pas, dans l'esprit de ses promoteurs, d'affirmer l'indépendance de l'action syndicale à l'égard des partis, c'est-à-dire sa dépolitisation, mais bien plutôt de répondre à l'unité politique des socialistes et à la création de la SFIO par une déclaration de principe qui réaffirme l'existence d'un courant syndical autonome revendiquant son attachement à une voie originale vers le socialisme : la grève générale et le pouvoir ouvrier.

Certes, la charte d'Amiens reconnaît la nécessité d'une approche revendicative visant à obtenir des améliorations ponctuelles, à commencer par la journée de huit heures ; elle admet aussi comme une concession mineure la possibilité pour ses membres de participer à la vie des partis politiques pour autant qu'ils s'abstiennent d'y faire référence au sein de leur organisation syndicale. Mais son objet principal est bien, après le congrès de Londres, et au lendemain du congrès d'Amsterdam, de démontrer la vitalité, la détermination et l'originalité du syndicalisme révolutionnaire. Celui-ci reste cependant globalement tenu en lisière. Les intellectuels qui l'ont accompagné (Lagardelle, Sorel) vont d'ailleurs progressivement s'en éloigner à mesure que finira par s'imposer en son sein une ligne de plus en plus ouvertement réformiste que va symboliser, à la veille de la guerre, Léon Jouhaux.

Le « travaillisme » constitue le second foyer de résistance qui se révélera à jamais rétif, non au collectivisme qu'il va progressivement adopter, mais à la dérive autoritaire qu'il dénonce dans le marxisme. Le travaillisme est issu du mouvement syndical. C'est de la volonté de celui-ci de disposer d'une véritable influence politique et donc de représentants aux Communes qu'est né tout d'abord le comité pour une représentation du travail en 1900, qui deviendra le Labour Party en 1906. Mais cette unité n'est pas sans ambiguïté. Comme le fait observer avec humour François Bédarida : « Par accouchements successifs, le Labour Party a réussi à naître mais il reste l'enfant disputé du mariage ambigu contracté entre le trade-unionisme et le socialisme. Chacun des parents a le sentiment d'une mésalliance et par conséquent s'efforce de tirer l'enfant de son côté[1]. »

De ces multiples tendances dont il est le rejeton, le Labour ne réalisera en réalité jamais la fusion, mais assurera simplement leur coexistence, parfois leur syncrétisme. Ainsi persistera jusqu'à la guerre un courant marxiste issu de la Social Democratic Federation fondée par Hyndman au début des années 1880 et qui rêve en vain de fonder en Grande-Bretagne l'équivalent du parti social-démocrate allemand. Il n'est pas sans rappeler par son dogmatisme et son autoritarisme le Parti ouvrier français de Guesde. À sa gauche, la Socialist League, animée par William Morris, poète et écrivain célèbre, plus proche de la tradition coopérative et anarchiste, veut réconcilier la société avec la fraternité et la beauté. À sa droite, un socialisme chrétien qui depuis l'origine oriente vers le combat ouvrier un flux religieux puissant en Angleterre. Enfin, l'axe du parti naissant est constitué par les fabiens. Ceux-ci, à l'orée des années 1880, s'inscrivent moins dans le courant marxiste que dans le prolongement du libéralisme avancé qui, avec John Stuart Mill, avait déjà préconisé la taxation de la rente et la redistribution par l'impôt. Gradualistes, les fabiens sont pourtant collectivistes : leur but, qu'ils estiment inéluctable, est la nationalisation intégrale des forces de production. Leurs moyens d'y parvenir ? La réforme, c'est-à-dire le refus de toute violence. À l'instar d'un Jaurès, leur ambition est de faire du socialisme un outil de régénération sociale et morale. Leur succès est lié à la double tradition politique et démocratique dans laquelle ils s'inscrivent autour de personnalités brillantes comme Béatrice et Sidney Webb, ou encore George Bernard Shaw. Férus d'analyses statistiques, d'études économiques, de recherches historiques, ils apportent au

1. Jacques Droz, *Histoire générale du socialisme*, *op. cit.*, tome 1, p. 385.

socialisme anglais une dimension à la fois étatique et technocratique, éthique aussi et tournée vers l'intérêt général, qui le marquera durablement.

Au total, un éclectisme, une diversité, un pluralisme qui « protège » le travaillisme du marxisme. La préemption des thèmes collectivistes par le fabianisme, qui sut l'inscrire dans la tradition et les principes de la démocratie britannique, y contribue largement tout comme un anglo-centrisme qui conduit les courants de la gauche britannique à ne concevoir leur modèle qu'en concordance avec l'originalité de la société britannique, sans nul souci d'internationalisme.

Mais plus que de ses adversaires ou concurrents, c'est de ses prosélytes que le marxisme a alors peut-être le plus à craindre. Comme on l'a dit, la plupart des livres de Marx ne sont ni vraiment lus ni connus, et son œuvre présente un caractère disparate lié à la chronologie de ses publications et de ses traductions. Le *Manifeste du parti communiste*, publié en 1848, ne se répand véritablement qu'au lendemain de la Commune. L'« idéologie allemande », la « Sainte Famille », la « question juive » paraissent sous forme d'articles et ne seront totalement accessibles qu'après la Première Guerre mondiale alors que ces textes sont antérieurs au *Capital*. Celui-ci est publié en France en 1872, faiblement diffusé, et il faudra encore attendre plus d'une dizaine d'années pour en prendre connaissance en français dans une édition complète[1]. Le « jeune Marx » ne sera donc connu de ses exégètes qu'après la Première Guerre mondiale, voire après la Seconde, au point d'enclencher un tardif mais puissant courant de rénovation qui, plus tôt, eût été bien utile. La compréhension de Marx est, en outre, rendue d'autant plus difficile qu'elle est souvent portée à la connaissance de ses contemporains ou des générations venant immédiatement après eux par le truchement d'analystes qui n'hésitent pas à associer leurs propres critiques à l'exposé de la philosophie de Marx. Il en va ainsi de Charles Andler[2], socialiste, proche de Lucien Herr, agrégé d'allemand, qui se livre au fil de ses livres à une critique impitoyable de ce socialisme trop « germanique » pour être honnête ou, plus précisément, d'un marxisme

1. Maurice Dommanget, *L'Introduction du marxisme en France*, Lausanne Éditions Rencontre, 1969.

2. Charles Andler, *Le Manifeste communiste*, Paris, Rieder Éditeur, 1920.

qui s'est permis, à grand tort, de « germaniser » les concepts déjà présents dans le premier socialisme français : n'est-ce pas Blanqui, fait-il remarquer, qui, le premier, lors du procès des « quinze » en 1832, s'exclamait que « toutes les luttes politiques se résument à la guerre entre les riches et les pauvres » ? N'est-ce pas Saint-Simon ou Bazard qui, les premiers, évoqueront « l'exploitation de l'homme par l'homme » ? N'est-ce pas Pecqueur, enfin, qui eut l'intuition du matérialisme historique ?

À cela s'ajoute le rôle si particulier que tient Engels dans la formulation d'une doctrine ou, plus exactement, dans la transformation d'une œuvre inachevée en doctrine. « Le marxisme n'est pas venu au monde comme un produit authentique de la manière de penser de Karl Marx, mais comme un fruit légitime de l'esprit de Friedrich Engels. Si tant est que le terme de "marxisme" recouvre un concept rationnel, ce n'est pas Marx mais Engels qui en porte la responsabilité ; et si, aujourd'hui comme hier, la querelle de Marx est à l'ordre du jour, elle se rapporte principalement à des problèmes dont Engels ne s'est absolument pas préoccupé ou qui n'ont trouvé chez lui qu'une solution partielle[1]. » C'est d'ailleurs Engels qui légitime le mot « marxisme » en faisant de la dénonciation péjorative d'un prétendu bloc idéologique, lancée par Bakounine et ses alliés, un cri de ralliement ! Prenant le risque (au final avéré) d'installer et de figer un « système de pensée » dont la cohérence est d'autant plus vivement défendue que ses critiques se font plus virulentes. Nul doute, en tout cas, qu'Engels ait contribué à « légitimer » au sein de la social-démocratie une plus grande implication parlementaire, un souci tactique et la prise en compte plus attentive des contextes nationaux pour conjurer toute forme d'aventurisme, encourageant aussi du même coup un attentisme qui allait bientôt se révéler contradictoire avec l'esprit révolutionnaire.

Ces ambiguïtés sont enfin accrues par la grande liberté d'interprétation que le marxisme ainsi (mal) défini va laisser aux partis qui choisissent de s'en réclamer, soumettant la lecture de ces supposés préceptes aux brusques errements de leurs intérêts tactiques. En effet, si la plupart des grands partis ouvriers fondés à la fin du

1. Maximilien Rubel, *Marx, critique du marxisme*, Paris, Payot, 1974.

XIXe siècle semblent vouloir se nourrir désormais à sa seule source, ce sera pour en donner une version approximative, souvent rigide, qui encouragera sa contestation au lieu d'en favoriser la diffusion.

Ainsi en France, du parti qui se revendique ouvertement de Marx : le Parti ouvrier français (POF). À bien y regarder, le guesdisme entretient dès l'origine l'ambiguïté : ne se réclame-t-il pas par exemple de la loi d'airain des salaires qui doit tout à Lassalle et rien à Marx qui l'a, au contraire, violemment critiquée ? Cette prétendue loi, qui condamne tout effort pour obtenir une amélioration de la rémunération ouvrière, ne présente-t-elle pas surtout l'avantage de montrer les limites de l'action syndicale et de justifier que celle-ci soit placée sous la tutelle du politique ? L'exclusivité de l'action politique dont se prévaut le POF, nourrie par une fascination pour la conquête de l'État, ne se trouve pas non plus formulée chez Marx de manière aussi rigide. Pas plus que le philosophe de Trèves n'aurait pu se reconnaître dans un déterminisme économique accentué au point d'en faire un « fatalisme » de la révolution à partir d'une interprétation ultramécaniste du matérialisme historique. Marx s'appuie certes un moment sur Jules Guesde pour tenter de faire pénétrer dans un socialisme français historiquement rétif ses thèses de prédilection. Il inspire même le manifeste que Guesde publie dans son journal *L'Égalité* le 30 juin 1880. Mais, conscient des malentendus qui demeurent, il considérera toujours qu'à ce compte-là lui-même ne serait pas marxiste ! Il observe d'ailleurs chez son disciple une attirance pour le dogme, le catéchisme qui ne peut que lui inspirer une vive réticence intellectuelle. Pour autant, le guesdisme ne cessera de se proclamer « seul représentant » de la vraie foi sans vraiment prendre la peine d'encourager la traduction et la diffusion des œuvres de Marx, ce qui ne sera pas pour rien dans l'ambiguïté dont l'interprétation de celui-ci en France fera l'objet pendant des décennies. Certes, quelques exceptions existent, notamment la qualité des travaux didactiques auxquels se livre toute sa vie durant ce militant du Parti ouvrier français qu'est Gabriel Deville[1]. Mais cet effort reste bien isolé.

1. Maurice Dommanget, *L'Introduction du marxisme en France*, *op. cit.*

La critique vaut tout aussi bien, et peut-être de manière plus surprenante, pour la social-démocratie allemande. Le parti est né, on l'a vu, de la fusion de l'organisation animée par Bebel et Liebknecht réputés proches de Marx avec le parti lassallien. Pourtant, le programme dit « de Gotha » adopté à cette occasion (1875), loin d'adhérer au point de vue associé à Marx et Engels, suscite de la part de ceux-ci une vigoureuse critique dont l'impact reste sans effet.

Dans sa lettre à Bebel, en date du 18-25 mars 1875, Engels ne mâche cependant pas ses mots : « Le projet de programme prouve que, si nos gens sont théoriquement très supérieurs aux leaders lassalliens, ils leur sont bien inférieurs en fait de roublardise politique[1]. » Sa colère se porte, en premier lieu, sur la vision qu'il juge caricaturale d'une classe ouvrière faisant face à toutes les autres classes, ne formant qu'« une masse réactionnaire ». C'est, pense-t-il, confondre la fin du processus révolutionnaire, c'est-à-dire l'affrontement entre la classe ouvrière et la bourgeoisie, y compris démocratique, et le processus lui-même qui suppose de s'appuyer, selon les étapes, sur cette dernière. Il critique aussi l'absence de vision d'une véritable solidarité des classes ouvrières au profit d'un vague appel à l'union des peuples qui risque de ne pas tenir longtemps face à la pression nationaliste. Il y dénonce enfin la faible place laissée à l'action syndicale au profit de l'État dont l'intervention est sans cesse sollicitée (ce qui ne saurait être, pour Engels, que ponctuel, l'objectif restant son dépérissement).

Au fond, la confusion idéologique est telle qu'elle conduit un militant socialiste comme Paul Brousse, déjà en 1882, à dissocier le marxisme de son inspirateur : « Le marxiste, écrit cet élu de Paris, ne consiste pas à être partisan des idées de Marx. À ce titre, beaucoup de ses adversaires actuels, et particulièrement celui qui écrit ces lignes, serait marxiste[2]. » C'est donc moins la philosophie de Marx qu'une philosophie inspirée de celui-ci qui est en passe, à la fin du XIXe siècle, de devenir la référence de l'ensemble de la IIe Internationale. « À partir du dernier quart ou du dernier cinquième du XIXe siècle, fait remarquer Raymond Aron dans son cours, la pensée

1. *Critique du programme de Gotha et d'Erfurt*, Paris, Éditions sociales, 1972, p. 52.
2. Paul Brousse, brochure : « Le marxisme et la IIe Internationale », 1882.

de l'exilé londonien est devenue l'idéologie progressivement de plus en plus officielle d'un grand mouvement social. Le passage de la pensée de Marx au marxisme s'est opéré essentiellement par l'intermédiaire d'Engels, et les sociaux-démocrates, amis d'Engels, Bebel et surtout Liebknecht, puis Kautsky qui a été entre 1895 et 1914 l'idéologue officiel de la IIe Internationale[1]. » Le problème est que ce « passage » s'apparente plus à une « trahison » qu'à une translation, ce dont rendra compte la doctrine officielle de l'Internationale que va contribuer à édicter pendant plus de vingt ans l'un des chefs du socialisme allemand, Karl Kautsky, justement, que l'on surnommera le « pape » de la social-démocratie. Celui-ci tirera son autorité tout à la fois de sa proximité avec Engels[2] (comme si celle-ci l'avait doté d'une sorte d'infaillibilité théorique) et de son travail unique de synthèse et de vulgarisation.

Pourtant, sa lecture des « commandements » de Marx prend quelques libertés par rapport aux intentions de l'auteur. Moins par reniement que pour, une fois de plus, « ajuster » l'interprétation qu'il donne de Marx au contexte intellectuel et aux nécessités politiques dans lesquelles se trouve alors placée la social-démocratie allemande. Il s'efforce tout d'abord de rapprocher Marx du positivisme et du darwinisme qui s'affirment à la fin du XIXe siècle. Frappé par la loi de l'évolution, soucieux de conforter aussi la prétention de Marx à bâtir une science, il veut transposer dans la vie sociale les lois observées dans la nature et faire du matérialisme historique une sorte de décalque de la sélection naturelle, le socialisme succédant au capitalisme comme les espèces mutantes à celles incapables de s'adapter aux changements de leur écosystème. Il en déduit une forme de déterminisme réduit à une « mécanique » bien éloignée de l'analyse de Marx qui avait pris soin d'introduire dans sa lecture de l'histoire les interactions liées aux situations politiques, sociales, etc.

Mais Kautsky veut aussi « réconcilier » le marxisme avec les besoins politiques du socialisme allemand. Replié sur le Reichstag

1. Raymond Aron, *Le Marxisme de Marx*, Paris, Bernard de Fallois, 2002, p. 28.

2. C'est en quelque sorte sous son contrôle qu'il publie, en 1887, *Les Doctrines économiques de Marx*, destinées à vulgariser le tome premier du *Capital*...

pendant les dix années des lois d'exception, le SPD prend alors de plus en plus la forme d'un parti d'action parlementaire tourné vers la réforme sociale, rendant d'autant plus nécessaire la réaffirmation à l'extérieur de sa vocation révolutionnaire. Au fond, moins la révolution apparaît envisageable ou praticable en raison d'un rapport de force trop favorable à l'État allemand, plus il convient de s'y référer afin de ne pas faire retomber l'enthousiasme du prolétariat. Le programme d'Erfurt (1891) traduit bien cette ambiguïté, dont le premier volet, théorique, écrit par Kautsky, prédit l'effondrement du système, et le second, rédigé par Bernstein, plus politique, dresse l'inventaire des réformes réalisables sur la durée d'une mandature. Kautsky est conscient que cette discordance entre théorie et pratique risque cependant, en devenant trop apparente, de se révéler désastreuse. Il entreprend donc, pour conjurer le péril de la désillusion, de réarticuler l'une et l'autre, ce qu'une interprétation « fataliste » du marxisme lui permet de faire : si l'effondrement du capitalisme est inéluctable, fait-il valoir, peu importe alors que le parti use d'une pratique réformiste, la révolution venant à son heure. Ce n'est donc pas la renier que de l'attendre, mais seulement se soumettre à l'histoire : « La société bourgeoise prépare avec tant d'ardeur sa propre destruction, qu'il ne nous reste qu'à attendre le moment de prendre le pouvoir qui lui tombera des mains », peut ainsi s'exclamer August Bebel[1].

Tétanisé par les lois d'exception, convaincu qu'une agitation révolutionnaire conduirait à son interdiction complète, le SPD fait le choix d'une prudence que la théorie « mécaniste » de ses chefs permet de légitimer. Et dans son « catéchisme social-démocrate » poussant la logique à son terme, Kautsky n'hésite pas à établir une distinction entre « parti révolutionnaire », ce que le SPD doit rester, et « parti qui fait la révolution », ce qu'il doit à tout prix se garder de devenir. « Nous savons, écrit-il, que nos buts ne peuvent être atteints que par une révolution ; mais nous savons aussi qu'il n'est pas plus en notre pouvoir de faire cette révolution qu'il n'est en celui de nos adversaires de l'empêcher [...]. Et comme nous ne pouvons pas faire

1. Cité par Mathias Erich, *Idéologie et pratique : le faux débat Bernstein-Kautsky,* Annales Économie, société, civilisations, 19e année, n° 1, 1963, p. 23.

cette révolution à notre gré, nous ne pouvons affirmer quoi que ce soit à son sujet, dire à quelle date, dans quelles conditions et sous quelles formes elle se produira[1]. » CQFD.

La théorie du « fruit mûr », telle qu'ainsi énoncée, présente l'avantage, pour le jardinier socialiste, de lui laisser tout loisir d'entretenir pacifiquement ses pelouses, voire même de faire pousser quelques légumes frais agréables au palais des prolétaires (les réformes sociales), en gardant l'œil sur l'arbre et la fleur qu'il porte. Toute violence apparaît dès lors superflue. Mais, si ce lien tissé entre théorie et pratique permet au socialisme de se tourner vers l'action réformiste sans se dédire de sa vocation révolutionnaire, il comporte une limite évidente : c'est que la seconde étant devenue la justification de la première, il est impossible de s'en défaire jamais. La remettre en question comme voudra le faire, on va le voir, Bernstein (qui allait inviter le parti « à oser paraître ce qu'il est »), reviendrait non seulement à « assumer » une pratique à laquelle chacun au fond s'est rallié[2], mais surtout à obliger le parti à redéfinir son identité, à ne plus accepter son héritage marxiste que sous bénéfice d'inventaire. Bref, à ne plus être lui-même. Danger que Kautsky mesure implacablement : « Aujourd'hui, un seul facteur pourrait pousser les masses du prolétariat à se détacher volontairement des méthodes pacifiques de combat : c'est la disparition de la foi dans le caractère révolutionnaire du parti. Par son pacifisme trop accentué, nous mettons en danger l'évolution pacifique[3]. » Garder la révolution pour but permet d'en faire l'économie comme moyen. Mais le procédé, pour subtil qu'il soit, n'est pas non plus sans danger. En accordant, de facto, la priorité à la tactique, il réduit la théorie à un dogme d'autant plus strict que seule une interprétation orthodoxe de celui-ci peut apporter une véritable caution à l'attentisme qui lui sert de politique. La réflexion ouverte, parce que inachevée, de Marx devient un système clos ; sa dialectique, une parole sacralisée ; sa critique, un outil limité au seul capitalisme, chacun s'efforçant de constituer et

1. *Ibid.*, p. 25.

2. « Mon cher Eddy, ce sont des choses que l'on fait mais que l'on ne dit pas », écrira Igniz Auer à Eduard Bernstein.

3. *Ibid.*, p. 25.

d'entretenir ce que Karl Korsch appellera plus tard la « pieuse légende[1] ».

Comment ne pas s'effrayer du saisissant contraste qui s'opère alors entre un mouvement social en pleine force et une doctrine qui sent déjà l'embaumeur ? Les conditions de l'accouchement du marxisme, si elles n'ont pas nui à la vitalité de l'enfant, l'ont indéniablement privé d'oxygène pour qu'il n'en porte pas, pour longtemps, les stigmates !

---

1. Karl Korsch, *La Fin de l'orthodoxie marxiste*, ICC, vol. 3, n° 11 à 12, décembre 1937.

CHAPITRE V

Le socialisme est-il soluble dans la démocratie ?

Cette facilité que s'autorise ainsi le mouvement socialiste est d'autant plus regrettable que, en un peu moins d'un siècle, il s'impose comme la principale innovation doctrinale en Europe autour de quelques traits distinctifs (et parfois contradictoires[1]).

Fidèle à ses origines, le socialisme presque centenaire, et pourtant dans la force de l'âge, se veut d'abord et toujours une utopie, c'est-à-dire le rêve d'un autre monde, harmonieux, dont aura disparu la source des désordres sociaux comme des injustices. À l'exception peut-être de Louis Blanc et des socialistes républicains, rejetés par leur échec dans les oubliettes de l'histoire, tous annoncent, par des moyens différents (Proudhon, Marx), ou parfois même sans se poser la question des moyens (Fourier, Saint-Simon), un monde nouveau, du phalanstère au communisme. Tous s'inscrivent dans l'idée qu'un autre monde est possible, mieux même : nécessaire et inéluctable ! Et les crises économiques auxquelles le capitalisme a été confronté tout au long du siècle ne font que les conforter dans cette conviction. Mais tous consacrent plus de temps à faire le procès de l'ordre établi qu'à préciser les contours de l'ordre nouveau auquel ils travaillent.

1. Cf. Michel Winock, *Le Socialisme en France et en Europe*, *op. cit.*

C'est que le socialisme se veut aussi une philosophie de l'histoire et, en ce sens, un héritage des Lumières : le temps cyclique des Anciens, ce temps figé, laisse la place à l'idée de progrès, c'est-à-dire celle d'un processus qui conduit l'humanité sinon du mal vers le bien, du moins vers le mieux. Le socialisme cousine ainsi avec la plupart des grands courants qui naissent du mouvement de la science, à commencer, on l'a vu, par le darwinisme (au point qu'Engels dira de Marx à ses obsèques qu'il est « le Darwin du socialisme qui a découvert les lois de l'Histoire humaine »). Il est certain d'aller vers un « avenir radieux ».

Au cœur de cette conception de l'histoire, la Révolution française offre l'exemple du possible, elle est l'accoucheuse, le moyen par lequel le nouveau monde pourra naître et l'histoire s'accomplir. Là se trouve aussi l'origine d'une tendance insurrectionnelle qu'incarnent Blanqui, puis Vaillant, au sein de la SFIO. De là vient l'importance donnée à la conquête du pouvoir d'État dans la marche de la société vers le socialisme : autant par Louis Blanc, le « légaliste », que par Marx, le révolutionnaire...

Mais le socialisme se veut plus encore une doctrine économique : né on l'a vu avec la révolution industrielle, fondé sur la critique du capitalisme et plus encore du libéralisme économique, le socialisme s'identifie peu à peu à la socialisation des moyens de production. Si ses conditions et ses modalités font discussion entre ses phalanges (mutualistes, corporatistes, étatistes, etc.), l'idée a fini par s'imposer.

Le socialisme, c'est aussi un parti : celui du prolétariat. S'il est né indépendamment du mouvement ouvrier, le développement de celui-ci a nourri sa croissance. Il aura cependant fallu près d'un siècle pour que s'opère la greffe de la doctrine sur la classe ouvrière : là encore, selon des modalités variables en France, en Grande-Bretagne ou en Allemagne, mais partout au bénéfice de grands partis. Et tout comme le rapport à la Révolution française et au suffrage universel influencera le caractère du socialisme, son rapport au mouvement syndical aura des conséquences décisives sur sa personnalité selon les pays. Toujours est-il que c'est l'émergence de ce « phénomène de masse » qui va donner au mouvement socialiste, dans le dernier quart du XIXe siècle, sa force propulsive, exagérant d'ailleurs son influence : la mobilisation sociale est si rapide et si régulière qu'elle apparaît à ses adversaires comme à ses partisans quasi irrésistible.

Ce socialisme, enfin, ne peut plus se défendre d'une inspiration démocratique : sa naissance comme sa diffusion se produisent avec, ou vont suivre de peu, l'essor du parlementarisme et du suffrage universel : il est en Grande-Bretagne contemporain du chartisme ; en France, plus tard en Allemagne, de la république. La chronologie joue, à cet égard, un rôle décisif dans la nature des relations qui s'établissent entre l'une et l'autre : la social-démocratie allemande y est, par exemple, d'autant plus attachée que son combat s'identifie à la démocratisation progressive de l'empire. À l'opposé, la Révolution française et l'établissement du suffrage universel étant antérieurs à l'affirmation du mouvement en France, celui-ci se montrera toujours plus circonspect. D'autant qu'il a fait en juin 1848 et en mai 1871 l'expérience d'un suffrage universel favorable à la réaction et au conservatisme. Le marxisme, dans le prolongement de Saint-Simon, nourrit même une critique virulente des droits de l'homme et de l'« illusion politique ». Mais leur montée en puissance comme force parlementaire, partout en Europe, conduit les socialistes à s'intégrer à la démocratie et à progressivement la revendiquer. Au point que Jaurès pourra plus tard le définir comme la « République jusqu'au bout ». Cet attachement à la démocratie ne va cependant pas, dans un premier temps, jusqu'à reconnaître le pluralisme : en réalité, l'acceptation du suffrage universel est liée à la conviction que la classe ouvrière, appelée à devenir la majorité sociologique, ne manquera pas d'obtenir automatiquement la majorité politique pour ensuite abolir les structures économiques et politiques de la société bourgeoise. Au fond, la relation du socialisme à la démocratie reste ambiguë. Ce dont témoigne la notion de dictature du prolétariat à laquelle chacun s'est rallié, mais qui est, pour les uns, la justification du coup de force et, pour les autres, l'expression de la loi absolue de la majorité démocratique et sociale.

De sorte qu'en ce début de XXe siècle la problématique la plus difficile pour le socialisme est celle de la démocratie (ou, par opposition, celle de la violence, voire même de la révolution) : c'est vers elle que convergent toutes les controverses et que se nouent ou se dénouent toutes les contradictions.

La conception dominante est liée directement à la façon dont le marxisme définit le mouvement de l'histoire. Le gradualisme d'un Leroux ou d'un Louis Blanc a presque été effacé des mémoires. C'est l'économique qui détermine le politique. Autrement dit, l'accentuation de la contradiction entre la concentration des moyens de production et la propriété privée, et la paupérisation que cela engendre conduisent inexorablement le système à la crise. Dès lors, le mouvement socialiste se donne comme mission d'unifier le prolétariat pour le préparer à la prise du pouvoir. L'action parlementaire n'est qu'une façon parmi dautres d'y parvenir, une manière d'accompagner l'irréversible basculement vers un monde nouveau.

Le problème, c'est que cette vision va très vite entrer en conflit non seulement avec la réalité économique, c'est-à-dire l'évolution que va suivre le capitalisme, mais aussi avec la montée en puissance politique et électorale des mouvements socialistes. Elle les condamne en effet à une impuissance relative : l'attente du grand soir. Sans les aider à répondre à une double interrogation pourtant incontournable : quel est, en premier lieu, le degré acceptable d'intégration du parti dans les institutions démocratiques ? Quel moyen privilégier ensuite pour trancher le nœud gordien : la révolution ou un processus ? Autonomie ou intégration ?

À cette double question, le syndicalisme révolutionnaire, lui, répond d'une façon claire et nette : la politique est corrosive, elle érode la volonté révolutionnaire et éloigne de l'identité ouvrière. Pour garder sa pureté, la révolution doit s'identifier au syndicat qui préfigure dans son organisation le socialisme futur. Et l'avènement de celui-ci ne pourra venir que de l'initiative des travailleurs eux-mêmes : la grève générale ! Hubert Lagardelle en résume bien le point du vue au congrès de la SFIO à Toulouse en 1908 : « Si la démocratie suffisait, je serai démocrate et je ne serai pas dans un congrès socialiste. La démocratie par les procédures, les moyens d'action qu'elle met en œuvre, est incapable de créer des valeurs nouvelles. Si la démocratie était pleinement suffisante, s'il n'y avait qu'à tirer les conclusions dernières, pourquoi serions-nous socialistes ? Le mouvement socialiste, qui est un mouvement ouvrier, a précisément pour but d'apporter des règles de vie, les institutions qui ne ressemblent pas aux institutions du passé. »

Resurgit la question de la fin et des moyens. Les partis sociaux-démocrates peuvent-ils, pour y répondre, s'en remettre à la formule (destructrice) d'August Bebel : « Le sens de la présence des socialistes au Reichstag est simplement d'apporter la démonstration aux masses que la bourgeoisie ne pourra jamais satisfaire à leurs besoins les plus élémentaires », au risque de rester planté là, au bord du Rubicon, « pour pêcher à la ligne », le temps que l'histoire fasse son œuvre ? Ou bien peuvent-ils d'ores et déjà jeter des ponts en direction de l'autre rive au risque de se compromettre ? L'alternative n'est pas théorique : plus le socialisme gagne en voix et en sièges, plus il y est confronté. Les dirigeants de l'Internationale en sont d'ailleurs bien conscients, mais se résignent à accepter un écart croissant entre la théorie et la pratique. D'autres, au contraire, cherchent à sortir de l'impasse, convaincus que l'arrivée du socialisme à une forme de maturité électorale doit s'accompagner de la même maturation doctrinale.

« Le but n'est rien, le mouvement est tout. »

Le mouvement de contestation va d'abord venir de la social-démocratie elle-même et de l'intérieur du plus grand parti social-démocrate, le parti social-démocrate allemand, sous la plume d'Eduard Bernstein. Son objectif : mettre le socialisme en face de ses responsabilités, en phase avec son temps. L'attaque est d'autant plus durement ressentie qu'elle vient du sérail, d'un homme qui figure parmi les fondateurs du parti et qui occupe depuis l'origine des fonctions dirigeantes. Exilé en Angleterre, il fut désigné par Engels comme son exécuteur testamentaire. Or, Bernstein considère qu'il n'est plus possible de laisser sans réponse la grande question soulevée par la pensée socialiste contemporaine : comment concilier une théorie déterministe avec les aléas du combat démocratique ? Comment ne pas, au nom de la nécessité historique, se résigner à l'impuissance politique ? Et, à l'inverse, comment croire à l'inéluctabilité de la crise dans une période de prospérité dont profite la classe ouvrière ? En vingt ans, la production industrielle en Allemagne n'a-t-elle pas progressé de 150 % ? Et peut-on continuer à confondre le capitalisme de la grande industrie, qui émerge de la dépression des années 1870-1890, avec le capitalisme sauvage du milieu du siècle dernier ? Tout cela ne doit-il pas conduire, sinon à composer, du moins à ajuster la théorie à la réalité ?

Jusqu'alors, la question ne s'était exprimée que de manière « opportuniste » et n'avait guère soulevé d'inquiétude. Cette fois, un socialiste ose théoriser ce qui n'avait été qu'initiatives isolées. Et Bernstein publie en 1899 *Les Présupposés du socialisme* : « Il ne s'agit pas, tempère-t-il, d'opposer à la doctrine marxiste une autre doctrine ou théorie sociologique. Il ne s'agit pas non plus de réfuter le marxisme [...], le progrès de la science sociale n'est pas dans la réfutation mais dans l'assimilation et le développement des conséquences de l'œuvre scientifique de Marx ; [...] cette continuation ne peut être menée à bonne fin si on ne fait pas d'abord l'inventaire critique de la théorie[1]. »

Il s'agit seulement de desserrer l'étau du matérialisme historique. Si l'on veut bien admettre, considère-t-il, que les modes et les rapports de production déterminent des situations et des institutions toujours plus complexes, comme nous le montre la réalité économique, alors il faut considérer que celles-ci sont susceptibles de gagner en autonomie et d'exercer en retour une influence, ou en tout cas un effet direct ou indirect sur le cours des choses. Cette considération n'oblige-t-elle pas à récuser toute lecture mécaniste de l'histoire et plus encore de certaines situations historiques ? « Le degré de l'évolution atteint laisse aux facteurs idéologiques [...], éthiques, le champ plus libre qu'auparavant [...]. La fatalité d'airain de l'histoire subit ainsi une restriction qui [...] signifie pour la pratique de la social-démocratie, non pas une diminution, mais une augmentation quantitative et qualitative de ses devoirs politico-sociaux[2]. »

Aussi suggère-t-il de substituer à une conception matérialiste de l'histoire une conception économique, c'est-à-dire une conception qui veut que « l'économie est toujours le facteur déterminant, le facteur suprême et le point de départ de tous les mouvements his-

1. Édouard Bernstein, *Socialisme théorique et social-démocratie pratique. Réponse à mes critiques socialistes*, Paris, Les Nuits rouges, 2010, p. 19.

2. *Ibid*, p. 55.

toriques », sans pour autant exercer sur ceux-ci une « influence inconditionnelle[1] ».

Après avoir ainsi ouvert l'espace à l'initiative idéologique, Bernstein s'attaque à élargir celui offert à l'initiative sociale. À prendre la théorie de la lutte des classes et de la plus-value au pied de la lettre, rappelle-t-il, le capitalisme devrait se traduire par une concentration croissante des biens et des productions et, du fait de l'exacerbation de la compétition économique, par une baisse des salaires. Or, c'est tout le contraire auquel on assiste : l'augmentation de la richesse globale se traduit par une amélioration de la condition ouvrière, et par l'émergence d'une classe intermédiaire, dont le rôle politique ne peut plus être sous-estimé. Bernstein en vient du coup à contester l'inéluctabilité des crises en s'appuyant notamment sur l'expérience de celles vécues antérieurement et sur le développement des cartels susceptibles d'en prévenir ou d'en atténuer les effets. Dès lors, les conditions de l'établissement du socialisme n'en sont-elles pas radicalement changées ? La première, fait-il valoir en toute orthodoxie, réside dans un degré élevé de développement capitaliste. Or, celui-ci n'est atteint ni en Angleterre ni en Allemagne où plus de la moitié de la population active travaille dans de petites entreprises, le commerce ou de petites exploitations agricoles. « De telle sorte que si en Allemagne l'État voulait, dans un avenir prochain, exproprier toutes les entreprises occupant 20 personnes et plus, il resterait encore des centaines de milliers d'entreprises avec plus de 4 millions de salariés qui continueraient à être conduites par les particuliers[2]. »

La seconde condition passe par la conquête du pouvoir politique par le prolétariat. Mais comment définir ce dernier ? « Si on comprend sous cette appellation tous ceux qui ne jouissent d'aucun revenu tiré de la propriété, ils constituent évidemment une majorité absolue[3] » dont l'hétérogénéité saute cependant aux yeux. Il paraît dans ces conditions bien difficile, selon lui, de leur conférer un intérêt commun qui transcende les différences de salaire, de qualification, etc. Il convient enfin d'observer, souligne-t-il avec malice, qu'à

1. *Ibid*, p. 58.
2. *Ibid*, p. 150.
3. *Ibid*, p. 151.

supposer que le prolétariat ouvrier puisse représenter la majorité et être doué d'un projet commun, cela ne signifie pas qu'il en ait une claire conscience. Le nombre de voix obtenu par le SPD aux élections n'est pas égal au nombre de salariés ni d'ouvriers. On voit mal dans ces conditions comment leur confier le gouvernement de leurs entreprises.

Mais à peine s'est-il livré à cet exercice, qui n'avait pour objectif que de démontrer la complexité du processus visant à instaurer le socialisme (entendu comme un associationnisme), que Bernstein abandonne toute prudence en se lançant dans un éloge de la démocratie présentée à la fois comme « le moyen et comme le but du socialisme ». Pourquoi ?

D'abord, parce que grâce au suffrage universel et aux réformes qu'il a permises la démocratie n'aboutit certes pas à la disparition des classes, mais, ce qui n'est pas mince, à la suppression de la domination politique d'une classe sur une autre (ce dont témoignent l'instauration de l'impôt progressif sur le revenu, la tenue d'élections libres, l'extension du service public, etc.) ; ensuite, parce que la démocratie ouvre la voie à un progrès social par la loi que les progrès de l'économie rendent possible ; enfin, parce qu'elle est le moyen de prévenir la constitution de corporations ou de forces hostiles à la liberté ou à l'égalité. Aussi doit-elle s'accompagner du développement de syndicats qui constitueront un utile contrepoids en même temps qu'un moyen de contrôle de la direction des entreprises[1]. Ce faisant, il n'exclut ni le maintien d'entreprises à direction privée, ni toute logique de concurrence sous réserve d'une régulation publique inspirée des thèses de la démocratie industrielle chères aux fabiens. Disant, au final, « les choses comme elles sont », il n'hésite pas à proclamer que « la dictature des classes appartient à une époque révolue ». Ni à définir le socialisme comme un « libéralisme organisationnel », présentant les socialistes comme les vrais descendants d'un courant libéral, égaré dans le refus de la souveraineté populaire et la promotion de la concurrence sauvage.

1. Bernstein s'oppose, en effet, à la gestion directe des entreprises par les salariés eux-mêmes au motif qu'au lieu de se mettre au service de l'intérêt général ils seraient alors dominés par la préoccupation de la réussite de leur propre entreprise à l'instar de l'évolution observée dans les coopératives de production.

Il invite du même coup le socialisme à redéfinir ses objectifs et à se recentrer sur la personne humaine. « Le développement et l'épanouissement libre de la personne sont au cœur de toutes les mesures socialistes, même de celles qui semblent coercitives. Si on y réfléchit un peu, on verra toujours qu'il s'agit là d'une coercition qui procurera plus de liberté dans la société qu'elle ne lui en ôtera[1] », à l'instar de la limitation de la durée du travail par exemple. Ayant présenté la démocratie libérale comme une initiative « souple, transférable et évolutive », il ne lui reste plus qu'à plaider pour une transformation graduelle de la société dont la responsabilité incombe de par sa force même à la social-démocratie allemande. « Qu'elle ose donc paraître pour ce qu'elle est », lui conseille-t-il, reprenant le beau vers de Schiller dans *Marie Stuart*, et la mettant au défi d'assumer ouvertement les compromis auxquels elle ne cessera de procéder jusqu'à la guerre. Et d'appeler le SPD à se mettre en mouvement plutôt qu'à se retrancher derrière un but final qu'il serait bien extravagant de définir compte tenu de l'évolution erratique des sociétés et dont la référence ne pourrait, en conséquence, que constituer un obstacle à tout véritable changement. « Le but n'est rien, le mouvement est tout », observe-t-il, associant la transformation socialiste à un processus continu de réformes dont le contenu ne peut être déterminé « *a priori* », mais au regard seulement des situations historiques particulières.

Mais, pour vigoureuse qu'elle soit, cette tentative, explicite, de réconcilier le socialisme avec la démocratie, et plus largement avec le libéralisme politique, vient trop tôt. Elle est encore inassimilable par la social-démocratie. Les buts assignés par Bernstein au socialisme ne sont-ils pas clairement l'épanouissement de l'individu ? Les moyens qu'il retient pour y parvenir, l'organisation de l'économie dans un cadre démocratique où le suffrage universel, les lois de la majorité, le contrôle notamment syndical et le respect des minorités sont-ils garantis ? Ce faisant ne propose-t-il pas d'inverser l'ordre de priorité selon lequel, l'organisation doit rester au service de l'individu, et le tout au service du sujet ? Comment imaginer un discours plus différent de celui tenu alors par tous les grands leaders socia-

1. *Ibid*, p. 197.

listes qui viennent à peine de forger leur unité doctrinale sur le « marxisme » qui leur a servi à combattre et à vaincre le « syndicalisme » d'action directe ?

Appel au renouvellement intellectuel contre le confort de la pensée, l'ouvrage de Bernstein déclenche une polémique violente ! On l'accuse d'avoir, en exil, subi trop longtemps l'influence de la bourgeoisie anglaise : il fallait l'esprit fort d'un Marx pour y résister et écrire à Londres *Le Capital*, moque méchamment Rosa Luxemburg. D'autres lui reprochent (le Russe Plekhanov) d'embellir honteusement la situation ouvrière. Quant à Karl Kautsky, il se fend d'une réponse hargneuse dans laquelle il accuse Bernstein d'avoir détourné les écrits de Marx et d'Engels pour servir son propos. Sans même prendre la peine de réfuter son analyse de l'Allemagne contemporaine. La raison en est simple : accepter le débat, c'est le perdre. Aussi le grand Karl n'entend-il nullement ouvrir une controverse, mais bien plutôt la clore le plus vite possible. Et si Bernstein, bien qu'attaqué, bénéficie d'une relative complaisance (étant lu, publié, commenté), c'est pour éviter que la polémique ne s'étende. Minimiser l'attaque, c'est en minimiser les effets ! C'est le dogme qu'il faut protéger, celui patiemment édifié, on l'a vu, grâce au prodigieux « esprit de synthèse » de Kautsky, et qui permet aux opportunistes comme aux révolutionnaires les plus ardents de vivre sous le même toit. Aussi ses thèses révisionnistes sont-elles tout simplement désavouées à une écrasante majorité lors du congrès de Dresde (1903).

Vers un socialisme d'évolution...

Mais peut-on en rester là ?

Le débat ouvert par Bernstein va-t-il se limiter au parti allemand ou gagner toute l'Internationale ? Et *quid* du socialisme français, déjà si rétif au marxisme que Guesde peine à imposer ? À Paris, la controverse ne prend pas. D'abord, parce que le gradualisme a déjà ses défenseurs : regroupés autour de Paul Brousse, les « possibilistes » se sont faits les propagateurs d'un socialisme de la réforme, voire même d'un socialisme municipal tirant sa force de ses réalisations concrètes. Ailleurs, le courant est minoritaire, même s'il inspire de nombreux « indépendants », en particulier au sein du groupe parlementaire. Benoît Malon, le directeur de *La Revue socialiste*, s'efforce, à travers l'idée d'un « socialisme intégral », d'associer le socialisme à une revendication morale, une forme de transcendance. Fiers de leur histoire et de leur singularité, les socialistes français ont par conséquent bien du mal à voir dans les thèses de Bernstein une véritable innovation. D'autant que la querelle qui agite le socialisme allemand intervient en France dans un contexte politique particulièrement troublé.

Divisé en multiples tendances, le socialisme français est en butte à un intense débat interne qu'a ouvert l'affaire Dreyfus et accentué l'entrée au gouvernement d'un des siens, le député Alexandre Millerand. Ces tensions ont fait voler en éclats la première véritable tentative de réunification, celle de la salle Japy arrachée en 1899. Mais devant les conséquences électorales désastreuses de ces disputes incessantes, la question de l'unité se fait lancinante, au point que l'Internationale elle-même doit l'exiger à Amsterdam de ces Gaulois batailleurs. Reste à déterminer sur quelle ligne. Or, l'« hérésie » professée par Bernstein conduit évidemment les tenants de l'orthodoxie marxiste à un maximum de vigilance et même à être, s'agissant du Parti ouvrier français de Jules Guesde, particulièrement vindicatif.

Au total, le congrès d'Amsterdam (1904) est pour Jaurès, tenant d'une ligne plus réformiste, un échec, encore que le « grand soleil de l'unité », pour reprendre sa formule, luise pour tout le monde. La partie s'était en effet mal engagée dans la mesure où Guesde avait obtenu que soit mis à l'ordre du jour l'élargissement à tout le mouvement socialiste international de la motion approuvée à Dresde par le SPD, bannissant le principe de « toute participation ministérielle sauf circonstances exceptionnelles et sous réserve de l'accord du parti ». Jaurès, qui a approuvé l'entrée de Millerand au gouvernement quelques années plus tôt, est évidemment directement visé. Bien qu'il ait su organiser sa défense (plus la classe ouvrière se développe, plus ses responsabilités politiques directes à l'intérieur de chaque pays s'accroissent), il se fait vertement reprocher par Bebel de vouloir briser l'unité du mouvement socialiste en France et en Europe. Selon Bebel, en refusant de voir que le capitalisme donne le même résultat partout et que la ligne de combat doit, par conséquent, être la même partout (à savoir se placer sur le terrain de la lutte des classes et refuser toute compromission avec le pouvoir bourgeois en place), Jaurès commet une faute qui doit être sanctionnée.

Pour le député de Carmaux, qui fait valoir au contraire que « la République a de par ses origines en France une signification de progrès et de liberté qu'elle n'a pas nécessairement au même degré dans d'autres pays » (allusion à l'incapacité de la social-démocratie allemande à obtenir une démocratisation du régime impérial), c'est évidemment une rebuffade. Mais celle-ci fait long feu. Certes, c'est aux conditions de l'Internationale, et au total à celles de Guesde, que l'unité du socialisme français est décrétée et la SFIO créée. Mais cette unité va devenir pour Jaurès, non la camisole dont ses adversaires ont rêvé pour lui, mais le vecteur de ses thèses. À l'intérieur du mouvement, Jaurès n'a de cesse de faire vivre une approche personnelle dont la dynamique intellectuelle fait de lui le leader moral de la SFIO, comme bientôt de l'Internationale. Et pour une raison simple : il n'hésite pas à se colleter directement avec les grandes questions que contournent ses adversaires au sein du mouvement – la participation au pouvoir, les rapports à entretenir avec le mouvement syndical, la construction du socialisme.

Ses adversaires se placent en effet dans une situation qui, parce qu'elle choisit la facilité théorique, multiplie les difficultés politiques et pratiques. Tous, de Guesde à Kautsky, se sont faits les propagateurs d'un déterminisme qui doit conduire à l'inéluctable chute du capitalisme. Cette attitude non seulement nuit à leur crédibilité (n'annoncent-ils pas régulièrement, mais en vain, la venue de la crise finale ?), mais les condamnent à l'impuissance. À quoi cela sert-il de mener un combat électoral et d'élire des députés si c'est, comme le proclame Bebel, simplement pour faire la démonstration que le capitalisme ne peut changer par lui-même. Le résultat en est un salmigondis de positions contradictoires qui oppose le plus souvent le groupe parlementaire à la direction du parti, comme en Allemagne sur le vote des crédits militaires. Enfin, la quasi-excommunication prononcée contre le mouvement syndical pour avoir refusé de se soumettre à l'autorité du « politique » prive le socialisme d'une force pourtant bien nécessaire et d'une réflexion indispensable sur cette sensible période de transition vers le socialisme. Conscient de ces contradictions, Jaurès va donc amorcer une démarche politique globale visant à les surmonter. En témoignent tout d'abord ses rapports avec le syndicalisme révolutionnaire, empreints de respect mutuel jusqu'à Amsterdam. Si Jaurès avait voté l'exclusion des syndicats de l'Internationale à Londres en 1896, il n'avait eu de cesse, depuis, de corriger son approche en multipliant les contacts aussi bien sur le terrain (il est partout aux côtés de tous les grévistes) que sur le fond, en montrant un intérêt particulier pour les thèses de Pelloutier et de Griffuelhes. Leurs relations se sont cependant un peu tendues au début du XXe siècle au moment où Jaurès construit puis affine sa vision d'un nécessaire élargissement des alliances aux radicaux pour protéger la République des forces de la « Réaction » dont il a pu mesurer la vigueur dans les différents soubresauts de l'affaire Dreyfus. Il en déduit une conception nouvelle de l'État et de la transformation sociale, l'un pouvant contribuer à l'autre à travers des réformes graduelles dont, à plusieurs reprises à la Chambre des députés, il s'est fait, en vain, l'artisan ; en particulier sur la question des retraites.

Et si les échanges prennent parfois une tournure virulente, c'est moins de son fait que de celui de ses indociles contradicteurs. Ainsi le leader de la CGT, Griffuelhes, qui a succédé à Pelloutier, l'épingle-t-il le 4 janvier 1903 en des termes pour le moins dénués d'aménité : « Un homme, né dans un milieu différent qui cherche à niveler la mentalité ouvrière à la sienne, ne peut que fausser le caractère des manifestations ouvrières [...]. La qualité de politicien ne confère pas le monopole et la sincérité du génie [...]. Les militants n'attendent pas de la bourgeoisie réformes sur réformes qui rendent inutile un effort révolutionnaire[1]. »

Jaurès n'est guère affecté, au moins sur un plan politique, par ces attaques. En raison d'abord de sa grande popularité au sein de la classe ouvrière ; en raison ensuite de la stratégie qu'il conduit et qui l'amène à privilégier les convergences entre le mouvement politique et le mouvement syndical. Son but ? Donner au socialisme une force suffisante pour peser sur les événements sociaux et politiques et, pense-t-il demain, internationaux. « Ce qui caractérise le syndica-

1. Cité par Alain Bocus, « Jaurès, la CGT, le syndicalisme révolutionnaire et la question sociale », Actes du colloque de Nérac pour les cent ans de la charte d'Amiens.

lisme révolutionnaire, proclame-t-il, ce n'est pas l'emploi de tel ou tel procédé, c'est l'idée communiquée au prolétariat que tout effort partiel de libération et de revendication vaut surtout en vue de l'effort total ; c'est la conscience toujours plus nette qu'ont les travailleurs de la force montante du travail ; c'est le parti pris d'obliger enfin la société bourgeoise à capituler devant la puissance du salariat graduellement développée[1]. »

Le rapprochement SFIO/syndicalisme est d'autant plus important que Jaurès considère, dès 1905, que le radicalisme, utile pour défendre la République, a en revanche épuisé son potentiel de transformation démocratique et sociale. Aussi ne recherche-t-il pas, auprès du mouvement syndical, une alliance de rechange, mais plutôt une forme de prise de relais, une sorte de second moteur avec lequel améliorer encore la propulsion du courant socialiste. La République étant assurée, c'est la question sociale qui doit désormais prévaloir ! Les efforts de Jaurès ne restent pas sans résultat : à l'approche de la guerre, une convergence de plus en plus marquée s'établit entre ses positions de toujours, plus ouvertes au thème de la grève générale (en tout cas pour protéger la paix), et celles du nouveau leader de la CGT, Léon Jouhaux, qui donne des points au réalisme politique et social du député du Tarn.

Et là se trouve la force de Jaurès : dans sa capacité à articuler une réflexion de fond sur la transformation sociale, pensée et radicale, à une méthode, démocratique et progressive. Il aide ainsi le mouvement socialiste à surmonter ses contradictions. Au total, sa vision du capitalisme et de l'organisation socialiste à venir, qui restera d'ailleurs particulièrement stable et cohérente tout au long de sa vie, aide à faire accepter à la gauche de la SFIO, comme aux militants syndicaux, l'idée d'un changement progressif et maîtrisé excluant la violence[2]. Dans une communication à la Fondation Jean-Jaurès, Marion Fontaine, montre très bien comment Jaurès garde toute sa vie une vision fortement critique du capitalisme qui porte sur son injustice intrin-

1. *Ibid.*

2. Il paraît dans ces conditions difficile d'en faire simplement un socialiste républicain, comme le tentera Michel Winock. Sa vision du capitalisme, comme son attachement au marxisme, plaide contre une pareille description.

sèque « qui n'est pas pour lui un accident, mais se confond avec son ressort moteur[1] ». Aussi ne récuse-t-il pas la théorie de la valeur avancée par Marx et qui est au fondement de la lutte des classes, c'est-à-dire de l'affrontement inéluctable entre le capital et le travailleur dès lors que celui-ci veut améliorer ses conditions. Certes se joint à cette analyse classique une dimension que n'auraient pas désavouée les premiers socialistes : Jaurès dénonce le capitalisme pour le désordre, ou plutôt la désharmonie sociale, qui l'accompagne. Mais cette critique se double d'une vision du changement différente de celle préconisée par l'orthodoxie marxiste. La dynamique économique et sociale que Marx observe, loin de se disjoindre, peut au contraire s'associer, se fondre l'une dans l'autre pour produire un niveau toujours plus élevé de richesses et de progrès social. Ainsi Jaurès voit-il dans l'action parallèle des grands capitaines d'industrie (en matière d'innovation, ou via la concentration de la production) et du mouvement syndical (pour obtenir des avancées sociales) une contribution commune au progrès de l'humanité[2]. À l'extrême limite, le socialisme serait même pour lui la façon de mettre en œuvre cette collaboration au service d'un double idéal de développement et de justice sociale. Il constituerait une forme d'organisation supérieure au capitalisme, puisque régulant la concurrence et prévenant les risques de crise qu'il porte en lui (« comme la nuée porte l'orage »), tout en conservant sa force inventive ; associant tout aussi bien le prolétariat à la gestion des grandes entités quand celles-ci ne lui seraient pas entièrement confiées (coopératives), et s'appuyant enfin sur l'État pour ce faire.

Comment à ce titre ne pas être frappé par la continuité de pensée du Jaurès des premières années, et notamment des *Études sur l'organisation socialiste* publiées en 1895, et le Jaurès des derniers chapitres de *L'Armée nouvelle* publiée presque vingt ans plus tard, en 1911 ? Le socialisme y apparaît dans la continuité du capitalisme auquel « il pourrait se superposer[3] ». Cette analyse éclaire alors sa

1. Jean Jaurès, « Organisation socialiste », *La Revue socialiste,* n° 128, août 1895.
2. Jean Jaurès, *L'Armée nouvelle*, Paris, Éditions sociales, 1915.
3. Marion Fontaine, « Jean Jaurès et le capitalisme », conclusion à la journée de travail de la Fondation Jean Jaurès, « Socialisme européen et capitalisme », 20 novembre 2009.

vision du changement qu'il exprime avec brio à Toulouse en 1908, obtenant, trois ans après l'unité si péniblement acquise, la quasi-unanimité du congrès sur une méthode qui ne peut être selon lui que gradualiste. La question, précise-t-il, n'est plus de savoir ce que peut être le but du socialisme (à savoir la substitution totale de la propriété sociale à la propriété capitaliste). « La question est désormais de savoir comment atteindre ce but. » Et de démontrer que la réforme, contrairement à ce que prétendent trop de socialistes, ne s'oppose pas à la révolution, mais que l'une et l'autre se renforcent mutuellement. Comment accuser Jaurès, après cela, d'avoir trahi l'idéal et l'originalité du socialisme français d'avant Marx[1] ?

... mais pas vers une « Internationale révisionniste » !

Pourtant, Jaurès ne cesse de se démarquer de Bernstein, dont tout semble le rapprocher. Ils ont, certes, des points communs : tous deux sont des intellectuels, des philosophes qui ont consacré une large part de leur vie à la réflexion théorique. Et tous deux sont engagés dans la politique active : ils sont parlementaires et occupent des fonctions dirigeantes dans leur parti respectif. Au-delà, l'un et l'autre sont armés par un même esprit de libre examen. Ils refusent la pensée figée, le dogme, et l'expriment l'un et l'autre, face aux sectaires de leur propre parti (Kautsky, Guesde, etc.). Ainsi, Bernstein se refuse à voir dans le socialisme une science : « Une science se bornerait à constater ce qui est, alors que le socialisme veut ajouter quelque chose. » Tous deux sont passionnément attachés à la liberté de pensée ; animés par une grande tolérance et une aversion pour la violence ; leur humanisme (qu'exprime si bien la formule de Jaurès face au cas Dreyfus : « Nous ne sommes pas

1. Aussi convient-il de relativiser, sinon de démonter, la thèse de ceux qui feront d'Amsterdam et de Jaurès les fossoyeurs de l'originalité du socialisme français, à l'instar de Vincent Peillon, *La Révolution française n'est pas terminée* (Paris, Seuil, 2008), et de Jacques Généreux, *Le Socialisme néo-moderne ou l'avenir de la liberté* (Paris, Seuil, 2009). J'aurai soin d'y revenir !

tenus pour entrer dans le socialisme de sortir de l'humanité ») les rapproche symboliquement, jusqu'à leur mort : Jaurès, juste avant la guerre de 1914 ; Bernstein en décembre 1932, juste avant l'arrivée au pouvoir d'Hitler, même si évidemment le contexte de l'assassinat de Jaurès donne à sa disparition une dimension dramatique supérieure.

Cette proximité les conduit à fonder le socialisme sur des valeurs morales que Marx aurait moquées ; il s'agit là d'une évolution majeure. Le socialisme n'est plus seulement (pour Jaurès), pas du tout (pour Bernstein), le résultat d'une nécessité économique. Il est d'abord l'expression d'une volonté d'émancipation de l'individu qui court à travers l'histoire et trouve sa force dans le besoin et l'idéal de justice qui parcourt l'humanité. « La force du socialisme réside dans ce qu'il fait sienne l'antique revendication des philosophes, le perfectionnement le plus élevé du genre humain », s'exclame Bernstein, dans des termes que ni Proudhon ni Leroux n'auraient désavoués.

De l'humanisme ainsi assumé à la démocratie, la transition se fait naturellement. Si le socialisme n'est plus seulement un produit de l'histoire, mais repose sur sa force de conviction, celle-ci doit s'exprimer dans le seul cadre possible, le cadre démocratique. Et celui-ci ne doit plus être regardé comme une menace, mais bien plutôt comme une opportunité. Même si Bernstein y voit, lui, un outil pour instaurer le socialisme et la forme même de sa réalisation.

Jaurès se montre déjà plus prudent, pour qui la démocratie n'est qu'un vecteur de la transformation sociale : à la fois parce qu'elle favorise la propagande socialiste, mais aussi parce qu'elle offre, par la loi, des leviers d'action. Aussi ne se confond-elle pas avec l'idéal à atteindre. Elle constitue, pour lui qui à la différence de Bernstein en a une connaissance pratique, un formidable instrument de clarification des luttes et de leurs enjeux : « Le suffrage universel, malgré ses incertitudes, malgré ses erreurs et ses surprises, c'est la lumière, le plein jour. En lui, toute force est obligée de s'exprimer, toute concurrence est obligée de se livrer. Les ruses n'y peuvent réussir qu'une heure : l'évolution légale laisse à tous les partis, à toutes les classes, le temps de réparer leur fautes, de déjouer les manœuvres, de dissiper les mensonges, de se connaître soi-même et de connaître l'ennemi. La force, c'est la nuit, comme c'est l'inconnu[1]. » Il ajoute une conception nouvelle de l'État, popularisée dans *L'Armée nouvelle* : l'État n'est pas l'instrument d'une classe mais le résultat d'un rapport de forces entre les classes. Il peut donc devenir, on l'a vu, le vecteur d'un changement, au fur et à mesure que ce rapport de forces évolue en faveur du prolétariat.

Malgré ses nuances, ils en arrivent cependant tous deux à la conclusion que le socialisme peut ainsi être atteint de manière graduelle, par la réalisation de réformes qui, s'ajoutant les unes aux autres, changeront la nature du régime économique et social. C'est cette théorie de l'infiltration, de l'imprégnation que résumera bien un peu plus tard Albert Thomas qui voudra « réaliser des morceaux de socialisme dans la République ».

Les désaccords entre Bernstein et Jaurès sont ailleurs. Ils s'expliquent peut-être d'abord par la différence des contextes politiques nationaux dont on a vu combien ils différaient. Mais pas exclusivement. La nature de leur parcours[2] les oppose également. Eduard Bernstein est un socialiste qui va vers la démocratie, il y a été amené par les contradictions de la social-démocratie allemande et du marxisme ; Jaurès a opéré le chemin très exactement inverse. Ce républicain, ce démocrate, est allé vers le socialisme par « le dégoût » que lui a inspiré l'incapacité de la République à intégrer la réforme. Le problème est plus profond : alors que Bernstein fonde son approche réformiste sur une révision assumée du marxisme, Jaurès y voit simplement le prolongement de ce dernier. L'un prône la mutation, l'autre la synthèse.

Eduard Bernstein conteste, on l'a vu, plusieurs points de la théorie de Marx. Celui-ci, concède-t-il, a eu le mérite de libérer la réflexion des « fausses lois naturelles » du libéralisme. Mais il a commis l'erreur de ne voir dans l'évolution des forces économiques et sociales qu'une dialectique, c'est-à-dire un mouvement hégélien de contradiction et d'affrontement. Il reproche ainsi à Marx, retrouvant des accents proudhoniens, de n'avoir pas vu que la dynamique économique et sociale

1. Jean Jaurès, *Préface aux discours parlementaires*, Genève, Slatkine, 1980.
2. Léo Hamon, *Socialisme et pluralité,* Paris, Gallimard, 1976.

pouvait aussi venir de la coopération des contraires, de l'association des forces antagonistes, ce dont Jaurès est prêt à convenir.

Bernstein fait ensuite le constat que les bouleversements économiques annoncés par Marx ne se sont pas produits et que, loin d'avoir polarisé la vie sociale autour de l'affrontement de deux blocs, la prospérité capitaliste s'est au contraire traduite par l'émergence d'une classe moyenne, comme de petits propriétaires agricoles, obligeant le socialisme a cherché parmi eux des alliés. Ce que Jaurès n'écarte pas d'ailleurs. Bernstein en conclut à la nécessité de réformes élaborées en fonction du contexte politique, économique et social, le socialisme se définissant en quelque sorte en marchant.

Or, c'est justement le dernier de ces « présupposés » que Jaurès refuse de reprendre à son compte. Dans une conférence prononcée le 10 février 1901 devant les étudiants collectivistes de Paris, il ne renonce ni à l'idée d'une finalité révolutionnaire, c'est-à-dire à l'établissement d'une société socialiste, y compris par une rupture brutale à un moment donné ; ni à l'idée que le socialisme serait l'aboutissement d'un processus historique. Pour lui, le socialisme est d'autant plus fort qu'il associe au mouvement historique, identifié par Marx, un enthousiasme lié à sa valeur morale. Il se refuse à séparer l'un de l'autre. Ainsi choisit-il non d'opposer mais d'associer matérialisme et idéalisme, réforme et révolution, élection et lutte des classes. Sa préférence va à l'évidence à la force de l'idée, à la méthode démocratique et à la réforme. Mais il refuse de rompre avec l'idée et la méthode, l'objectif même, révolutionnaires. Cette préférence et cette articulation sont particulièrement perceptibles dans son discours au congrès de Toulouse en 1908 que nous avons déjà évoqué et qui constitue sans doute la synthèse la plus éclairante de la pensée de Jaurès à sa maturité. « Nous n'acceptons pas, s'exclame-t-il, que l'on oppose l'action d'aujourd'hui à l'action d'après-demain [...]. L'esprit révolutionnaire et l'action réformatrice du parti [...], l'esprit révolutionnaire réel est en proportion de l'action réformatrice efficace et l'action réformatrice efficace est en proportion de la vigueur même de la pensée et de l'esprit révolutionnaire [...]. Le parti socialiste est un parti de révolution précisément parce qu'il ne se borne pas à réformer, précisément parce qu'il est un parti essentiellement révolutionnaire, il est le parti le plus activement et le plus réellement réformateur[1]. »

Bernstein s'exprime depuis le cœur du mouvement socialiste international, la social-démocratie allemande. Il peut aller d'autant plus loin sur le plan théorique que l'unité du SPD est forte ; que la question du pouvoir ne se pose que d'un point de vue théorique ; que les socialistes allemands ont un espace politique électoral indiscuté qui autorise les remises en question. La situation est très différente en France : Jaurès refuse de renoncer au déterminisme historique parce qu'il y voit à la fois le moyen de forger un optimisme pour la classe ouvrière, que le seul combat politique et moral ne peut permettre d'atteindre, et aussi la condition de l'unité du mouvement socialiste, toujours instable, toujours menacée. D'autant qu'une partie de celui-ci reste marquée par sa défiance à l'égard de la démocratie.

Jaurès et le marxisme

L'on ne peut à proprement parler qualifier Jaurès de « marxiste ». On ne peut guère non plus le dire révisionniste. Sa philosophie s'est constituée antérieurement à sa découverte de l'œuvre de Marx et celle-ci n'en a pas altéré les principes : c'est l'idée, c'est-à-dire l'histoire, qui mène le monde et la conscience de l'homme ne peut être réduite par conséquent à n'être que le reflet de la réalité économique. Jaurès, pour défendre ce point de vue, s'appuie sur les héritiers d'un « socialisme des intellectuels[2] », choqués par la pauvreté et le caractère frelaté du marxisme importé, mais plus encore déterminés à maintenir la pérennité d'un courant d'idées, refusant d'assimiler la condition humaine à sa seule condition matérielle. Ce courant est animé par l'un de ces hommes « de la race d'Herder » dont se réclame le jeune Léon Blum dans ses *Nouvelles Conversations de Goethe avec Eckermann*, où il évoque de manière à peine voilée son ami Lucien Herr (bibliothécaire de l'École normale supérieure de 1888 à sa mort en 1926). Pour ceux-là, le changement, en particulier

1. Jean Jaurès, *Rallumer tous les soleils*, Paris, Omnibus, p. 678.
2. Georges Lefranc, *Jaurès et le socialisme des intellectuels,* Paris, Aubier, 1968.

le changement social, ne peut venir que du travail d'esprits avancés destinés à jouer non pas un rôle politique ou de gouvernement, mais celui de catalyseur des idées et des forces intellectuelles. Ce courant peut d'autant moins se satisfaire du marxisme qu'il n'attend pas la société nouvelle seulement d'une révolution matérielle, mais d'une révolution des esprits, d'une moralisation et d'une régénération de ses buts, c'est-à-dire d'une élévation spirituelle de l'humanité. En quelque sorte héritier du saint-simonisme, il est pétri de positivisme, c'est-à-dire de la volonté de partir des faits et de fonder toute certitude sur l'expérimentation. Les similitudes avec les fabiens sont très nettes, comme en attestent les nombreux contacts de Lucien Herr avec Béatrice et Sydney Webb.

Dès lors, le socialisme répond moins à une nécessité qu'à une exigence morale. Mais celle-ci, selon Jaurès, ne plane pas sans attache sur la société : elle s'incarne au contraire dans le prolétariat en raison de la situation misérable dans laquelle il reste maintenu et qui fait injure à l'humanité. Jaurès fait, en quelque sorte, entrer l'idéalisme dans la lutte des classes. L'idée que le fonctionnement de toute société soit caractérisé par une confrontation pour l'accaparement de la richesse lui paraît en effet le principal apport de Marx : il a mis au jour, pense-t-il, la vérité des sociétés que Jaurès a découverte pour sa part en 1893 lors de la terrible bataille des mineurs de Carmaux. Et c'est la réalité de cette confrontation qui plaide tout aussi bien pour l'unité du mouvement socialiste, politique et syndical, que pour la collectivisation de la propriété qui, seule, permettra d'y mettre un terme.

En revanche, plusieurs éléments le séparent de Marx ou du « marxisme » qui en est issu : la victoire de la classe ouvrière n'est nullement acquise ; elle s'inscrit certes dans un mouvement de l'histoire, mais que les hommes peuvent contrarier ou amplifier. D'autant qu'il n'est pas vrai, pense-t-il, se rapprochant ainsi de Bernstein, que le développement du capitalisme se traduirait par un appauvrissement général que l'on ne constate nulle part, sauf peut-être dans les nouvelles colonies. Le socialisme doit compter, dès lors, sur ses propres forces et d'abord ses propres vertus pour l'emporter : il doit savoir s'adapter aux circonstances et construire des alliances avec la petite bourgeoisie lorsque la République est menacée ; il doit agir pour introduire dans la société les prémices de la société nouvelle, chaque fois que l'opportunité lui en est donnée (lois sur les retraites, développement du mouvement coopératif, etc.) ; il doit enfin chercher à convaincre, au-delà de ses frontières naturelles, puisque l'idéal de justice peut inspirer des hommes indépendamment de leur appartenance sociale et parfois même contre leurs propres intérêts ; il doit enfin revoir sa conception de l'État pour en faire un outil et un arbitre.

Jaurès s'efforce donc d'introduire dans le socialisme une totale liberté de pensée contre ceux qui ne font que ressasser des psaumes ; il élargit au marxisme la dimension critique que celui-ci n'a pas hésité à appliquer à la société capitaliste tout entière pour permettre au mouvement ouvrier d'agir dans celle d'aujourd'hui et non en fonction de celle d'hier. Il s'échine, au fond, à faire du socialisme un humanisme en en faisant non la loi de l'histoire, mais le produit d'une volonté, non un ordre économique, mais une harmonie sociale[1].

Révision au révolution : nouvelle ruse de l'histoire

La jeune Rosa Luxemburg[2] résume le début ouvert par le révisionnisme : « Si la critique de Bernstein est juste, cela veut dire que la théorie marxiste est fausse. » Les thèses révisionnistes ne sont guère en vogue au sein de l'Internationale. Elles sont pourtant largement mises en œuvre : au Reichstag, le groupe SPD n'hésite pas à apporter son soutien en 1909 à l'impôt sur la succession, comme le groupe socialiste à la Chambre des députés à celle sur les retraites un an plus tard.

La révolution n'est pas pour autant officiellement abandonnée. Elle est plus officieusement simplement différée. Elle reste un objectif : on doute de plus en plus, en revanche, de devoir (de pouvoir ?) en faire un moyen. Bref, on reproche à Bernstein d'avoir dit un peu haut ce que beaucoup sont prêts à reconnaître, un ton en dessous naturellement.

1. Charles Andler, *La Civilisation socialiste*, Lormont, Le Bord de l'eau, 2010. On retrouvera l'écho de ce point de vue dans le discours de Jaurès à Toulouse *in* Georges Lefranc, *Jaurès et le socialisme des intellectuels, op. cit.*, p. 51.

2. Rosa Luxembourg, *Réforme sociale ou révolution ?, in Œuvres*, vol. 1, Paris, La Découverte, 2001.

Aussi, la crise révisionniste va-t-elle susciter un « choc en retour » que la prudence sémantique des dirigeants de l'Internationale est impuissante à empêcher, à moins qu'elle n'y contribue directement...

Mais alors que Bernstein attendait de son offensive qu'elle renforce le camp de la réforme, celle-ci va plutôt conduire à donner des arguments au camp de la révolution !

Le nouveau contexte économique et social, né de la sortie de la grande dépression, et qui laisse espérer au tournant du siècle une prospérité mieux partagée dont Bernstein a fait son argument, peut tout aussi bien justifier une resucée de la poussée révolutionnaire. Si le régime capitaliste se révèle à ce point friable, estiment les plus radicaux, pourquoi ne pas accentuer la poussée et passer directement à la révolution ?

C'est précisément la question que va poser dès 1902 un membre du Parti ouvrier social-démocrate de Russie, Wladimir Ilitch Oulianov, dit Lénine[1]. Que faire ? Sa réponse est sans ambiguïté : se saisir du pouvoir ! Sans doute « ne s'agit-il, comme le rappelle Marcel Gauchet[2], que d'un ouvrage mineur destiné à trancher de misérables querelles au sein de son propre parti. Mais la portée du propos va plus loin ! Elle traduit un désaccord profond et qui sera bientôt définitif sur les conditions mêmes de la révolution ».

Pour Lénine, les réformes n'ont pour conséquence que d'en éloigner la perspective parce qu'elles affaiblissent la conscience révolutionnaire du prolétariat. Bernstein a raison, dit-il, de présenter celui-ci comme acquis au trade-unionisme ! C'est justement pourquoi il faut conserver au parti la volonté révolutionnaire qui s'étiole dans la classe ouvrière en faisant de celui-ci, dans son organisation, comme dans ses méthodes et sa direction, une véritable avant-garde... En ce tout début de siècle, la révision ne viendrait-elle plus d'où on l'attendait ?

---

1. Lénine, *Que faire ?*, 1902.
2. Marcel Gauchet, *À l'épreuve des totalitarismes, 1914-1974*, vol. 3, Paris, Gallimard, 2010.

CHAPITRE VI

Le retour du refoulé révolutionnaire…

Aussi est-ce sans avoir tranché la problématique du passage démocratique, ou révolutionnaire, au socialisme, que le mouvement se trouve aux prises avec une seconde question qui, dans les circonstances du début du siècle, lui fait dramatiquement écho : celle de la nation et, plus largement, du pacifisme et de la guerre, sans doute, pour reprendre l'expression de Georges Haupt, « l'une des plus complexes qu'il ait eu à traiter[1] ».

Pourtant, Bernstein comme Jaurès avaient averti de son importance : les progrès de la démocratie via l'universalité du suffrage et la reconnaissance de droits sociaux au plus grand nombre n'allaient-ils pas nécessairement attacher plus étroitement le prolétariat à la nation, alimentant à l'égard de celle-ci un sentiment sinon de copropriété, du moins de cogestion ou de coresponsabilité ? Dès lors, la montée du sentiment national n'allait-il pas devenir l'une des composantes incontournables du débat politique ?

Sur cette question, issue des bouleversements de l'ordre mondial et de l'accélération du développement industriel, va se briser la IIe Internationale elle-même : c'est-à-dire non seulement la solidarité organique établie entre les différents partis sociaux-démocrates, mais

1. Georges Haupt, Michaël Lowy, Claude Weil, *Les Marxistes et la question nationale, 1848-1914,* Paris, L'Harmattan, 1997.

aussi l'unité doctrinale du mouvement ouvrier tout entier qui ne survivra pas au premier conflit mondial.

L'impensé national

Pourtant, ni la doctrine de la Ire ni celle de la IIe Internationale ne nie complètement l'existence d'une question nationale. Marx et Engels, dans le *Manifeste du parti communiste,* sont certes tranchants : « Les prolétaires, y proclament-ils, n'ont pas de patrie. On ne peut leur prendre ce qu'ils n'ont pas. » Mais c'était pour ajouter aussitôt : « Du fait que le prolétariat doit commencer par conquérir le pouvoir politique, s'ériger en classe nationale, se constituer lui-même en nation, il reste lui-même national », non sans préciser que ce ne saurait être « au sens bourgeois du terme ». Pour Engels, le plus prolifique sur le sujet, la question nationale reste seconde par rapport à la question sociale. Le « détour » par la nation n'est en quelque sorte qu'un passage obligé dans sa résolution. Aussi donne-t-il le ton : la nation ne peut constituer en aucune façon un but en soi, mais seulement un moyen de faire avancer les intérêts ouvriers. Il ne lui a pas échappé que c'est dans le cadre de la nation juridiquement constituée en État que peut plus facilement s'opérer l'émancipation de la classe ouvrière. L'État comme la nation forment un couple puissant et unificateur qui constitue une étape et un instrument du processus révolutionnaire. Mais cette approche se borne à prendre acte de la création des États-nations sur le continent européen. Elle ignore du même coup le problème du colonialisme à peine abordé par Engels qui, reprenant une distinction d'Hegel, n'hésite pas à séparer les nations « historiques » ayant vocation à se constituer en États, c'est-à-dire en acteurs de l'histoire, des nations « sans histoires » qui, elles, n'ont d'autre destin que de rester intégrées au cadre étatique auquel elles appartiennent déjà.

La vision que Marx et Engels donnent de la question nationale reste donc en permanence et totalement instrumentale. Certes, ils s'associent à la revendication d'autodétermination des grandes nations européennes, telle qu'elle s'est s'exprimée en 1848. Ainsi, rédigeant en 1864 le manifeste de la première Association internationale des travailleurs, Marx propose de faire du libre choix des peuples un principe de base de la nouvelle organisation ouvrière. Mais la définition qu'il en donne n'a rien de sentimental. Elle ne concerne que les grands pays comme l'Allemagne ou l'Italie, en quête de leur unité, où peut émerger une puissante classe ouvrière que la constitution d'États indépendants ne peut qu'unifier et renforcer. Mais elle ne s'étend en aucun cas aux « nationalités » multiples qui s'agitent partout en Europe, et notamment en Europe centrale. Et elle ne vaut pour des pays occupés par des forces étrangères comme la Pologne que pour autant qu'elle serve à affaiblir les puissances réactionnaires qui l'asservissent, en introduisant un coin au cœur même du triangle de fer que constituent alors l'Autriche-Hongrie, la Russie et le nouvel Empire allemand issu de la guerre de 1870. Et le soutien que Marx comme Engels apportent à la Pologne sera ainsi toujours inversement proportionnel à la puissance du mouvement révolutionnaire. La question irlandaise les oblige bien, peu à peu, à nuancer leur raisonnement en y faisant entrer les notions de « nation dominante » ou de « nation dominée ». Mais la perspective reste exclusivement politique et révolutionnaire. Le rapport de forces qu'exerce un peuple sur un autre, fait remarquer Engels, est doublement pénalisant pour le mouvement ouvrier. Pour celui de la nation dominante dans la mesure où celle-ci est amenée à y consacrer l'essentiel de son énergie et à utiliser, pour garantir sa domination, l'exacerbation d'un sentiment national soutenu par un renforcement des moyens policiers et militaires en contradiction avec l'évolution démocratique de l'État concerné. Et pour celui de la nation dominée, puisque la question nationale y prend alors le pas sur la question sociale qui risque dans ces conditions d'être ignorée. Si bien qu'au total la primauté pour les « marxistes conséquents » reste clairement à l'action de classes. Et c'est fidèle à cette approche qu'Engels, après la mort de Marx, incite ses amis socialistes à mieux prendre en compte la donnée nouvelle que constitue l'affirmation partout d'États pour organiser sur cette base et de manière efficace le mouvement ouvrier. La création de la IIe Internationale n'est-elle pas d'ailleurs justement la conséquence de l'émergence de grands partis ouvriers sociaux-démocrates tirant précisément leur force de leur implantation nationale ? Paradoxe qui n'est pas sans fournir une explication utile au peu d'appétence que montre aussitôt la nouvelle organisation à l'égard des conséquences possibles du chauvinisme colonial ou de l'agitation des « nationalités », ces minorités incluses dans des États « multinationaux » dont ils cherchent à toute force à s'émanciper.

Il faut attendre son congrès de Londres en 1896 pour qu'il y soit fait explicitement allusion, via un projet de résolution « adopté au milieu de l'incompréhension et de l'indifférence générale[1] ». Au total, l'Internationale se complaît dans une sorte de « cosmopolitisme utopique » que dénoncent bientôt Antonio Labriola en Italie ou Otto Bauer en Autriche, sans incommoder le moins du monde le « leader » moral de l'International, Karl Kautsky, qui en reste ainsi à une théorie assez proche de celle de Marx et d'Engels pour décrire ce qu'est un État national : à la fois principal outil de formation d'une nation moderne, produit du mode de production capitaliste à un moment donné, et caractérisé d'abord et quasi exclusivement par la langue…

« Comme pour les libertés bourgeoises, écrit-il, les prolétaires doivent prendre fait et cause pour l'unité et l'indépendance de leur Nation face aux éléments réactionnaires particularistes comme face aux éventuelles attaques de l'extérieur. Dans ce sens ils sont nationaux. Mais leurs intérêts ne s'opposent pas aux intérêts de leurs camarades de classe d'autres Nations. Les capitalistes d'une Nation ont un intérêt à ce que leurs homologues de classe étrangers fassent produire dans les conditions les moins favorables. Les ouvriers d'une Nation ont le plus grand intérêt à ce que leurs camarades de classe étrangers soient dans la situation la plus favorable possible. Plus les salaires augmentent en Allemagne, plus les organisations ouvrières sont consolidées et renforcées, mieux il en est pour les travailleurs allemands mais aussi pour les Suisses, les Français, les Anglais et inversement. Meilleure est la condition des ouvriers d'une Nation et plus grandes sont les chances qu'ils restent dans leur pays au lieu d'immigrer […]. À mesure que se développe le mode de production moderne s'approfondit la solidarité internationale des travailleurs, alors que s'amenuise la solidarité nationale entre ouvriers et capitalistes

1. *Ibid.*, p. 40.

d'une même Nation[1]. » Ce qui le conduit à conclure, contre la réalité d'alors, qu'il ne saurait y avoir de contradiction possible entre action nationale et action internationale, les différents peuples d'Europe étant in fine liés par une communauté de destin économique !

Point de vue si global et si pratique qu'il permet d'ignorer les problèmes soulevés par les situations concrètes et opère ainsi un large consensus au sein du mouvement socialiste, rompu seulement par quelques critiques périphériques. Celles de Rosa Luxemburg d'abord, qui invite les socialistes à ne pas sous-estimer le potentiel révolutionnaire que recèle le mouvement national ou celui des nationalités. L'ignorer, avertit-elle, reviendrait à courir le risque de se laisser dépasser. Aussi importe-t-il de le prendre en compte pour en faire en quelque sorte le cheval que pourra enfourcher le prolétariat révolutionnaire. Et de préconiser une stratégie variable selon les circonstances ou les pays, mais ayant pour constante l'objectif de conquête du pouvoir politique et économique par le prolétariat. Ainsi soutient-elle la revendication nationale des chrétiens dans l'Empire ottoman, mais critique-t-elle à l'inverse la même revendication en Pologne qui risque d'affaiblir le mouvement révolutionnaire engagé dans l'ensemble de l'Empire russe.

La seconde source de contestation vient tout naturellement des socialistes d'Autriche-Hongrie, confrontés, au sein de l'empire des Habsbourg, à l'imbrication de plus en plus forte des populations de nationalités différentes que produit le développement économique. Clivages sociaux et nationaux ont ainsi progressivement tendance à se recouper, mais aussi à brouiller les enjeux : les ouvriers tchèques qui viennent travailler dans une capitale, Prague, à dominante allemande, sont confrontés à une bourgeoisie, mais aussi à un prolétariat qualifié essentiellement germanique et hostile. La situation n'est guère différente à Vienne entre Autrichiens, Hongrois et autres minorités de l'empire présents dans la capitale, démontrant de facto qu'il n'est alors pas possible de séparer question sociale et question nationale. D'où une série de réflexions, allant de la revendication de l'autonomie individuelle (Karl Renner plaidant pour la reconnaissance d'un statut culturel attaché aux personnes apparte-

1. Citations de Karl Kautsky, « La nationalité moderne », 1887, in *ibid.*

nant aux minorités à l'intérieur d'un État multinational, mais restant unifié) à celle du fédéralisme, à l'instar des thèses développées par Otto Bauer. Voyant dans l'existence des nations un fait historique et culturel, Bauer considère que le mouvement socialiste doit les traiter comme une donnée permanente et non comme un simple moment, une parenthèse que pourrait refermer l'internationalisation des économies. Il va encore plus loin en considérant que le succès de la révolution sociale s'accompagnera même d'un renforcement des identités nationales.

« Le but du prolétariat, écrit-il, est l'abolition de toutes les différences de classes. Atteindre ce but donnerait à l'unité des Nations une solidité qui, à ce jour, n'a jamais existé. Aussi forts que puissent être dans certaines conditions les intérêts communs de tous les membres de la Nation, leur action a été affaiblie par les antagonismes de classes. En revanche, leur suppression déboucherait sur une cohésion nationale, une solidarité qui n'a eu de pareille que dans les collectivités communistes primitives. Mais loin de menacer la paix, poursuit-il, cette évolution permettra au contraire de la fonder plus solidement. L'isolement des collectivités primitives n'est plus possible pour les Nations actuelles et futures. Elles doivent s'associer toujours plus étroitement jusqu'à ce qu'elles forment enfin une unique grande société. Et cette concentration n'aura pas lieu par des luttes nationales dès lors que les antagonismes économiques, le commerce de marchandises et la concurrence commerciale seront supprimés, ni par l'asservissement et la dégradation des Nations plus faibles, mais par la force omnipotente de l'avantage que cette association apporte à tous [...]. La tâche de ce siècle est de frayer la voie à ce développement par la suppression des antagonismes économiques qui, d'une part, séparent les Nations les unes des autres et qui, d'autre part, divisent de plus en plus les Nations elles-mêmes, et par l'établissement d'une vie internationale, mais en même temps d'une vie nationale unie[1]. » Bref, loin d'entraîner la disparition des diversités culturelles, la suppression des antagonismes économiques et de classes permettra au contraire à celles-ci de prospérer et de contribuer à l'enrichissement de tous les peuples.

1. *Ibid.*, p. 126.

« Le fait que le socialisme rende la Nation autonome et fasse de son destin le produit de sa volonté consciente a pour conséquence une différenciation croissante dans la société socialiste, une accentuation de leur particularité, une démarcation plus nette entre les caractères nationaux. Ce jugement surprendra peut-être ; aussi bien les amis et les adversaires du socialisme sont-ils persuadés que le socialisme nivellera la diversité nationale, diminuera ou supprimera les différences entre les Nations. [...]

« Il est certain que le contenu matériel des différentes cultures nationales sera nivelé dans la société socialiste. Cette tâche a déjà été entreprise par le capitalisme moderne [...]. En revanche, le capitalisme moderne a enseigné aux Nations à apprendre les unes des autres ; tout progrès technique est approprié en quelques années par le monde entier, toute modification du droit chez les peuples voisins est étudié et imité. Chaque courant de la science, de l'art, influence des peuples cultivés du monde entier. Il est hors de doute que le socialisme va accentuer cette tendance cosmopolite de notre civilisation [...], mais il serait par trop hâtif d'en conclure que le nivellement des contenus matériels de culture rendra les Nations parfaitement identiques[1]. » Cette tentative de synthèse visant à prendre en compte la double préoccupation de solidarité entre les peuples et la reconnaissance des identités nationales, supposées ne pas s'affronter mais se compléter, reste cependant isolée au sein d'un mouvement qui, à l'exception de Lénine, ne veut voir dans le droit à l'autodétermination qu'une vague autonomie culturelle, voire territoriale, mais certainement pas un droit à l'indépendance !

Au total, l'Internationale se montre bien peu préparée à trancher ces débats, se contentant par exemple à Stuttgart en 1907 d'accepter la représentation en son sein des partis socialistes issus des différentes minorités nationales d'un même État. Elle condamne dès lors chaque section nationale à aborder seule et à sa façon la question désormais lancinante au tournant du siècle de la guerre et de la paix, laissant dériver les partis vers l'écueil sur lequel l'internationalisme se brisera.

1. Citation d'Otto Bauer, « La question des nationalités et la social-démocratie », in *ibid.*, p. 269.

Les contradictions de la social-démocratie allemande

Ainsi de la social-démocratie allemande qui, à partir de son échec électoral de 1907 (qu'elle attribue à l'efficace mise en question de son patriotisme par le gouvernement du Reich), adopte la politique de la plus grande pente : décidée à marchander son soutien à la politique coloniale du Reich, contre les nouvelles avancées sociales, elle se refuse obstinément à valider, à l'échelle de l'Internationale, l'idée d'une grève générale destinée à faire obstacle à la guerre, y voyant un risque d'être à cette occasion liquidée par un pouvoir qui n'avait pas hésité à l'interdire dans les années 1880. Aussi se montre-t-elle incapable de surmonter ses propres contradictions entre un courant droitier de moins en moins timide dans l'expression de son nationalisme et une majorité plutôt passive cherchant à concilier un internationalisme de principe avec la défense des intérêts allemands. Ainsi la déclaration du député Gustav Noske au Reichstag, selon laquelle en cas de guerre la social-démocratie allemande « ferait son devoir », n'est-elle ni sur le moment ni plus tard démentie par qui que ce soit, ni par Bebel ni par Kautsky, et cela malgré les protestations de l'aile gauche animée par Karl Liebknecht (« Militarisme ou internationalisme », 1907). La confusion est portée à son comble lorsque le groupe parlementaire au Reichstag va jusqu'à décider de voter les textes indispensables à la politique militaire du Kaizer au moment même où le congrès du SPD appelle au désarmement.

L'émergence de la notion d'impérialisme, pour caractériser les conquêtes coloniales, plonge le parti dans une même confusion et ce d'abord en raison des désaccords opposant les principaux dirigeants du SPD entre eux. Rosa Luxemburg y voit le stade ultime de la crise du capitalisme et, par conséquent, un processus, certes condamnable, mais inéluctable. À travers la colonisation, argumente-t-elle, le capitalisme met en coupe réglée les dernières ressources disponibles à l'échelle de la planète cette fois, comme il l'a fait auparavant, à l'échelle de la nation. Parce qu'il est une ultime tentative de garantir une profitabilité en chute libre, l'impérialisme est en quelque sorte le commencement de la fin du capitalisme[1]. Cette vision « pessimiste-optimiste » n'est cependant pas partagée par l'Autrichien Hilferding[2], qui voit dans l'impérialisme une opportunité pour le mouvement socialiste. S'il est le résultat de l'expansion d'un capitalisme financier à l'affût de nouvelles occasions de profits, son développement ne peut selon lui manquer de faciliter le passage au socialisme dans la mesure où celui-ci n'aura plus qu'à nationaliser quelques grandes banques pour prendre, à leur place, le contrôle d'une économie mondiale déjà presque entièrement sous leur direction. Et de voir, par conséquent, dans l'impérialisme non un prétexte à la guerre, mais un obstacle à celle-ci, les intérêts financiers des différents pays étant désormais trop étroitement liés pour déboucher sur un conflit...

Tous ces débats, hésitations, accommodements, approximations donnent irrésistiblement le sentiment que la social-démocratie allemande peine de plus en plus à résister à l'entraînement que constitue le mouvement national. Et si certains de ses dirigeants en prennent conscience, à l'instar une fois de plus de Bernstein, c'est sans véritablement trouver de solution pour dépasser pareille contradiction. Bernstein va laisser d'ailleurs dans cette tentative de « réconciliation » une part de sa crédibilité, tant elle est source de malentendus. D'abord, afin de donner quelques gages, se croit-il obligé de reconnaître le droit de la nation allemande à agir à l'égal des autres (tout en demandant que sa politique étrangère et coloniale soit soumise au contrôle du Reichstag afin de garantir notamment le respect des indigènes). Cependant, conscient de l'enjeu et des risques de dérives que peut comporter l'exercice d'un tel droit, notamment pour la paix, il s'efforce, dès le lendemain des élections de 1907, de construire une vision plus équilibrée, plus « noble », du patriotisme, à mi-chemin de la fuite en avant des « révisionnistes nationaux » et de l'internationalisme confiant de la gauche. Sa démarche lui paraît de nature, stratégiquement, à faire progresser la réflexion du parti ; tactiquement, à fermer la porte à l'offensive du courant nationaliste au sein même du SPD qu'anime en particulier Karl Leuthner. S'appuyant sur Nietzsche, évoquant le dépassement des valeurs traditionnelles auxquelles le

1. Rosa Luxemburg, *L'Accumulation du capital*, 1912.
2. Rudolf Hilferding, *Le Capital financier*, 1910.

prolétariat devra procéder pour répondre à l'appel de normes supérieures, celui-ci n'hésite plus en effet à s'en prendre désormais ouvertement à la tradition humaniste des Lumières pour plaider en faveur d'une « communauté culturelle » allemande fondée sur l'origine et la langue et autorisée à défendre (y compris par la force) ses intérêts. Avancée au départ, on l'a vu, comme une réponse à l'échec électoral de 1907, et justifiée, selon ses promoteurs, par la nécessité de reconquérir une partie du vote ouvrier séduit par le nationalisme, cette « rénovation » nationale fait cependant les affaires du gouvernement impérial dont la politique se trouve en quelque sorte validée sur sa gauche. Et affaiblit du même coup le mouvement socialiste en y introduisant une philosophie extérieure à sa tradition. Aussi Bernstein invite-t-il le parti à ne pas « biaiser », mais bien plutôt à prendre en compte l'indiscutable modernité du phénomène national même si cela doit, pour une part, bousculer la vision plus traditionnelle portée par l'Internationale.

Il s'efforce tout d'abord de mieux définir ce qu'est la nation de ce début du XXe siècle : l'une des formes les plus élaborées de la solidarité entre les hommes, un progrès de l'organisation sociale en quelque sorte, à la condition qu'elle s'accompagne concomitamment d'un renforcement des droits politiques et sociaux des citoyens. Pour Bernstein, à l'instar de l'individu doué de raison, fondement de la citoyenneté, la nation démocratique peut être le fondement d'un nouvel ordre international établi non sur la négation ou la disparition des nations, mais sur leur coopération. Citant Fichte, à la fois admirateur de la Révolution française et défenseur de la nation allemande après Iéna, il tente de convaincre son parti que la nation ne peut se concevoir sans un système de solidarité sociale et politique faisant de celle-ci non un fait constitué par la langue, l'origine ou les frontières, mais une communauté fondée en droit. La reconnaissance de la nation, expose-t-il, n'est donc pas contradictoire avec l'affirmation d'une solidarité internationale. Elle en est même la base, la pierre angulaire. De même qu'une démocratie est l'addition de citoyens libres, la société internationale doit être celle de nations libres qui, par le haut degré de développement et de droit qu'elles atteignent, aspirent à vivre en paix. Ses thèses, qui ne sont pas sans rappeler celles plus récentes d'Habermas sur le patriotisme constitutionnel, ne recueillent cependant que peu d'échos. Une fois de plus, elles dérangent au point d'être le plus souvent confondues par la majorité du SPD (restée fidèle à une vision « classique » de l'internationalisme) avec les positions plus extrémistes de la droite du parti qu'elles cherchent justement à contenir.

Jaurès et le combat pour la paix

De l'autre côté du Rhin, le débat semble au même moment plus ouvert. La position de Jaurès et avec lui du socialisme français semble alors plus cohérente et plus propre à résister au déchaînement des passions nationales. Certes Jaurès ne condamne pas non plus, pour autant qu'elle soit soumise aux mêmes exigences démocratiques que celles évoquées par Bernstein, la politique coloniale. Il ne condamne pas plus la nation (ou plus précisément dans son vocabulaire : la « patrie »), bien au contraire. « Aussi paradoxal et contradictoire que cela puisse paraître, c'est l'ambition universelle de la France qui justifie pleinement le patriotisme. » C'est pourquoi, « de même que dans l'humanité meurtrie du capitaine Dreyfus ou dans celle humiliée du prolétariat, Jaurès a pu voir l'humanité de tout homme, l'universelle humanité, il peut voir à la suite de Michelet dans la France, pays singulier, la même humanité universelle[1] ».

Il s'efforce de concilier patriotisme et socialisme. D'abord parce que, comme le souligne Madeleine Rebérioux, l'attachement de Jaurès à son pays, est « une donnée de jeunesse, une constante de sa nature à partir de laquelle s'élaborent peu à peu une théorie du fait national et une politique[2] ». Il a puissamment ressenti une sorte de lien charnel à la terre, mais aussi à l'histoire de son pays. La France a pour lui un visage, celui des paysages de son enfance, elle a une âme, celle que libèrent, pour qui sait les lire, les livres d'histoire.

C'est ce sentiment, cette affection même qu'il porte à la patrie, qu'il exprime en y voyant, mêlant nationalisme et poésie, « ce fond

1. Vincent Peillon, *Jean Jaurès et la religion du socialisme*, Paris, Grasset, 2000, p. 184.

2. Madeleine Rebérioux, *Jaurès et la Nation. Parcours engagés dans la France contemporaine*, Paris, Belin, 1999.

invisible d'impressions, d'images, de souvenirs, d'émotions, ces tours de pensées et de passions communs à tous les individus d'un même groupe que les influences multiples de la nature et de l'histoire, du climat, de la religion, de la guerre, de l'art ont largement façonné[1] ». Ensuite, parce que le sentiment national se confond encore pour lui intellectuellement avec le sentiment républicain, au moins jusqu'à l'affaire Dreyfus.

Cette certitude d'une synthèse possible, entre socialisme et patriotisme, le tient éloigné des faux débats de l'Internationale. Mais son attitude n'est pas figée ; il s'interroge face à ces réalités nouvelles que sont d'abord le boulangisme puis l'affaire Dreyfus qui lui révèle cette maladie du patriotisme qu'est le nationalisme ; l'antimilitarisme, ensuite, qui se développe en parallèle dans les masses ouvrières et syndicales, via notamment un courant, « la guerre sociale », animée par le bruyant Gustave Hervé ; les événements internationaux, enfin, qui se précipitent et laissent craindre que la guerre puisse à un moment donné survenir sans que les socialistes aient rien pu faire. Ce contexte mouvant conduit Jaurès à passer d'un sentiment presque spontané à une réflexion plus approfondie dont rend compte *L'Armée nouvelle* qu'il publie en 1910 sous forme de proposition de loi, et en 1911 en librairie.

Jaurès s'écarte tout d'abord de la vision traditionnelle portée par un Kautsky, qui ne veut voir dans la nation que le cadre d'une action militante. Pour lui, elle constitue un sentiment dont la classe ouvrière, dans un État démocratique, est partie prenante, elle exprime une culture que le prolétariat a aussi contribué à façonner et qu'il a intégrée à travers les grands événements de l'histoire. Cet attachement indéniable de la classe ouvrière à la nation est, selon Jaurès, d'autant plus fort que le prolétariat est de toutes les classes sociales la seule qui ait un intérêt véritable à un affermissement de la nation ; celle-ci n'est-elle pas devenue la base de tout progrès de la solidarité, politique mais aussi sociale ? Le patriotisme du prolétariat, pense-t-il, est exempt de tout chauvinisme puisqu'il est d'abord tourné vers l'intérieur de la nation et n'implique aucune hostilité à l'égard des nations étrangères. C'est cette même conviction qui le

1. Jean Jaurès, *L'Armée nouvelle, op. cit.*

conduit d'ailleurs à préconiser un mode d'organisation de la défense original et innovant qui associe étroitement l'armée à la nation ; qui fonde la défense sur la nation en armes à l'instar de l'esprit révolutionnaire ravivé par les thèses développées par son ami, l'ancien communard Édouard Vaillant. Comme Otto Bauer, qu'il n'a pas lu, Jaurès défend la permanence de l'identité des nations une fois même le socialisme réalisé : « L'action révolutionnaire internationale universelle portera nécessairement la marque de toutes les réalités nationales. Elle aura à combattre dans chaque pays des difficultés particulières, elle aura en chaque pays pour combattre ces difficultés, des ressources particulières, les forces propres de l'histoire nationale, du génie national [...]. L'Internationalisme abstrait et anarchisant qui ferait fi des conditions de luttes, d'actions, d'évolutions de chaque groupe historique ne serait qu'une Icarie, plus factice encore que l'autre et plus démodée[1]. »

Parce que, aussi fort soit l'attachement de Jaurès à la nation et à sa défense contre toute hypothèse d'agression, sa priorité va à la paix, identifiée au progrès humain. Rien ne peut, pour lui, surpasser l'ambition d'écarter de l'histoire toute violence. Ce qui le conduit à encourager toutes les formes de rapprochements possibles entre les peuples, les nations, mais aussi les religions, les civilisations. Lors de la guerre des Balkans en 1912, perdue par cet « homme malade de l'Europe » qu'est l'Empire ottoman, il exprime son regret que la Turquie, dans les conditions où elle vient d'être battue, soit du coup presque définitivement écartée de l'Europe, privant l'Islam d'une formidable possibilité d'évolution en relation avec le vieux continent. « Ce serait un grand échec pour la civilisation générale, écrit-il, si les musulmans perdaient la suprême chance qui leur a été laissée de s'adapter à l'Europe[2] »...

Dès lors, Jaurès va-t-il lutter sur les deux fronts, mais à partir de mêmes prémisses. Reprochant à Marx de n'avoir voulu voir dans la patrie qu'un territoire et une économie à travers « une boutade hargneuse et étourdie[3] », Jaurès définit d'abord la nation comme une

1. Jean Jaurès, *ibid.*, p. 253.
2. *L'Humanité* du 26 octobre 1912.
3. Cf. page 101.

histoire. Celle-ci l'a dotée de ses principaux caractères, dont, s'agissant de la France, la démocratie est le noyau central. Défendre la patrie, c'est défendre la démocratie et, du coup, servir le socialisme. Et ceci d'autant mieux que la démocratie est plus qu'une simple procédure : elle est aussi et surtout le moyen de l'émancipation individuelle. En sorte que c'est sur la coopération de nations démocratiques, porteuses de la libération des hommes, que doit s'appuyer le socialisme pour atteindre ses objectifs. En cela, Jaurès se distingue des nationalistes ou des chauvins, des Barrès ou des Clemenceau. La patrie n'est pas, selon lui, un moyen de séparer, mais de relier pour fonder une solidarité véritable. « Le jour où le seul individu humain trouverait hors de l'idée de patrie des garanties supérieures pour son droit, pour sa liberté ou pour son développement, ce jour-là, l'idée de patrie serait morte[1]. »

De même que le socialisme réclame de l'individu qu'il sorte de ses intérêts de classe, de même passe-t-il par l'épanouissement des nations, c'est-à-dire leur capacité à se projeter au-delà de leur seul intérêt particulier pour contribuer à la définition d'un bien commun fondée sur l'égale souveraineté de chacune d'entre elles. Et de jeter ainsi les bases de ce qui sera après la guerre l'esprit de la Société des nations : la coopération et l'arbitrage.

Ce faisant, il s'efforce, en rapprochant les deux bouts de la chaîne, de prémunir le socialisme, à la veille de la guerre, du reproche de trahison que lui vaut, dans certains milieux et dans une certaine presse, sa solidarité avec le prolétariat allemand. Il prépare et justifie ce qui sera l'ultime combat de sa vie, à savoir sa tentative désespérée entre 1913 et 1914 d'obtenir l'accord de tous les partis sociaux-démocrates autour de l'idée d'une grève générale, préventive, qui ferait échec à la guerre. Parce que si la patrie doit être défendue, estime-t-il, en cela qu'elle est un moyen d'atteindre à l'universalité, elle ne peut, sans renoncer à elle-même et à sa vocation, devenir l'instrument d'un cataclysme mondial !

Mais c'est en vain qu'il tente de mobiliser l'Internationale, bien qu'il parvienne à y renforcer peu à peu l'influence de la France. Certes, à Copenhague, d'abord en 1910 avec la motion « Keir Har-

1. Jean Jaurès, *Études socialistes*.

die, Jaurès, Vaillant », puis dans un ultime sursaut au congrès de Bâle en 1912, dont Aragon a laissé une évocation inégalée[1], l'Internationale parvient-elle à s'entendre sur l'« invocation » d'une stratégie coordonnée pour faire barrage à la guerre. Mais, faute d'être clairement définie, cette stratégie va se révéler impuissante, au point de justifier le mot de Kautsky qui, se penchant sur ce passé terrible, dira plus tard que « l'Internationale n'était pas faite pour le temps de guerre ». Si bien qu'à l'été 1914, une fois le terrible mécanisme enclenché, l'on voit partout les socialistes se rallier à l'Union sacrée, mettant en route, en marge de la catastrophe planétaire à laquelle ils allaient concourir, le processus qui ferait exploser durablement leur unité organisationnelle et doctrinale.

Plus qu'une défaillance, une trahison ?

Cet échec de l'Internationale et, au sein du mouvement international, du « Grand Jaurès », n'est pas sans soulever bien des questions. Pourquoi le mouvement ouvrier, au faîte de sa puissance, n'a-t-il pu réussir à imposer aux gouvernements l'alternative qui était la sienne : la paix ou la révolution sociale ?

Pourquoi, alors qu'il n'avait cessé de progresser, d'élection en élection, s'est-il montré aussi faible, aussi divisé, aussi pusillanime, lui qui se voulait l'incarnation du progrès, du mouvement, de l'histoire ? L'échec tient naturellement aux circonstances particulières de l'été 1914. Réaffirmée au congrès de la SFIO des 15 et 16 juillet, la grève générale, qui devait être préventive et simultanée, supposait du temps et de la coopération. Or, les événements se précipitèrent, plaçant chaque parti brusquement devant ses exigences de défense nationale. Jamais la grève n'avait été envisagée comme devant être déclenchée une fois la guerre déclarée, mais toujours comme l'ultime moyen d'en prévenir le déclenchement. La menace la plus directe contre la paix vint non pas de pays sur lesquels l'Internationale disposait de moyens suffisamment influents pour établir un rapport de forces, comme la France, la Grande-Bretagne ou l'Allemagne

1. Louis Aragon, *Les Cloches de Bâle*, Paris, Gallimard, 1965.

(encore que Jaurès se fût sans doute mépris sur l'attitude du gouvernement allemand), mais de l'Autriche et de la Russie dans lesquels le mouvement ouvrier était loin d'avoir atteint sa maturité. Enfin, les événements ne permirent pas non plus à Jaurès de tirer tout le parti qu'il pouvait espérer de l'accord d'unité du prolétariat qu'il venait d'obtenir en convainquant la CGT, le 31 juillet, jour même de son assassinat, de renoncer au caractère révolutionnaire de la grève générale pour ne plus lui fixer qu'un objectif : le recours à l'arbitrage pour garantir la paix.

Bousculée par l'accélération de l'histoire, l'Internationale payait au prix fort ses atermoiements passés. Mandatés pour la paix, ses membres se jetaient dans la guerre une fois « tombé » le dernier rempart que représentait Jaurès. Il serait pourtant injuste de faire peser sur tous les dirigeants socialistes d'alors, à quelques nations qu'ils appartinssent, l'accusation de trahison. Eux-mêmes furent mis en échec, par-delà leur volonté, par le cours des événements et aussi, d'une certaine façon, par la pression de l'opinion.

Leur « défaite » soulève une seconde question : la poussée de nationalisme au sein des classes ouvrières en 1914, en particulier en France et en Allemagne, était-elle ponctuelle ou seulement liée à la tension du moment ? Constituait-elle le surgissement à l'air libre d'un courant souterrain que l'Internationale n'avait su ni diagnostiquer, ni prévenir, ni contenir ? L'Internationale a entretenu avec la question nationale un rapport ambigu. Ce fut là sa faiblesse, ne serait-ce qu'en s'organisant en sections nationales, voire même en reconnaissant la représentation au sein d'États constitués de certaines minorités nationales. Si elle invoquait le principe incontournable du droit des peuples à disposer d'eux-mêmes, celui-ci n'était pas défini de la même manière selon que ces peuples étaient européens ou non... Dès lors, l'Internationale n'a-t-elle pas contribué à renouveler le mouvement national en soulignant ses spécificités ? Comme le fait si cruellement remarquer Annie Kriegel, « tout se passait comme si dans l'inconscient de la classe ouvrière organisée, les thèmes nationalistes étaient enfouis et enracinés en proportion exactement inverse de l'ardeur avec laquelle ils étaient officiellement combattus[1] ». L'Internationale n'aurait été ainsi qu'une

1. Annie Kriegel, *Le Pain et les Roses*, Paris, UGE, 1973, p. 165.

addition de nationalismes préférant s'ignorer, inconnus à eux-mêmes, mais tenant de leur environnement national les conditions, les possibilités et même, peut-être, les raisons de leur existence. Au point que l'on pourrait être tenté de leur retourner la proposition : est-ce, comme le pensaient Marx et Engels, la nation qui allait permettre à la classe ouvrière de se renforcer, ou est-ce le renforcement de celle-ci qui devait en réalité contribuer à affermir la nation ?

Enfin, pour comprendre l'échec des partis sociaux-démocrates à empêcher la guerre, rappelons combien ceux-ci étaient restés, comme le prolétariat lui-même, partagés entre des valeurs contradictoires. L'internationalisme révolutionnaire et la solidarité nationale se superposaient dans la conscience politique des uns et des autres avec une intensité variable selon les moments, et dont la guerre devait révéler la contradiction. Prenons l'exemple des militants socialistes français. Nul ne peut nier alors la vitalité du courant antimilitariste en France au lendemain de l'affaire Dreyfus jusqu'à la veille de la guerre. L'étude des fameux carnets B, dressant la liste des opposants à toute action militaire, en témoigne au point d'avoir fait redouter au gouvernement en place un soulèvement violent. Pourtant, en août 1914, les mêmes qui se voulaient les plus hostiles à la guerre allaient se rallier à l'Union sacrée sans l'ombre d'une hésitation, partageant à ce moment précis l'idée que la France avait, en se défendant d'une agression, le droit pour elle. Et c'est ce sentiment qui, en se nuançant au fil des mois, allait progressivement laisser place, dans les mêmes consciences et les mêmes couches de la population, à la fois à une condamnation progressive de la guerre et à un ralliement à l'idée d'un règlement pacifique, quel que pût en être le prix. Les années qui suivirent fourniraient d'ailleurs, au prix fort pour l'idée socialiste, une nouvelle illustration de cette alternance, au sein d'un même parti, parfois d'un même esprit, entre approbation et dissidence.

Le socialisme, dernière victime de la guerre...

Au déclenchement de la guerre, on l'a vu, l'approbation est quasi unanime et partout triomphe l'Union sacrée. Dans plusieurs pays, les socialistes rentrent même au gouvernement, et la dissidence n'est plus le fait que d'une toute petite minorité. On y trouve le parti serbe, comme le parti russe, tous deux se rallient aux thèses sur la guerre que publie aussitôt Lénine. En Allemagne, seule la fraction la plus à gauche du SPD, autour de Rosa Luxemburg et de Clara Zetkine, manifeste son désaccord que concrétise de manière spectaculaire le vote de Karl Liebknecht refusant seul au Reichstag les crédits militaires. En France, quelques militants de la CGT, issus de *La Vie ouvrière*, des syndicalistes comme Merrheim ou des intellectuels comme Romain Rolland se placent « au-dessus de la mêlée », mais demeurent isolés. Seule une partie de l'opinion britannique à travers un courant beaucoup plus important, issu notamment de l'Independent Labour Party, manifeste alors ouvertement contre la guerre à son début.

Ce n'est que progressivement, et parce que la guerre dure, que va s'opérer, à travers quelques initiatives éparses (Conférence des femmes socialistes, animée par Clara Zetkine, Conférence des jeunes) le plus souvent en Suisse, un mouvement de contestation plurielle. D'un côté, des pacifistes comme Jean Longuet, le petit-fils de Karl Marx, des militants SFIO, en particulier de la Fédération de la Haute-Vienne, ou même la direction tout entière du parti italien : passé le temps de la mobilisation, ceux-ci prennent conscience d'une « boucherie » sans issue. De l'autre, on a des partisans de l'action révolutionnaire autour de Lénine. Les uns et les autres se rapprochent face à une répression et une censure de plus en plus fortes, décidés à profiter de l'immobilisme du bureau de la IIe Internationale (réfugié à La Haye autour de Camille Huysmans) pour jeter les bases d'une nouvelle organisation. C'est au cœur de la guerre et à cause d'elle que naît le germe de la scission à la fois organisationnelle et idéologique du mouvement ouvrier qui débouchera sur la création de la IIIe Internationale.

Faut-il parler de rupture ? Celle-ci n'est pas dans l'intention des premiers animateurs des conférences de Zimmerwald en septembre 1915, puis de Kienthal en avril 1916, qui proclament au contraire leur fidélité aux principes (oubliés selon eux) de l'Internationale et aux résolutions de Stuttgart. Plus qu'une ère nouvelle, il faut y voir au contraire la reconstitution et le prolongement des luttes qui opposèrent, dès avant la Première Guerre mondiale, la gauche au centre et à la droite du mouvement, sur la question de la démocratie comme sur celle de la révolution. Et aussi « une prise d'autonomie » de la gauche imposée par le raidissement des majoritaires et exploitée par les bolcheviks qui comptent bien se saisir de l'opportunité de la guerre pour hâter la révolution. À y regarder de plus près, la question « guerre ou pacifisme » qui déchire au fil des ans le mouvement socialiste avant d'éclater en 1920 apparaît au fond presque comme secondaire au regard de la logique quasi mécanique dans laquelle sont entraînés les courants qui s'opposent. Si les partisans de l'Union sacrée refusent même de laisser s'exprimer au sein de la social-démocratie les courants contestataires, c'est d'abord par crainte non d'être désavoués dans le choix qu'ils ont effectué, mais d'être entraînés dans un mouvement révolutionnaire incontrôlé dont ils ne veulent plus. Sans aller jusqu'à épouser les positions d'Albert Thomas qui voit dans l'Union sacrée le creuset d'une possible collaboration de classes au service du progrès une fois la paix revenue, la plupart des dirigeants socialistes assument à travers le choix de la guerre celui du légalisme dont ils ne sont plus décidés à sortir. À l'opposé, les zimmerwaldiens, dans leur majorité, sont les héritiers en France du syndicalisme révolutionnaire, ou en Allemagne de l'extrême gauche du parti, etc. La révolution plus que la paix reste leur objectif, même s'ils pensent que la paix, demain, comme la guerre aujourd'hui, peuvent être le ferment de la révolution. Si bien que ce qui distingue paradoxalement les uns des autres, c'est le refus qui leur est commun de la violence ou, plus précisément, de la guerre ; sauf qu'il s'agit pour les uns de la guerre mondiale, pour les autres de la guerre civile.

Ce clivage, que les pacifistes ne vont pas tous bien mesurer sur le moment, va s'approfondir entre 1917 et 1920 sous la pression des bolcheviks qui n'hésitent pas à rejeter vers les vieux partis les éléments les plus tièdes. Les choses auraient-elles pu être différentes si la conférence de l'Internationale convoquée à Stockholm pour l'été 1917 avait pu se tenir ? Et la révolution russe de février n'aurait-elle pas pu ouvrir la perspective d'une paix blanche sans annexion ni conquête ? Quoi qu'il en soit, le raidissement des gouvernements, tous déterminés à poursuivre le combat coûte que coûte et, symétriquement, la victoire des bolcheviks lors de la révolution d'Octobre sonnent le glas de ces ultimes tentatives. Désormais, le rapport de forces au sein du mouvement ouvrier est, pour les années à venir, inversé. L'extrême gauche du mouvement, désormais fascinée par la « grande lueur venue de l'est », profite de l'éclatement du vieux syndicalisme révolutionnaire (certains étant allés jusqu'à plaider pour un socialisme national) et de l'anarchisme agonisant pour prendre la main et en quelque sorte le relais des fondateurs de l'opposition à la guerre. Les germes de cette césure étaient déjà perceptibles dans le mouvement socialiste d'avant 1914, la guerre ne faisant qu'en accentuer les caractères. Celle-ci va porter à incandescence les divergences nées, avant elle, d'un côté du développement d'un socialisme parlementaire, de l'autre de la persistance d'un syndicalisme révolutionnaire ; de l'affirmation progressive dans les faits d'un socialisme d'évolution, opposé aux partisans d'une véritable dictature du prolétariat. Pour ces derniers, le socialisme de guerre doit être dénoncé comme une trahison et plus encore comme le refus de prendre conscience de la réalité du capitalisme dont l'impérialisme constitue alors le stade final le plus redoutable. Pour les premiers, la participation gouvernementale au titre de défense nationale constitue au contraire une étape supplémentaire dans l'approbation d'une méthode progressiste, légaliste, s'inscrivant dans le respect des institutions nationales. Et c'est la conscience du caractère définitif, frontal, de cette césure et plus encore la volonté d'assurer la victoire complète, sans compromis, du courant radical qui conduisent Lénine à vouloir se débarrasser, dans la recomposition liée à la création de la IIIe Internationale, de tous ceux qui, même pacifistes, restent encombrés de préoccupations humanistes et démocratiques… Comme le démontre Blum dans son discours de Tours, c'est bien sur la question de la démocratie (même s'il ne s'agit que de la démocratie interne au parti, plus précisément encore de la question de la forme, pacifique ou non, du passage au socialisme) que va au final s'opérer la scission, plus que sur toute autre considération. La guerre n'a servi que de déclencheur, et l'attitude « jusqu'au-boutiste » des dirigeants socialistes, de repoussoir. Explication qui vaut pour tout le socialisme européen. En ce soir terrible de décembre 1920, où le communisme naissant va se séparer de la SFIO, Blum ne s'exprime d'ailleurs qu'après que la décision de rejoindre la IIIe Internationale a été arrêtée par le congrès. Il ne s'agit donc plus pour lui de convaincre, comme il avait été tenté de le faire quelques mois plus tôt, en s'efforçant de rassembler des forces disparates, mais d'expliquer, de faire, pour l'histoire, pour l'avenir du mouvement socialiste, la pédagogie d'une rupture !

L'expulsion de la violence révolutionnaire

Tours, décembre 1920 : le moment est suffisamment important pour que l'on prenne le temps d'y revenir ! L'après-guerre est en effet partout l'occasion d'une confrontation entre deux courants déjà constitués avant-guerre, on l'a vu, et qui n'ont eu de cesse de s'affronter. Plutôt que d'assumer pleinement les conséquences idéologiques de la lutte à mort qui s'est engagée ; plutôt que d'admettre intellectuellement la scissiparité qui doit affecter désormais le socialisme ; plutôt que de ne plus donner le beau nom de socialisme qu'à l'idée associant démocratie et transformation sociale, Blum va présenter le « communisme » comme le rameau, dégénéré certes, mais d'une même branche ; comme une déviation rendant ainsi possible politiquement la perspective d'un retour en arrière, d'une réconciliation, d'une reconstitution d'une unité ouvrière idéalisée. Que dit-il dans ce discours en forme d'au revoir à l'adresse de la majorité qui vient de s'affirmer ? D'abord que les socialistes sont, avec le programme de la IIIe Internationale, en présence d'un ensemble cohérent, d'un « tout doctrinal qu'il faut accepter en bloc ou rejeter entièrement ». Il n'existe pas, selon lui, de moyen terme : « Adhérer à l'Internationale communiste, c'est en reprendre à son compte tous les éléments », ce dont doivent être conscients ceux qui hésitent encore et qui ont constitué justement la majorité du congrès précédent. Or, cet ensemble, ce tout, est « quelque chose qui est neuf », c'est-à-dire différent, dans son esprit même, du socialisme historique, en rupture avec celui-ci sur « tous les points essentiels : conception de l'organisation, des rapports de l'organisation politique et de l'organisation économique, conception de la révolution, conception de la dictature du prolétariat ». Il s'agit donc d'un socialisme « nouveau » qui, accuse-t-il, « n'en repose pas moins sur des idées erronées, contraires aux principes essentiels et indivisibles du socialisme marxiste ».

Ce procès du bolchevisme, Blum l'instruit non pas au nom de la démocratie et du réformisme, mais du marxisme lui-même, d'un marxisme déstructuré et trahi. Le bolchevisme commet en effet l'erreur, argumente-t-il, de vouloir transposer à l'ensemble du socialisme international ce qui n'est que le produit d'une expérience particulière. Il en résulte une conception quasi hérétique du parti : la tradition socialiste veut que la direction du parti appartienne au parti lui-même, c'est-à-dire à la majorité des militants ; la tradition socialiste repose sur la diversité des tendances, le respect du pluralisme. Or, le bolchevisme prône le centralisme démocratique, l'obéissance à des organismes de direction clandestins et la subordination des organisations syndicales. Il en résulte un changement de nature du parti qui ne peut pas ne pas affecter sa doctrine elle-même : « Le débat, rappelle Blum, n'est pas entre la conception réformiste et la conception révolutionnaire, mais entre deux conceptions révolutionnaires qui nous opposent. » Il n'existe pas, dit Blum, plus orthodoxe que quiconque, d'autre socialisme que révolutionnaire puisque le but du socialisme est bien la socialisation totale des moyens de production : « La révolution, martèle-t-il, est par définition cette transformation elle-même. »

C'est cette conception de la révolution qu'à Tours il prétend défendre contre les déviations qui l'ont toujours menacée. Une déviation de droite, le réformisme, pour qui le but ne peut être atteint que progressivement et dans laquelle Blum ne se reconnaît donc pas ; mais une autre, de gauche, anarchiste, qui confond le but et les moyens et fait ainsi de la conquête de l'État sa finalité alors qu'elle ne doit en être que l'instrument et contre laquelle Blum aujourd'hui se bat ! C'est de ce point de vue, dit Blum de sa voie frêle mais déterminée, que le bolchevisme se coupe du véritable socialisme. Celui-ci veut la transformation du régime économique, alors que le bolchevisme n'a d'autre priorité que sa propre organisation pour mener la lutte armée contre le pouvoir bourgeois. Le bolchevisme est en quelque sorte sa propre fin ! Ce qui revient à nier l'effort de propagande, de rassemblement, de maturation du mouvement ouvrier. Et à affirmer que l'on ne pourrait commencer à agir qu'après la révolution, une fois le pouvoir d'État conquis. Il s'agit là, énonce-t-il, d'une conception nouvelle de la révolution qui ne peut manquer d'avoir des conséquences formidables : « Si, en effet, l'on estime que le but c'est la transformation sociale, alors tout effort de propagande préparant cette transformation devient un élément du programme révolutionnaire. Mais si l'on considère au contraire que le but réside dans la réelle prise de pouvoir, tout repose sur le parti, sorte d'avant-garde, agitant des masses inconscientes qui n'auront pas été préparées au pouvoir qu'elles ont vocation à un moment donné à exercer. » Une telle approche est donc dangereuse : elle conduira nécessairement à la disparition de la démocratie, comme à l'échec, dans la mesure où la révolution, loin d'entraîner la masse des ouvriers, sera concentrée dans les mains d'une minorité. D'où un ultime désaccord sur la notion de dictature du prolétariat à laquelle Blum tient à réaffirmer son attachement : « Si elle doit (et tous les socialistes le pensent) être exercée par le parti de la classe ouvrière, la forme du parti devient alors déterminante. Ce n'est pas la même chose qu'une dictature exercée par un parti de masse, ouvert, reposant sur la délibération et la liberté de penser, qu'une dictature du prolétariat exercée par un parti refermé sur lui-même dont on ne connaît pas les dirigeants », s'exclame-t-il, anticipant sur l'évolution dramatique que connaîtra le régime soviétique.

Presque au même moment, de l'autre côté des Alpes, le leader du PSI, Filippo Turati, tient des propos tristement prophétiques : « Dans la situation présente de l'Italie, la dictature du prolétariat ne peut pas être autre chose que la dictature de quelques individus placés au sommet d'une vaste majorité ou éventuellement contre elle. » Turati s'inquiète en effet que « notre appel à la violence soit pris à leur compte par nos ennemis cent fois mieux armés que nous et, alors, adieu pour longtemps à l'action parlementaire, adieu à l'organisation économique, adieu au parti socialiste. Parler de violence en permanence et à toujours la repousser au lendemain est la chose la plus absurde dans ce monde. Cela aboutit seulement à armer, à renforcer, à justifier la violence de nos adversaires, mille fois plus forts que nous. C'est d'une stupidité ultime à laquelle notre parti en arrive et qui ne peut qu'entraîner une véritable renonciation à toute forme de révolution[1]. »

1. Cité par Sheri Berman, *The Primacy of Politics and the Making of Europe's Twentieth Century*, New York, Colombia University Press, 2006.

Pour sages qu'ils soient, ces propos n'ont pourtant, pas plus à Paris qu'à Rome, de chance d'être entendus. C'est que si la doctrine socialiste bouge sous l'influence des bolcheviks, c'est aussi parce que l'organisation socialiste elle-même a déjà changé sous l'effet de la guerre. La fin du conflit s'est accompagnée d'un formidable mouvement d'adhésion, tant aux syndicats qu'aux partis sociaux-démocrates. Partout, rentrant du front, jeunes instituteurs, paysans, travailleurs, intellectuels se jettent à cœur perdu dans le combat politique. Pour la paix ! Mais le « plus jamais ça » vise aussi les dirigeants socialistes, peu à peu confondus avec la droite guerrière. C'est à un autre parti que celui de 1914 que s'adresse Blum. Au pied de la tribune, ce sont d'autres militants, rendus plus déterminés par la guerre, plus enthousiastes par la révolution d'Octobre, plus radicaux aussi par la violence meurtrière qu'ils ont affrontée et, par conséquent, plus rétifs à la rhétorique et au compromis parlementaire. Un vent souffle sur le mouvement socialiste qui le traverse comme une sorte de tornade, sans indulgence pour le passé et ceux qui le représentent.

Le communisme naît ainsi de la rencontre d'un appel à la rénovation du socialisme français et de la volonté d'organisation du parti bolchevique bénéficiant de l'aura conférée par la révolution d'Octobre[1]. Cette rencontre est de courte durée, très vite la désillusion s'installe. Non sur l'objectif révolutionnaire que tous partagent. Mais sur la méthode et, plus particulièrement, sur le degré de subordination tolérable à l'égard du Komintern, c'est-à-dire de l'Internationale communiste. La fin de l'idylle est illustrée par le départ en 1923 du premier secrétaire de la section française de l'Internationale communiste, Ludovic Oscar Frossard, que suivront beaucoup d'autres issus du syndicalisme révolutionnaire ou de la gauche de la gauche de la SFIO. Il est cependant trop tard. Une autre histoire est en train de s'écrire, qui, quoi qu'en pense ou dise Blum, n'est plus celle du socialisme.

Mais de ce socialisme justement qui a fait le choix de la légalité républicaine et de la démocratie parlementaire, et du coup le choix

1. Romain Ducoulombier, *Camarades ! La naissance du parti communiste en France*, Paris, Perrin, 2010.

de la guerre, que reste-t-il alors ? Lui qui en 1914 semblait une force si allante que le monde lui appartiendrait, lui que ses doctrinaires présentaient comme l'idée neuve du siècle balbutiant, sort de la guerre idéologiquement malade, vieilli, témoin d'un monde que le communisme s'est justement fixé pour objet de faire disparaître.

La synthèse jaurésienne, que la plupart des partis sociaux-démocrates avaient en réalité faite leur, reposait sur un triple équilibre entre réforme et révolution, internationalisme et patriotisme, républicanisme et extériorité partielle au système politique... Le choc de 1914, puis celui de 1917 l'ont fait voler en éclats. 1914 a révélé la force du patriotisme du mouvement ouvrier, l'entrée des socialistes presque partout dans des gouvernements d'union sacrée a introduit une rupture dans la politique de maintien volontaire à l'écart du pouvoir ; et, surtout, la révolution bolchevique a contraint le socialisme à revenir sur l'alternative, consciencieusement évitée jusqu'alors, entre réforme et révolution.

Ceux qui font le choix de « garder la vieille maison » n'ont dès lors d'autre option que de redéfinir leur identité par rapport aux bolcheviks, comme par rapport à la démocratie.

La première voie possible est celle d'une révision doctrinale et d'une fusion avec le courant démocratique. D'autant que la guerre a montré qu'il est possible de concevoir une plus forte intervention de l'État et un système de production mêlant propriété privée et propriété publique, sans que cela attente ni à l'efficacité de l'économie, ni à la liberté des citoyens. C'est ce choix que font la social-démocratie allemande et le travaillisme britannique, en accédant au pouvoir, pour la première, dès le lendemain de la guerre ; pour le second, à la fin des années 1920.

Les socialistes français, au contraire, veulent rester fidèles à l'orientation exprimée par Blum, à travers un double refus : « Ni radicaux ni bolcheviks ! », sans tirer idéologiquement les conséquences de ce qui vient de se produire. Le socialisme n'est-il pas débarrassé une fois pour toutes de son flanc révolutionnaire ? Que lui reste-t-il de commun avec un courant bolchevique dont les événements en Union soviétique démontrent la tendance à une radicalisation extrême ? Blum refuse pourtant d'en prendre acte, contre toute évidence, dans un souci tactique (celui, assez noble, de ne pas entériner ouvertement la fin de l'unité ouvrière), continuant de voir dans ces deux tronçons du socialisme « deux forces séparées qu'un foyer pourra encore réunir[1] ».

Ce faisant, Blum ravive, dans un contexte historique nouveau, la vieille contradiction : peut-on faire longtemps camper au bord du Rubicon une force politique et parlementaire en croissance au nom d'une révolution à venir dont toute violence « physique » serait désormais exclue ? Que Blum le veuille ou non, la question du pouvoir se pose à l'orée des années 1920 dans des termes nouveaux. Dès lors que le socialisme a justifié son qualificatif de « démocratique » en s'opposant partout au renversement violent des régimes politiques et sociaux en Europe, il devient l'un des partenaires incontournables du jeu parlementaire. Certes (et c'est là l'origine de la réticence de Blum), y participer peut conduire à y laisser une partie de son âme. Mais s'y refuser devient intenable, non seulement en raison de la pression exercée au sein du parti par les candidats à un portefeuille ministériel (pression qui ne doit pas être négligée puisqu'elle sera constante), mais surtout en raison de celle exercée par les faits. La guerre a fait surgir des questions nouvelles. La transformation du capitalisme dans le sens d'une cartellisation croissante, brusquement interrompue par la crise de 1929, interpelle les socialistes sur leur capacité à proposer une véritable alternative. La question que va devoir affronter après-guerre le mouvement socialiste n'est plus de savoir s'il faut venir au pouvoir, mais plutôt pour y faire quoi. Après le temps des confrontations s'annonce le temps, tout aussi difficile, des compromis…

1. Léon Blum, *Discours de Tours*.

DEUXIÈME PARTIE

Le temps des compromis

C'est à travers les convulsions de l'entre-deux-guerres que prennent forme un nouveau capitalisme, moins sauvage, mieux régulé, et un nouveau socialisme, plus démocrate et plus humaniste.

S'esquissent alors les mutations du système économique qui lui donnent, après 1945, un nouveau visage : la concentration du capital et la standardisation des productions sont mises en échec par la grande dépression, mais reprennent de plus belle avec l'effort de guerre puis de redressement économique. La part des échanges extérieurs s'est réduite sous l'effet du conflit, puis des besoins de reconstruction, rendant à la fois plus faciles et plus profitables des accords sociaux garantissant une demande intérieure stable.

Germent ainsi les idées qui, nées au lendemain de la Première Guerre, puis au cœur de la crise de 1929, vont finir par s'imposer au sein du mouvement socialiste, même si elles ne restent d'abord le plus souvent qu'à l'état d'ébauche : la recherche de nouvelles voies vers le socialisme via des formes d'organisation de l'économie fondées sur l'intervention de l'État et un meilleur partage de la richesse ; la construction de nouvelles protections sociales ; la coopération entre les classes dans un cadre démocratique faisant une large place à la négociation sociale.

Les années 1930 représentent en quelque sorte le brouillon, parfois tragique, du compromis social-démocrate des trente années qui suivront. La Seconde Guerre mondiale et la victoire des Alliés seront leurs accoucheuses.

L'idée d'opposer au marché une alternative cède alors la place à une forme de compromis fondé sur un rapport de forces que la guerre, justement, et le souvenir de la crise économique qui l'a précédée rendent plus favorable au mouvement ouvrier.

La consolidation du communisme à laquelle le partage du monde entre les vainqueurs va donner lieu y joue aussi largement son rôle. Le communisme fonctionne d'abord comme le moyen pour les socialistes d'expulser et de délégitimer la revendication révolutionnaire contre laquelle ils se sont mobilisés après 1918. Il constitue tout aussi bien une menace pour le capitalisme qui pèse en faveur de réformes propres à apaiser la revendication ouvrière ou à prévenir sa radicalisation. L'ensemble constituant un moment particulièrement favorable au « modèle » social-démocrate. Un moment qui est sans doute aujourd'hui en train de se refermer…

CHAPITRE VII

L'impensable transition vers le socialisme

Entre 1914 et 1918, c'est un lourd tribut que l'homme a payé à la guerre. La sauvagerie du combat a laissé sur ses contemporains une empreinte indélébile. La foi dans la science, la confiance dans la démocratie, l'idée d'un progrès linéaire sont désormais ébranlées dans leurs fondements mêmes. Partout, dans la littérature, la peinture, la psychologie, s'opèrent des bouleversements, des renversements de points de vue qui font leur place à l'absurde, à l'irrationnel, parfois même à la violence. Une violence d'une autre nature, reliquat de celle qui vient de s'achever, violence rédemptrice ou vengeresse qui, pour ceux qui l'invoquent, ferait place nette des compromissions, des trahisons, des mesquineries qui avaient conduit à la guerre puis à sa justification. Qui redonnerait aussi à l'homme, face à la raison mécaniste et scientiste, son poids de sentiment ou d'idéal !

L'économie même est chamboulée : la preuve a été partout apportée que l'État peut se montrer un parfait organisateur. Ainsi a-t-il su assurer la production d'armement, le ravitaillement, le transport, sans que les libertés en soient pour autant réduites ou menacées. L'idéal de l'entreprise individuelle, agissant sur un marché libre, cède la place à une volonté de rationalisation qui s'incarne dans la constitution de grandes unités de production, voire de cartels.

Dans ce monde nouveau, le socialisme aurait dû se trouver comme un « poisson dans l'eau ». N'est-il pas, dès lors, l'alternative naturelle à une économie de concurrence que l'impérialisme a conduite à un cataclysme meurtrier ? Le socialisme ne peut-il à son tour exprimer sur le terrain politique ce besoin d'organisation et de rationalisation ? N'est-ce pas là d'ailleurs l'un de ses traits fondateurs, originels ? Si, comme l'écrit Péguy, il arrive un moment où « la mystique se dégrade en politique », plus rarement survient cet instant où la politique parvient à se rehausser en idéologie, c'est-à-dire à retrouver la hauteur et la perspective qui fondent les grands projets.

À l'orée des années 1920, si les socialistes pâtissent de leurs déchirements internes, ils sont délestés aussi de leur courant révolutionnaire, l'occasion pour eux d'enclencher une clarification de leurs méthodes comme de leurs objectifs. Certes ils doivent faire face partout à une vague chauvine qui, comme en France, les renvoie d'abord et brutalement dans l'opposition parlementaire. Mais ne retrouvent-ils pas très vite leurs voix et leurs élus ?

Oui, les socialistes doivent affronter une nouvelle réalité sociale : le chômage, qui peu à peu constitue un « lumpenprolétariat » incontrôlable. Avec l'inflation, les classes moyennes entrent à leur tour en révolte. Les difficiles conditions de paix imposées aux vaincus ont entraîné la réduction du champ de l'internationalisme. Mais partout s'installe (n'est-ce pas là l'essentiel ?) une interrogation sur le meilleur système économique et social possible. Les réponses passent manifestement par la redéfinition du rôle de l'État et sa réforme. Son intervention systématique dans la sphère économique commence à être évoquée, tant par certains libéraux parmi les plus ouverts, tel Rathenau à Berlin, que par des socialistes qui y voient surtout, de manière certes limitée, l'occasion de faire progresser la législation sociale, voire même la participation des salariés à la gestion des entreprises, comme en Allemagne. Mais cette intervention de l'État est invoquée aussi plus crûment encore par le fascisme qui, très tôt installé au pouvoir en Italie, va faire de l'ordre son leitmotiv, et de la restauration de l'État son outil d'action comme de propagande. Comme l'écrira plus tard Déat, une course de vitesse, entre le socialisme et le fascisme, et peut-être le communisme, n'est-elle pas en passe de s'engager ?

Pour la social-démocratie, encore toute jeune, il s'agit d'une épreuve de vérité. À peine, pourtant, vient-elle de régler au forceps la question de son rapport à la révolution que la voilà confrontée à celle du marché ! À peine a-t-elle opéré son rapprochement avec le libéralisme dans sa forme politique, que la question de son rapport au libéralisme économique lui est posée ! Tout au long de l'entre-deux-guerres, ces deux problématiques resteront d'ailleurs étroitement liées. Refuser la violence, faire le choix du processus démocratique, c'est s'exposer à être confronté un jour aux responsabilités du pouvoir. Dès lors, il serait sage de s'y préparer en se dotant d'un programme adapté. S'agit-il de se comporter en honnête courtier du capitalisme, à l'instar des travaillistes anglais et de leur chef, MacDonald, à la fin des années 1920, au risque de se couper de sa base ? Ou, plus simplement, de n'envisager le pouvoir que pour faire obstacle à la menace fasciste qui gronde, à l'instar des stratégies du Front populaire[1] en France ? Ou bien plutôt de bâtir un programme qui prenne en compte ces deux dimensions : le rapport à la démocratie comme le rapport au marché, la constitution d'une alliance électorale comme celle d'un projet de transformation en construisant une véritable théorie de la transition ? Comme vont s'y essayer les socialistes allemands dès la création de la république de Weimar, comme vont en débattre les travaillistes britanniques une fois chassés du pouvoir tout au long des années 1930, ou comme vont y réussir les sociaux-démocrates suédois durant la même période avec une efficacité qui ne se démentira pas quatre décennies durant…

À peine dix ans après la fin de la guerre, le « jeudi noir » et l'effondrement économique qui l'accompagne constituent un formidable appel d'air : de nouvelles solutions fondées sur la remise en question du modèle libéral, la reconnaissance de l'intervention de l'État, voire même l'opportunité d'une économie dirigée, sont considérées en priorité. À de rares exceptions près, les socialistes d'Europe ne parviendront pas à s'y résoudre. Et c'est en quelque sorte un socialisme intellectuellement désarmé qui va devoir affron-

1. On sait que Léon Blum s'efforcera de théoriser cette alternative en distinguant la conquête du pouvoir (qui a un objet, à défaut d'une méthode, révolutionnaire) de son exercice (qui ne vise pas à la transformation socialiste mais seulement à la gestion du système) ou de sa simple occupation (c'est-à-dire dans un but de défense républicaine exclusivement).

ter l'une des périodes les plus mouvementées et les plus dangereuses de notre histoire contemporaine. Le drame, au fond, de l'entre-deux-guerres peut se lire dans cette incapacité dont va faire preuve le mouvement socialiste à se renouveler pour aborder pareils enjeux, armé d'idées neuves.

Peut-on être à la fois socialiste et rationalisateur ?

L'économie de guerre a pourtant donné naissance à un puissant courant rationalisateur. Le développement de l'industrie et l'organisation scientifique du travail nourrissent une approche de plus en plus technocratique de l'économie. Les années de guerre avaient exigé à tous les niveaux, de l'administration à la production ou au ravitaillement, une organisation optimale et une coopération entre industriels et salariés comme entre industriels et État. Il n'est donc pas surprenant que ce mouvement se soit développé à la fois à l'intérieur du patronat et du mouvement syndical, à droite comme à gauche[1]. De Georges Valois, membre de l'Action française, fondateur du Faisceau, en passant par Hyacinthe Dubreuil, secrétaire national de la CGT, jusqu'à Bertrand de Jouvenel[2], tous plaident, au lendemain de la guerre, pour une amélioration de la productivité économique capable d'éviter le déclin que semble promettre à l'Europe la nouvelle hiérarchie des puissances issue du conflit mondial. Les partisans d'une telle démarche s'appuient sur le constat que la guerre a déplacé la source du pouvoir. Économiquement : il appartient désormais à la grande industrie organisée. Géographiquement : il se trouve de l'autre côté de l'Atlantique. Leur ambition est par conséquent d'aider la France et l'Europe à rejoindre le monde nouveau qui s'esquisse en réformant en profondeur son organisation économique et politique. Cette démarche n'est pas sans nourrir une défiance à l'égard des États-Unis, pris comme modèle, mais dans la perspective de rééquilibrer le rapport de forces au profit du Vieux Continent. Un consensus productiviste s'établit ainsi, le retour

1. Cf. Olivier Dard, *Le Rendez-vous manqué des relèves des années trente*, Paris, PUF, 2002.
2. *L'Économie dirigée*, Paris, Librairie Valois, 1928.

de la « prospérité » étant supposé apporter, à l'intérieur, la paix sociale et, à l'extérieur, l'apaisement des tensions à travers le développement des échanges[1].

Le mouvement socialiste n'est évidemment pas aveugle à cette mutation. Un long débat s'ouvre alors dans toutes les grandes nations industrielles sur les conséquences idéologiques qu'il conviendrait d'en tirer.

Dans la préface qu'il donne au livre de Jules Moch, *Socialisme et rationalisation*[2], Léon Blum définit avec précision le défi adressé au mouvement socialiste : « Des hommes se présentent aujourd'hui à nous et se targuent de réaliser ce que le socialisme a toujours considéré comme pratiquement et logiquement impossible : l'ordre dans la production capitaliste. Alors que, selon nous, le régime capitaliste engendre fatalement l'incoordination des efforts, la déperdition des énergies ou des ressources, l'antagonisme des intérêts, la lutte des classes sociales, bref, cette anarchie générale que notre propagande dénonce chaque jour, les rationalisateurs prétendent, sans modifier le régime de propriété, intégrer tous les phénomènes complexes de la production dans des plans généraux et méthodiques, supprimer le gaspillage, discipliner les choses et les hommes, soumettre à des règles d'interdépendance étroites les intérêts des salariés et ceux du patronat[3]. » Et de conclure : cet objectif oblige-t-il le socialisme à une révision ? Faut-il combattre ou favoriser ce mouvement de rationalisation ? À cette question, des hommes peu nombreux comme Charles Spinasse, futur ministre de l'Économie du Front populaire, qui s'est rendu aux États-Unis, ou Jules Moch, polytechnicien et proche de Léon Blum, apportent aussitôt une réponse presque enthousiaste. Ils voient dans la rationalisation « un effort systématique vers une meilleure utilisation des ressources humaines et matérielles[4] », dont tous pourront par conséquent profiter. Et Jules Moch de se livrer à

1. Comme le remarque Antoine Picon dans son ouvrage *Les Saint-simoniens* (Paris, Belin, 2002), ce mouvement technocratique n'est pas sans rappeler les orientations du courant saint-simonien.

2. Jules Moch, *Socialisme et rationalisation*, Paris, L'Églantine, 1927.

3. *Ibid.*, p. 2 et 3.

4. *Ibid.*, p. 32.

une description la plus précise possible du triple mouvement d'organisation à l'œuvre : d'abord, un mouvement touchant l'intérieur même de l'atelier amorcé dès le début du siècle autour de Taylor, à travers l'organisation scientifique du travail ; ensuite, et c'est un élément nouveau depuis la guerre, l'organisation de l'usine selon les méthodes préconisées par Fayol, consistant à séparer les différentes fonctions de direction afin de les rendre plus opérationnelles et plus efficaces ; enfin, l'organisation de l'industrie encouragée par la guerre et développée depuis lors qui débouche sur une standardisation de la production, c'est-à-dire sur l'idée qu'il vaut mieux gagner peu sur beaucoup, que beaucoup sur peu, afin de réaliser des économies d'échelle et d'engager une production de masse, permettant la baisse des prix de vente et la hausse des salaires ; tout le monde, par conséquent, y trouvant son compte.

Ces trois éléments d'organisation produisent, selon Jules Moch, un nouveau système caractérisé à la fois par l'accumulation du capital et sa concentration, une hausse sensible de la productivité déjà mesurable aux États-Unis, (+26 % entre 1913 et 1925) ; enfin, la croissance du pouvoir d'achat des salaires comme le partage des responsabilités entre le syndicat et le patronat. Jules Moch ne veut rappeler que les faits : « L'Amérique a accru de 40 % sa production et elle ignore le chômage ; l'Europe en souffre cruellement et la production y a baissé de 10 %[1]. »

Le mouvement est, en France, suivi également avec intérêt par la CGT qui adopte, en 1926, un rapport sur « les problèmes de la production et de la classe ouvrière » favorable à une organisation de l'industrie associée à une baisse du temps de travail et une hausse du pouvoir d'achat ; le tout, et il est important de le noter, dans un cadre national. L'augmentation du rendement, rappelle la CGT, n'est pas défavorable à l'emploi à la condition que ses bénéfices soient consacrés à la baisse du prix de revient et à la hausse des salaires. La contrepartie d'un tel compromis serait, selon la CGT, le développement du contrôle ouvrier et la participation des syndicats à la fixation du salaire, à l'élaboration des règlements d'atelier, à la définition des méthodes d'organisation de recrutement et de licenciement, tout comme à la lutte contre le gaspillage. Il ne s'agit rien

1. *Ibid.*, p. 76.

moins que de bâtir une « démocratie industrielle » à l'instar de ce que les socialistes allemands au pouvoir s'efforcent d'édifier sous l'influence de Rudolf Hilferding pour qui la cartellisation offre une formidable opportunité de dialogue, d'égal à égal, entre les forces économiques et les forces sociales organisées. Pour les syndicats français, comme pour le SPD, il s'agit de compléter la rationalisation économique d'une rationalisation sociale mise au service, l'une et l'autre, de l'intérêt général. « On ne cherche plus, comme durant presque tout le XIXe siècle, des formules d'organisation du travail propres à réconcilier celui-ci avec le capital par une conception philanthropique de l'entreprise ou encore à éliminer le poids du capital sur le travail par le développement de coopérative de production. C'en est fini de ces recherches et de ces rêveries sur le meilleur modèle d'agencement des rapports de production. Le problème dès lors est ailleurs. Il est plus abstrait, puisqu'il porte sur la nécessité d'articuler le mieux possible ces deux entités, ces deux logiques, que sont le social et l'économique. Il a pris aussi de la hauteur, si l'on peut dire, puisque le problème posé par cette articulation va concerner directement l'État[1]. »

Comment d'ailleurs ne pas retrouver dans cette volonté d'organisation ordonnée autour de l'intervention de toutes les catégories de producteurs, la vieille idée de Saint-Simon, à cette différence près qu'il ne s'agit plus là, comme le note Donzelot, d'utopie, mais d'une politique adaptée à la réalité du moment ? Comment ne pas y lire, plus encore, l'influence des fabiens Béatrice et Sidney Webb, qui font de la démocratie industrielle la base de leur projet politique depuis la fin du XIXe siècle[2] ?

L'idée est de faire entrer dans l'État les représentants de la sphère économique et sociale tenus en lisière par un parlementarisme politique déconsidéré en raison de son instabilité comme de son incapacité à s'approprier les questions industrielles, faute de compétence et d'intérêt.

1. Jacques Donzelot, *L'Invention du social. Essai sur le déclin des passions politiques*, Paris, Seuil, 1994, p. 158.

2. Béatrice et Sidney Webb, *Industrial Democracy,* Londres, Longsman, Green and Co., 1897.

Aussi les tenants de la démocratie industrielle en viennent-ils tous à proposer de créer, à côté des « chambres » classiques, des assemblées économiques et sociales, à l'échelle nationale, comme à l'intérieur du pays, dont l'action devra être validée au final par l'instance politique. Ces assemblées auront pour objet de concilier les différents intérêts professionnels autour d'un même objectif de développement, c'est-à-dire d'une forte croissance et d'un juste partage de la richesse. Tout cela n'est évidemment pas dépourvu d'ambiguïté. Vu de gauche, il s'agit bien de corriger la faiblesse de l'État face aux monopoles en introduisant dans son organisation une représentation de l'économique et surtout du social. Vu de droite, il s'agit au contraire d'éviter que l'État ne puisse intervenir dans la sphère économique et sociale sans avoir à compter avec l'influence du patronat. On ne s'étonnera pas dès lors de retrouver aussi dans ce mouvement les héritiers d'un syndicalisme révolutionnaire, un temps piégés par le communisme et qui, passé leur déception, conserveront une même défiance du politique qu'exprime indirectement leur adhésion à cette forme du socialisme. Ainsi Maxime Leroy, l'un des propagandistes de cette nouvelle approche, n'hésite-t-il pas à faire le procès des partis autour desquels « les citoyens se groupent de moins en moins. Ils se groupent autour des grandes forces économiques et sociales. Un citoyen est pour ou contre les monopoles, comme son grand-père était pour ou contre la Charte[1] ».

Ce mouvement n'est cependant pas sans susciter de fortes réticences, en particulier, on l'a vu en France, de la part de Léon Blum qui, dans huit articles du *Populaire* du 23 avril au 10 mai 1927, anticipant les arguments qu'il présentera dans la préface au livre de Jules Moch, va faire connaître les raisons de son opposition : « La rationalisation est un progrès en soi [...], mais elle n'est féconde que pour une minorité. » En quoi tient ce progrès ? À la réduction des gaspillages, à l'augmentation des rendements comme de la production, et au développement du machinisme. À la concentration aussi, que permet la rationalisation, et qui va dans le sens de la socialisation, objectif ultime du socialisme. Enfin, la rationalisation présente

1. Maxime Leroy, « Vers une République heureuse », 1922, *in* Jacques Donzelot, *L'Invention du social*, *op. cit.*, p. 162.

l'avantage de soumettre l'industriel lui-même à des règles objectives : « Elle réduit chez le producteur la liberté d'initiative et de concurrence ; chez le consommateur, la liberté de choix. » Le capitalisme est donc forcé de se soumettre à la raison et non plus au seul caprice ou à l'intérêt immédiat du producteur ou du marché, et en ce sens, n'hésite pas à reconnaître Léon Blum, on peut dire que cette évolution est « révolutionnaire ». Mais il propose d'aller plus loin et de s'interroger en premier lieu sur les principaux bénéficiaires de cette transformation de l'organisation : cette rationalisation ne profite-t-elle pas en réalité qu'à quelques-uns, ceux qui, situés à la tête des cartels, sont en mesure d'imposer leur volonté ? Et, à supposer même qu'elle constitue un progrès, peut-on en faire le fondement d'une politique ? Pour Blum, il n'est pas possible, de manière durable, de mettre de l'ordre dans le système capitaliste dont le principe même est la désorganisation. Un capital organisé est, par voie de conséquence, « une contradiction dans les termes », un concept d'autant plus dangereux qu'il conduit à dissocier la question de l'ordre de celle de la justice. C'est donc seulement en mettant fin à l'exploitation des travailleurs, c'est-à-dire au salariat, que l'on pourra réunir l'une et l'autre. Enfin, argumente Blum, cette rationalisation ne met pas à l'abri d'une crise. Tout au contraire, elle se traduira par une augmentation des biens mis sur le marché, ce qui entraînera nécessairement à une crise de surproduction.

On le voit, ce sont deux visions qui s'affrontent ici, non de l'économie, mais de la réalité. L'une veut la voir à partir de ce que la philosophe politique lui en enseigne, l'autre en fonction de ce que la science économique lui permet de discerner. Blum n'est ainsi pas prêt à admettre que le capitalisme puisse trouver en lui-même un nouvel équilibre économique. Et il n'entend pas l'argument de Moch selon lequel, si cette production est organisée dans le cadre national, par le développement du marché intérieur (ce qui peut supposer évidemment des protections douanières), elle impliquera une hausse des salaires et permettra d'absorber la production, contribuant à élever d'un même mouvement l'activité économique et le niveau de vie. Moch ajoute même que le développement des statistiques et des données économiques doit permettre désormais de régler la production sur les besoins : « Qu'un jour vienne où le marché sera saturé, cela est possible et même vraisemblable. Mais cette époque est infiniment éloignée [...], d'autant que la réduction du temps de travail doit permettre d'y répondre[1]. »

Jules Moch regrette, enfin, que le parti s'oppose à ce que la classe ouvrière, via la CGT, n'a elle-même pas hésité à valider : la constitution de commissions tripartites de travailleurs, de fonctionnaires et d'employeurs chargées d'étudier la réorganisation sociale des différentes industries ; la hausse des droits de douane imposés aux exportateurs récalcitrants à l'égard de ces nouvelles règles, et des réductions d'impôts pour ceux qui s'engageraient au contraire avec les syndicats. À terme, estime-t-il, ce nouveau système débouchera sur une nouvelle forme de collaboration sociale, via « l'éparpillement de la fortune mobilière favorisant la participation ouvrière, la démocratie financière[2] » et, par conséquent, sur le socialisme. Puisqu'elle s'accompagne du renforcement de l'organisation ouvrière, de l'élévation des conditions de vie et du développement de l'instruction technique, la rationalisation économique et sociale prépare effectivement et non verbalement la future appropriation collective, ce qui devrait amener chacun à la considérer d'un œil nouveau, sans craindre de s'égarer.

Le capitalisme est en voie de transformation, expliquent Moch et les rationalisateurs. Le socialisme ne doit-il pas en tirer les conséquences plutôt que de se réfugier derrière des analyses qui décrivent un capitalisme différent, celui des premiers temps ? Et d'entonner un hymne au changement intellectuel : « Nos partis doivent être persuadés qu'ils servent mieux la mémoire des personnes disparues en adaptant leurs formules à la vaste transformation actuelle, comme eux-mêmes le feraient sans nul doute [...], plutôt qu'en répétant des textes, sans les analyser, sans chercher à distinguer ce qui reste exact malgré les années et ce qui est périmé après avoir été vrai[3]. »

Mais, malgré tous ses efforts, Jules Moch ne parvient pas à convaincre la direction de la SFIO de s'engager dans la voie de la démocratie industrielle. Chargé de préparer son programme écono-

1. Jules Moch, *Socialisme et rationalisation*, *op. cit.*, p. 111.
2. *Ibid.*, p. 132.
3. *Ibid.*, p. 141.

mique pour lequel il se fait aider des animateurs du groupe « Révolution constructive », autour de Georges Lefranc, et plus encore de nombreux polytechniciens ayant participé au groupe X-Crise (qui s'est scindé entre droite et gauche à la fin des années 1920), il ne rallie pas véritablement la masse du parti socialiste et ses dirigeants. Autisme d'autant plus regrettable que le courant rationalisateur remporte, ailleurs, de véritables succès. Au sein du SPD notamment, qui n'a pas hésité à faire de la « démocratie économique » portée par Hilferding l'axe de son programme : la cartellisation de l'économie, via le développement de grands secteurs industriels, soutenus par l'État en contrepartie d'augmentations de salaire et d'un renforcement du contrôle syndical sur les principales orientations stratégiques. Au sein également de la gauche britannique, et en particulier du Trades Union Congress, qui va servir, on le verra, de fer de lance à une approche nouvelle de la grande crise qui s'amorce.

Des socialistes fort dépourvus, la crise venue...

La poussée du courant rationalisateur est en effet heurtée de plein fouet par la crise de 1929 qui lui retire une partie de ses arguments. Si les uns, peu nombreux, y lisent justement un défaut d'organisation économique, d'autres sont trop heureux d'y voir la preuve de l'impossibilité de discipliner le capitalisme. D'autant que la crise sert ici ou là de prétexte à la remise en cause des avantages obtenus au lendemain de la guerre ; comme en Allemagne. L'échec du capitalisme organisé ou de la démocratie économique laisse le mouvement socialiste, y compris parmi ses esprits les plus avancés, dans une totale perplexité face à la montée de la catastrophe économique et sociale qui s'étend au monde entier. Si bien que, partout, les socialistes font le choix de politiques économiques qui rivalisent en orthodoxie avec ce que proposent les libéraux. Incapables de mesurer la portée des changements qui s'annoncent, les socialistes se rallient – en France, en Allemagne, en Grande-Bretagne – à la déflation, c'est-à-dire à une baisse des prix permise par une baisse imposée des salaires afin d'ajuster par le bas le revenu à l'offre disponible. « La social-démocratie semble liée d'une manière inextricable au vieux monde du capitalisme des années 1920 et elle paraît être davantage un des maillons faibles du système d'équilibre social restauré après la Première Guerre mondiale[1]. » En témoignent les politiques conduites par des socialistes lorsqu'ils sont au pouvoir qui se caractérisent toutes par une rigueur budgétaire et monétaire, selon eux « justifiée » par la théorie politique : en dehors de circonstances révolutionnaires, les socialistes doivent se comporter en honnêtes gestionnaires des intérêts qui leur sont confiés. Le problème, c'est qu'une telle orientation signifie une politique à rebours des intérêts populaires : déflation, réduction des dépenses sociales, de l'assurance chômage, etc., provoquant le mécontentement des syndicats et donc de son électorat. Le violent échec du deuxième gouvernement MacDonald en Grande-Bretagne en fournit en 1931 une triste illustration. Les socialistes y perdent une partie de leur crédibilité sauf là où, faisant preuve d'un courage inattendu, ils accepteront un renouvellement de leur stratégie, notamment sur la base des propositions avancées depuis le milieu des années 1920 par le « planisme », courant fondé par un intellectuel et homme politique belge, Henri De Man, qui va donner un nouveau souffle aux partisans d'une économie organisée.

De sorte que la crise de 1929 va à la fois déstabiliser le mouvement de rationalisation (ses préoccupations de prospérité comme de paix nationale sont en effet brouillées) et le relancer en remettant au goût du jour l'idée d'une intervention organisatrice de l'État face au désordre provoqué par le marché et par la crise[2].

1. Mario Telò, *Le New Deal européen. La pensée et la politique sociales-démocrates face à la crise des années trente*, Bruxelles, Éditions de l'université de Bruxelles, 1988, p. 18.

2. On ne s'étonnera pas qu'il trouve en France un écho tout particulier parmi les ingénieurs de l'économie, des polytechniciens, de jeunes normaliens ou des personnalités telles que Bertrand de Jouvenel, Georges Izard, Robert Lacoste, Pierre Laroque…

Le planisme : au-delà du marxisme !

S'il est une illustration intellectuelle du lien qu'il convient d'établir en matière de politique de réforme entre les bouleversements introduits pendant la Première Guerre mondiale et ceux liés à la grande crise, c'est bien l'œuvre de Henri De Man. Celle-ci plonge ses racines dans son expérience des combats, et son ambition affichée dans les années 1920 de dépasser le marxisme accouche dix ans plus tard d'un programme concret de redressement économique : si dépasser le marxisme est pour lui un préalable, c'est que l'obsolescence de la théorie du matérialisme historique, comme de la lutte des classes, lui paraît démontrée[1]. La première, observe-t-il, ne conteste pas un certain rôle à la volonté politique mais n'en fait en dernière instance que le produit de l'évolution économique dont elle dépend. Approche qui n'est pas même en cohérence avec les conditions d'émergence du socialisme lui-même. Celui-ci n'est-il pas apparu antérieurement à l'existence d'un prolétariat ouvrier fort, et même extérieurement à celui-ci puisqu'il fut d'abord le fait d'intellectuels relayés par des artisans ? Il est d'autant plus convaincu que l'idéologie n'est pas nécessairement conditionnée par le contexte économique, qu'il a pu observer pendant la guerre le mouvement de foules réunies ou jetées les unes contre les autres par un élan de solidarité ou l'habileté d'une propagande.

Que nous dit enfin la réalité de la situation économique ? C'est que, loin de conduire à la paupérisation systématique, le capital, à travers le développement du progrès technique, a réussi à améliorer la qualification des emplois et, du même coup, la rémunération et l'intérêt du travail. Comment ne pas voir que les syndicats ont pu, à leur tour, y contribuer, modifiant le rapport entre l'ouvrier et le patron ? Il en a résulté une coopération amenant parfois salariés et patrons à faire front contre la concurrence étrangère et à préférer la solidarité nationale à la solidarité internationale. Comment ne pas voir que l'intégration de la classe ouvrière à la communauté nationale en a été accrue, l'amélioration de sa condition et le vote de lois sociales

1. Henri De Man, *Au-delà du marxisme,* Paris, Seuil, 1974.

l'éloignant d'autant plus de l'idéal révolutionnaire ? Le développement du capitalisme ne conduit donc pas nécessairement à sa fin, ni celui du prolétariat à la révolution. Sauf à aller au-delà du marxisme, formidable sociologie, mais feuille de route obsolète, en redonnant au socialisme toute sa dimension : non pas lutte d'intérêts mais conflit de valeurs. Proche des thèses de Bernstein, De Man plaide pour que le mouvement socialiste ne se contente pas d'exprimer l'intérêt exclusif de la classe ouvrière : non seulement parce que cet intérêt, s'il est ramené à sa dimension purement matérielle, peut être satisfait par le capitalisme lui-même[1], mais aussi parce que cet intérêt varie selon les industries, les situations, l'âge, les salaires… L'intérêt ne peut être fédérateur : seul un sentiment commun permet de dépasser les antagonismes existant au sein même du prolétariat et de la société. Et ce sentiment ne peut être que celui d'égalité né du christianisme et qui doit s'accomplir par la démocratie. « Le sentiment d'exploitation ne peut s'expliquer, comme le croyait Marx, par la simple constatation d'un antagonisme d'intérêt ; il implique un idéal égalitaire qui nourrit un esprit de rivalité, plus constant et plus efficace. »

Dépasser le marxisme, c'est par conséquent définir le socialisme comme la revendication du droit de tout homme au développement intégral de sa personnalité. Et c'est au service de cet objectif que doit être mise la prospérité rendue possible par la rationalisation de l'économie, à laquelle il confère ainsi une dimension nouvelle, une dimension éthique.

L'ambition de De Man ne se limite pas au dépassement du marxisme qui a beaucoup à voir, dans son contenu, avec les « révisionnismes » d'avant-guerre. Elle vise également à déduire de ce dépassement une politique nouvelle en phase avec les réalités de la société de l'entre-deux-guerres. Et la grande crise va l'amener à préciser son projet au vu des circonstances exceptionnelles qui sont celles des années 1930. Si, dès l'origine, De Man plaide pour une intervention renforcée de l'État dans l'activité économique (qu'il voit comme le retour à une forme de coopération directement inspirée des premiers socialistes), la crise lui fournit des justifications

1. Ce qui reviendrait à faire dépendre le socialisme des choix sociaux opérés par le capital.

supplémentaires. Politiques, d'abord, puisqu'elle accentue les tensions entre la classe ouvrière et les classes moyennes, tentées de se réfugier dans les bras du fascisme. Pratiques, ensuite, parce que les peuples européens sont en attente de solutions concrètes aux difficultés qu'ils vivent, ce qui ne permet plus au socialisme de se réfugier dans l'attentisme révolutionnaire, « cet effondrement imminent du capitalisme » trop souvent annoncé. Aussi entend-il avancer des propositions permettant à la fois de relancer l'économie et de protéger la démocratie autour d'une alliance politique large qui ne se limiterait plus aux seuls partis ouvriers[1]. Et c'est autour de l'idée de « plan » qu'il compte y parvenir.

Reprenant les analyses d'Otto Bauer au congrès du Parti socialiste autrichien de 1932, De Man souligne le caractère historique de la période et du tournant qui affecte le capitalisme. « C'est ma conviction, écrit-il, que l'on se trouve à la fin d'une phase de l'histoire du mouvement ouvrier et au début d'une nouvelle. » Selon lui, le capitalisme, loin d'être frappé par une crise ponctuelle, est entré dans une période régressive durable caractérisée par une chute de la productivité et une baisse concomitante de l'emploi et du pouvoir d'achat. Face à la puissance d'un capitalisme de plus en plus monopolistique mais empêtré dans ses contradictions, ils n'ont d'autres pistes que de renforcer la puissance publique et nouer de nouvelles alliances. Aussi est-ce pour contenir la division sociale engendrée par la crise, qui sert de base au fascisme et affaiblit la capacité du mouvement socialiste à peser sur l'évolution des choses, que le Plan s'impose comme un moyen de constituer un front politique autour d'un projet global de réorganisation de l'économie. De relier en quelque sorte l'économique, le social et le politique. L'élaboration et la mise en œuvre du Plan doivent être conçues de telle sorte qu'elles permettront de créer une « majorité économique », c'est-à-dire d'unifier autour de ce projet tous ceux que la transformation du capitalisme menace. Ce faisant, De Man se place plus que jamais dans une perspective socialiste : il s'agit bien pour lui de créer les conditions d'un renversement du rapport de forces politique

1. Henri De Man, *L'Idée socialiste,* Paris, Grasset, 1935. L'enjeu est d'autant plus important que De Man réaffirme ses thèses en 1933, au moment même de la prise du pouvoir par les nazis et après qu'il a passé plusieurs années à Hambourg.

et économique, du politique par l'économique. Dès lors, le Plan ne peut pas être un simple programme : il doit comporter l'énoncé d'objectifs clairs à atteindre dans des délais annoncés par des moyens précisés ! Il est un moyen de mobilisation autant qu'un moyen d'action. Mais cette mobilisation, pour réussir, doit parvenir à relancer la machine économique, là où les différentes politiques menées jusqu'alors ont échoué. « L'impraticabilité de la politique traditionnelle d'élargissement de la tranche de gâteau assignée au prolétariat, déduit De Man, incite donc concrètement à la lutte pour une politique d'expansion tonifiée du marché intérieur[1]. » Si le Plan repose sur des objectifs politiques, ceux d'une transformation en profondeur du capitalisme, sa réussite dépend d'abord de l'efficacité des outils économiques qu'il emploie. Aussi De Man invite-t-il les socialistes à se détourner des politiques de déflation menées jusqu'alors pour choisir au contraire de libérer le crédit en faveur de l'investissement à travers une prise de contrôle publique, voire une nationalisation pure et simple du secteur bancaire. Cette nationalisation amorcerait une prise de contrôle des autres « leviers de commande » que sont les acteurs monopolistiques de l'énergie et des matières premières[2], pour bâtir non une économie socialisée mais dirigée. De Man suggère ainsi de mener de front une politique conjoncturelle innovante (dévaluation, relance de l'investissement public) et des réformes structurelles préparant le passage à l'étape suivante du mouvement de transformation. Pour lui, « le concept de réforme de structures est la clef de la réponse [...] à la question de savoir si le mouvement ouvrier peut traduire en objectif intermédiaire une politique intérieure innovatrice capable aussi de défaire le fascisme[3] ». Ainsi, le contrôle du crédit n'aurait pas seulement pour objet de relancer l'investissement et la consommation, mais l'attribution de prêts devrait être orientée vers les secteurs d'activité où ce soutien serait considéré par la collectivité comme le plus nécessaire, en particulier dans la perspective de préserver ou de moderniser des branches industrielles menacées par la concurrence internationale.

1. *L'Idée socialiste*, *op. cit.*, p. 111.

2. Prise de contrôle ne signifiant pas dans son esprit forcément changement de propriété, mais transfert plus ou moins large de l'autorité

3. Mario Telò, *Le New Deal européen*, *op. cit.*, p. 57.

En somme, De Man apporte au moment opportun la théorie de la « transition » que les partis socialistes avaient négligée mais que les circonstances exigent. À l'exception du parti belge, dont il est l'un des principaux dirigeants, la social-démocratie européenne se montre peu réceptive à cette théorie, comme effrayée par le saut en avant (dans l'inconnu ?) qu'elle lui propose.

La difficulté principale sur laquelle va buter De Man, et qui explique pour partie son échec, réside d'abord dans le risque, ressenti par beaucoup et que comporte son projet, d'un renforcement excessif de l'État (risque qui peut aujourd'hui sembler limité, mais qui à l'époque alimente une critique d'autoritarisme récurrente). Décrédibilisé par la crise, l'État libéral ne risquerait-il pas, via le Plan, de laisser la place à un État omnipotent ? Pour répondre à cette objection, les planistes proposent d'organiser les acteurs économiques en réseau tripartite et coopératif, associant État, patrons et syndicats. La mise en œuvre des orientations du Plan serait ainsi ouverte à la société tout entière même si elle restait placée sous le contrôle du gouvernement et du Parlement. Mais cette proposition va à son tour susciter la méfiance des organisations syndicales initialement favorables au projet, qui redoutent de perdre leur autonomie, et nourrir des critiques incessantes sur l'impossible articulation de la démocratie politique et de la démocratie économique. Léon Blum va d'ailleurs s'en faire l'écho, redoutant que les acteurs économiques et sociaux se substituent à la souveraineté nationale, c'est-à-dire parlementaire. L'une des difficultés majeures auxquelles se heurte finalement le planisme est liée à la diversité des situations politiques, culturelles, sociales nationales. En proposant de réformer les rapports entre l'État et l'économie, les planistes font resurgir toutes les contradictions qui peuvent exister, pays par pays, non seulement à l'intérieur des organisations politiques mais dans les relations de celles-ci avec les syndicats ; dans leur manière de régler jusqu'alors les relations industrielles ou dans leur conception de la réforme ; dans leurs refus ou non des changements institutionnels, etc. Mais partout on observe la même difficulté à « penser » la période intermédiaire du capitalisme au socialisme qu'implique l'acceptation par les sociaux-démocrates du processus démocratique.

L'amorce d'un nouveau travaillisme...

À cet égard, le cas britannique est un cas d'école. Le succès électoral du Parti travailliste, comme son effondrement, ont été foudroyants. Porté pour la première fois au pouvoir au milieu des années 1920, il en est rejeté au début des années 1930, dans des conditions qui obscurcissent d'autant plus son avenir qu'il est alors victime d'une scission. Le quittent rien moins que ses principaux leaders, à savoir le Premier ministre, Ramsay MacDonald, et le chancelier de l'échiquier, Snowden. Son échec s'explique de façon simple : le Labour revient pour la deuxième fois au pouvoir en 1931, à la veille de la crise, totalement dépourvu d'une quelconque théorie économique à la différence notable de ses concurrents libéraux sur lesquels Keynes commence à exercer une réelle influence. Livrés pieds et poings liés aux experts de la Treasury, le gouvernement travailliste se révèle incapable d'enrayer la courbe du chômage qui avoisine les 3 millions de personnes à l'été 1931. Refusant de suivre les propositions d'un Mosley qui, à la gauche du parti, plaide pour un soutien renforcé du pouvoir d'achat, MacDonald préfère à la dévaluation une réduction drastique des dépenses sociales que lui refuse le parti, mais qu'il décide de mettre en œuvre sans lui. Renvoyé spectaculairement dans l'opposition (le nombre de ses députés est divisé par cinq), le Labour fait le choix de se reconstruire patiemment. Sa faible centralisation et la grande diversité idéologique de ses courants vont l'y aider, en lui donnant une plus grande réceptivité aux ondes de changement affectant la société britannique tout entière. À la différence de ce qui se passe en France, et instruite par l'échec du retour à l'étalon or. Une grande partie des élites se montre, en effet, de plus en plus sensible aux idées nouvelles telles que les appels à la relance via le développement du crédit et la hausse des taxes douanières. La conférence « Mond-Turner » auquel le mouvement syndical a été associé, puis le comité MacMillan préconisent ainsi dès 1931-1932 un rapprochement entre industriels et syndicats pour « échanger » la paix sociale contre des hausses de salaires et une amélioration de la productivité politique rendue possible par l'abandon de la parité or de la livre sterling. Le dialogue ouvert à cette occasion avec le

Trades Union Congress conduit les gouvernements conservateurs des années 1930 à se maintenir au pouvoir grâce à des politiques économiques et sociales au fond beaucoup plus novatrices que celles que le Labour avait pratiquées et qui permettent à la Grande-Bretagne de se tenir à distance de la crise politique et sociale que connaît le reste de l'Europe.

Renvoyé dans l'opposition, le Labour n'a dès lors d'autre option que de se remettre en question pour bâtir le programme ambitieux qui inspirera son action lors de son possible retour aux responsabilités[1]. On pourrait, à bien y regarder, parler d'un cercle vertueux de la politique britannique... Le processus est amorcé par Ernest Bevin qui, à la tête des syndicats britanniques, réussit à faire adopter dès 1932 une plate-forme inspirée de ces idées nouvelles. Deux ans plus tard, à Southport, le Labour, traditionnellement collectiviste, adopte à son tour un programme complètement inspiré par l'objectif de redressement économique du pays et intitulé « For socialisme and peace ». L'idée de base est celle d'un déplacement du rapport de forces des trusts vers les pouvoirs publics et les salariés. Ce retournement serait opéré par la création d'un conseil national des investissements (on n'est pas loin du Plan) chargé de coordonner les financements disponibles vers les différents acteurs productifs en fonction des priorités définies collectivement par la nation. Parallèlement, les syndicats devraient détenir, au nom de l'intérêt général, des pouvoirs de cogestion sur toutes les décisions importantes concernant l'entreprise, en particulier sur les conditions de travail. S'il s'agit là d'un compromis entre les différentes tendances du parti, son caractère novateur est néanmoins indéniable ! Pour la première fois, le contrôle public est envisagé d'une manière qui ne se limite pas aux nationalisations ; pour la première fois, celles-ci sont justifiées non par des raisons idéologiques, mais d'abord afin d'orienter la politique industrielle dans les secteurs clefs et de hâter la reprise. Mais si cette approche obtient au sein du Parti travailliste un quasi-consensus, c'est parce qu'elle continue de s'inscrire dans une perspective de transformation, progressive, mais radicale, de la société britannique. Et cet objectif affiché ne suscite les critiques de la

1. Il lui faudra attendre quatorze années pour y parvenir...

gauche, notamment de Stafford Cripps, le leader de la Socialist League, que parce qu'elle n'inclut pas un calendrier plus tendu et surtout des modalités de mise en œuvre plus « autoritaires », telles que la mise en place de préfets économiques qui seraient dotés de larges pouvoirs et échappant au contrôle direct du Parlement. Le projet du Labour prévoit cependant une réforme de l'État à travers l'affaiblissement des pouvoirs des instances non démocratiques (comme la Chambre des lords) et l'attribution au Premier ministre de pouvoirs spéciaux pour faire face aux difficultés et aux réticences que pourrait susciter l'indispensable réforme économique[1].

Au total, loin de conduire à un affrontement entre les grandes tendances du parti, ce programme réussit à mettre au jour leurs convergences autour d'une ambition forte et novatrice qu'un des responsables de la gauche, l'historien G. D. H. Cole, résume bien dans un ouvrage de 1935, *Les Principes de la planification économique* : il arrivera nécessairement un moment de vérité, écrit-il, où le capitalisme ne pourra plus tolérer qu'on fasse « directement de la distribution du revenu national un enjeu électoral ». Il en résultera une inévitable radicalisation d'où sortira la victoire ou la défaite du socialisme. Mais celui-ci, pour atteindre ce moment, doit à la fois prendre en compte le contexte national particulier dans lequel il est appelé à relever le défi de la crise et adopter les mesures conjoncturelles appropriées. Ce sont sur celles-ci que s'opère précisément la synthèse entre la droite et la gauche du parti qui voient toutes deux dans le principe d'une politique monétaire et budgétaire anticyclique la clef du succès, dont dépendra tout le reste. Ne demeurent que deux points de tension : l'un est héritage de la référence travailliste à la théorie de démocratie industrielle ; à savoir la place plus ou moins grande laissée aux syndicats dans la gestion des entreprises nationalisées ; l'autre est portée de l'extérieur du Labour par l'Independant Labour Party et réintroduit à l'intérieur par la Socialist League : la conclusion d'une alliance du type Front populaire que récuse sans ménagement la majorité du parti.

1. L'ensemble n'est pas loin de ressembler au programme d'urgence que présentera le deuxième gouvernement Blum, en 1938, sur l'instance de son jeune ministre, Pierre Mendès France, mais que rejettera le Sénat.

Dès lors, au-delà de ces divergences qui ne se traduiront par aucun conflit significatif lors des différents congrès, le grand mérite du Parti travailliste est d'avoir réussi à élaborer, en une petite dizaine d'années, et malgré les déconvenues électorales, une synthèse entre ses différents courants, de ceux qui, autour d'Hugh Dalton et de Douglas Jay, transposent en langage socialiste les théories de Keynes à ceux qui, comme Stafford Cripps, souhaitent une radicalisation de la politique économique et sociale autour de l'idée, jamais assumée alors, de « transition ». Pour parvenir à un tel consensus, le travaillisme a cependant été aidé par une conjonction de facteurs plus favorable que celle qu'ont à affronter les partis frères : la moindre gravité de la crise conjoncturelle ; le consensus obtenu sur la dévaluation de la monnaie ; la marginalité, enfin, de la menace fasciste[1].

Déat et le capitalisme coopératif

Au contexte politique et à l'état d'impréparation intellectuelle dans laquelle se trouve le mouvement socialiste européen pour aborder cette période de crise viennent s'ajouter les ambiguïtés provoquées par la poussée du nationalisme. Le révisionnisme des années 1920-1930 propose une triple évolution : une intervention de l'État dans le cadre d'une économie désormais dirigée ; la coopération entre les classes pour favoriser l'éclosion d'une vraie solidarité ; la nécessité d'agir dans un cadre national à la fois pour des raisons économiques (relancer la demande intérieure sans encourager les importations) et pour mieux répondre à la montée du sentiment « patriotique ». Le rejet des deux premières propositions par les socialistes majoritaires et l'exacerbation de la troisième vont parfois conduire à l'impasse...

Le débat en France est mal engagé dès l'origine. Certes, avec la crise, le courant rationalisateur porté par Moch ou Spinasse a plus ou moins réussi sa jonction avec le courant planiste qu'animent André Philip et Georges Lefranc. Mais ceux-ci restent minoritaires, et surtout contenus par la direction du parti. Aussi la discussion ne va-t-elle véri-

1. G. H. D. Cole.

tablement se focaliser qu'à partir des prises de position d'un nouveau venu, normalien, secrétaire général du groupe à la Chambre, puis député de Paris : Marcel Déat. Celui-ci s'efforce de rassembler les arguments justifiant une transformation intellectuelle du mouvement socialiste. Il va surtout faire de celle-ci un enjeu politique à l'intérieur même de la SFIO. « Nous avons voulu proposer autre chose qu'un réformisme sans allure ni efficacité, écrit-il alors ; autre chose que le vague exutoire d'une révolution sans forme ni date [...] pour en finir avec la routine révolutionnaire[1]. » Comme De Man auquel il se réfère, Déat en appelle tout d'abord à une meilleure compréhension de ce qu'est le capitalisme : pas simplement un mode d'organisation de la production, il est plus globalement une civilisation, c'est-à-dire une architecture dont tous les éléments se tiennent et dépendent les uns des autres autour d'un axe qui est « économique ». Cette définition sociologique du capitalisme a pour but de permettre d'envisager son évolution sous forme d'alternative, soit comme une accentuation de sa dérive vers l'économique, soit au contraire comme la substitution à celle-ci d'autres priorités permettant de garantir son équilibre. Comment y parvenir sinon en saisissant l'opportunité qu'offre la crise de définir de nouveaux modèles d'intervention ?

Si la crise est d'abord celle du fordisme, c'est-à-dire de la surproduction, la réponse ne pourra venir, selon Déat, que du développement de la coopération, cette vieille idée socialiste qu'il veut encourager à tous les niveaux. Dans sa préface aux travaux du comité du Plan[2], Déat plaide pour une politique nouvelle visant à garantir, par le haut, un équilibre global de l'économie. L'enjeu, dit-il, est d'assurer que l'ensemble de la production puisse trouver un débouché : une loi de Say revisitée en quelque sorte. C'est naturellement par les prix, argumente-t-il, que l'on peut y parvenir. Mais non le prix défini selon la loi de l'offre et de la demande, mais un prix arrêté par la collectivité, dans le cadre du Plan, en fonction des besoins de la société.

1. Marcel Déat, *Perspectives socialistes*, Paris, Librairie Valois, 1930, p. 10.
2. Comité du Plan, *Le Plan français : doctrine et plan d'action*, préface de Marcel Déat, Paris, Fasquelle, 1936.

La libre fixation du prix par le marché présente en effet un double inconvénient : trop bas, il peut conduire à la fois à la diminution de la production d'un bien pourtant utile à la société, et à la baisse du pouvoir d'achat, donc à la déflation. Trop haut, il produit l'effet exactement inverse. Aussi suggère-t-il de lui substituer la notion de « prix social » qui ne présente que des avantages. Loin de répondre à des critères arbitraires, celui-ci est arrêté par la collectivité à un niveau qui garantit la juste rémunération du capital, le financement d'une véritable protection sociale et un montant de salaire adéquat pour assurer un débouché à la totalité de la production.

Quelle est en effet la question centrale de l'économie ? De trouver, à production donnée, les moyens de répartir celle-ci en totalité. Ce qui revient à « proportionner notre pouvoir d'achat à la production désirée ». On y parviendra en faisant pour cela tomber les limites qu'impose l'argent là où la nature ne l'impose plus (grâce aux progrès des techniques et des capacités de production). Si l'objectif n'est plus de répartir la rareté mais de répondre équitablement aux besoins de tous, le prix de vente devient une valeur sociale. Aussi est-ce un prix socialement déterminé qui, pour les productions essentielles dans un premier temps, devrait se substituer au prix de revient le plus bas. « Le prix social, précise-t-il, est le moyen comptable de donner à chaque participant à une production donnée, son juste bénéfice, c'est-à-dire le pouvoir d'achat qui lui est nécessaire pour consommer sa juste part de toute cette production dans la proportion où cette dernière existe en quantité[1]. » Le prix social aura ainsi pour mission de répartir équitablement le pouvoir d'achat entre les différentes productions (au prorata du capital et des ressources humaines engagées), puis au sein de chaque production (à travers la rémunération des salariés, comme des actionnaires) en prévoyant du même coup la part revenant à la collectivité, l'impôt étant intégré dans le prix et donc prélevé sur la production ou la vente pour financer les besoins de l'État et de la sécurité sociale.

À travers cet exercice, à la fois simple et complexe (véritable anticipation de ce que sera plus tard la Comptabilité nationale), Déat en arrive à la notion d'un « juste marché » où le prix social garantit une

1. *Ibid.*, p. 120.

juste rémunération aux travailleurs, tout comme le plein-emploi et l'amélioration des conditions de travail. Loin, en effet, de menacer le travail, le progrès technique sera au contraire le moyen d'en réduire la durée. « La logique comme le sens de l'humanité et des nécessités sociales exigent que le prix du travail augmente sans cesse dans la mesure où sa quantité tend à diminuer[1]. » Si le salaire est indexé sur le volume de la production, c'est-à-dire sur sa productivité, il doit donc continuer à progresser indépendamment du temps passé par chaque salarié. Le prix du travail échappera ainsi à la loi de l'offre et de la demande pour ne dépendre que des possibilités de la production.

Dans un premier temps, dans la mesure où il s'agirait de répondre prioritairement aux besoins de la société, le mécanisme du prix social ne serait utilisé que pour les productions agricoles, les matières premières et toutes les industries primaires, les industries secondaires et tertiaires continuant à relever du marché. Pour les mêmes raisons, d'intérêt général, la fixation du prix social serait par ailleurs confiée à un quatrième pouvoir, un organisme directeur de l'économie composé « d'hommes qualifiés, impartiaux, responsables[2] », placé sous le contrôle du Parlement. Son rôle serait d'« assurer un bénéfice aux producteurs agricoles, de fixer partout les salaires minimaux en tant qu'éléments du prix social, de faire varier la durée du travail en fonction du chômage, de fixer le prix social des productions essentielles, de contrôler l'emploi du pouvoir d'achat épargné et du crédit, et de repousser toute action contraire à l'intérêt général ». Naturellement, l'action de ce comité s'inscrirait dans le cadre d'un plan d'ensemble arrêté en liaison avec les partenaires économiques et sociaux. Est-il nécessaire de préciser qu'un tel dispositif ne peut en revanche fonctionner, selon Déat, que dans un cadre national puisque son objet est précisément de faire disparaître toutes les pressions à la baisse des prix qui pourraient venir de la concurrence étrangère ?

Au total, conclut-il, et grâce au Plan, le socialisme est à portée de la main, si celui-ci se confond avec cette disposition d'esprit « qui souhaite l'accession de tous au maximum de bien-être et de sécurité

1. *Ibid.*, p. 127.
2. *Ibid.*, p. 146.

possible[1] ». Et sans qu'il soit nécessaire, pour y parvenir, de vider les poches des uns pour remplir celles des autres : « La révolution des régimes de comptes que nous proposons [étant] une révolution sans victimes[2]. » Fondé sur les progrès les plus récents de la science économique et statistique, le projet de Déat est proche de la vision exprimée par Jaurès à Toulouse : « Capitalisme et socialisme sont-ils voués à un conflit éternel ? La raison d'être du capitalisme est de créer toujours plus de richesse et celle du socialisme d'en distribuer toujours plus. Les deux tendances ne sont pas contradictoires mais complémentaires et nous pensons qu'elles doivent se rencontrer sur un terrain neutre : une comptabilité disciplinée de haute conception sociale[3]. » Déat voit dans ce projet le retour aux sources coopératistes du socialisme, nourri d'une défiance du politique éloignée des changements véritables de la société que seule la science permet d'aborder.

Déat n'est guère éloigné des thèses défendues par Jules Moch invitant le socialisme à prendre la tête de la rationalisation du capital pour promouvoir une démocratie industrielle. André Philip, propagandiste de De Man, ne s'exprime d'ailleurs pas dans d'autres termes, lui qui veut encourager le dépassement des classes autour d'un projet productiviste rendu possible par les progrès techniques, en trouvant la justification de cette organisation nouvelle dans l'idéal de solidarité directement inspiré du christianisme[4]. Ces thèses sont dans l'air du temps ; on les retrouve avec de fortes variantes aussi bien chez « les jeunes-turcs, aiguillons du parti radical, qu'au sein de la jeune droite[5] ». Elles sont partout inspirées par le souci de trouver un substitut au libéralisme économique et au désordre qu'il a causé. Et par la conviction que la réponse passe par une direction de l'économique et du social sous l'égide de l'État qui anticipe ce que sera, après-guerre, l'économie dirigée.

1. *Ibid.*, p. 191.
2. *Ibid.*, p. 192.
3. *Ibid.*, p. 192 et 193.
4. André Philip, « Socialisme et christianisme », *Le Christianisme social*, avril 1930, p. 326-339.
5. Olivier Dard, *Le Rendez-vous manqué des relèves des années trente*, *op. cit.*

La crise néosocialiste

Loin de faire l'unanimité, ces thèses sont l'occasion de nouveaux déchirements au sein du socialisme français. Pourtant, la crise qui débouchera sur une nouvelle scission de la SFIO ne vient pas de là où on l'attend. Ce qui explique sans doute qu'elle ait lieu lors du congrès de Paris de juillet 1933 presque sans préavis et n'ait pas permis de faire émerger concrètement les enjeux qui s'opposent autrement que de manière caricaturale. Depuis les élections de 1932 à l'issue desquelles la SFIO était arrivée en tête de la gauche en voix mais non en sièges, la question du soutien, et même de la participation du gouvernement radical d'Édouard Herriot est posée. À l'initiative de Pierre Renaudel, leader de la fraction la plus importante du groupe parlementaire, un conflit s'est ouvert entre ce dernier et la direction du parti animé par Léon Blum et Paul Faure. À plusieurs reprises, le groupe, encouragé d'ailleurs par Déat, a refusé de se soumettre aux injonctions du parti. Au point qu'il a fallu convoquer un premier congrès en avril 1933 à Avignon, qui n'empêcherait pourtant pas le groupe de voter, quelques jours plus tard en mai, le budget. Un nouveau congrès est aussitôt convoqué pour juillet, à Paris cette fois, pour vider la querelle. Mais la prise du pouvoir par Hitler donne une dimension nouvelle à la politique de participation prônée par Déat : il s'agit non plus d'une vague question de principe ou de statut, mais bien de réfléchir à la constitution d'un front antifasciste, qui tiendrait à l'écart les extrêmes à gauche comme à droite. L'affaire, écrit alors Déat qui veut pousser son avantage, est d'autant plus urgente qu'entre « nous et les fascistes, c'est désormais une question de vitesse[1] ».

Ce n'est donc pas sur la question de la rénovation doctrinale que le parti est invité à tranché, mais sur celle de la stratégie, même si elle est pour partie déterminée naturellement par le contenu des programmes respectifs de la SFIO et du Parti radical. Or, c'est pourtant sur la question doctrinale que le congrès va se jouer et la rupture s'imposer, dans une sorte d'improvisation incompatible par principe

1. *L'Œuvre*, 26 juin 1933.

avec une vraie clarification des enjeux. Déclenché sur un désaccord tactique, le conflit va dégénérer en conflit idéologique dans les pires conditions et sans véritable délai de réflexion. C'est pourtant ce moment que Déat, flanqué de Montagnon et de Marquet, choisissent pour lancer l'offensive, prenant le risque, en confondant le fond et la forme, de donner à la majorité les moyens faciles de leur réfutation. Pour autant, et malgré sa brièveté, le débat est d'autant plus passionnant qu'il sert de révélateur à la fois des contradictions propres aux thèses néosocialistes (en particulier dans le maniement des concepts comme l'État ou la nation) et de la faiblesse de leurs contradicteurs enfermés dans une vérité sans rapport avec les réalités du moment.

Que disent en effet les rationalisateurs depuis le lendemain de la guerre et les planistes depuis la crise ? Qu'il faut faire jouer à la puissance publique un rôle nouveau d'organisation des échanges économiques. Pour les uns, l'État en est le simple promoteur ; pour les autres, il doit l'accompagner de réformes de structures enclenchant un changement du rapport de forces au sein de la société. Qu'ajoute à cette approche Montagnon dans sa première intervention ? Une accusation : celle adressée aux « vieux socialistes » de laisser au nazisme et au fascisme, par leur inertie, le monopole de l'« État fort » espéré par les classes populaires et moyennes. Qu'y ajoute plus abruptement Marquet ? Que cet État doit être « un pôle d'ordre et d'autorité ». Faisant écho aux thèses développées tant par De Man que par les sociaux-démocrates suédois, il se lance même dans l'éloge d'un redressement « national » ambigu, mené à l'abri des frontières qui donne à Blum l'occasion d'exprimer alors, d'une phrase fameuse, son « épouvante » face à un socialisme dont l'axe ne serait plus d'abord social. N'est-ce pas, de la part du leader de la SFIO, refuser de voir la réalité en face ? Portée par l'État, la relance ne doit-elle pas s'appuyer sur le marché intérieur, ce que démontre à l'envie la politique de dévaluation menée par les conservateurs en Grande-Bretagne ? Qu'y a-t-il donc d'« épouvantable » à proposer une politique que les socialistes suédois font leur ? Là où il aura fallu des années comme en Suède ou en Grande-Bretagne pour conduire une telle évolution, c'est par un débat, soudain, violent et polémique que doit se décider l'orientation idéologique du socialisme français.

Si bien que l'intervention la plus attendue de Marcel Déat s'effectue le 17 juillet, deux jours plus tard, dans un climat hostile. Aussi s'efforce-t-il d'emblée de reposer les termes du débat. Quel est l'enjeu ? Rien moins que la menace de prolétarisation des classes moyennes poussées par la crise à contester un État faible, incapable d'apporter des solutions concrètes face au chômage et à leur déclassement. Avec un tel départ, il capte l'attention du congrès. Quel est le risque encouru ? Laisser le terrain à un adversaire, le fascisme, qui loin d'être une entreprise de mercenaires utilisée, pour se défendre, par le grand capital, constitue une force autonome dont le soutien populaire rend caduque la traditionnelle opposition entre capital et prolétariat. La menace, ajoute-t-il, est d'autant plus grande que le fascisme défend l'idée d'un État fort et interventionniste, si bien qu'on a le « sentiment que quelque chose dans le socialisme a été faussé, que quelque chose de son esprit, de son programme lui a été volé par l'adversaire lui-même. Et ce désarroi nous explique le ralliement d'une partie de nos troupes au camp adverse[1] ». Quelle est la conséquence de tout cela ? Que l'attentisme n'est plus possible, scande-t-il, pas plus que n'est souhaitable la constitution d'un front de gauche qui attiserait les divisions sociales et rendrait impossible la mobilisation des pays autour d'un effort de défense nationale. D'où la cohérence, conclut-il, revenant à l'objet du congrès, de la stratégie du groupe parlementaire soucieux d'allier classes moyennes et prolétariat, Parti radical et Parti socialiste.

Déat quitte la tribune sous les applaudissements. Mais son argumentation a ses failles que Blum a aussitôt perçues : il lui reproche de vouloir « combattre le fascisme avec ses propres armes », en somme de ne pas suffisamment prendre ses distances avec celui que tous deux considèrent comme le principal adversaire. Certes, tout dans le plaidoyer de Déat va dans le sens d'un combat sans faiblesse contre le fascisme. Mais l'interpellation de Blum exprime à la fois une intuition et un malentendu. Blum voit dans le fascisme une menace mortelle : il en a perçu les traits caractéristiques et en mesure le danger. Aussi ne veut-il en aucune manière briser l'idéologie, affaiblir la capacité de résistance du socialisme, en acceptant des

1. Cité par Philippe Burin, *La Dérive fasciste*, Paris, Seuil, 1986, p. 131.

solutions d'alliance avec les radicaux ou des formules telles que « régime intermédiaire » qui pourraient couper la SFIO de sa base, voire du Parti communiste avec lequel, au lendemain du 6 février 1934, le rapprochement est en cours. À l'instar de Jaurès, qui est prêt à Amsterdam à payer le prix de l'unité pour accroître la force du mouvement socialiste face à la menace de la guerre, Blum ne veut rien céder qui pourrait affaiblir la gauche face à la menace du nazisme. « On ne détruit pas l'idéologie fasciste en la prolongeant ou en s'adaptant, s'exclame-t-il dans *Le Populaire* du 20 juillet 1933. Bien au contraire, on la fortifie ! » Il oppose à la confusion sociale et idéologique du programme des « néo » la cohérence du projet traditionnel de la SFIO : représentante du prolétariat, déterminée par la voie légale à transformer le régime de propriété ; et non pas porteuse d'un projet d'État fort destiné à corriger les excès du capitalisme en prenant appui sur des groupes hétérogènes. Pour n'en plus démordre tout au long d'un débat qui se poursuivra bien après le congrès jusqu'à ce que la pression des événements y mette un terme. Dans une dizaine d'articles publiés par *Le Populaire* entre le 4 et le 26 janvier 1934, intitulés « Au-delà du réformisme », il revient point par point sur le programme des « néo », poussant la réfutation jusqu'à récuser l'idée même d'économie mixte et de réformes progressives qu'il avait semblé avaliser quelques années plus tôt, ne voulant laisser à son adversaire aucun pouce de terrain. « Tant que le système de la propriété subsiste, l'exploitation du prolétariat persiste [...]. Le socialisme n'est pas le socialisme tant que la propriété privée n'est pas socialisée. » On a connu Blum plus subtil, plus ouvert, plus attentif aussi à l'évolution des choses. La menace lui paraît cependant trop sérieuse pour accepter le moindre compromis. Mais c'est au détriment d'une évolution des esprits qui s'opère pourtant ailleurs en Europe et à côté de laquelle une fois de plus la SFIO va passer !

Ni les discussions conduites en Allemagne sur la démocratie industrielle, ni celles ouvertes par De Man sur les réformes de structures, ni même la politique budgétaire proactive lancée par l'école de Stockholm n'ont fait l'objet d'un véritable approfondissement. Ni l'impact de la crise sur les classes moyennes, non plus que la nature exacte du fascisme n'ont été étudiés : si bien que le parti n'a à opposer au néosocialisme que le statu quo pur et simple. Mais encore eût-il fallu pour l'éviter que Déat, et plus encore Montagnon et Marquet prennent aussi la peine de préciser leur conception de l'ordre et de la nation. Et n'altèrent pas leur proposition d'une autre politique économique en semblant la confondre avec une simple alliance électorale. L'exigence d'ordre n'était après tout que celle de la stabilité sociale et monétaire comme de l'organisation de la production pour pallier les défaillances du laisser-faire ; l'appel à la nation ne signifiait pas nécessairement nationalisme mais nécessité de concevoir la relance dans le cadre du marché intérieur et, sur le plan international, de prendre en compte les besoins de sécurité d'un pays confronté à la menace nazie.

Toutes ces questions avaient légitimement alimenté les controverses en Belgique, en Grande-Bretagne, en Suède, aux États-Unis. C'est parce qu'elles furent évoquées trop tardivement en Allemagne que la gauche s'effondra face au nazisme. Elles restent pourtant sans écho en France. Pourquoi ? Peut-être l'attitude très « tactique » de Déat, qui se sert du planisme pour disqualifier la SFIO et critiquer le Front populaire, comptera-t-elle pour beaucoup ! Mais pourquoi Blum renonce-t-il à chercher ailleurs ses sources d'inspiration : dans le plan de la CGT dont il est proche, ou dans les travaux de ses amis Jules Moch ou André Philip ? Pourquoi ne veut-il pas relier la dimension morale qu'il donne dans tous ses discours et écrits au socialisme à la démarche spiritualiste de De Man ou de Philip ? Et qu'est-ce qui empêche l'auteur de la *Réforme gouvernementale*, c'est-à-dire l'avocat d'une rationalisation de l'État, de mieux prendre en compte le besoin de rationalisation appliqué à la production ? Plus généralement, comment tous ces hommes, profondément marqués par la Première Guerre mondiale, ne peuvent-ils se retrouver autour du même besoin de régénération morale qui seul pour eux avait pu justifier leur participation à l'Union sacrée ? Et même si l'appel à l'énergie et la jeunesse des néosocialistes semble avoir un peu trop cédé au climat de violence qui domine les années 1930, comment ne pas y retrouver le fil émotionnel des enfants de la Grande Guerre qu'illustre si bien le *Gilles* de Drieu la Rochelle ?

L'explication tient sans doute, comme souvent en politique, à la surestimation des enjeux tactiques. Blum a en tête l'unité de son parti et la menace que constitue toujours pour lui la dissidence communiste.

Aussi ne peut-il être question de s'éloigner de l'orthodoxie, qui plus est dans une période de troubles qui nécessitera peut-être bientôt de mobiliser, sans réserve, toutes les forces de la gauche dans le combat pour la démocratie. Déat a le goût du pouvoir et voit dans la scission, faute d'avoir pu prendre le contrôle de la SFIO, le moyen de la marginaliser, condamnée qu'elle serait au déclin, pense-t-il, par ses idées dépassées, et d'apparaître ainsi comme le leader d'une gauche nouvelle. Tactiquement, le calcul de Blum se révèle plus juste : la SFIO ne souffre pas électoralement de la scission. Mais livré à lui-même et à l'amertume née d'échecs successifs, Déat finira dans la collaboration. La « révolution planiste aurait-elle pu s'imposer s'il n'en avait été le brillant mais controversé porte-parole[1] » ? Rien n'est moins sûr. Blum en viendra certes à adouber les « nationalisations » en tant que réformes de structure. Il se ralliera même, en juin 1936, à la réduction du temps de travail à quarante heures comme moyen de lutter contre le chômage et défendra bientôt les offices agricoles pour réguler les marchés. Il reprendra enfin à son compte les propositions keynésiennes préparées par Mendès France pour son second gouvernement de février 1938 que renversera le Sénat. Mais dans une sorte de patchwork idéologique qui sera loin d'évoquer le Plan au sens où l'entendaient ses promoteurs, et seulement par une sorte d'entraînement lié aux circonstances qui n'exprime au fond qu'une adhésion circonstancielle.

L'exception suédoise

Cette rénovation idéologique si nécessaire, trop tardive en Allemagne, en maturation en Grande-Bretagne, bloquée en France, d'autres s'en font, au même moment, les accoucheurs. Dans un contexte certes bien différent. C'est très tôt en effet que le parti social-démocrate suédois se déclare partisan de réformes progressives et du respect de la légalité, se fixant pour objectif, en alliance avec les modérés, l'établissement du suffrage universel autour de la forte personnalité de son premier leader Hjalmar Branting.

1. C'est la thèse de G. Lefranc, *Essai sur les problèmes socialistes et sociaux*, Paris, Payot, 1970.

À cette « précocité » démocratique et réformiste s'ajoute très vite une première expérience du pouvoir qui contribue pour beaucoup à adapter la social-démocratie suédoise au contexte nouveau de l'après-guerre. Ainsi préfère-t-elle en 1922 quitter le gouvernement plutôt que d'assumer une politique qui va à l'encontre de ses électeurs et de sa base syndicale, à savoir la baisse des dépenses sociales pour maintenir la parité de la monnaie. Dilemme auquel allait se trouver confrontée la totalité des grands partis sociaux-démocrates dans les années 1920.

Deux facteurs vont s'avérer déterminant dans la maturation du socialisme suédois : sa force électorale tout d'abord, couplée à une force syndicale qui, sans lui donner une majorité politique, lui crée assurément des responsabilités auxquelles il est sensible. Les conditions de son échec gouvernemental de 1922 ensuite, provoqué selon ses propres dirigeants par une impréparation coupable du parti et de la société. Ainsi, les premières nationalisations associées à la création de sorte de conseils ouvriers se heurtent non seulement à l'opposition de la droite, mais aussi aux réticences d'une partie des syndicats. Quelles sont alors les conditions nécessaires pour transformer un succès électoral en véritable victoire politique et idéologique ? Cette question ne cessera plus d'obséder le parti suédois. La réponse, formulée par l'un de ses leaders intellectuels, Nils Karleby, est ambitieuse : par le changement profond qu'il représente, le socialisme ne peut parvenir à s'imposer que si ses objectifs sont largement compris et, plus encore, partagés par la société. La social-démocratie doit ainsi, écrit celui qui portera cette réflexion à son terme, « s'imposer substantiellement et spirituellement [...] si elle veut être en situation d'assurer son rôle dirigeant au sein de la société[1] ».

Pour reprendre le concept que Gramsci popularisera, la social-démocratie doit d'abord s'assurer une « hégémonie intellectuelle ». À défaut, elle se heurtera à l'opposition parfois brutale, y compris via des moyens extraparlementaires, de la bourgeoisie. Le rôle du parti, poursuit Karleby dans des termes que ne désavoueraient ni Blum ni Jaurès, doit être exemplaire et sa première mission d'éle-

1. Nils Karleby, cité par Tim Tilton, *The Political Theory of Swedish Social Democracy*, Oxford, Clarendon Press, 1990, p. 75.

ver, par sa propagande, la conscience de classe du prolétariat. « Le développement économique et la capacité croissante de la classe ouvrière à exercer son leadership sur la vie économique de la société, joints au développement des formes de coopération dans la distribution, de participation des travailleurs à la production via leur présence dans les conseils d'administration, feront plus pour la transformation de la société que le contrôle du pouvoir politique[1]. » Ainsi, le parti doit-il se montrer attentif au contexte économique et social et ses dirigeants s'efforcer de comprendre la société civile autant que de se faire comprendre de celle-ci. À l'opposé de toute conception avant-gardiste, fidèle au contraire à la perspective ouverte par Marx d'accroître la capacité d'agir et de penser de la classe ouvrière, la social-démocratie suédoise garantira ainsi que « l'émancipation de la classe ouvrière sera bien le fait de la classe ouvrière elle-même ».

Ce premier travail accompli, Karleby s'efforce ensuite de définir ce qu'est le socialisme, en le plaçant « face aux réalités ». Il ne saurait, estime-t-il, se confondre avec la « socialisation des moyens de production » qui est un symbole aussi abstrait que le « libre marché ». La société, écrit-il, n'hésitant pas à bousculer les tabous devant lesquels les autres socialistes continuent de s'incliner, ne peut devenir propriétaire d'une entreprise parce qu'elle n'existe pas comme entité. Dès lors, la propriété publique passe nécessairement par des individus dotés de pouvoirs identiques à ceux des propriétaires privés. Elle ne garantit donc nullement l'émancipation des salariés. La question est moins celle du statut de la propriété que de son bon usage. D'autant que le droit de propriété, c'est-à-dire le droit de disposer d'un objet, si l'on veut bien renoncer à en faire un symbole pour étudier sa réalité, se décompose en de multiples droits, associés les uns aux autres[2] : celui du propriétaire privé d'investir est distinct de son droit de fixer le revenu de ses salariés. La collectivité dispose de la possibilité de choisir d'agir sur l'un (salaire minimum) plutôt que sur l'autre en fonction de ses objectifs du moment. Elle peut donc transformer l'ordre social sans supprimer le droit de propriété !

1. *Ibid.*
2. *Ibid.*

Si le capitalisme est le système dans lequel seuls les intérêts de la bourgeoisie sont pris en compte, alors le socialisme peut se définir comme celui dans lequel la classe ouvrière dispose de droits égaux à participer à la vie économique, sociale et culturelle. Ce qui signifie qu'il peut être atteint par la voie de la réforme, chacune contribuant à la construction progressive d'une société nouvelle. Loin d'être abolie, l'économie de marché devra plutôt être mise au service des objectifs de la classe ouvrière et plus globalement de la société. Ce qui supposera une meilleure répartition des revenus, via notamment la fiscalité et la mise en place de protections sociales, un possible contrôle de l'épargne comme de l'ensemble des services indispensables à la population… Ce qui écarte d'autres courants socialistes, comme ceux qui plaident pour une planification de la production assimilée à « un vestige du mercantilisme »… Et là est sans doute un des traits les plus originaux du socialisme suédois : c'est que, refusant de s'en remettre à l'orthodoxie, il n'en cède pas pour autant à la tentation du planisme. Il prolonge en revanche très clairement le courant révisionniste amorcé par Bernstein.

En effet, grâce à ces réformes, à partir du moment où la classe ouvrière accède aux différents biens à la mesure de ses besoins, le capitalisme, dans le sens marxiste du terme, c'est-à-dire en tant que système d'exploitation au service d'une seule classe, cesse d'exister. Ne demeure que la libre fixation des prix par le marché, le libre choix par le propriétaire de l'orientation de sa production et de ses investissements. En revanche, le produit tiré de cette activité, tant du point de vue des biens que des profits dégagés, devra être désormais distribué, dans des conditions reconnues comme justes et équitables par la société. Karleby en conclut à une « socialisation » de la société qui résultera du degré de contrôle plus ou moins élevé que la collectivité décidera d'exercer sur le droit de propriété comme sur le montant des revenus affectés par la redistribution fiscale et sociale. Au total, et pour résumer un point de vue repris par l'ensemble des dirigeants suédois, c'est parce que le socialisme a plus à voir avec la redistribution qu'avec la production, qu'il est compatible avec le marché. Et pour se protéger du grand vent de l'économie, le parti socialiste suédois, le SAP, par la voix de son nouveau leader et futur

Premier ministre, Per Albin Hansson, propose à chaque citoyen le refuge d'un « un bon foyer » (Folklemmet) le mettant à l'abri des conséquences de la maladie, du chômage, du vieillissement, comme une maison protège ses habitants des aléas du climat. De ce fait, ce n'est pas le travail mais la citoyenneté qui doit servir de fondement à la solidarité, dès lors considérée comme universelle et financée par l'impôt[1]. Et proche d'Hansson, Möller inventera à son tour le terme d'« État providence » pour qualifier cette nouvelle politique qu'il aura, une fois la social-démocratie revenue au pouvoir au début des années 1930, à mettre lui-même en œuvre comme ministre chargé des Affaires sociales.

Le SAP a compris que son échec de 1922 n'était pas seulement la conséquence d'une réflexion insuffisante sur la nature de son projet socialiste, mais aussi de la défaillance de sa politique économique et sociale. Aussi va-t-il chercher, selon les propres termes du futur ministre des Finances Ernst Wigforss, à ouvrir « une troisième voie[2] », entre le respect scrupuleux de l'orthodoxie libérale insupportable aux syndicats et milieux populaires et l'application du vieux marxisme réformiste qui repose sur une hausse des salaires et des dépenses sociales impossible en temps de crise.

Cette troisième voie, estime-t-il, ne peut passer que par une approche absolument novatrice des conditions de l'équilibre économique. Acquis au socialisme d'évolution, Wigforss se fait le propagandiste au sein du SAP d'un renforcement des droits à l'autonomie et au contrôle des salariés dans le cadre d'une politique d'expansion économique encouragée par l'État[3]. Inspirateur du programme de Göteborg en 1919, il préconise une série de réformes sociales (droit à l'emploi, réduction du temps de travail, deux semaines de congés payés, mise en place d'un service public de santé, allocation maternité et veuvage) en parallèle à un développement de l'industrie piloté par l'État. Il amorce ainsi clairement ce que sera le projet social-démocrate du deuxième

1. À la différence du système bismarckien réservé aux travailleurs et financé par une cotisation sur les salaires.

2. L'inventivité sémantique du SAP est aussi riche que son inventivité conceptuelle, n'en déplaise au New Labour qui n'aura donc pas inventé la troisième voie…

3. En quelque sorte, la démocratie industrielle…

après-guerre, faisant valoir avant Keynes qu'en période de crise la dépense doit prendre le relais de l'investissement privé défaillant pour injecter du pouvoir d'achat et favoriser la reprise.

Comme devait le rappeler beaucoup plus tard Tage Erlander, Premier ministre de 1946 à 1968, « ce sont les analyses de Nils Karleby et Ernst Wigforss à la fin des années 1920 qui nous apprirent qu'il était possible de construire une société socialiste par une série de réformes. Et que la socialisation était un instrument de la transformation sociale parmi d'autres et certainement pas le plus important ». Y contribuent cependant aussi les réformes proposées par l'école de Stockholm, dont le futur Prix Nobel Gunnar Myrdal qui se fait, dès 1932, le champion d'une politique contracyclique que Wigforss saura appliquer à merveille.

Contemporain de Keynes, Myrdal s'est en effet toujours montré critique à l'égard du libéralisme économique. La loi de Say, selon laquelle aucun déséquilibre durable n'est possible puisque la totalité des biens produits correspond à la totalité des ressources disponibles, n'a pour Myrdal plus aucun sens. La preuve en est selon lui apportée de facto par la crise : la demande reste défaillante aussi longtemps qu'elle n'est pas soutenue par une politique budgétaire expansionniste ; qui peut d'ailleurs comporter un volet social. Travaillant sur la question démographique, Myrdal donne par exemple une justification supplémentaire à l'État providence en proposant de lutter contre le faible taux de natalité affectant la Suède par une politique familiale adéquate. Rompant avec une conception malthusienne plutôt dominante au sein de la social-démocratie (généralement inquiète des conséquences de la hausse de la population sur les salaires), il n'hésite pas à réconcilier celle-ci avec une politique nataliste en défendant en parallèle le contrôle des naissances afin que chaque enfant soit bien un enfant désiré[1].

Mais, plus globalement, le caractère iconoclaste de sa réflexion réside dans son refus de se laisser enfermer dans les orthodoxies économiques, à l'instar du fondateur de l'école de Stockholm, Knut Wicksell, qui n'avait pas, des décennies plus tôt, hésité à encourager une politique monétaire expansive par l'usage des taux d'intérêt

1. Alva et Gunnar Myrdal, *Crisis in the population question,* 1932.

comme remède à certaines périodes de déflation. C'est que Myrdal se place dans la perspective, non d'une crise conjoncturelle, mais de changements structurels affectant l'économie mondiale[1]. Pour lui, « crise » signifie désormais la « mort du libéralisme économique » et la fin du fragile équilibre obtenu dans les années 1920 entre capitalisme et mouvement ouvrier, à l'instar de l'Allemagne de Weimar. Un tel cataclysme appelle donc des solutions radicalement nouvelles qui, loin de relever seulement de la théorie économique, mettent en jeu les forces qui sont à l'œuvre dans la société. L'originalité de Myrdal consiste à penser en termes politiques aussi bien que techniques et à considérer les rapports sociaux et politiques comme des éléments inséparables de la politique économique, voire comme l'une des conditions de son succès. Selon lui, la crise relance le conflit entre les classes et exige du coup, de la part de la social-démocratie, une réponse offensive : ainsi la politique sociale ne peut plus être réduite à une politique d'assistance aux plus nécessiteux. Elle doit comporter l'exercice de droits : à la satisfaction de besoins croissants ; à l'emploi ; à l'élévation du pouvoir d'achat, etc. Et puisque c'est seulement par la redistribution de la richesse que la crise trouvera sa solution, cela ne pourra manquer de réveiller le vieil affrontement entre catégories sociales.

Dans ces conditions, conseille-t-il, l'augmentation de la dépense sociale, indispensable à la relance de l'activité, doit être examinée dans ce but, mais à partir d'un double point de vue. En s'appuyant sur des droits assurés aux plus modestes, on donne des bases stables au pouvoir d'achat. En veillant à la productivité de cette dépense sociale supplémentaire, c'est-à-dire en l'orientant vers ceux qui en ont le plus besoin et qui, par conséquent, le réinjecteront dans la consommation, on s'assure de son efficacité économique. De même, le développement des grands travaux, en réduisant l'armée de réserve que constituent les chômeurs, aidera les syndicats à revendiquer dans les entreprises des hausses de salaires qui soutiendront à leur tour la reprise de l'activité économique déjà encouragée par le déficit budgétaire. Ce faisant, il franchit un Rubicon : il distingue le libéralisme économique, qu'il combat, du capitalisme, qu'il souhaite

1. « Éléments politiques d'un développement de la théorie économique », 1932.

organiser. Et il aide à dépasser ce qui avait été l'un des blocages des socialistes à propos du Plan, considéré par certains, on l'a vu, comme une menace potentielle pour la liberté et la démocratie, empêchant ainsi d'y voir un outil de politique économique pour des raisons idéologiques. Pour Myrdal, s'il doit bien être question de programmation (toutes ces mesures doivent être chiffrées et mises en œuvre dans un cadre pluriannuel à l'instar de ce que préconisent les planistes), il ne s'agit pas en revanche de réformes de structures.

Fort de ces réflexions, le SAP remporte, en 1932 et les années suivantes, une indiscutable série de succès. Succès politique, tout d'abord, en réunissant, par un discours novateur fondé sur la solidarité nationale face aux méfaits du capitalisme, classes moyennes, travailleurs de la campagne comme de l'industrie. Succès économique ensuite, avec la définition et la réalisation d'un programme qui se révèle le seul en Europe à être adapté aux défis de l'effondrement économique lié à la crise de 1929 : en n'hésitant pas à remettre en question les tabous de l'orthodoxie budgétaire ; le SAP, inspiré par le mécanisme du « multiplicateur » que popularisera plus tard lord Keynes, laisse filer les déficits pour soutenir la demande.

Il en résulte un vaste plan de développement des travaux publics et une politique active de l'emploi fondée sur une réforme de l'assurance chômage : « La Suède devient ainsi, écrit Myrdal dans ses Mémoires, le premier pays et pendant longtemps le seul pays à proposer délibérément et avec une argumentation théorique le dépassement des vieux principes de l'équilibre du budget annuel de l'État. » Le retournement obtenu est spectaculaire.

Avant que le SAP l'emporte, le bilan est catastrophique : le taux de chômage atteint 23 %, la production industrielle a chuté d'un tiers et les importations agricoles (l'agriculture représente encore plus de 30 % des emplois) de 50 %. Six ans plus tard, le chômage est ramené à 9 % et la croissance est relancée.

La social-démocratie suédoise va ainsi bel et bien réussir là où les autres socialistes en Europe échouent, parfois au prix, comme en Allemagne, de la victoire du nazisme. Son succès repose sur sa capacité à associer plusieurs ingrédients. Le premier réside dans la constitution d'une alliance électorale avec une partie des classes moyennes et même de la paysannerie. Cette alliance est rendue possible par la crise qui va unifier les revendications de ces catégories contre le capitalisme ; et aussi par la stratégie choisie par le leader du parti, Per Albin Hansson, qui substitue très tôt dans son vocabulaire la notion de peuple des travailleurs à celle de classes, offrant ainsi un cadre politique et sémantique plus rassurant à un rassemblement électoral nécessaire pour remporter la victoire face à un bloc conservateur particulièrement virulent.

Le second ingrédient tient à la nature de la politique proposée : en mettant en avant la priorité à l'emploi, de préférence à une politique de socialisation pure et polémique, le SAP, pourtant bousculé par sa gauche sur le sujet, parvient à réaliser son unité autour d'une revendication largement partagée.

Ce faisant, le parti inscrit son succès dans une approche politique qui va assurer sa pérennité durant toute la période : l'alliance électorale ne s'est pas opérée sur la seule base de la défense de la démocratie politique, comme cela peut arriver ailleurs (à travers la stratégie des Fronts populaires). L'analyse d'Henri De Man sur la possible dérive des classes moyennes vers une forme d'anticapitalisme que représente le fascisme a certes été bien intégrée. Mais l'alliance est d'abord placée dans la perspective assumée d'une transformation en profondeur de la société suédoise, la contradiction entre programme à court terme et objectif à moyen terme étant résolu par un gradualisme des réformes théorisé par les grands auteurs de la social-démocratie suédoise : une politique active de l'emploi suivie de la construction d'un État providence offrant une maison protectrice au peuple suédois tout entier, devra déboucher ultérieurement sur un approfondissement des transformations économiques et sociales[1]. Cette approche est enfin confortée, et sa réussite assurée, par la mobilisation des partenaires sociaux. L'articulation entre politique économique et sociale et transformation progressive de la société trouve ainsi sa traduction dans la signature entre le patronat suédois et le syndicat LO (Lands Organisation) de l'accord de Saltsjöboden en 1938, lequel formalise un important compromis sur les relations industrielles dont la régulation relève désormais exclusivement de la négociation. Mais cette réussite remarquable, au cœur d'une période troublée, va rester une exception.

1. Celles qu'Olof Palme proposera plus de trente ans plus tard.

Deux de chute : l'Allemagne et l'Italie

L'expérience suédoise soulève en effet une question douloureuse : le mouvement socialiste, s'il en avait eu la volonté, la lucidité, n'aurait-il pas pu s'affirmer, une fois doté d'un projet politique et économique plus novateur, comme le principal adversaire du nazisme ? Aussi bien en France qu'en Allemagne, sans évoquer l'Italie, qui la première passera par la bouche du monstre. La résistance du vieux marxisme orthodoxe y est sans doute pour beaucoup. C'est en son nom que Blum à Paris et Hilferding à Berlin s'opposent au planisme sous toutes ses formes.

L'expérience du SPD est évidemment la plus terrible. Attaché au compromis de Weimar, fondé sur une « économie organisée » entre patronat et syndicat, qui constitue déjà évidemment un progrès, les socialistes allemands sont pris par surprise et à revers par la grande dépression. Privés de grain à moudre, ils se résignent à subir les assauts conjoints des nazis et des communistes sans imaginer d'autres stratégies que le soutien à des gouvernements conservateurs, à commencer par celui de Brüning, qui n'ont pourtant de cesse de profiter subtilement de la situation pour reprendre un à un les avantages conquis par le prolétariat au lendemain de la guerre. Le sursaut que tente d'insuffler Fritz Tarnow, en 1932, lors d'un congrès de la dernière chance, est étouffé dans l'œuf. Son indignation, pourtant communicative, est trop tardive. « D'un côté, nous déclarons que les politiques menées par Brüning peuvent seulement rendre la crise encore plus dure et accroître la misère et, de l'autre côté, nous devons tolérer son gouvernement [...]. Si nous ne trouvons pas un moyen de sortir de ce cercle vicieux, alors je suis particulièrement sceptique pour le futur[1]. »

Aussi invite-t-il ses camarades à revoir leur politique pour se faire le promoteur, avec Wladimir Woytinski et Fritz Baade, d'un plan de la dernière chance, d'un plan de relance de l'économie intérieure connu sous le nom de WTB Plan à partir des initiales de ses différents concepteurs. Sa proposition largement soutenue par les syndicats consiste à appeler un investissement de près de 2 milliards de marks en

1. Sheri Berman, *The primacy of Politics*, *op. cit.*, p. 110.

faveur de la création d'emplois à travers un programme de travaux publics, une hausse générale des salaires et l'acceptation d'un déficit budgétaire. Ce plan, qui s'inspire ouvertement de ce que sont en train d'élaborer les Suédois, est rejeté par la majorité du parti social-démocrate. Son leader, Hilferding, y voit une menace pour le socialisme dans sa définition fondamentale puisqu'une politique économique volontariste ne peut en réalité que venir en aide au capitalisme sans amorcer une quelconque transformation des rapports sociaux. Il y oppose une contre-proposition fondée plus largement sur l'idée du développement d'une économie planifiée rendue possible par le développement des cartels et des oligopoles. Et il pousse le SPD à déposer un projet de loi au Reichstag centré à la fois sur l'idée de la nationalisation des banques et des assurances comme des principales industries, la réduction du temps de travail et la mise en place d'un programme de création d'emplois beaucoup plus limité que celui proposé par Tarnow, mais financé par une augmentation des impôts. Trop tardivement en tout cas pour prévenir la victoire électorale des nazis... poursuivant ainsi le chemin de croix qu'avait emprunté dix ans plus tôt un socialisme italien prisonnier de ses propres divisions.

Un socialisme immobile ?

Comment expliquer pareil naufrage ? Sans doute l'évolution demandée était-elle trop profonde, trop forte pour être conduite en l'espace de quelques années. Sans doute était-elle trop tranchée aussi pour des partis dont les dirigeants comme les cadres restaient les mêmes qu'avant-guerre[1]. Sans doute le mouvement socialiste et populaire a-t-il pour une part connu, comme l'écrit plus tard Léon Blum, une défaillance morale : « Pourquoi, au moment où l'effondrement de la bourgeoisie créait une vacance du pouvoir, le peuple des travailleurs, par l'intermédiaire de ses représentants légitimes, ne s'est-il pas saisi de la succession ? » interroge-t-il avant de répondre : « La souveraineté

1. À cet égard, il ne fait aucun doute que la mutation du Labour a été facilitée par le départ (ou la trahison) de ses principaux chefs en 1931, qui ouvrit la porte à une génération nouvelle qu'on retrouvera au gouvernement dès 1940.

implique une supériorité. La moralité de la classe ouvrière pouvait bien être demeurée intacte, mais il aurait fallu par surcroît que sa supériorité morale fût éclatante, et voilà ce qui a manqué. Il a manqué [...] une générosité, une magnanimité, une prestance idéale, une évidence de désintéressement et de sacrifice à l'intérêt collectif, tout ce que Nietzsche appelle quelque part : le grand style dans la morale, tout ce par quoi la morale touche à la religion et la propagande à l'apostolat[1]. » La division des gauches y a sans doute aussi joué son rôle, mortelle en Italie et en Allemagne. Redoutable ailleurs en Europe. Au-delà de son caractère autoritaire et monstrueux, qui n'apparaît alors qu'aux plus lucides, le communisme s'est en effet voulu d'abord régénérateur, enlevant au socialisme les militants assoiffés de revanche sur les jusqu'auboutistes, mais surtout ceux aspirant à une rénovation des cadres de pensée. Le communisme les a détournés du vieux socialisme pour les conduire dans une impasse, dont ils ne s'échapperont que meurtris, résignés, plus virulents encore, attirés parfois par le feu rougeoyant des flambeaux du nazisme naissant.

De même, la menace électorale qu'il fait peser sur les partis socialistes, avec lesquels il se dispute le prolétariat, a-t-elle conduit ceux-ci à chercher dans un discours et une pratique orthodoxes à se prémunir contre les accusations de trahison.

Rendue difficile par le contexte politique, la mutation de l'idée socialiste héritée des partis d'avant-guerre pouvait-elle bénéficier d'un contexte intellectuel plus favorable ? La critique du marxisme orthodoxe avait été sérieusement entreprise. Bernstein puis De Man avaient porté au matérialisme historique, aux facilités du déterminisme économique des coups précis et répétés. Le soutien sans faille apporté au régime démocratique, menacé par la révolution au lendemain de la guerre, avait aussi installé le socialisme dans la légalité et aurait pu le conduire à une approche naturellement gradualiste des réformes, déjà présente, sinon acquise chez Jaurès.

La crise, enfin, interpellait le socialisme, non plus sur le seul terrain politique, mais sur celui de l'économie l'invitant d'autant plus à redéfinir ses rapports au marché que celui-ci n'était pas loin d'appe-

1. Léon Blum, *À l'échelle humaine, op. cit.*, p. 120.

ler partout l'État à l'aide. Aussi n'est-ce pas parce qu'il était toujours encombré par une définition des fondements du socialisme liés à la socialisation des moyens de production qu'il devait se révéler incapable d'en imaginer d'autres ?

Comment comprendre pareilles contradictions ? Doctrine d'organisation, le socialisme de l'entre-deux-guerres se montre incapable d'opposer au désordre né de la crise les éléments d'une alternative, bien qu'une partie de ses membres, parmi les plus éclairés, n'aient eu de cesse, à travers le Plan, de lui en proposer une. Et sans rien sacrifier de l'objectif ultime. La notion de « transition » vers le socialisme offrait une solution à la fois politique et pratique. Dès lors qu'il était admis que la crise était plus profonde que les précédentes, qu'elle annonçait le passage à un nouvel âge du capitalisme, elle invitait les socialistes à valider la notion de réformes de structure, arme à double échéance, immédiate et à moyen terme. « Si on ne veut pas réduire l'histoire du socialisme à une pure séquence du passage d'un paradigme théorique à l'autre, commente l'un des plus remarquables observateurs de cette époque, et si on prête plutôt attention au processus d'usure et de formation des équilibres et des idées, et aux variantes significatives, alors on ne peut que reconnaître qu'une analyse attentive de l'expérience suédoise et de son background européen éclairera toute la décennie qui a précédé la Seconde Guerre mondiale. Le champ des alternatives des années 1930 est vraiment plus vaste que la simple bifurcation entre une Europe fascisante d'un côté et les États-Unis du New Deal de l'autre. En Europe occidentale, depuis la tragédie de Weimar, une nouvelle culture du gouvernement socialiste prend forme qu'on ne peut réduire ni à l'image d'un groupe d'épigones d'Hilferding ni à des personnalités intellectuelles isolées préfigurant la pensée de John Maynard Keynes[1]. » Force est de constater, cependant, que cette « autre voie », à l'exception de la Suède, ne saura pas s'imposer.

La raison de cette carence tient peut-être au fait que le socialisme n'avait cessé de confondre le capitalisme et la philosophie qui sert de justification au marché : le libéralisme économique. En témoigne le soutien indéfectible qu'apportent les gouvernements socialistes au pouvoir à des politiques économiques et financières conformes en

1. Mario Telò, *Le New Deal européen*, *op. cit.*, p 192.

tous points à la théorie classique : pour protéger l'épargne et maintenir la parité de la monnaie, il fallait que s'ajustent par le bas les salaires et les prix, ce que les lois du marché pur et parfait devaient garantir, mais ne purent réussir.

Les premiers socialistes s'étaient montrés plus circonspects et à la fois plus lucides. La question de la propriété leur apparaissait ainsi secondaire et celle de la maitrise des forces économiques, au contraire, déterminante. Ainsi s'étaient-ils efforcés d'imaginer des formes de régulation, de coopérations substituables aux mécanismes du marché, en tout cas, du marché livré à lui-même. En revanche, prisonniers des lois de l'histoire gravée dans le marbre par les successeurs de Marx, les socialistes des années 1930 n'ont, dans leur majorité (et, à leur décharge, comme la plupart des dirigeants de l'époque), qu'une faible idée des réalités de l'économie de leur temps[1] et la conviction que la réponse ultime reste du domaine de la philosophie et de l'économie politique.

Mais, même à considérer les choses de ce point de vue, les socialistes se révèlent aussi incapables d'amorcer la moindre évolution. Leur adhésion au libéralisme politique, sous la forme de la démocratie parlementaire et du suffrage universel, aurait pourtant pu guider leurs pas. Cela ne les avait-il pas conduits à soumettre les lois de l'histoire auxquelles ils se montraient si attachés à l'appréciation changeante des majorités du moment ? Ce ralliement à la démocratie ne revenait-il pas aussi à choisir de s'adresser par la force des choses à chaque citoyen, à chaque individu, au-delà de son appartenance de classe ? L'adhésion à la démocratie, ne constituait-elle pas enfin par elle-même une forme de défiance à l'égard d'un système d'organisation économique qui ne laissait aucune place à la liberté, comme le système soviétique ? C'était donc bien reconnaître que la liberté de la personne humaine importait plus sinon autant que le système. L'humanisme d'un Jaurès ou d'un Blum en témoigne. Et même si c'était pour tenter d'incruster, de valoriser dans les rouages de l'histoire, le maillon humain et non

1. Pierre Mendes France et Gabriel Ardant se sentiront autorisés à écrire, quarante ans plus tard, en se référant aux années 1930 et 1940, que « beaucoup de gouvernements ne pensent pas que la science économique puisse être utile pour la conduite des affaires publiques », *Science économique et lucidité politique*, Paris, Gallimard, 1973.

pour en faire l'élément central de la doctrine, cela ne voulait-il pas dire qu'il fallait à tout le moins « inventer » une théorie politique, c'est-à-dire une forme de socialisme, qui égaliserait les droits de l'organisation et ceux de l'individu, ce qui aurait dû déboucher assez naturellement sur un projet d'économie dirigée ?

Pour surmonter ces contradictions, il eût fallu s'atteler à l'étude des faits économiques. Il eût fallu plus encore s'efforcer de pousser plus loin l'échange, dans un exercice passionnant et difficile, entre le socialisme et le libéralisme. Ce qui, il faut l'admettre, revêtait, dans une époque aussi troublée, aussi confuse, les caractères d'un défi impossible. Il est à ce stade important de s'y arrêter dans la mesure où l'articulation entre ces deux systèmes va constituer la clef de la crise de l'économie et de la démocratie déchaînée par la guerre. Les rapports de l'État et de la société sont en effet à la base de la problématique à laquelle, on l'a vu, le mouvement socialiste est alors confronté. Marx n'a pas apporté à cette question de réponse satisfaisante, sinon paradoxale puisque c'est au nom de la société qu'il préconisait qu'il appelle à l'absorption de celle-ci par l'État (la dictature du prolétariat) avant que celui-ci ne lui rende, en s'abolissant lui-même, sa pleine liberté. L'État n'était pour lui qu'une forme d'aliénation, le producteur étant nié dans le citoyen, au même titre que l'homme était nié dans le producteur. À l'opposé, le libéralisme économique n'avait d'autre option à faire valoir que l'absorption de toutes les formes sociales par l'économie à l'exception de celles, régaliennes, de l'État limitées à la Défense, la Police et la Diplomatie. On sent bien que la solution ne pouvait venir que de la reconnaissance des caractères propres à chaque entité, en partant, pour prévenir le phénomène d'aliénation, de l'homme comme sujet qu'il convient de protéger aussi bien à l'égard des forces économiques que de celles de l'État. C'est à ce stade que se jouait alors l'originalité du socialisme. Mais sans doute le poids de l'idéologie était-il encore trop lourd. Le poids des structures politiques et sociales aussi, démontrant que le socialisme s'était si bien intégré au système, qu'il ne trouvait plus la force nécessaire pour le penser autrement qu'il se donnait à voir. Il faudra le drame de la Seconde Guerre mondiale pour que les esprits changent.

CHAPITRE VIII

Les prémisses d'un « nouveau » socialisme

Les trente années qui suivent la Seconde Guerre mondiale sont celles de la croissance la plus forte que le monde ait jamais connue. Elles sont également (et ces deux éléments ne peuvent être séparés) celles de l'émergence d'un nouveau système économique et social, fondé sur un équilibre retrouvé entre les forces de la démocratie, celles du marché et celles issues de la société, en particulier les organisations syndicales. Cette transformation doit beaucoup à la volonté des femmes et des hommes comme des gouvernements qui se sont battus pour vaincre le nazisme. Si bien que c'est un nouveau capitalisme qui émerge des six années de guerre, dont le centre se situe désormais clairement de l'autre côté de l'Atlantique, mais dont le modèle est celui d'une production à grande échelle de produits standardisés, soutenue par une forte productivité, génératrice elle-même d'un nouveau compromis social : en échange d'une participation disciplinée à un travail de plus en plus rationnalisé, déjà amorcé dans l'entre-deux-guerres, la classe ouvrière obtient cette fois la garantie d'une hausse continue du salaire, c'est-à-dire d'un partage plus équilibré de la valeur ajoutée, et d'un système généreux de protection sociale[1]

1. James Bentham, *L'Ère des organisateurs*, Paris, Calmann-Lévy, 1947, préface de Léon Blum ; Robert Reich, *Supercapitalisme*, Paris, Vuibert, 2008 ; John Kenneth Galbraith, *Le Nouvel État industriel. Essai sur le système économique américain*, Paris, Gallimard, 1989.

dans un contexte où l'intervention de l'État est désormais devenue la norme.

À y regarder de près, ce nouveau modèle qui prend forme en Europe occidentale et aux États-Unis ressemble à s'y méprendre, avec des variantes selon la culture politique et sociale de chaque pays, à celui qu'amorçaient avant-guerre les partisans au sein du mouvement socialiste d'une ligne révisionniste. Tous plaidaient pour une rationalisation du social, symétrique de la rationalisation de l'économie. Tous voyaient dans l'État, plus ou moins décentralisé, le maître d'œuvre de cette nouvelle organisation. À tel point que son émergence puis sa consolidation ont pu être présentées par certains auteurs[1] comme le véritable triomphe de la social-démocratie sur ses deux adversaires de l'entre-deux-guerres, l'extrême droite et l'extrême gauche, le fascisme et le communisme.

Un triomphe idéologique ? Le terme peut paraître un peu outré mais, au fond, pas trop éloigné de la réalité. Le nouveau système économique qui s'affirme au fil de la reconstruction n'a plus rien à voir en effet avec le libéralisme classique et doit beaucoup au contraire aux socialistes et aux tenants, parmi eux, d'une ligne modernisatrice. Triomphe politique ? La conclusion, nous le verrons, est plus nuancée !

Les leçons de la Résistance et de la guerre

Le puissant mouvement de pensée amorcé dès avant la guerre en Suède, en Belgique, en France et en Grande-Bretagne va se renforcer au sein de la Résistance et de la France libre comme au sein des gouvernements alliés.

En France, la Résistance est tout entière partie prenante d'un puissant mouvement de rénovation économique et sociale. Y contribue tout d'abord son analyse de la défaite, attribuée à l'incessante lutte des partis qui affaiblirent la République, mais aussi à la crise sociale qui avait brisé la solidarité de la nation. Y contribuent ensuite la défaillance des élites, notamment économiques, et l'égoïsme des

1. Sheri Berman, *The Primacy of Politics*, *op. cit.*

intérêts particuliers ; y contribue enfin le caractère révolutionnaire que donne à la Résistance et à la France libre l'esprit insurrectionnel dans lequel se prépare nécessairement la Libération. Tous courants politiques confondus s'entendent ainsi pour considérer qu'à la libération du pays table rase devra être faite de l'« ancien régime » auquel succédera une « révolution » pacifique, certes, mais conduisant à une remise en cause de l'ensemble du système économique et social qui prévalait jusqu'alors.

C'est en effet autant, sinon plus, vers la transformation des rapports économiques et sociaux que se tournent les esprits, que vers celles des institutions politiques. Le général de Gaulle lui-même en convient dès 1941 dans un télégramme adressé le 23 septembre à René Pleven : « L'affaire sociale est la grande affaire de demain[1]. » Sentiment partagé par tous, au point que dans la clandestinité une sorte de consensus se dégage, que le Parti communiste se garde de troubler afin de ne pas s'isoler. Consensus qui doit beaucoup à la situation dans laquelle se trouve le pays mais dont les éléments sont familiers aux socialistes, même s'ils mettent du temps à se l'approprier.

La condamnation d'un capitalisme, assimilé au pouvoir des trusts, est unanime. Condamnation souvent plus morale qu'économique ou sociale d'ailleurs : c'est l'égoïsme de la bourgeoisie, l'accaparement, la primauté aussi des intérêts matériels qui sont discutés. Au nom d'un « socialisme » dont le concept fait partout florès, assimilé d'abord à une volonté d'organisation et de justice : un « socialisme humaniste », pour reprendre le titre de l'ouvrage d'André Hauriou publié à Alger en 1944. « En tant que philosophie, le socialisme humaniste répudie la formule desséchante du tout à l'individu qui recèle un ferment d'anarchie et aboutit à établir dans la société moderne la loi de la jungle au profit du plus fort. Mais il repousse également la formule du tout au collectif, qui aboutit à écraser l'individu sous le poids des structures sociales et économiques. Il affirme que la société est faite pour l'individu et non l'individu pour la société[2]. »

---

1. Cité par Henri Michel, *Les Courants de pensées de la Résistance*, Paris, PUF, 1962, p. 103.
2. *Ibid.*, p. 391.

Un « socialisme » qui préfère la démocratie, élargie à la démocratie sociale, à la dictature du prolétariat ; l'économie dirigée et planifiée à la socialisation de l'ensemble des moyens de production ; la solidarité sociale à la lutte des classes. Un « socialisme » que ses partisans déclarés s'efforcent de redéfinir. Ainsi ne s'étonne-t-on pas de retrouver à sa tête ceux qui, dès avant la guerre, avaient plaidé pour une réelle rénovation, libérés dans leur expression par la disqualification de certains des anciennes équipes[1]. Aussi, le nouveau projet économique et social préparé par le parti socialiste clandestin porte-t-il les marques de ses nouveaux inspirateurs. Puisqu'il s'agit de supprimer la hiérarchie économique engendrée par le heurt des intérêts individuels, l'idée de Plan réapparaît alors, portée par André Philip, prêchant pour une centralisation des statistiques économiques, un contrôle des prix et la mise en place de plans sectoriels dans les domaines vitaux de l'activité économique auxquels seraient associés, à partir du terrain, mutuelles, coopératives, syndicats, mais dont le cadre général serait définitivement arrêté, pour des raisons démocratiques, par le Parlement. Ce qui suppose tout aussi bien l'élimination des « féodalités économiques » via la nationalisation des industries clefs, laissant néanmoins ainsi subsister un large secteur privé ; le tout s'accompagnant non seulement d'une restauration des libertés syndicales, mais du développement de l'arbitrage et de l'extension des protections de tous ordres accordées aux salariés dans l'entreprise comme face aux aléas de la vie. Cohérentes, ce sont bien ses grandes lignes que l'on retrouve dans le programme du Conseil national de la Résistance, souvent de manière plus vague mais caractérisé par une même inspiration[2]. Le CNR prévoit ainsi « le retour à la Nation de tous les grands moyens de production monopolistiques, fruits du travail commun, des sources d'énergie,

1. C'est d'ailleurs pour éviter que l'ancien appareil dirigeant dévalorisé ne s'en empare que Daniel Mayer, animateur du PS clandestin, reprend à son compte le nom de SFIO, rappelle Maurice Duverger dans sa préface à l'ouvrage de Marc Sadoun, *Les Socialistes sous l'Occupation*, Paris, Presses de la Fondation nationale des sciences politiques, 1982, p. 16.

2. « Au Conseil national de la Résistance, c'est le parti socialiste qui impose par son insistance des réformes de structures qu'il aurait souhaité encore plus diversifiées », Marc Sadoun, *ibid.*, p. 213.

des richesses du sous-sol, des compagnies d'assurances et des grandes banques ». Consacré presque exclusivement aux questions sociales (si l'on en excepte des mesures immédiates de secours aux victimes de la guerre, ou particulières à l'agriculture), l'essentiel du programme concerne cinq sujets principaux : le travail, les salaires, les syndicats, la sécurité sociale, l'éducation nationale. « Il est muet sur la politique démographique et familiale dont se sont pourtant préoccupés bien des résistants[1]. »

Dès lors, et peut-être pour la première fois de leur histoire (excepté en 1936), les socialistes français se trouvent au point d'intersection des préoccupations des différentes sensibilités de la nation. Chacun s'accordant à considérer, selon le mot de Blum, que « la bourgeoisie française avait perdu le caractère d'une classe dirigeante[2] », c'est à la classe ouvrière et à ses représentants de prendre en charge le destin du pays. Le leader de la SFIO a lui-même opéré une saisissante évolution dont témoigne le bel et grand ouvrage écrit durant sa déportation[3] : « Il faudra, y écrit-il, procéder à une expropriation légale, progressive, amiable, inéluctable du privilège économique de la bourgeoisie [...], créer un système où les producteurs de tous ordres, chacun selon leurs capacités utiles, seront associés dans la création et la consommation des richesses. Ainsi, la société se transformera en plein régime collectiviste. La puissance de l'État devra se déployer pour définir, protéger, garantir la condition ouvrière [...]. *L'autorité publique sera conduite à assumer la tâche d'ordonnatrice et de régulatrice de la production [...] dans une organisation d'ensemble planifiée*[4]. »

Pour autant, le programme minimal présenté par la SFIO, s'il va plus loin que celui du PCF, ne constitue pas véritablement « une rupture avec la pratique antérieure : à première vue, la SFIO transporte dans la Résistance, apparemment sans l'adapter véritablement, une réflexion éprouvée[5] ». Les mesures proposées en 1943-1944 se

1. Henri Michel, *Les Courants de la Résistance*, *op. cit.*, p. 400.
2. Léon Blum, *À l'échelle humaine*, *op. cit.*, p. 64.
3. *Ibid.*, p. 125 et suivantes.
4. C'est nous qui soulignons.
5. Marc Sadoun, *Les Socialistes sous l'Occupation*, *op. cit.*, p. 214-215.

situent finalement dans le simple prolongement de celles arrêtées dans les cahiers Huygens de 1932, ou dans le programme du rassemblement populaire de 1936. Celles-ci sont cependant placées dans une perspective totalement différente. Comme ajoutées en 1936 au programme traditionnel des socialistes, les réformes de structures en constituent la pierre angulaire. Elles doivent permettre de construire ce « régime intermédiaire » qui, via le renforcement du contrôle de l'État sur l'économie, constituera une étape sur le chemin du socialisme jusqu'alors jamais envisagée. Les socialistes acceptent pour la première fois de se définir résolument comme un parti de gouvernement et de paver le chemin qui conduira *progressivement* au socialisme.

S'il demeure quelques divergences au sein du futur pouvoir, une même conviction domine : celle d'une indispensable discipline de l'économie qui, ayant fait défaut jusqu'alors, a conduit, pense-t-on unanimement, à la crise et à la guerre. Cette préoccupation est relayée par une attente forte de modernisation de l'activité nationale jugée « malthusienne » par comparaison avec le dynamisme de l'économie américaine. Le climat est tel que même une organisation comme l'OCM (Organisation civile et militaire), constituée de militaires de carrière et de chefs d'entreprise, s'en remet dans son programme au dirigisme, acceptant la nomination des chefs d'entreprise par l'État, à l'instar de simples directeurs faisant valoir que dans les sociétés anonymes l'autonomisation du management aboutissait au même résultat.

« L'ensemble des promoteurs de la Résistance s'accordait à penser que l'économie politique de la IIIe République était morte et ne méritait nullement qu'on la ressuscite. Cela ne pouvait aller sans libérer l'économie et l'État de la domination d'une oligarchie capitaliste. Il fallait éliminer radicalement les détestables maîtres de l'avant-guerre, qu'on les nommât puissances d'argent, trusts, monopoles, nouvelles féodalités ou autrement. Sous l'appellation de malthusianisme, un ensemble d'attitudes et de comportements d'avant-guerre, considérés comme responsables de la stagnation démographique et économique, constituait une autre cible. Tout le monde voulait une démographie plus vigoureuse et une production plus dynamique. À l'égard des structures économiques profondes, la propagande de

Vichy du retour à la terre cédait le terrain à l'idée d'une puissance industrielle ouverte sur le commerce international. Une plus forte autorité directrice de l'État assurait ordre, dynamisme et justice économique. Chose plus remarquable peut-être, l'économie nouvelle comprendrait un secteur nationalisé élargi accompagné d'une planification. Un ministère de l'économie nationale élaborerait la politique économique ; il y aurait aussi une assemblée économique et sociale inspirée du Conseil national économique d'avant-guerre. Au total, tous étaient d'accord pour créer une démocratie économique et sociale. Il fallait pour cela enlever les responsabilités à une bourgeoisie sans ressort pour les remettre à une classe ouvrière décidée ; reconstruire un mouvement syndical libre ; assurer le plein emploi ; faire participer les travailleurs en direction des usines et opérer une redistribution des richesses[1]. » On le voit, un tel programme, qui constitue la base minimale du consensus entre résistants, est largement de nature à satisfaire les aspirations socialistes.

Ce mouvement n'est évidemment pas propre à la France libre et à la Résistance intérieure. Il anime tous les gouvernements alliés qui veulent faire de la victoire militaire la première étape d'un vaste plan de reconstruction économique et sociale.

En Grande-Bretagne, le processus est amorcé avant la guerre et se développe profondément durant celle-ci. En raison naturellement des exigences d'organisation liées au conflit, mais aussi de la présence au sein du gouvernement de représentants du Parti travailliste. Alors que Winston Churchill et les principaux responsables conservateurs se concentrent sur la conduite du conflit, les ministres travaillistes, autour de Stafford Cripps, Hugh Dalton, Hubert Morrison et Clement Attlee, se mobilisent sur le front intérieur ; ils s'occupent par exemple de l'approvisionnement, de l'économie et, avec Ernest Bevin devenu ministre du Travail, des relations industrielles. Peu à peu, tous font passer le message à la fois politique et idéologique que les efforts consentis pendant la guerre ne peuvent l'être pour rien, et que l'engagement et le dévouement des salariés britanniques devront être récompensés, une fois le conflit terminé, par un progrès très net dans l'organisation sociale et la mise en place d'un régime général

1. *Ibid.*, p. 272.

d'assurance sociale tel que celui préconisé dans son rapport de décembre 1942 par le libéral William Beveridge. Vont ainsi se mettre en place, aux États-Unis et plus encore en Europe, les trois piliers sur lesquels va se construire un consensus idéologique et qui formeront au lendemain de la guerre les fondements du compromis social-démocrate.

La revalorisation du politique

Ce puissant courant d'idées qui en appelle à une rénovation profonde de l'ordre économique et social va trouver dans la doctrine économique de Keynes un allié prestigieux et considérable. Même s'il disparaît prématurément en 1946, John Maynard Keynes a le temps d'assister au succès, incomplet certes mais réel, de sa conception des grands équilibres économiques. Sous son influence, une nouvelle dynamique économique a pris le relai en quelque sorte du consensus libéral qui prévalait encore dans les années 1930. Et les conséquences politiques de cette transformation des points de vue est considérable. Le « keynésianisme » apporte en effet à l'intervention de l'État dans l'économie une légitimité incontestable, en démontrant à la fois son efficacité, et plus encore en fournissant l'illustration que cette intervention peut se faire partout, comme aux États-Unis, sans menacer la démocratie ni même le principe du capitalisme, c'est-à-dire en respectant la propriété privée et l'initiative individuelle[1]. Il s'agit là d'une révolution intellectuelle profonde qui fait pencher à gauche pour trois décennies l'ensemble des politiques économiques. Non seulement Keynes introduit l'idée d'une perspective continue de croissance grâce à un maniement approprié de l'arme budgétaire et monétaire, mais il modifie les équilibres politiques d'une part en mettant en cause la propension plus forte à épargner des classes riches, qui stérilise une part croissante de revenus, et d'autre part en soulignant au contraire la propension à consommer des classes

1. Robert Sidelsky, *The End of Keynesian Era*, Londres, Palgrave Macmillan, 1977 ; Peter A. Hall, *The Political Power of Economic Ideas*, Princeton, Princeton University Press, 1989.

populaires, principal support d'une demande forte. Pour tous, il légitime le soutien apporté au pouvoir d'achat des salariés par des systèmes d'assurance sociale, et à l'emploi par des politiques fortes d'investissement public. Cela débouche inévitablement sur l'idée qu'une large part de l'action économique doit dépendre désormais de la « politique » et non plus des processus de marché. « Si le processus politique est élargi au point d'inclure la négociation entre les groupes organisés de producteurs sur des matières telles que les salaires ou les prix, il est évident que la vie économique contemporaine est désormais politisée. Cela signifie que l'action économique devra de moins en moins être expliquée par des théories ayant à voir avec le comportement des acteurs individuels sur le marché, mais que des problèmes économiques tels que l'inflation trouveront leurs racines dans la logique politique et non plus simplement économique[1]. »

L'invention de l'État providence

Le deuxième élément favorable à un progrès significatif des idées d'organisation et de solidarité réside dans l'invention d'un État providence qui partout transforme les rapports entre l'État, la société et le marché, refonde la notion de citoyenneté et crée des liens de solidarité propres à renforcer le sentiment d'appartenance nationale, la patrie prenant soin de chaque citoyen, quelle que soit sa classe sociale.

À première vue, la mise en place d'un système de protection sociale n'a pourtant rien d'absolument novateur. Dans la plupart des pays concernés s'étaient progressivement institués avant la guerre, le plus souvent par étape et par étage, des régimes d'assurance sociale plus ou moins avancés. La nouveauté de l'après-guerre réside plutôt dans la généralisation de ces dispositifs, leur mise en cohérence, et dans un changement d'échelle[2], c'est-à-dire une revalorisation du niveau moyen des prestations. Beveridge, le premier, évoque ainsi

1. Robert Sidelsky, *The End of Keynesian Era*, *op. cit.*
2. Pierre Rosanvallon, *L'État en France*, Paris, Seuil, 1990, p. 193.

l'idée d'un minimum vital qui conduit par exemple le gouvernement britannique en 1945 à une très forte revalorisation des pensions pour atteindre ce plancher.

Pierre Laroque, qui fonde presque au même moment en 1945 la Sécurité sociale française, définit celle-ci comme « la garantie donnée à chaque homme, qu'en toutes circonstances il pourra assurer dans des conditions satisfaisantes sa subsistance et celle des personnes à sa charge ». Ce changement est radical. Et celui-ci a d'autant plus d'impact qu'il implique d'autres évolutions majeures. La Sécurité sociale ne peut en effet se concevoir selon ses propres concepteurs sans l'appui d'une triple politique : économique, commandée par le plein-emploi, d'équipement sanitaire et d'organisation médicale, permettant la prévention et l'accès aux soins, et de répartition des revenus.

Bien sûr, les régimes mis en place partout au lendemain de la guerre diffèrent entre les pays selon leur culture sociale qui conduit à privilégier le caractère universel ou au contraire strictement professionnel des systèmes de protection sociale[1].

Mais, plus important que tout, la création de ce qu'on appelle l'État providence représente, à l'instar du keynésianisme en économie, un basculement intellectuel se traduisant par le passage d'un système d'assistance à la reconnaissance de véritables droits attachés à la personne. L'article 22 de la Déclaration universelle des droits de l'homme, promulguée par les Nations unies le 10 décembre 1948, énonce ainsi que : « Toute personne en tant que membre de la société a droit à la sécurité sociale. »

Cette révolution copernicienne, c'est à la guerre, une fois de plus, qu'on la doit. Partout, en Europe, l'affirmation de ces droits nouveaux apparaît comme la conséquence de ce que les peuples ont eu à subir. « Chaque citoyen, écrit alors Beveridge, sera d'autant plus disposé à se consacrer à l'effort de guerre qu'il sentira que son gouvernement met en place des services pour un monde meilleur. » C'est d'ailleurs l'observation des misères que doivent consentir les Britanniques qui conduit Beveridge à concevoir le vaste projet de réforme sociale auquel il laissera son nom. C'est aussi de la volonté de don-

1. Gosta Esping-Andersen, *Trois leçons sur l'État providence*, Paris, Seuil, 2008.

ner au combat des raisons allant au-delà du simple patriotisme que naît le volet économique et social du programme du Conseil national de la Résistance. Pour tous, l'ampleur de la guerre, la formidable dimension qu'elle devait prendre sur le plan idéologique, face à la négation de la liberté et de l'individu que représentait le totalitarisme, doit naturellement conduire les démocraties à fonder leur lutte et leur projet sur la construction d'un monde nouveau, ne ressemblant en rien à celui qui l'avait précédé, et revendiquant pour l'homme le droit à la sécurité dans tous les domaines.

Cette sécurité est ainsi vécue, pour ceux qui la mettent en œuvre en 1945, comme l'apurement d'une sorte « de dette morale de guerre » (Pierre Rosanvallon). Elle constitue davantage une sorte de réaction naturelle, presque instinctive, que le produit d'une nouvelle philosophie sociale. Comment ne pas y voir, pourtant, l'écho enfin réalisé des appels à la solidarité lancés dès 1840 par Pierre Leroux, ou à la fin du XIXe siècle par Léon Bourgeois, pour qui la solidarité était la « seule notion capable d'accorder ces deux exigences auxquelles doit satisfaire une République digne de ce nom : l'autonomie des consciences et l'obligation sociale des uns envers les autres[1] » ? Comment ne pas y retrouver l'esprit des appels d'un Jaurès à la démocratie sociale, ou du « Minority Report » de Béatrice et Sidney Webb demandant l'« universel maintien de vie civilisée qui doit être l'objet de la responsabilité solidaire d'une indissoluble société » ? Ou encore de Ferdinand Lassalle cherchant dans la protection de l'État le dernier secours de la classe ouvrière, ou enfin des auteurs du manifeste d'Eisenach, demandant en 1871 à l'État prussien de « faire participer une fraction de plus en plus nombreuse de notre peuple à tous les biens élevés de la civilisation » ? Comment ne pas y voir le franchissement d'une étape décisive dans la construction d'un véritable État social après la mise en place à la fin du XIXe siècle des premiers régimes d'assurance obligatoires, notamment en matière d'accident du travail ? Comment, par conséquent, ne pas y voir l'accomplissement d'un des projets les plus chers au mouvement socialiste ? L'État a désormais la charge de protéger chaque homme

1. Marie-Claude Blais, *La Solidarité. Histoire d'une idée*, Paris, Gallimard, 2007, p. 13.

« du berceau à la tombe », contre tout risque social, c'est-à-dire tout ce qui menace son revenu régulier[1]. C'est ce qu'Alain Supiot appelle l'« esprit de Philadelphie », du nom de la ville où se tient le 10 mai 1944 la conférence qui proclame la première déclaration internationale des droits à vocation universelle, celle qui concerne les buts et objectifs de l'Organisation internationale du travail. Après l'épouvantable épreuve du nazisme et de la Shoah, la communauté internationale éprouve le besoin de réaffirmer le droit à la « dignité inhérente à tous les membres de la famille humaine ». L'innovation est considérable, puisque la dignité est désormais érigée en principe fondateur de l'ordre juridique qui sous-tend tous les autres. À la différence de ces derniers, telles la liberté et l'égalité, qui doivent être conciliés entre eux, fait remarquer Alain Supiot, la dignité humaine est un principe sur lequel on ne peut transiger sans remettre en cause l'ordre juridique tout entier. Il faut en déduire que l'organisation économique est désormais subordonnée aux principes de justice sociale.

Le développement d'une économie mixte

Reste un dernier facteur de transformation, peut-être pour le socialisme le plus identitaire : la construction d'un vaste secteur public et la mise en place d'une planification économique. Cette mobilisation de la puissance publique est certes d'abord rendue nécessaire par l'importance des tâches de reconstruction à accomplir partout en Europe. Si les pertes humaines ont été en France bien moins importantes que lors du premier conflit mondial, les destructions ont, elles, atteint des niveaux exceptionnels : les trois quarts des départements ont été touchés contre à peine une dizaine entre 1914 et 1918 ; la production agricole et industrielle ne représente plus que le tiers de ce qu'elle était en 1938. Au total, on estime que plus de 25 % de la richesse nationale a été détruite. La pénurie alimentaire, comme celle de matières premières, a pris une ampleur inédite exigeant un rationnement que seul l'État peut assurer.

1. Alain Supiot, *L'Esprit de Philadelphie*, Paris, Seuil, 2010, p. 22.

Au-delà des circonstances, les esprits aussi ont changé et il n'est plus question de vivre un après-guerre du même type que celui des années 1920. Plus vigoureusement qu'à l'époque, la responsabilité du libéralisme économique est dénoncée dans tous les domaines pour avoir conduit à la guerre. Partout s'exprime une claire volonté d'organisation de la production qui ne diffère que par le degré souhaité d'intervention de l'État.

Pour répondre à ces attentes, celui-ci est invité à prendre le contrôle de secteurs clefs de l'activité économique : en Grande-Bretagne avec les socialistes qui arrivent aux responsabilités, comme en France avec le général de Gaulle et le tripartisme, on nationalise selon des motivations variables. On sanctionne avec Renault et les charbonnages ; on se donne les moyens de contrôler le crédit avec les banques et les assurances ; on prend en mains, pour les moderniser et les développer, les secteurs stratégiques comme le gaz, les mines, l'électricité, les transports…

C'est dans cette perspective que s'inscrit la mise en place d'un système de planification totalement inédit qui se révélera cependant à l'usage plus limité qu'annoncé : l'effort centré sur les secteurs dits de base (électricité et charbon, ciment, marché agricole, etc.) ignore une large part de l'activité économique. En fait, le changement devra plus aux alliances passées par l'État avec certaines industries, via le rôle décisif joué par une nouvelle génération de fonctionnaires, qu'à l'application d'un plan qui deviendra de plus en plus indicatif, voire purement déclaratif. Dès lors, la notion d'« économie dirigée » convient mieux pour caractériser cette période que celle d'économie planifiée, même si le poids du secteur public s'est considérablement accru et si les prélèvements fiscaux et sociaux croissants commencent à jouer un rôle significatif en matière de redistribution de revenus.

Un socialisme qui ne revendique pas sa victoire…

L'accumulation de ces transformations va changer pour longtemps la nature du système économique et social. Peut-on alors toujours parler de capitalisme ? Dix ans plus tard, dressant l'inventaire des changements décisifs intervenus dans les aspects de la vie économique et sociale, Anthony Crosland[1] conclut par la négative. La social-démocratie hésite, pourtant, à revendiquer sa victoire. Elle a quelque bonnes raisons, dont l'une est des plus primordiales : son succès idéologique ne s'accompagne qu'à de rares occasions d'une victoire politique et électorale.

Léon Blum peut déclarer en 1946 : « Le socialisme est le maître de l'heure », traduisant ainsi les conséquences de l'effondrement de la droite libérale et de ses théories, et plus encore de ses états-majors, plus ou moins compromis dans la collaboration. Et les premières élections, en 1945 comme en 1946, peuvent bien confirmer cette assertion, les socialistes arrivant presque partout premiers ou seconds de la compétition électorale. Il n'en demeure pas moins que, dans sa grande majorité, le mouvement socialiste semble un peu étourdi par tant de changements ; abasourdi que les événements aient presque fini par lui donner raison et, au fond, incapable de se retrouver tout à fait dans les transformations qui s'opèrent. Le pouvoir, pourtant, lui est ouvert : en France où la SFIO entre en force au gouvernement. Mais aussi en Grande-Bretagne, où les travaillistes l'emportent, comme en Suède et en Norvège, les sociaux-démocrates. À la différence de 1914, les socialistes acceptent le pouvoir sans se croire obligés de faire référence à des circonstances exceptionnelles. Ils revendiquent, ouvertement, et sans états d'âme, leur capacité et leur légitimité à gouverner. Leur adhésion à la démocratie parlementaire est désormais sans réserve ni arguties. « La défaite des fascismes a été une victoire de la démocratie[2] » dans laquelle les partis socialistes entrent de plain-pied, laissant clairement de côté toute référence à la dictature du prolétariat, se réconciliant enfin avec les thèmes du patriotisme et de la défense nationale qui les avaient meurtris et mutilés jusqu'à la veille de la guerre. Enfin, à l'instar de Léon Blum, ils semblent se placer désormais à l'échelle de temps nouveaux, c'est-à-dire « à l'échelle humaine ». L'émancipation de l'individu, ses droits et sa liberté sont placés au cœur de leur projet ne laissant plus planer aucun doute sur la nature de leur rapport avec le système démocra-

1. *The Future of Socialism*, Londres, Robinson Publishing, 2006.

2. Alain Bergounioux et Gérard Grunberg, *L'Utopie à l'épreuve*, Paris, B. de Fallois, 1996, p. 157.

tique. Aussi jouent-ils d'abord un rôle pratique éminent dans les transformations de l'immédiat après-guerre, influençant l'élaboration des nouvelles constitutions, prenant leur part des nationalisations ou des réformes sociales engagées partout.

Mais cette influence connaît rapidement ses limites : d'abord, le socialisme n'atteint nulle part la majorité absolue des suffrages et doit souvent gouverner en cohabitation ; ensuite, les premières années de la reconstruction sont difficiles et font resurgir la protestation sociale. Mais, surtout, les événements internationaux vont en quelque sorte dicter leur loi, conduisant là où des alliances entre « partis ouvriers » existent à leur rupture (France, Italie, etc.), affaiblissant du coup leur influence. 1947 va effacer 1945. La montée perceptible, dès le coup de Prague, d'un anticommunisme puissant pousse d'autant plus rapidement les socialistes dans les bras des États-Unis que le plan Marshall représente alors une chance inédite d'accélérer la reconstruction. Les néolibéraux se trouvent désormais dans une situation plus favorable, c'est-à-dire en mesure de disputer à nouveau le pouvoir à la gauche. La belle unanimité de l'après-guerre, qui rangeait l'Union soviétique dans le camp des démocraties, a laissé place à une « guerre froide » qui ravive, sur le front intérieur, les tensions entre les partis ouvriers, réduisant du même coup leur aptitude, sinon leur légitimité, à gouverner.

Quand le parti du mouvement n'est déjà plus de son temps !

Plus que des aléas politiques et électoraux, ce sont des raisons doctrinales qui vont conduire les socialistes là où ils exercent le pouvoir, ou y participent, à ne pas en revendiquer ouvertement le bilan. Contre toute attente, les partis sociaux-démocrates et socialistes, clairement ralliés à la démocratie, répugnent en effet à assumer le changement de perspectives qu'ont représenté l'économie dirigée et le compromis social (alors que, dans le même temps, profitant de cette hésitation, une partie de la droite va au contraire se rallier à ces bouleversements pour se les approprier). D'autant qu'à l'exception des Pays-Bas la priorité est donnée à la reconstruction des vieux partis, soucieux d'abord de préserver leur identité là où en particulier ils subissent la concurrence des communistes ou de la démocratie chrétienne qui leur disputent, qui leur identité ouvrière, qui leur héritage humaniste.

Aussi, tout en pratiquant ouvertement des politiques réformistes et de coopération de classes, un grand nombre des partis socialistes et sociaux-démocrates refusent de renoncer à leur idéologie d'avant-guerre. Et continuent à prêcher officiellement le dépassement du capitalisme qu'ils contribuent pourtant à moderniser et à réformer. Ainsi, en Europe du Sud, confrontés à la concurrence électorale et idéologique du parti communiste, les socialistes font le même choix qu'après la scission de 1919, renouant avec leur credo marxiste et révolutionnaire, associé à une pratique tout aussi ouvertement réformiste. Bref, la politique du « grand écart » est de retour !

En France, le 37e congrès de la SFIO, tenu en août 1945, semblait pourtant avoir ouvert la porte à une orientation nouvelle en se référant d'abord aux thèmes de l'économie dirigée et en lançant « un appel au pays » pour « une constitution démocratique et sociale » comprenant une charte économique qui se donne comme objectif de « libérer les travailleurs, l'économie nationale et l'État de la servitude des trusts », et préconise « une économie nouvelle par l'harmonisation coordonnée de la production et des besoins, par la coopération de toutes les initiatives de création et par l'adaptation de chaque production libre à l'ensemble de la production ordonnée ».

Mais, un an plus tard, le retour à l'orthodoxie s'opère brutalement : une majorité composite animée par Guy Mollet, député d'Arras, obtient le rejet du rapport moral du secrétaire général Daniel Mayer. Et la déclaration de principe finalement adoptée réaffirme que la SFIO est un parti révolutionnaire et de lutte de classes qui veut la socialisation de l'ensemble des moyens de production. Ce retournement, favorisé par une absence quasi totale de renouvellement des cadres et des militants par rapport à l'avant-guerre (seuls seront écartés les parlementaires ayant voté les pleins pouvoirs à Pétain le 10 juillet 1940), débouche sur une curieuse synthèse associant l'intégrisme doctrinal le plus farouche à une participation régulière au pouvoir (interrompue seulement de 1951 à 1955) et à un programme politique se résumant bientôt à la défense des acquis de la Libération (nationalisation, contrôle des prix, politique des revenus).

Certes, le parti est vaguement conscient de cette contradiction qu'il s'efforce de résoudre en prenant cette fois à son compte l'idée d'une « transition » vers le socialisme. C'est pour, plaide-t-il, en préserver les chances, que les socialistes doivent rester au pouvoir. Ce faisant, ils s'enferment dans une politique de défiance ou de protestation qui va les rendre impuissants face aux événements que l'histoire ne va pas manquer, la décolonisation aidant, de leur opposer.

Ainsi refuseront-ils, en économie, d'aller plus loin que le programme du CNR ; en politique, d'accepter toute réforme des institutions au nom de la défense de la démocratie parlementaire ; en matière coloniale, toute politique d'ouverture au nom du refus de laisser s'installer en Algérie des monarchies féodales, etc. Alors que le monde change, et sur des bases si proches de sa philosophie, le socialisme français choisit de rester, lui, immobile. Le parti du mouvement n'est déjà plus de son temps...

Mais cette situation, on s'en doute, n'est pas le propre du seul parti français. En Grande-Bretagne, le Labour, porté au pouvoir en 1945 (puis de 1964 à 1970), va certes d'abord procéder à de vastes nationalisations (les charbonnages, le gaz, l'électricité, le transport ferroviaire) et à la mise en œuvre d'un généreux système de protection sociale qui resteront, pour le travaillisme contemporain, une incontournable référence. Mais le parti se refuse à aller jusqu'au bout de la démarche. La tentative ultérieure de son leader Hugh Gatskell, au milieu des années 1960, de supprimer la fameuse « clause 4 » des statuts, qui fait de la collectivisation des moyens de production l'objectif principal du Labour, sera un échec.

Enfin, en Allemagne, la prise en mains du parti par un résistant incontestable au nazisme, Kurt Schumacher, se traduit par un anticommunisme indiscutable et le rejet du concept de dictature du prolétariat, mais aussi par une persistante définition du socialisme, non comme un mouvement de progrès, mais comme un éden caractérisé par la disparition de la propriété privée, vision entretenue par l'espoir longtemps caressé d'une réunification de l'Allemagne et... des deux partis socialistes.

De Léon Blum à Anthony Crosland

Cette inertie doctrinale tient d'abord au fait que le lien entre le révisionnisme de l'avant-guerre et le nouvel ordre de l'après-guerre s'est perdu. On en comprend les raisons : le planisme avait toujours été minoritaire (à l'exception du parti belge) et s'était même parfois compromis dans la collaboration. Mais l'immobilisme idéologique n'est pas non plus sans avantages et conçu par certains comme le pôle opposé d'une pratique qu'il permet ainsi d'équilibrer, sinon de justifier. N'est-ce pas ce qui explique que les tentatives de renouvellement engagées par Blum en France, ou par Crosland en Grande-Bretagne, resteront sans effet ? Aussi est-ce seulement plus tard, sous l'empire des plus pragmatiques, que s'opéreront les changements attendus, les privant d'une dimension intellectuelle (d'hégémonie culturelle) qui aurait pu être déterminante pourtant pour l'avenir.

À l'instar du débat qui s'était engagé entre les deux guerres, la controverse rebondit autour de la filiation marxiste du mouvement socialiste. Certains, à l'instar de Léon Blum, veulent croire qu'il est possible de revendiquer cette filiation et d'opérer une rénovation intellectuelle dans le champ de celle-ci. D'autres, comme le député (et futur ministre) travailliste Anthony Crosland, veulent s'extirper du collectivisme pour bâtir un socialisme qui réajusterait ses projets aux réalités d'un nouveau capitalisme.

À la différence de Crosland, Blum reste fidèle au marxisme, comme il l'aura été tout au long de sa vie politique et intellectuelle : « Nous acceptons dans son intégrité l'analyse de la société capitaliste de Marx. Nous acceptons dans son intégrité sa théorie de la valeur et sa théorie du profit. Nous l'acceptons sans la moindre réserve[1]. » Mais il prend en compte la réalité nouvelle qui s'impose aux socialistes : leur succès électoral et le contexte favorable dans lequel celui-ci intervient leur créent des responsabilités particulières. Et c'est cette double dimension qu'il faut intégrer désormais dans notre réflexion, argumente-t-il. Plutôt que d'accepter, voire d'instrumentaliser une coupure entre la théorie et la pratique, Blum préconise de

1. Cité dans *L'Œuvre de Léon Blum* – 1945-1947 –, p. 66.

réunir l'une à l'autre. En insistant d'abord sur les références humanistes du socialisme, dont il s'est toujours fait le porte-parole, considérant que l'humanisme est l'accomplissement et le prolongement du marxisme[1]. En invitant ensuite le parti à revoir ses méthodes et ses thèmes de propagande pour mieux prendre en compte les attentes, qui se tournent vers lui, non plus seulement de la classe ouvrière, mais du pays tout entier dans sa diversité sociale. En bref, Blum demande à la SFIO de se placer à la hauteur des devoirs que lui crée l'exercice du pouvoir. Ceux-ci ne doivent pas l'éloigner du but qu'il s'est toujours fixé (le collectivisme), mais l'obliger à mettre en avant, dans ses pratiques comme dans ses discours, les thèmes de liberté et de justice assumés comme une finalité. Blum ne renie rien, il hiérarchise. Il tente, comme il l'a toujours fait, de concilier la doctrine avec l'action gouvernementale, bien conscient du risque redoutable que représenterait la séparation entre l'une et l'autre.

Si Blum s'efforce de modifier la pratique pour l'adapter aux circonstances nouvelles, Crosland, lui, veut tirer toutes les conséquences de celles-ci. Sa démarche est d'autant plus significative qu'elle intervient après une première mutation du Labour dans l'entre-deux-guerres. Il préconise un processus de rénovation en deux étapes.

Écrit au lendemain de la défaite des travaillistes en 1951, le livre de Crosland cherche l'explication de cet échec dans l'absence de renouvellement de la pensée socialiste. Confronté à une nouvelle forme de capitalisme, le socialisme a refusé d'en tirer les leçons. Il entend se livrer à un travail de révision du même ordre que celui mené par son prédécesseur du SPD, Bernstein (auquel il rend ouvertement hommage). Il va même plus loin en considérant que le « révisionnisme » est intrinsèquement lié au socialisme, lequel doit, par sa nature même, s'adapter sans cesse aux conditions économiques et sociales particulières dans lesquelles il se trouve, sans rien renier de son but principal : l'égalité. Une fois posée cette exigence de rationalisation, Crosland définit le système sur lequel le socialisme entend agir. Pour conclure, après De Man ou Myrdal, que les années d'après-guerre ont amorcé une transformation majeure qu'il est impossible

1. « Le socialisme est une conception toute humaine, mais qui s'alimente, si l'on peut dire, de la nécessité des choses », Léon Blum, *op. cit.*, p. 103.

d'ignorer, à savoir que le capitalisme n'est plus tout à fait le capitalisme : « Le mot capitalisme peut raisonnablement servir à désigner deux choses : la première peut décrire, d'un point de vue historique, la société qui s'est développée au XIXe siècle en Grande-Bretagne à la suite de la révolution industrielle et qui persiste plus ou moins jusqu'aux années 1930 [...]. Mais le mot peut aussi servir à désigner la société tout entière qui s'est développée autour et à partir de la révolution technologique[1]. » Or, ajoute-t-il, cette définition historique est totalement inadaptée pour qualifier la société britannique du second après-guerre.

Une part croissante de l'activité économique a été soustraite aux forces du marché pour relever désormais de la démocratie politique : au-delà des outils que lui confère la législation fiscale et sociale, qui n'a cessé de se développer, l'État est devenu l'arbitre, en dernier ressort, de la vie économique. À l'échelle de l'entreprise, même le pouvoir capitaliste a été bridé. Soit que les nationalisations l'aient purement et simplement écarté. Soit que le « management » ait pris peu à peu son autonomie par rapport aux actionnaires. Soit que le contrôle des salariés ne soit renforcé via la création d'institutions nouvelles.

En outre, la distribution de la richesse ne dépend plus de la décision d'une seule classe, mais très largement de la négociation sociale et, plus encore, de la fiscalité et de l'État. Par ailleurs, du point de vue idéologique, l'individualisme, le droit de propriété et le laisser-faire ont dû abandonner le terrain à un esprit de solidarité et de coopération : « Plus personne, écrit Crosland, ne pourrait désormais prétendre qu'au sein de l'actuel État providence l'idéologie dominante soit celle du chacun pour soi[2]. » Enfin, la lutte des classes, dans son acception première et violente, a cédé la place à la négociation, au respect mutuel garanti par la loi et à des mécanismes de solidarité qui font aujourd'hui consensus.

À ce capitalisme d'un nouveau genre, Crosland, le premier parmi les socialistes, propose d'associer un nouveau socialisme qui en tire toutes les conséquences. À cet égard, considère-t-il, la défaite du Labour en 1951 est la conséquence non d'une forme d'ingratitude de

1. A. Crosland, *The Future of Socialism*, *op. cit.*, p. 33.
2. *Ibid.*, p. 35.

l'électorat par rapport à la vague de changements introduits dans la société britannique à la fin de la guerre, mais de l'épuisement d'un modèle. En rééquilibrant la société au nom de la démocratie et de la justice sociale, les travaillistes ont atteint leurs objectifs historiques (sauf à considérer que ceux-ci restent bien la révolution ou, plus exactement, la socialisation intégrale des moyens de production). Un tel objectif est devenu sans intérêt, poursuit-il, car la propriété du capital a désormais beaucoup moins d'importance que son contrôle.

Si la doctrine de Marx avait pour finalité l'expropriation des propriétaires, c'est parce que la propriété constituait le critère du pouvoir, la base de l'exploitation, la ligne de démarcation entre dominants et dominés. Mais cette séparation n'est-elle pas inéluctable ? N'est-elle pas liée au progrès technologique, à la complexité des tâches qu'il implique et au développement des entreprises produisant à grande échelle ? Cette séparation ne se retrouve-t-elle pas d'ailleurs dans toutes les sociétés, y compris dans les sociétés dites « socialistes » ? D'autant que les transformations accomplies ces dernières années ont conduit à rééquilibrer le rapport entre les propriétaires et les salariés, aussi bien en matière de droits (politiques et sociaux) que de partage de la valeur ou de contrôle de l'activité. Au total, conclut-il, « aussi bien le collectivisme que la propriété privée sont compatibles avec des degrés variables de démocratie, d'égalité, d'exploitation, de conscience de classe, de planification, de contrôle ouvrier comme de prospérité. Aussi est-il évident que c'est d'abord l'intensité avec laquelle ces caractères sont ou non respectés qui fait que les gens peuvent distinguer tel modèle de société de tel autre[1] ». Ce qui signifie que, si la nature de la propriété garde une influence sur la société, elle doit désormais partager cette influence avec un grand nombre d'autres facteurs que les socialistes ont grandement contribué à développer, en particulier depuis la fin de la guerre. Au point, pour reprendre la formule de Raymond Aron, « que le socialisme aurait cessé d'être un mythe à l'Ouest parce qu'il est devenu une partie de la réalité ». Cette part de réalité, souligne-t-il, n'a-t-elle pas été intégrée, ingérée par ses adversaires, comme le démontre l'atti-

1. *Ibid.*, p. 45.

tude du gouvernement conservateur à l'égard de l'héritage social de l'après-guerre, qu'il se garde bien d'entamer ?

Mais cet épuisement du projet traditionnel des socialistes ne signifie nullement l'épuisement du socialisme lui-même. Et Crosland désigne les buts du socialisme moderne et les moyens par lesquels il pourra les atteindre, non sans avoir pris la précaution (s'agissant notamment des nationalisations) de rappeler la nécessité de ne pas confondre la fin et les moyens.

Au regard des progrès accomplis (qui, souligne Crosland, pourraient être considérés par les socialistes comme une sorte d'éden), le socialisme doit continuer à se fixer trois objectifs majeurs : éliminer ce qu'il reste de misère, de ressentiment social et d'inégalité pour accroître l'autonomie de chacun, la cohésion de la société et l'accès égal aux responsabilités et aux savoirs. Si Crosland raisonne ainsi, c'est qu'il considère comme réglée la question de la prospérité économique : celle-ci est désormais dans les mains d'un État régulateur, invité, comme Keynes l'a recommandé, à manier habilement les leviers des politiques budgétaires et monétaires sans qu'il soit nécessaire de renforcer le poids du secteur public. Ce faisant, Crosland fait du « plein-emploi » non une perspective, mais un acquis du socialisme d'après-guerre.

Aussi peut-il concentrer ses efforts sur l'organisation harmonieuse de la société qui doit être permise par un État providence actif, qui ne doit cesser d'élever la qualité de ses services et infrastructures (éducation, santé, etc.). Aussi fait-il de l'égalité le cœur du combat socialiste, tout en précisant qu'elle ne pourra jamais constituer qu'une notion relative justifiant un engagement constant. Il n'existe, selon lui, pas de société idéale, mais un idéal tourné vers le changement qui passe par une véritable égalité des chances, en particulier à l'école, une redistribution du pouvoir et des avantages qui y sont liés, une taxation progressive et une redistribution de la richesse, un encouragement à la consommation de masse, une politique du logement…

C'est à mesure qu'il se rapprochera de ces objectifs que le socialisme pourra se consacrer à sa tâche essentielle : « Plus nous approcherons des buts du socialisme définis précédemment, plus le réformateur devra tourner son énergie vers les questions qui échappent à la classification droite/gauche[1] » : ce que l'on appellera plus tard la qualité de la vie (« Pas seulement des pensions plus élevées, mais plus de terrasses de cafés, des rues mieux éclairées et plus animées la nuit, plus de théâtres [...], de jardins [...], de sculptures ou de peintures dans les lieux publics, de vêtements mieux coupés, des objets, en particulier dans la rue, conçus pour être vus et appréciés[2] »). Mais aussi des lois plus libérales sur le divorce, l'avortement, la censure, le droit des femmes. Enfin, il préconise une vraie politique de la beauté dans le domaine de l'architecture urbaine, de la protection du patrimoine et du soutien à la création, pour conclure son ouvrage par ces mots : « Nous ne devons pas entrer dans l'âge de l'abondance pour nous apercevoir que nous avons égaré les valeurs susceptibles de nous apprendre comment en tirer parti[3]. »

Un ralliement tardif

Le livre de Crosland constitue une remarquable tentative à la fois pour rassembler les événements survenus depuis la guerre, mais aussi pour donner à l'idée socialiste un nouveau souffle. Il n'influence guère, cependant, ses contemporains, comme si le goût de penser avait décru en proportion inverse de celui de gouverner !

Seuls les socialistes suédois, forts de l'avance déjà prise avant-guerre, théorisent et assument pleinement cette ère nouvelle qui donne à l'État la haute main sur le destin économique du pays, selon des formules nouvelles n'impliquant pas nécessairement un transfert de propriété vers la puissance publique. Ils reconnaissent ouvertement que l'objectif doit être désormais de faire croître le « gâteau de telle sorte que chacun puisse bénéficier d'un plus gros morceau », ce qui suppose non la confrontation, mais la coopération de classes[4]. Pour y parvenir, le gouvernement socialiste fait sien un modèle de négociation centralisé des salaires, mieux connu sous l'appellation

1. *Ibid.*, p. 402.
2. *Ibid.*, p. 403.
3. *Ibid.*, p. 409.
4. Socialisme fonctionnel.

de modèle « Rehn-Meidner », étroitement corrélé à l'évolution de la productivité, renforçant les secteurs les plus dynamiques et obligeant les autres à la reconversion. Favorable à l'élévation des rémunérations, ce système encourage également un vaste effort de formation et une activation des politiques de l'emploi avec l'aide des syndicats, qui demeurent parmi les traits dominants du système suédois. Cette modernisation économique trouve après-guerre son pendant dans une extension de l'État providence fondée sur l'universalité des prestations, la prise en charge par la collectivité et la quasi-gratuité d'un large spectre des services publics, de l'accueil de la petite enfance à l'éducation en passant par la santé et l'hébergement des personnes âgées. Ce qui conduit Gosta Esping-Andersen à considérer que l'État providence suédois a réussi à la fois à « établir une solidarité totale et à marginaliser le marché comme principal agent de la distribution des ressources et comme élément déterminant de la vie quotidienne des gens[1] ».

Mais le socialiste suédois n'est guère prosélyte. La taille du pays, le fait qu'il soit resté à l'écart de la guerre, qu'il ait fait du socialisme ainsi conçu une partie de son identité propre, tout cela limite malheureusement l'impact de son « modèle » sur le reste du mouvement socialiste. Si bien que celui-ci ne fera siens les changements opérés depuis la guerre que d'une manière pragmatique, pour l'essentiel dans une perspective de reconquête d'un pouvoir dont les partis socialistes sont, hors la Scandinavie, progressivement écartés dans les années 1950 et début 1960.

« Le socialisme est-il l'expression de certains groupes d'intérêt nettement définis, ceux d'une classe sociale particulière s'exprimant dans un cadre donné, à une époque donnée, ou est-il la manifestation d'un désir permanent de justice et de liberté, prenant dans l'histoire des formes différentes, mais poursuivant, à travers ces formes diverses, un idéal permanent ? » À cette question soulevée par André Philip[2], la social-démocratie dans son ensemble préfère ne pas répondre. Soit qu'elle reste attachée à une conception révolutionnaire

1. Gosta Esping-Andersen, *Politics against Markets*, Princeton, Princeton University Press, 1988, p. 245.
2. André Philip, *Le Socialisme trahi*, Paris, Plon, 1957.

ou collectiviste, comme en France et, dans une moindre mesure, en Grande-Bretagne. Soit que le changement s'opère à l'écart de toute préoccupation idéologique particulière, comme sous le coup de la nécessité. Tous faisant leur, au fond, cette remarque (désabusée) du socialiste anglais Richard Crossman : « Le parti travailliste s'est égaré, non seulement parce qu'il ne possède pas la carte des contrées inconnues qu'il traverse, mais aussi parce qu'il estime que les voyageurs expérimentés peuvent se passer de carte[1]. »

Il en va ainsi d'une certaine manière en Allemagne, où le congrès de Bad Godesberg, loin d'être le grand débat idéologique que l'on a parfois décrit, est au contraire un moment de « normalisation » conduit sans relief particulier. Pour la première fois, cependant, un grand parti socialiste européen abandonne explicitement toute référence au marxisme au profit d'un humanisme « plongeant ses racines dans l'éthique chrétienne », et se place ostensiblement dans le cadre d'une économie dirigée et d'un capitalisme dont il fait exclusivement la critique sociale, pour renoncer enfin à la neutralité de l'Allemagne et accepter une défense conduite dans le cadre de l'Otan.

Entamé depuis plusieurs années sous la pression d'économistes comme Karl Schiller[2], qui préconise de concilier planification et liberté des prix, ou de parlementaires comme Heinrich Deist, le mouvement s'est accéléré sous le coup de la nouvelle défaite électorale subie par le SPD en 1957. Il profite, pour s'opérer, de la prise du contrôle du parti par le groupe parlementaire, sous l'effet des modifications statutaires décidées au congrès de Stuttgart en 1958. Certes, la reconnaissance de la libre concurrence comme l'axe majeur de l'économie, la mise en avant de valeurs globales et consensuelles comme la justice et la solidarité susciteront la réaction d'une opposition marxisante animée par Wolfgang Abendroth ou Ossy Flechtheim, qui voient dans ce programme une sorte de néolibéralisme fade. Mais c'est à une large majorité de 324 contre 16 que le nouveau programme est adopté, traduisant moins le besoin d'une refondation idéologique,

1. Richard Crossman *et alii*, *L'Avenir du travaillisme. Nouveaux essais fabiens*, Paris, Les Éditions ouvrières, 1954.

2. *Socialisme et concurrence*, Hambourg, 1955.

que l'affirmation d'une soif de victoire électorale à travers une nouvelle stratégie de conquête de l'opinion.

Au total, ce changement, loin de marquer une véritable réorientation idéologique, augure plutôt d'un début de « désidéologisation » sous la houlette d'un leader peu charismatique, Erich Ollenhauer, puis de dirigeants d'abord préoccupés par la spécificité de la question allemande, tel Willy Brandt, et plus encore de gestion, tel Helmut Schmidt. Le mouvement parallèle conduit en Autriche est en revanche un peu plus structuré. Si le programme de 1947 reste dans la ligne austro-marxiste de Linz[1] (1926), le projet arrêté en 1958 à l'initiative du futur chancelier Kreisky et le fils de Karl Kautsky fait du socialisme l'héritier du christianisme et renonce à l'idée d'un socialisme de l'économie pour encourager la négociation sociale...

Le paysage politique qu'offre ainsi plus de dix ans après la guerre le mouvement socialiste est manifestement contrasté. Les partis se sont révélés le plus souvent incapables de reprendre à leur compte les transformations qui s'inscrivaient pourtant dans le droit fil de leur philosophie, à la condition de rompre avec certains points du credo, en particulier l'objectif final de collectivisation de l'économie. La plupart des partis d'Europe du Sud s'y refuseront ; il en est allé différemment au centre et au nord de l'Europe.

Malgré ces atermoiements se constitue dans les années 1950-1960 une véritable « idéologie » sociale-démocrate, certes difficile à séparer du système politique dans lequel elle s'est développée, parfois même sans le concours des sociaux-démocrates eux-mêmes, mais qui fut la réponse autant de la société civile que du mouvement socialiste à la mutation fondamentale du capitalisme.

1. C'est-à-dire d'une volonté de transformation radicale de l'économie et de la société qui préserve cependant les libertés.

CHAPITRE IX

Un modèle ou un moment social-démocrate ?

Les réticences exprimées par de nombreux partis sociaux-démocrates à assumer idéologiquement le changement, ou encore le retard pris à le faire, conduisent naturellement à s'interroger. S'agissant des années 1950 à 1970, doit-on parler d'un modèle social-démocrate, ou simplement d'un « moment » pour reprendre l'expression de Tony Judt[1] ? Le contexte n'a jamais été aussi favorable à l'idée socialiste, du moins dans sa version démocratique et orientée vers une économie organisée. D'abord, un consensus s'est imposé sur le rôle de l'État et, plus encore, la légitimité de son intervention : « L'État, croyait-on largement, ferait toujours mieux qu'un marché sans frein : pas simplement pour rendre la justice et assurer la sécurité ou distribuer des biens et services, mais aussi pour concevoir et mettre en œuvre des stratégies de cohésion sociale, de soutien moral et de vitalité culturelle. L'idée que mieux vaudrait peut-être abandonner ces questions à l'intérêt éclairé et aux rouages du marché des marchandises et des idées passait dans les cercles politiques et universitaires dominants pour une relique désuète des temps prékeynésiens : au mieux, une incapacité à tirer

1. Tony Judt, *Après la guerre*, Paris, Armand Colin, 2009.

les leçons de la crise, une invitation au conflit et un appel voilé aux instincts humains les plus vils[1]. »

Ce consensus s'accompagne de la mise en œuvre de politiques faisant une large place au secteur public. Nationalisations aidant, celui-ci représente, selon les pays, et à l'exception notable de l'Allemagne, entre le quart et le cinquième de l'économie. Quant à la dépense publique, elle augmente partout de plus de 50 % entre 1950 et 1973 : de 27,6 à 38,8 % du PIB en France ; de 30 à 42 % en RFA ; de 34,2 à 41,5 % aux États-Unis et de 26,8 à 45,5 % aux Pays-Bas, sans naturellement évoquer l'évolution du même ordre, et même au-delà, enregistrée dans les pays scandinaves. Cette augmentation est d'autant plus remarquable qu'elle est pour l'essentiel tournée vers les retraites, la santé, l'éducation, le logement... Et que les socialistes, à la tête de gouvernements homogènes ou en coalition, y prennent une large part[2].

Peut-on pour autant en conclure que ce changement fait « système », voire qu'il constitue un projet, presque une idéologie, distincte du communisme (ce qui ne fait alors aucun doute notamment depuis 1947), mais aussi du libéralisme ? Au fond, la démocratie chrétienne en Italie ou le gaullisme en France peuvent tout aussi bien revendiquer cet héritage, auquel, selon des circonstances particulières à chaque pays, ils contribuent largement.

En outre, à la différence de ses prédécesseurs, la nouvelle génération des dirigeants sociaux-démocrates n'est guère ouverte à la réflexion théorique. Tous ont tendance à mettre en avant leurs compétences plus que leur sens de la dialectique. Leur politique, cependant, repose sur un projet original : la social-démocratie ne s'est pas fondue dans le consensus idéologique de la reconstruction et de la croissance pour tous. Elle a fait mieux : elle a aidé à en poser, y compris en contribuant à créer un rapport de forces économique et social favorable, un à un les éléments, tout en préservant son identité, c'est-à-dire

1. *Ibid.*, p. 432.

2. La social-démocratie atteint son point culminant dans les années 1960 et au début des années 1970. Elle est aux commandes en Autriche (où elle a participé vingt-cinq ans au pouvoir entre 1945 et 1973), en Grande-Bretagne, en Allemagne, au Danemark, en Norvège et en Suède (depuis vingt-neuf ans). Le socialisme démocrate, lui, se renforce en Espagne, au Portugal, en Grèce et en France.

sans rompre avec son histoire ni renoncer à son héritage. À preuve, d'ailleurs, l'identification au type de relations économiques et sociales des années 1960, dont elle fera l'objet, et dont elle sera à la fois la bénéficiaire et la victime, en apparaissant en quelque sorte, lorsque la crise viendra, comme le « parti du système ».

En dépit des divergences qui traversent le socialisme européen d'alors, nous avons bien là affaire à une reformulation de l'idée et du projet socialistes en relation directe avec l'évolution productiviste du capitalisme d'après-guerre. Précisons-en les traits caractéristiques en reprenant, dans le désordre, les critères que nous avions empruntés à Michel Winock pour définir le socialisme du XIXe siècle : une utopie, une philosophie de l'histoire, une doctrine économique, un attachement à la démocratie et une base sociale spécifique.

Les cinq côtés de l'hexagone social-démocrate

Que la social-démocratie ait largement, même si c'est parfois sans l'assumer complètement, contribué au consensus économique et social d'après-guerre, ne fait l'objet d'aucune contestation. Certes, cette contribution est parfois plus passive qu'affirmée, mais ses représentants se trouvent toujours là où le mouvement prend naissance : au sein du gouvernement en Grande-Bretagne quand naît le plan Beveridge qui réconcilie les partisans de la démocratie industrielle et ceux du keynésianisme ; en France, au sein des mouvements de résistance qui manient le concept de socialisme comme une évidence pour autant qu'il s'identifie à la démocratie ; et dans les pays scandinaves, en particulier en Suède, qui fournissent les premiers l'exemple de politiques nouvelles et, plus encore, de réussite économique et électorale.

Ainsi réactualisée, l'idée de base du projet social-démocrate reste en accord avec le principe socialiste de toujours : organiser l'économie de telle sorte qu'elle puisse éliminer l'injustice sociale et corriger les inégalités en réhabilitant le rôle de la volonté politique, voire l'intervention d'un État démocratique. Retrouvant l'accent des « prophètes » du mouvement, tous les socialistes d'alors prennent progressivement soin de distinguer le capitalisme du libéralisme économique ; pour y voir d'abord une « civilisation » articulant, autour d'une forme donnée d'organisation de la propriété, des relations sociales, culturelles, humaines sur lesquelles il est possible et souhaitable d'agir spécifiquement. Dans le prolongement de l'analyse (contemporaine de ces débats) de Karl Polanyi[1], les sociaux-démocrates peuvent prétendre, via l'économie dirigée et l'État providence, avoir rétabli l'équilibre perdu entre le marché, l'État et la société (par opposition au totalitarisme qui l'avait brisé au seul profit de l'État). « Le libéralisme avait apporté une formidable innovation essentiellement dans un mode de pensée : pour la première fois on se représentait une sorte particulière de phénomènes sociaux, de phénomènes économiques, comme séparés de la société et constituant à eux seuls un système distinct auquel tout le reste du social devait être soumis. On avait en ce sens dé-socialisé l'économie et ce que la grande crise des années 1930 imposa au monde, c'est une re-socialisation de l'économie[2]. »

C'est de celle-ci que la social-démocratie va faire son programme, et, à sa suite, l'ensemble du monde occidental. Non pour basculer dans une « repolitisation » qui avait produit les excès du nazisme[3] ou du communisme, mais pour faire émerger un nouveau type de relation fondé à la fois sur le rapport de forces et le compromis, l'un entretenu par la mobilisation et la coopération syndicales, permettant d'aboutir à l'autre, fondateur du pacte social. C'est cette resocialisation qui justifie de développer puis de limiter une économie mixte, garante de ce nouvel équilibre attachant ensemble l'économie, l'État, la société.

---

1. Pour qui la rupture qu'avait introduite le libéralisme économique consistait dans une détermination, par l'économique et la valeur marchande, de la vie sociale et politique.

2. Louis Dumont, dans sa préface à Karl Polanyi, *La Grande Transformation*, *op. cit.*

3. Karl Polianyi, *ibid.* : « On peut décrire la solution fasciste à l'impasse atteinte par le capitalisme libéral comme une réforme de l'économie de marché réalisée au prix de l'extirpation de toutes les institutions démocratiques, à la fois dans le domaine industriel et dans le domaine politique », p. 305.

Cette resocialisation a un but : orienter l'économie vers la satisfaction des besoins du plus grand nombre, ce qui traduit aussi la fidélité à une sorte d'utopie qui prendra de plus en plus la forme du plein-emploi. Ce dernier objectif apparaît dans le temps comme le fil conducteur de la politique sociale-démocrate, comme son critère de réussite aussi. Or, il ne peut être atteint que par une politique économique inspirée de Keynes, privilégiant l'arme budgétaire et monétaire tout en faisant des dépenses de protection sociale la garantie d'un maintien du pouvoir d'achat indispensable à la croissance et à l'équilibre de l'offre et de la demande sur le moyen terme.

Cette resocialisation enfin s'appuie sur une méthode : la démocratie. Arrivant au bout de la longue marche qui, de la création des premiers partis sociaux-démocrates (pour faire échapper l'électorat ouvrier à l'influence libérale ou républicaine) à l'acceptation de l'action parlementaire, l'avait conduite à rallier les institutions de l'entre-deux-guerres (et à fonder celles du second après-guerre), la social-démocratie s'identifie désormais pleinement à la démocratie. D'une manière certes différente selon les histoires nationales : avec des réserves, là où le suffrage universel a été conquis antérieurement à la formation du mouvement socialiste, comme en France ; avec enthousiasme, là où il a été le premier accomplissement du socialisme politique comme en Angleterre, en Suède ou en Allemagne. Et cette antériorité historique le conduit à promouvoir une conception novatrice de la démocratie : élargissement toujours plus poussé du suffrage, en particulier aux femmes ; mais, aussi, dans l'entreprise via le développement de la négociation sociale et de la démocratie économique qui donnera naissance à des formules du type « Conseil économique et social », etc.

Au-delà de la « méthode démocratique », c'est à l'idée d'une « primauté de la politique[1] » que s'identifie pleinement la social-démocratie. Cette primauté est le moyen par lequel la société, via ses représentants, fait valoir la suprématie de ses préoccupations et de ses valeurs collectives sur les objectifs spécifiquement économiques de profit ou de rentabilité. À la différence de ses ancêtres, la social-démocratie ne conteste pas le marché. Elle y voit même la façon la plus efficace de gérer des entreprises et leur développement. Mais

1. Titre du livre éponyme de Sheri Berman, *The Primacy of Politics*, *op. cit.*

elle refuse de faire du marché le moyen exclusif de déterminer et de satisfaire les besoins. Tout en restant « libre », l'économie doit être orientée par l'intervention de la collectivité, intervention rendue acceptable par la médiation du débat démocratique. Cette primauté de la politique a pour seconde conséquence de placer celle-ci à un niveau particulièrement élevé au regard des attentes de la population : ce qui relevait hier du hasard des événements ou du libre jeu des marchés dépend alors de la délibération publique et du savoir-faire de ceux qui ont été choisis pour gouverner. Cet État politique ne ressemble en rien, comme le rappelle Marcel Gauchet[1], à l'État totalitaire puisqu'il est inséré dans un régime représentatif où les libertés sont garanties. Il ne se confond pas non plus avec l'État libéral parce qu'il est aussi et par principe un État social. Ce sont en effet les réformes sociales qui garantissent à la fois la cohésion de la société et l'équilibre de l'économie à travers le soutien à la demande. « La social-démocratie, comme l'écrit plus tard Alain Touraine, se définit comme la priorité donnée à la modification des rapports de travail sur le changement de propriété des entreprises[2]. » Son principe de base est l'amélioration de la condition sociale, non sa transformation. Dès lors, le projet social-démocrate ne peut être qu'un projet en mouvement. Il n'est pas jusqu'à une philosophie de l'histoire que la social-démocratie ne revendique ouvertement, le matérialisme historique ayant laissé place à l'idée d'un progrès linéaire rendu possible par des perspectives de croissance que certains (tel Harold Wilson), via l'innovation technologique, veulent croire indéfinies.

Enfin, la social-démocratie est bien restée le parti de la classe ouvrière, cultivant en tout cas sa base sociale originelle tout en ayant cependant le souci de l'élargir. Ainsi, en 1969, le SPD compte-t-il toujours 41 % d'adhérents issus de la classe ouvrière et 31 % d'employés ; le Labour et le SAP suédois 72 % d'ouvriers ! Même si, par leur programme et dans le souci de suivre l'évolution de la société, ces partis se définissent plutôt comme des partis du salariat dans son ensemble que d'un prolétariat de plus en plus insaisissable. C'est dans les années 1970 que s'amorce le mouvement, les travailleurs manuels laissant pro-

1. Marcel Gauchet, *À l'épreuve des totalitarismes*, *op. cit.*
2. Alain Touraine, *L'Après-socialisme*, Paris, Grasset, 1983, p. 41.

gressivement la place et surtout les premiers rôles aux étudiants et aux classes moyennes. De même, « les positions de pouvoir appartiennent de plus en plus souvent à des couches sociales diplômées urbaines davantage féminisées[1] ». Ce changement de sociologie, qui ne fera que s'accentuer dans les décennies suivantes, n'est évidemment pas sans incidence sur les évolutions que connaissent ces partis.

Toutes choses égales par ailleurs, la principale nuance introduite par la social-démocratie d'après-guerre avec le mouvement dont elle est l'héritière réside dans la place limitée qu'elle accorde à l'internationalisme. La construction que promet la social-démocratie moderne, fondée sur une économie dirigée et des mesures sociales, est par définition et d'abord nationale. Elle s'appuie en effet sur le cadre national pour soutenir sa croissance et son économie. Elle renforce le cadre national en attachant plus étroitement à la nation des citoyens non plus seulement liés par un pacte patriotique, affaibli ici (les nations vaincues), renforcé là (les vainqueurs), mais aussi et peut-être plus profondément par un pacte social dont les termes dépendent de la culture propre à chaque pays. Cette « nationalisation » du mouvement socialiste était cependant déjà largement amorcée dans l'entre-deux-guerres et l'on peut se demander si l'internationalisme n'a pas été en réalité qu'un masque, une référence creuse, sympathique mais sans véritable portée. En tout cas, la faiblesse persistante de l'Internationale, pourtant reconstituée à Francfort, dément d'autant moins cette perception qu'elle n'empêche pas l'adoption de diplomaties souvent divergentes sur plusieurs questions clefs de l'après-guerre.

Ainsi, de l'Europe, à laquelle la social-démocratie allemande reste longtemps hostile, craignant d'y voir la concrétisation définitive du partage de l'Allemagne ; à laquelle le parti travailliste comme les Scandinaves restent aussi opposés à la fois par attachement au libre-échange et par souci de préserver leur spécificité nationale.

Ainsi des alliances militaires (l'Otan) qui opposent les partisans de la solidarité atlantique aux réticents (le SPD, le PSI) et aux neutres (Suède), même si la détente contribue au milieu des années 1960 à rapprocher les positions en faveur du dialogue entre les blocs. Dès 1960, la social-démocratie allemande comme le PSI mettent d'ailleurs

1. Alain Bergounioux et Gérard Grunberg, *L'Utopie à l'épreuve*, *op. cit.*, p. 297.

un terme à leur hostilité à l'Alliance pour gagner en crédibilité auprès d'un électorat attaché au « bouclier » américain. À cette date, hormis la Suède, tous les partis sociaux-démocrates y sont devenus favorables.

Ainsi du désarmement nucléaire, auquel la plupart des partis sont ralliés avec cependant plus ou moins d'intensité : très fortement en Grande-Bretagne, voire en Allemagne ; plus modérément en France, en particulier à partir des années 1970 sous l'impulsion d'un François Mitterrand qui sait que la « bombe » est désormais la condition de l'indépendance nationale et l'apanage du pouvoir présidentiel.

Une question demeure cependant : ce modèle social-démocrate est-il valable pour la totalité du mouvement socialiste européen ou ne concerne-t-il que le nord du continent ? À cet égard ne serait-il pas plus exact de distinguer une social-démocratie du Nord d'un socialisme démocratique du Sud, dont le critère de différenciation serait une plus ou moins grande radicalité à l'égard du capitalisme ?

« Et par le pouvoir d'un mot, je recommence ma vie. »

Si l'on doit caractériser la social-démocratie comme une organisation dotée d'une forte identité ouvrière, entretenant des liens étroits et organiques avec le syndicalisme et destinée à gouverner sur la base d'un programme de compromis entre l'État et le marché, nul doute qu'au moins sur le premier point (mais les deux sont liés) cette définition ne corresponde pas aux partis socialistes d'Europe du Sud. Ceux-ci sont d'abord historiquement distincts du mouvement syndical. Ce qui explique leur seconde caractéristique : leur faiblesse numérique qui tient aussi à la concurrence électorale au sein de la classe ouvrière, que leur imposent des partis communistes puissants.

Ensuite, l'existence, comme en Italie, ou l'influence, comme en France sous la IVe République, de mouvements politiques se rattachant à une orientation religieuse, contribue à affaiblir leur impact doctrinal, comme leur capacité à se reformer autour de valeurs humanistes. Enfin, tenus le plus souvent éloignés du pouvoir, ils ne peuvent revendiquer un « bilan social » qui est le fait d'une droite modérée ou jacobine, à l'instar du gaullisme qui jouera un rôle essentiel dans la constitution d'un État, certes, mais aussi et surtout d'un État social.

Ce sont ces données qui conduisent les partis socialistes du Sud à récuser plus ou moins ouvertement les compromis réalisés avec le marché par la social-démocratie du Nord au nom de la priorité accordée à la doctrine, quitte, comme la SFIO en France, à accepter une contradiction entre discours et pratique, « programme minimal » et « programme maximal ». Leur espace idéologique est en effet particulièrement étroit : le chemin de la révolution leur est fermé par le communisme et celui de la réforme par une droite engagée socialement. Mais là ne se situe pas évidemment la seule raison. La sociologie de ces partis, essentiellement composée de représentants des couches moyennes intellectuelles, les conduit naturellement à privilégier toutes les formes de débats et, du coup, de différenciation. Quant à leur histoire nationale, elle pousse plus à la confrontation qu'au consensus politique. Dès lors, la proximité électorale et idéologique, presque physique aussi du communisme, les conduit-elle tout naturellement à rechercher une voie spécifique vers le socialisme, qui ne peut être la social-démocratie classique, qui les exposerait à la vindicte de leurs partenaires et concurrents ; ni une radicalisation excessive qui les jetterait dans les bras de ceux-ci. Aussi est-ce en Europe du Sud que l'on recherche avec le plus de passion le fameux « passage », celui qui va du capitalisme que l'on s'obstine à devoir renverser au socialisme que l'on s'obstine à vouloir démocratiser.

Portée par la montée de la radicalisation sociale, déjà sensible depuis la grève des mineurs en 1963 et dont les événements de mai 1968 seront le point culminant, cette recherche est particulièrement vive au sein du socialisme français, en particulier de la nouvelle gauche proche du Parti socialiste unifié (PSU). L'objectif reste le même que celui de la social-démocratie : il s'agit bien d'organiser l'économie, pas de la collectiviser. Mais cette « organisation », pour se traduire par des transformations plus profondes que celles obtenues par la social-démocratie, doit reposer sur des outils plus contraignants : le plan et les nationalisations. Et ces outils, à la différence du système soviétique, ne doivent pas avoir pour objet ou effet de se substituer à la société, mais d'en exprimer les attentes et d'en faciliter la réalisation. D'où le troisième concept d'autogestion qui s'impose surtout au début des années 1970, et dont le mouvement des Lip en 1973 (ces salariés qui décident d'eux-mêmes, en dehors de tout autre cadre légal, de prendre en charge la gestion de leur entreprise, sa production et ses ventes) va devenir l'emblème.

Le concept semble à ce point décisif que Pierre Rosanvallon, l'un de ses fondateurs, n'hésite pas à faire figurer, en exergue de l'ouvrage qu'il lui consacre, cette belle formule d'Éluard : « Et par le pouvoir d'un mot, je recommence ma vie[1]. » Il faut dire que la notion présente plusieurs avantages. D'abord, celui de réconcilier les attentes « conseillistes » (le pouvoir aux soviets !), libertaires (le pouvoir aux travailleurs) et républicains (le pouvoir aux citoyens) ; ensuite d'offrir une réponse au dilemme soulevé par la social-démocratie de l'équilibre entre marché, État et société, qu'il lui est justement reproché de ne pas avoir poussé assez loin. L'autogestion repose sur l'idée d'une double autonomie : de la société civile par rapport à l'économie (avec laquelle le libéralisme veut la confondre) ; de la société politique, en tant qu'espace de délibération, par rapport à l'État. Il s'agit de faire émerger d'autres intérêts sociaux que ceux de l'économie pure et de leur offrir des espaces spécifiques de discussion et de décisions, tels que la décentralisation pourra, par exemple, en proposer. L'idée n'est philosophiquement pas différente de celle de la social-démocratie, à la différence qu'elle vise à aller plus loin que celle-ci en cherchant à ouvrir le rapport triangulaire État, marché, économie à d'autres acteurs que les seuls acteurs institutionnels que sont les politiques professionnels, les syndicats ou les chefs d'entreprise.

« Réglementer et diriger [...] nouvelle manière de réaliser la liberté » !

Ce qui plaide pour la reconnaissance de la social-démocratie comme porteuse d'un projet politique spécifique, propre à l'après-guerre, voire même d'une philosophie politique distincte, c'est qu'elle est alors la seule à constituer une alternative au communisme et au libéralisme économique. En Europe occidentale, elle occupe de facto le vide laissé par ce dernier dont Karl Polanyi dira que le nazisme l'a tué une bonne fois

1. Pierre Rosanvallon, *L'Âge de l'autogestion*, Paris, Seuil, 1976.

pour toutes[1]. C'est d'ailleurs l'auteur de *La Grande Transformation* qui définit le mieux ce qu'est, au lendemain de la Seconde Guerre mondiale, la spécificité de l'idée sociale-démocrate comparée à ses adversaires idéologiques : « La civilisation du XIXe siècle n'a pas été détruite par l'attaque extérieure ou intérieure de Barbares. Sa vitalité n'a été sapée ni par les dévastations de la Première Guerre mondiale ni par la révolte d'un prolétariat socialiste ou d'une petite bourgeoisie fasciste. Son échec n'a pas été la conséquence de prétendues lois de l'économie telles que celle de la baisse du taux de profit ou celle de la sous-consommation et de la surproduction. Sa désintégration a été le résultat d'un ensemble de causes bien différentes à savoir : les mesures adoptées par la société pour ne pas être, à son tour, anéantie par l'action du marché autorégulateur. En dehors des circonstances exceptionnelles comme celles qui ont régné en Amérique du Nord à l'époque de la frontière ouverte, le conflit entre le marché et les exigences élémentaires d'une vie sociale organisée a donné au siècle sa dynamique et produit les tensions et les contraintes caractéristiques qui ont finalement détruit cette société. Les guerres extérieures n'ont fait que hâter sa destruction[2]. »

En assimilant la liberté au marché, et en refusant au nom de cette assimilation d'imposer à celui-ci une quelconque contrainte, le libéralisme a amené la société à mobiliser l'État pour la défendre. Pour échapper à la seule rationalité économique. Du même coup, et pour les mêmes raisons, le libéralisme a laissé la liberté périr avec le marché sous ses coups, aussi bien en Union soviétique qu'en Italie fasciste ou en Allemagne nazie. C'est par conséquent parce qu'elle refuse le dilemme dans lequel s'est laissé enfermer la société d'avant-guerre – l'autorité avec ses excès arbitraires ou la liberté avec ses désordres insupportables – que la social-démocratie constitue au lendemain de la guerre, dit Polanyi, la seule alternative ! Face à la crise des années 1930, le libéralisme économique n'avait eu d'autre réponse à offrir que d'attendre que le réajustement automatique s'opérât quel qu'en fût le prix social ou démocratique à payer.

1. Au moins pour quelques décennies, dirons-nous à notre tour, informé de la suite…

2. *La Grande Transformation*, *op. cit.*, p. 320.

C'est son refus d'accepter la médiation de la société et de l'État dans les affaires économiques qui précipitera la victoire du nazisme et du fascisme qui, eux, ne s'embarrasseront guère de formes pour imposer leur volonté. Il aura fallu la guerre pour que soit introduite une rupture fondamentale : « À l'intérieur des Nations, nous assistons à une évolution : le système économique a cessé de déterminer la loi de la société et la primauté de la société sur ce système est assuré[1]. »

La victoire de la social-démocratie signifie par conséquent l'échec du tout-État comme de la société de marché. Mais cette victoire va plus loin. Cette rupture permet, selon Polanyi, de penser d'une manière radicalement différente l'articulation de la liberté et de la contrainte. Encore faut-il commencer par le commencement, prévient-il : « Nous ne pouvons réaliser la liberté que nous cherchons à moins de comprendre ce que signifie véritablement la liberté dans une société complexe[2]. » En premier lieu, il faut admettre que la règlementation n'est pas en soi l'ennemi de la liberté. Elle peut réduire celle des uns, mais pour augmenter celles des autres qui pourront jouir de libertés dont ils étaient jusqu'alors privés (ainsi le financement d'avantages sociaux payés par l'impôt progressif) au point que « seule la balance des libertés perdues et gagnées a un sens ». Mais cette balance ne pourra être équilibrée de manière satisfaisante qu'à la condition d'admettre en second lieu que certaines libertés sont « intangibles », « intouchables », indépendamment des circonstances et des lieux qui ont pu les produire. La seule manière d'associer liberté et règlementation est de fixer à cette dernière une limite, reconnue par tous, qui peut être tout aussi bien une finalité qui lui est donnée à atteindre. Ainsi des libertés civiques, du droit de propriété ou du droit du travail. Ceux-ci constituent un fond commun qui doit échapper à la contingence parce qu'ils fondent l'autonomie et la sécurité de la personne humaine. La pleine conscience de leur importance permet de les préserver ou de les atteindre !

Mais cet équilibre ne serait pas suffisamment assuré si un autre droit fondamental n'était pas garanti partout : le droit à la non-conformité, de telle sorte que l'on « ne fasse pas un réel pas dans la voie de l'intégration dans la société sans en faire un vers plus de liberté ; les

1. *Ibid.*, p. 322.
2. *Ibid.*, p. 326.

mesures de planification doivent inclure le renforcement des droits de l'individu en société », et ces droits doivent être opposables à tous les pouvoirs dans toutes les circonstances (droit au travail, à la non-discrimination, etc.). « Réglementer et diriger, cela peut-être la manière de réaliser la liberté non seulement pour quelques-uns mais pour tous. Non pas la liberté comme un accessoire du privilège vicié à la source, mais la liberté comme un droit prescriptif, s'étendant loin au-delà des limites étroites de la sphère politique dans l'organisation intime de la société elle-même. Ainsi, les anciennes libertés, les anciens droits civiques s'ajouteront au fond de libertés nouvelles engendrées par le loisir et la sécurité que la société industrielle offre à tous. Cette société peut se permettre d'être à la fois juste et libre[1]. »

Cette articulation nouvelle n'est-elle pas celle que se propose de mettre en œuvre la social-démocratie ? Son souci de l'égalité, qui plonge si profondément dans son histoire, fait du socialisme le meilleur opérateur d'une bonne législation sociale. Mais son apprentissage des libertés, y compris à travers le rejet de l'expérience soviétique, garantit qu'elle fera de la loi un usage juste et mesuré. Liberté, égalité, solidarité : n'est-ce pas là l'écheveau de principes que permet de démêler la « philosophie sociale-démocrate » ? Elle veut redéfinir la liberté de telle sorte que celle-ci ne soit plus compromise par les réalités de la société (en corrigeant les désordres et les injustices qu'elles comportent) et s'accommode de la contrainte qui résulte de sa prise en compte (l'intervention de l'État). Pour Polanyi, c'est cette conception de la société qui sépare le socialisme (comme le fascisme) du libéralisme économique. En revanche, ce qui différencie les deux premiers n'est pas essentiellement économique, mais moral et religieux. Parce que même dans les cas où ils professent une « économie identique », à savoir dirigée, ils ne sont pas seulement différents mais incarnent des principes opposés. Et le point ultime sur lequel ils se séparent est une fois de plus la liberté. « Les fascistes comme les socialistes acceptent la réalité de la société avec la finalité que la connaissance de la mort a imprimée à la conscience humaine. Le pouvoir et la coercition sont une partie de cette réalité, un idéal qui voudrait les bannir de la société doit être invalidé. La question sur laquelle ils se séparent est de savoir si, à la lumière de cette connais-

1. *Ibid.*, p. 329.

sance, l'idée de liberté peut ou non être soutenue ; la liberté est-elle un mot vide, une tentation destinée à détruire l'homme et ses œuvres, ou bien l'homme peut-il réaffirmer sa liberté en face de cette connaissance et s'efforcer de la réaliser dans la société sans tomber dans l'illusionnisme moral[1] ? »

Le socialisme, lui, prend en mains l'« exigence de liberté » dans la société, c'est-à-dire dans un cadre plus large que le seul marché. Et c'est parce qu'il fait de cette exigence une valeur compatible avec l'organisation de l'économie, mais supérieure à elle, qu'il offre une alternative au despotisme du marché ou à la tyrannie du politique. Il ne saurait être question pour lui de substituer à la primauté de l'économie celle du social, mais bien plutôt celle de la politique entendue comme le cadre à l'intérieur duquel la société délibère sur l'orientation qu'elle souhaite prendre et les valeurs qu'elle veut promouvoir.

Le socialisme reviendrait donc à redonner à la liberté, et du même coup à la société, son autonomie tant par rapport à l'État qui peut l'opprimer (comme l'ont montré le communisme et le nazisme) que par rapport au marché qui l'instrumentalise. Le socialisme pourrait assumer cette tâche, parce qu'à cette étape de son processus d'évolution il saurait réconcilier sa double ambition, d'ordre et de justice. À la différence de ses fondateurs, comme des marxistes, il refuse de confondre l'avenir de la société avec celui de son économie. Voire même de soumettre l'une à l'autre en recourant à l'État. Il accepte la triple dimension : politique, économique et sociale de la réalité. C'est pourquoi il ne cherche pas à faire triompher l'une plutôt que l'autre mais à assurer entre elles un équilibre que le libéralisme et le totalitarisme avaient rompu.

Crise du modèle ou fin d'un moment ?

Si « modèle » il y a, celui-ci ne va cependant durer qu'un temps. La social-démocratie traditionnelle va progressivement perdre ses positions à la fin des années 1970 et dans les années 1980 : les travaillistes sont exclus du pouvoir pour plus de vingt ans à partir de 1979 ; les sociaux-démocrates allemands sont à cette date égale-

1. *Ibid.*, p. 332.

ment renvoyés dans l'opposition ; les Suédois et les Autrichiens sont obligés à gouverner désormais en coalition. Mais c'est pendant que s'affaiblit la social-démocratie du Nord que l'on assiste à une renaissance des partis socialistes du sud de l'Europe, à la faveur de la chute des dictatures en Espagne, au Portugal et en Grèce, puis de la victoire de François Mitterrand en France, en 1981. Cette renaissance débouchera non pas tant sur une voie nouvelle vers le socialisme que sur une normalisation du mouvement progressiste européen. Les années 1980 marquent à cet égard la fin du « moment » et la généralisation du « modèle » social-démocrate.

Le mouvement qui s'amorce, au milieu des années 1970, prend la social-démocratie à revers : la contestation de la société de consommation, la poussée des luttes dans le tiers-monde, l'émergence de revendications nouvelles (les femmes, l'écologie, etc.) conduisent à un gauchissement perceptible des sociétés européennes et, d'une manière ou d'une autre, des partis. Le socialisme européen qui était à l'offensive s'interroge alors sur la façon de concrétiser ces ambitions, pour progressivement s'affaiblir, subissant le contrecoup d'une triple crise : celle, culturelle, ouverte en mai 1968, qui contredit ses aspirations classiques ; celle, économique, annoncée par le premier choc pétrolier qui fissure l'assise du compromis social auquel il s'est identifié ; celle, idéologique, liée à la chute du mur de Berlin qui va le laisser désarmé face à la nouvelle poussée du libéralisme.

1968 ou les effets contradictoires d'une « révolution » culturelle

D'une certaine façon, tout commence en 1968, dans la mesure où les événements de mai produisent sur le socialisme européen des effets contradictoires.

Nul doute que le choc soit rude pour la social-démocratie du Nord. Les événements contribuent à « ringardiser » les partis sociaux-démocrates au pouvoir pris au dépourvu par des revendications contraires aux aspirations traditionnelles du mouvement ouvrier. La contestation de la croissance et de la consommation de masse, de même que la remise en cause de l'autorité et de la hiérarchie des savoirs ne trouvent pas un écho naturel à l'intérieur d'organisations puissantes, lourdes et bureaucratiques. Enfin, l'exigence de libération des mœurs n'est pas sans contrarier l'attachement du mouvement ouvrier aux valeurs morales traditionnelles. Cette relation d'« insensibilité » à ces nouvelles demandes de changement ne sont évidemment pas sans conséquence politique. Qu'elles conduisent, notamment en Allemagne, à l'émergence de nouvelles forces de protestation en interne avec la montée des « jeunes socialistes », les Jusos, ou qu'elles prennent la forme spécifique et bientôt concurrentielle de l'écologisme, ou encore celle, plus souterraine et rapidement plus violente, du terrorisme. La social-démocratie se voit peu à peu poussée sur le côté, en retard sur le changement, contrainte d'exercer une politique de plus en plus répressive face aux manifestations d'une jeunesse en désarroi, qui dénonce les « contrôles sociaux » ; ou amenée à combattre un terrorisme armé par un renforcement des moyens policiers.

En réalité, les leaders sociaux-démocrates sont pris au dépourvu par la contestation qui les interpelle pourtant sur la question dont ils prétendaient faire l'axe de leur projet : l'approfondissement démocratique. À lire les trois grands personnages historiques que sont Willy Brandt, Bruno Kreisky et Olof Palme[1], on ne peut qu'être frappé par leur absence de perception de la crise culturelle et sociale qui précède la crise économique. S'ils abordent les enjeux de l'environnement, de la qualité de la vie, des conditions de travail, c'est dans des termes vagues et sans formuler de véritables propositions. Seul Palme évoque, sans d'ailleurs être suivi, la possibilité d'une nouvelle planification appliquée aux matières premières et à l'énergie.

L'effet de ces bouleversements est en revanche tout autre en Europe du Sud, et particulièrement en France. Les socialistes tirent cette fois avantage à être dans l'opposition, ce qui les aide à reprendre à leur compte et à incarner le changement. Mai 68 fonctionne ainsi pour la gauche française comme un déclencheur. Le mouvement donne l'impulsion qui permet à la fois de nourrir la contestation d'une société

1. Willy Brandt, Bruno Kreisky, Olof Palme, *La Social-démocratie et l'avenir*, Paris, Gallimard, 1976.

trop rigide, d'entamer le processus d'affaiblissement du Parti communisme, et de mobiliser « les nouvelles couches salariées[1] » autour d'un projet à la fois radical et modernisateur. Ces deux qualificatifs, aujourd'hui antinomiques, peuvent alors être associés dans une même critique du capitalisme accusé non seulement d'exploiter les salariés, mais de faire obstacle à une libéralisation des mœurs comme à une démocratisation de la société. Ce mouvement démarre dès le début des années 1970 à la conjonction d'un triple processus : une urbanisation croissante qui réduit l'influence de l'électorat conservateur (en même temps que l'évolution des mœurs réduit celle de l'électorat catholique) ; une contestation du travail standardisé via des syndicats montants comme la CFDT ; une élévation générale du niveau de qualification rejoignant le mouvement de contestation et l'élargissant à une demande d'un plus grand partage du pouvoir et du savoir.

Cette remise en question de l'organisation sociale, et en particulier de l'organisation du travail, annonce bien la fin d'un capitalisme et avec lui d'un mode de relation sociale sur lequel s'est pourtant construite la social-démocratie.

1971 et le changement de paradigme économique

Le premier, puis le second, choc pétrolier ébrèche le compromis social passé dans les années 1960-1970, fondé à la fois sur une croissance forte, un haut niveau de salaire et de protection sociale, en somme une croissance équitablement partagée. Pourtant, la crise de 1974 n'est que l'illustration d'une crise plus profonde et plus large enclenchée dès le 15 août 1971, avec l'abandon de la parité or du dollar, conséquence des déficits commerciaux records enregistrés par l'économie américaine. Celle-ci est confrontée à une baisse tendancielle de sa productivité révélatrice de la perte d'efficacité du modèle fordiste d'organisation de la production et de la consommation.

Cette crise se traduit progressivement par la hausse à la fois des prix et du chômage, par le creusement des déficits extérieurs et bud-

1. S. Mallet, *La Nouvelle Classe ouvrière*, Paris, Seuil, 1969.

gétaires, et par la difficulté croissante pour les États à assumer le financement de leur protection sociale.

La tension provoquée par cette crise sur les économies nationales est d'autant plus forte que l'ouverture de plus en plus grande des échanges rend désormais impossible l'équilibre par l'inflation, qui réduirait la compétitivité. Dans ces conditions, tous les gouvernements sont conduits à revoir le volet social des compromis finalisés auparavant : maîtrise des salaires ; stabilisation du niveau de protection sociale ; montée du chômage et apparition des premiers « exclus » ; développement des « emplois atypiques », tel est le nouvel horizon de la social-démocratie. Celle-ci est frappée de plein fouet par ce retournement qui contredit l'ensemble des principes sur lesquels elle a édifié sa puissance électorale. Identifiée à la croissance, à la progression du pouvoir d'achat et au plein-emploi, elle ne parvient plus à assurer les termes de cette équation avantageuse pour tous.

Bien qu'atteints par les mêmes phénomènes, les gouvernements socialistes sont naturellement tentés de négocier ce virage selon des modalités différentes. Mais, au fond, avec des contenus politiques et des résultats voisins.

Les pays d'Europe du Nord et du Centre utilisent leurs relations privilégiés avec les syndicats pour négocier des « compromis de crise » fondés sur le triptyque : rigueur monétaire (en particulier du crédit), modération salariale, soutien budgétaire (hausse des prestations sociales et création d'emplois publics, etc.). Mais ces tentatives finissent presque toutes par échouer. En Grande-Bretagne d'abord, parce qu'elles interviennent à contretemps du programme sur lequel s'était fait réélire le gouvernement travailliste en 1974 : le « contrat social » ! Ensuite, parce que les difficultés structurelles de l'économie britannique aggravent les déficits extérieurs contraignant le gouvernement à une politique de maîtrise de l'inflation et de modernisation qui provoque un fort mécontentement social (l'hiver 1978-1979 deviendra celui du « mécontentement ») et la paralysie du pays, puis l'échec électoral du Labour.

En Allemagne, le gouvernement Schmidt fait, lui aussi, le pari de la modération salariale et d'un soutien à la demande par la voie fiscale et budgétaire. La croissance revient en 1976, pour se briser à nouveau sur le second choc pétrolier trois ans plus tard. Les divisions au sein de la coalition provoquent en 1982 un changement d'alliance qui conduit les libéraux à rejoindre les conservateurs, au moment même où le pays atteint 2 millions de chômeurs. Dans les deux cas, les difficultés majeures viennent du conflit qui finit par opposer les gouvernements sociaux-démocrates aux traditionnels soutiens que sont les syndicats, qu'il s'agisse du Trades Union Congress (TUC) ou du DGB en Allemagne.

Si, aux Pays-Bas, les sociaux-démocrates sont à leur tour renvoyés dans l'opposition de 1977 à 1989, ce n'est qu'en Suède et en Autriche (de 1982 à 1991) que les compromis continuent de fonctionner, le SAP parvenant à négocier dans le prolongement d'une dévaluation de la couronne une politique de modération salariale et la suppression de l'indexation des pensions et des traitements publics. Mais les difficultés des sociaux-démocrates du Nord semblent donner des ailes aux socialistes du Sud qui parviennent au pouvoir : en France (de 1981 à 1986, puis de 1988 à 1993), en Grèce (de 1981 à 1989, puis après 1993) ; en Espagne (à partir de 1982) ; au Portugal (de 1976 à 1978, puis de 1981 à 1983). Or, les expériences gouvernementales effacent rapidement les différences idéologiques qui distinguaient jusqu'alors les uns des autres.

En France, l'échec de la relance se traduit par une triple dévaluation et la fin de l'indexation des salaires qui permettent un redressement des comptes mais alimentent aussi, par contrecoup, le chômage. L'insuffisance ou la faiblesse de ces résultats se traduisent par une deuxième vague de mesures encore plus restrictives, en particulier la modération des dépenses sociales, la mise en place de réformes qui contribuent à infléchir l'image et la spécificité des socialistes par rapport aux libéraux. La crise de l'État providence exerce des conséquences redoutables : non seulement elle suscite la défiance des catégories moyennes et populaires confrontées à une réduction ou à la perspective d'une modération de leur couverture sociale, mais elle prive le compromis social de sa véritable portée. L'alliance entre les syndicats et les partis sociaux-démocrates est ainsi vidée de son contenu au moment même où les premiers sont déstabilisés par l'éclatement de la classe ouvrière traditionnelle et la tertiairisation de l'économie.

Plus profondément, cette évolution change le rapport à l'État providence : garant d'un bien-être collectif durement négocié, celui-ci devient une opportunité dont chacun cherche à jouer au mieux de ses intérêts, tout en faisant appel, en parallèle, aux avantages du marché. Il justifie dès lors les critiques sur son efficacité ou sur son caractère « assistantiel », donnant un nouvel élan au courant néolibéral.

1989 et la chute du mur de Berlin

Cette crise électorale, politique, mais surtout d'identité, s'accentue paradoxalement avec le grand mouvement qui, en 1989, bouleverse le Vieux Continent. L'effondrement de l'Europe communiste sape d'abord les bases idéologiques sur lesquelles la social-démocratie s'est construite. Celle-ci ne s'est-elle pas voulue le prolongement démocratique de l'idée socialiste originelle avec laquelle elle n'a jamais voulu entrer philosophiquement en conflit, induisant, à sa base, une volonté d'organiser l'économie ? Or, avec la disparition du « socialisme réel », c'est la légitimité de l'intervention étatique qui va être mise en question. Pour tout un courant intellectuel, la fin de l'idée révolutionnaire incarnée par le jacobinisme et le communisme, son héritier, entraînerait même dans sa débâcle toute la gauche construite sur l'héritage de 1789[1]. Effondrement d'autant plus violent que la puissance publique est déjà critiquée pour son inefficacité à résoudre la crise économique et sociale déclenchée au milieu des années 1970.

La social-démocratie ne se voyait-elle pas ensuite comme une alternative au libéralisme et au communisme à l'Est ? Cette deuxième ambition lui permettait en quelque sorte de faire l'économie de la première. La chute du Mur est, dès lors, plus qu'inopportune puisqu'elle l'oblige à préciser ce qui la différencie du libéralisme au moment même où elle est amenée à lui faire le plus de concessions.

Or, malgré la formidable menace qu'elle représente, cette « déstabilisation » idéologique, laisse la social-démocratie sans réaction. Et cela pour deux raisons. D'abord, parce qu'elle croit voir dans la

1. François Furet, *Le Passé d'une illusion*, *op. cit.*

chute du Mur non un risque, mais l'illustration de sa victoire. N'était-elle pas du côté de ceux qui avaient combattu et dénoncé le communisme depuis 1947 (voire même depuis 1920) ? Aussi peut-elle dans un premier temps se laisser bercer par l'illusion que 1989 justifie et consacre son combat. Illusion, à sa décharge, en partie confortée par les orientations affichées jusqu'alors par les dissidents. La plupart sont des partisans déclarés d'un socialisme démocratique : aussi bien à Berlin en 1956 avec les conseils ouvriers, que lors du printemps de Prague (plus qu'en 1990, Vaclav Havel défendant lui l'idée d'un dépassement des forces politiques traditionnelles) ou en Pologne avec Adam Michnik. Mais c'était oublier que l'échec de 1968 en Europe centrale avait profondément affaibli la croyance dans un socialisme réformé. De sorte que, vingt ans plus tard, ce n'est plus au nom de celui-ci que se fait la révolution à l'Est, mais d'abord autour de l'esprit de 1789 et de la défense des droits de l'homme. La disparition du rideau de fer est ainsi moins le résultat d'un rapport de forces qui aurait vu émerger une alternative cohérente au communisme qu'un « rapport de faiblesses » (selon la formule de Pierre Hassner) qui expliquera la confusion idéologique et politique qui longtemps l'accompagnera. Avant de laisser place à un vent de libéralisation économique et de nationalisme bien compréhensible après des années de domination soviétique.

Le choc de l'éclatement du bloc soviétique ne s'arrête pas là pour la social-démocratie. Les questions diplomatiques reviennent en force, favorisant une dépolitisation intérieure (comme en témoignera par exemple le consensus gauche-droite sur le traité de Maastricht et la monnaie européenne) et laissant parallèlement aux États-Unis le champ libre à l'Est. Enfin, la chute du Mur accentue un processus de mutation du capitalisme (la mondialisation), que la gauche socialiste ne saura pas analyser. Les événements de 1989 contribuent, y compris par la déroute totale que connaît la gauche démocratique à l'Est, à accroître encore la confusion idéologique au sein du socialisme européen. Comme le note Timothy Garton Ash : « En Europe de l'Est, l'intellectuel de gauche est celui qui dit qu'il n'y a pas de différence entre la gauche et la droite. La droite, elle, n'hésite pas à s'affirmer. »

Dans un tel contexte, la social-démocratie subit la contre-offensive d'un libéralisme qui, aux États-Unis comme en Grande-Bretagne, a d'autant plus le vent en poupe que les politiques de modernisation suivies par les gouvernements socialistes dans les années 1970 lui ont donné des arguments. À la faveur de la chute du Mur, le libéralisme n'hésite pas à présenter le socialisme comme une idée périmée, contraire aux réalités économiques, contemporaines, voire, dans le meilleur des cas, comme une doctrine désormais inutile, sa tâche historique étant accomplie. L'écologie qui émerge contribue également à disqualifier des partis prisonniers d'un héritage productiviste qui semble alors inadapté. Les partis populistes attaquent enfin son héritage humaniste, inapproprié pour répondre aux défis nouveaux de l'insécurité ou de l'immigration qui surgissent au cœur des années 1980.

Face à ces critiques, les partis socialistes finissent par répondre d'une manière assez homogène. D'abord, en révisant leur rapport à l'État : jusqu'alors, pour les sociaux-démocrates, l'État devait tenir une place centrale dans la régulation économique, orientant par ses dépenses la croissance ; assurant par ses prestations la redistribution et la cohésion sociale ; valorisant, à travers la propriété publique, un mode de gestion plus participatif. Les difficultés économiques des années 1980, les déficits des comptes publics et sociaux conduisent à la revalorisation dans le langage socialiste des mots d'« entreprise » et de « marché ». Le rôle de l'État est désormais à la fois de le rendre efficace et d'en fixer les limites. Les nationalisations sont présentées comme affaires de circonstances[1]. Et c'est à cette époque que Tony Blair, en 1995, obtient la suppression de la fameuse clause 4. Parallèlement, une réflexion sur la nécessité d'une réforme de l'État et des services publics s'amorce partout provoquant de vives critiques et résistances à gauche face, en particulier, à des processus de privatisation qui ne sont plus l'apanage des gouvernements conservateurs.

En redéfinissant, ensuite, leur politique de l'emploi : l'objectif identifiant de la social-démocratie, le plein-emploi, n'est plus qu'une perspective, soumise aux aléas de la crise. L'ouverture extérieure privant les politiques keynésiennes de leur efficacité, la réponse est le plus souvent cherchée dans la mise en œuvre de grands pro-

1. En 1988, les socialistes ne reviennent pas sur les privatisations effectuées en 1986 et 1988 par la droite française.

grammes d'investissement public, la réduction du temps de travail (que revendique en France la CFDT mais que réclame également le parti social-démocrate allemand d'Oskar Lafontaine dès 1987) et l'investissement dans l'éducation et la formation.

En cherchant, enfin, à s'ouvrir de nouveaux espaces d'initiative politique : le mouvement socialiste tente de reprendre à son compte la demande de droits nouveaux pour répondre à des revendications innovantes, ne relevant pas exclusivement d'un clivage économique, qu'il a eu, jusqu'alors, du mal à intégrer. Partout, il met ainsi progressivement au cœur de son programme la lutte contre les discriminations, la défense des droits des femmes, la prise en compte de l'écologie (ceci d'ailleurs plus rapidement en Allemagne) ou la promotion des droits de l'homme, y compris en promouvant des politiques généreuses à l'égard de l'immigration, au risque de mettre sous tension son électorat populaire.

Du coup, la tentation est grande, dans cette période de reflux, de combler le vide identitaire par la référence au projet européen. Ce mouvement est facilité par l'entrée dans l'Europe de l'Espagne, du Portugal et de la Grèce, tous gouvernés par des socialistes et marqués par l'évolution du Parti travailliste qui, autour de Neil Kinnock, soutient alors, sous la pression des syndicats confrontés à la politique « sauvage » de Margaret Thatcher, l'idée d'un espace social européen. Il est aussi encouragé par les bouleversements qui affectent le continent et posent les questions de la frontière de la communauté européenne et de l'opportunité de renforcer encore son intégration. C'est sous l'impulsion de deux socialistes, François Mitterrand et Jacques Delors, que l'Europe s'engage sur la voie de l'union monétaire et du marché unique au début des années 1990.

Ces tentatives produisent des résultats mitigés. Si elles rendent au mouvement socialiste, en Europe du Nord comme du Sud, une forme d'homogénéité, elles traduisent surtout une perplexité face à la nature des changements induits par la crise. Elles permettent aux socialistes de retrouver ponctuellement et parfois ensemble (comme à la fin des années 1980) le pouvoir. Mais c'est sans accentuer encore le doute sur la nature de leur projet (ainsi en France, en 1993 ou 2002). Leur influence électorale ne cesse de s'émousser, en particulier parmi l'électorat populaire qui ne se retrouve pas dans un discours de plus en plus « libéral », tant en matière de mœurs que d'économie.

Adieux au socialisme... et au prolétariat ?

Les remises en question que suscite cette évolution au sein du mouvement socialiste restent cependant limitées aux courants intellectuels, voire syndicaux, sans jamais pénétrer véritablement les cercles dirigeants.

Une chose est sûre : le prolétariat n'est plus[1] ! André Gorz n'hésite pas à en publier l'acte de décès. Non pas tant de la classe ouvrière, définie comme l'ensemble des salariés subordonnés à un pouvoir qui leur échappe, mais en tant qu'acteur de l'histoire. Pour Marx, le prolétaire disparaît dans le prolétariat, force collective appelée à prendre le contrôle du processus de production. Pour Gorz, l'accentuation de la division du travail, la spécialisation des tâches, la segmentation de l'organisation à l'intérieur de vastes systèmes rendent impossible une prise de conscience globale. Et celle-ci s'opérerait-elle qu'elle ne suffirait pas à renverser le capitalisme, qui s'identifie plus désormais à un « pouvoir fonctionnel » qu'à un pouvoir personnel, c'est-à-dire à un système « dont il ne s'agit plus seulement de prendre le contrôle mais qu'il importe au contraire de transformer, sauf à en reproduire les défauts, c'est-à-dire l'anonymisation, la bureaucratisation à l'instar des régimes soviétiques. Ce n'est plus selon lui de la contradiction entre les forces productives et les rapports de production que sortira la "Révolution", mais de la remise en cause des forces productives elles-mêmes, c'est-à-dire de la contestation de l'idée d'une société tout entière tournée vers l'augmentation de sa puissance et de sa richesse ». Gorz amorce ainsi un retournement qui vise à dégager le socialisme de toute forme d'« économisme ». La libération ne viendra pas du travail, mais de l'émancipation à l'égard du travail, c'est-à-dire de la réduction de la place qu'occupe celui-ci dans la vie de chacun afin de dégager, pour

1. André Gorz, *Adieux au prolétariat*, Paris, Galilée, 1980.

tous, des espaces d'autonomie dans lesquels s'inscrira la vraie liberté de l'individu. « L'auto-production » prendrait alors le dessus, amorçant ce basculement, par un détour certes vers le socialisme post-industriel, c'est-à-dire le communisme[1]...

Comme le précise l'économiste est-allemand Rudolf Bahro[2] : « Lorsqu'une société est industrialisée au point de pouvoir, à ce stade de civilisation, assumer à peu près la satisfaction des besoins élémentaires de ses membres[...], elle doit accorder la priorité au développement complet de l'homme, à la multiplication de ses possibilités positives de bonheur. » Ce qui revient à considérer que l'homme ne se confond pas avec son être social, et que l'organisation économique ne détermine pas nécessairement les choix d'utilisation de la richesse qu'elle produit pour autant que la société ait décidé d'en reprendre en mains les objectifs. L'émancipation provient dès lors non du transfert de propriété, mais de la subordination « de la sphère du travail hétéronome » (celle qui est commandée par la nécessité des lois de la rentabilité économique) à celle de l'autonomie.

À dire vrai, ce processus n'a cessé d'affecter l'identité du mouvement socialiste. À mesure que s'affirme une (ou des ?) classe moyenne, celui-ci n'a de cesse de faire le lien entre les différentes strates du salariat et de synthétiser, plus ou moins efficacement, leurs attentes.

La disparition du prolétariat, en tant qu'acteur de l'histoire, ne prive-t-il pas cependant le socialisme de sa force propulsive ? N'est-il pas du même coup condamné à disparaître ?

C'est l'interrogation que soulève tout un courant de la pensée socialiste des années 1980, qui cherche évidemment à substituer à une force déclinante le dynamisme de nouvelles forces sociales susceptibles d'en prendre efficacement le relais. Convaincu que ce sont « les forces sociales qui doivent commander l'action politique[3] », Alain Touraine s'efforce au même moment d'étudier et de caractériser ces « nouveaux mouvements sociaux » d'où le socialisme, selon lui, peut renaître ou, plus exactement, d'où ce qui doit succéder au socialisme va naître. « Le socialisme, écrit-il, fut la théorie du mou-

---

1. *Ibid.*, p. 115.
2. *L'Alternative*, Paris, Stock, 1978.
3. Alain Touraine, *L'Après-socialisme*, *op. cit.*, p. 13.

vement ouvrier, il est devenu dans une grande partie du monde le nom du pouvoir d'État, tout comme le nom de la République couvrit en France la domination de la bourgeoisie ; dans d'autres pays, il n'est que la défense segmentaire d'intérêts particuliers de moins en moins porteurs d'un projet général de progrès social et qui se subordonne aisément à l'action plus puissante et plus inventive de dirigeants et de l'État. Mais ne voit-on pas déjà se former de nouvelles luttes et de nouveaux espoirs qui joueront demain le rôle que jouait hier le mouvement socialiste, fort de la même conviction, tout en rompant avec ses idées et ses formes d'action[1] ? » Que sont ces nouveaux mouvements, sinon ceux qui ont pris racine dans le changement amorcé après mai 1968 qui en fut le premier révélateur ?

Cette analyse qui rompt avec l'héritage se veut pour autant fidèle au marxisme dans la mesure où elle considère que se sont bien les conflits sociaux qui sont à la base des luttes politiques et que la tâche des socialistes est d'identifier les nouvelles lignes de partage qui clivent la société contemporaine. « C'est pourquoi, écrit Touraine, j'appelle ceux qui se disent marxistes, comme ceux dont je suis, qui ne le sont pas, à retrouver l'inspiration principale du marxisme au-delà de son existence historique : à savoir que les sociétés se produisent elles-mêmes à travers les luttes sociales pour le contrôle des moyens matériels, intellectuels et moraux de cette production. Ce que nous devons apprendre à nouveau de Marx, c'est la nécessité de mettre l'analyse au service de la compréhension des luttes sociales[2]. »

Et de stigmatiser dans le « socialisme démocratique », à son apogée en France à travers sa critique de la social-démocratie en 1981, non la revendication d'émancipation de la société, mais celle d'une classe montante, candidate au pouvoir : cette jeune technocratie produite par le renforcement de l'État gaulliste et forte de l'idée que c'est de la puissance publique que viendra désormais la volonté réformatrice qui manque à la société. Pour Touraine, cette vision constitue non seulement une erreur, mais une menace qui tend à instrumentaliser, pire à étouffer, des demandes sociales dont il veut au contraire souligner la vigueur. C'est que l'épicentre des luttes s'est

1. *Ibid.*, p. 19 et 20.
2. *Ibid.*, p. 26.

déplacé. Dans la société industrielle, explique-t-il, l'investissement était concentré sur l'organisation du travail, où se nouaient (ou se dénouaient) les rapports d'autorité ou de domination. Dans la société postindustrielle, ou « société programmée », qui s'annonce, l'investissement est consacré d'abord à la maîtrise de la connaissance, à sa diffusion comme à celle de l'information. Un nouveau pouvoir est ainsi constitué au sein de l'entreprise qui prend son autonomie par rapport à l'État et qui vise à produire non plus des objets, mais des consommateurs. La domination s'exerce désormais non plus seulement à travers les formes d'organisation du travail, qui éloignent de plus en plus l'opérateur du décideur, mais au sein de la société tout entière dont les besoins seraient « programmés » sans considération des attentes réelles et du gaspillage qu'elle produit des ressources naturelles.

Dans un tel contexte, les vrais enjeux se trouvent dans la revendication des femmes à l'égalité ; dans celle des consommateurs à la transparence ; des minorités à la reconnaissance de leur différence, c'est-à-dire de leur identité ; dans celle des territoires à la décentralisation du pouvoir, etc. Ils se trouvent partout où est contesté le processus de commandement et d'uniformisation qui caractérise la « société programmée ». « Comment définir le malheur aujourd'hui ? Par le vide à l'intérieur et le tumulte à l'extérieur. Le vide de celui qui n'a plus d'identité personnelle et collective, qui n'est plus qu'une cible pour des entreprises commerciales, politiques ou administratives ; le tumulte de tous ces signaux, commandements, qui interdisent l'initiative, information détachée de toute communication[1]. » À l'instar des partis sociaux-démocrates qui prirent la tête de la lutte ouvrière, Touraine invite les partis de gauche et les syndicats à prendre celle des « mouvements sociaux », à faire leur leur combat pour la démocratie sans lequel ils ne peuvent s'exprimer ni changer les rapports sociaux. L'agenda socialiste devrait donc en premier lieu porter sur l'extension du champ de négociation sociale et la décentralisation des pouvoirs ; la lutte contre la concentration des médias et de tous les outils d'hégémonie culturelle qui conduisent à la déshumanisation de la société.

1. *Ibid.*, p. 128 et 129.

Venant d'autres horizons, des marxistes tels qu'Immanuel Wallerstein en viennent, dans ce tâtonnement idéologique qui caractérise le socialisme de cette fin de siècle, à des conclusions assez voisines. Pour ce dernier, ce n'est pas tant le socialisme que le libéralisme qui est aujourd'hui frappé à mort. Mais le premier qui, selon lui, n'est qu'une variante du second est touché par ricochet. Wallerstein analyse la crise qui commence en 1968 et se prolonge en 1989, comme celle d'un type de normalité : celle du changement, dans lequel communient libéraux et socialistes autour d'un partage inégal mais plus juste du pouvoir et de la richesse. L'approfondissement des connaissances, le développement de la démocratie sont à l'origine d'une crise qui rend ce compromis désormais insupportable : le progrès de la justice ne suffit plus à justifier celui des inégalités, qui ne cesse, à l'échelle mondiale, de s'accentuer. « En 1968, écrit-il, ceux qui se sentaient frustrés par le consensus libéral se sont retournés contre l'idéologie libérale socialiste, au nom de l'anarchisme et, ou, du maoïsme. En 1989, ceux qui se sentaient frustrés par le consensus libéral se sont retournés contre les porte-parole emblématiques de l'idéologie libérale socialiste des régimes de type soviétique, au nom de l'économie de marché. Ni dans le premier ni dans le deuxième cas il ne fallait bien prendre au pied de la lettre la solution proposée. L'alternative proposée en 1968 s'est rapidement avérée sans issue ou hors de propos, la même chose étant en train d'arriver à la voie alternative de 1989. Mais entre 1968 et 1989 le consensus libéral et l'espoir qu'il donnait pour l'amélioration graduelle du sort des classes laborieuses du monde ont été irrémédiablement ébranlés[1]. »

La perspective est donc celle de la crise, du chaos dont émergent des forces concurrentes : d'un côté, les groupes alliés à l'échelle mondiale, désireux de protéger, voire d'accroître leurs avantages, aussi bien dans les pays riches que dans les pays émergents. De l'autre, tous ceux décidés à obliger à un véritable partage, sur le fondement, non d'une théorie, mais du droit de chaque personne à la vie et à son épanouissement. Pour Wallerstein, l'État affaibli par la glo-

1. Immanuel Wallerstein, *L'Après-libéralisme. Essai sur un monde à réinventer*, La Tour-d'Aigues, Éditions de l'Aube, 1999, p. 81.

balisation et la crise de ses finances ne jouera plus qu'un rôle marginal dans ce combat.

Ces réflexions ne vont sur le moment et, malgré leur vigueur, guère influencer le mouvement socialiste. Non seulement parce qu'elles proviennent de ses marges et suscitent sa méfiance. Mais aussi parce que les mouvements sociaux se révèlent fluctuants et impossible à fédérer autour d'un même sens du combat. À mesure que leurs attentes sont, même partiellement, satisfaites, ils perdent de leur âpreté et de leur impact… Si bien qu'au milieu des années 1990 le mouvement socialiste est partout sur la défensive. C'est qu'il doit faire face à une nouvelle mutation du capitalisme à laquelle il n'est pas préparé : la prospérité des Trente Glorieuses avait progressivement amené à inventer une forme de coopération des politiques économiques et sociales, originale au regard des décennies précédentes. Ce compromis est désormais, nul n'en doute plus, inopérant. Il a même perdu dans de nombreux pays européens le soutien de l'électorat populaire. Tout au long des années 1980-1990, ces arrêtes se sont une à une émoussées sans que les socialistes soient capables d'un comprendre les raisons, d'en analyser les causes. Ces années, qui sont aussi celles d'une crise de la social-démocratie, sont frappées d'une grande vacuité idéologique, d'une fuite en avant qui ressemble à un « sauve-qui-peut » qui ne s'est guère ralenti depuis, malgré plusieurs tentatives, mais spécifiques et limitées, de rénovation.

TROISIÈME PARTIE

Le temps des interrogations

Ainsi est-il inconcevable que la crise dans laquelle le socialisme est aujourd'hui plongé trouve son origine dans la mutation du capitalisme qui s'est opéré progressivement au cours des trente dernières années. L'échec du mouvement socialiste à l'analyser explique pour une large part les tourments idéologiques et politiques qui le paralysent aujourd'hui. Loin d'anticiper ces changements, le socialisme semble au contraire condamné à les vivre avec retard pour tenter ensuite d'y adapter sa revendication d'organisation, d'égalité et de justice. Ce délai de latence n'est pas sans danger : des forces concurrentes, comme on l'a vu pendant l'entre-deux-guerres, pourraient en tirer parti pour combler la vacance et ses adversaires en conclure à la péremption d'une idée dépassée par le nouveau rythme du monde.

Tout démontre que l'idée socialiste ne pourra surmonter cette nouvelle crise que si elle retrouve cohérence et clarté. Faute d'avoir convenablement cartographié le massif dont elle entreprend l'ascension, ses grappins risquent de glisser sur une paroi trop lisse. Son échec, possible, laisserait pour la première fois le capitalisme seul aux prises avec ses démons, un monde dont l'équilibre tiendrait au seul jeu des forces du marché ! Or, l'idée socialiste et les forces qu'elle a animées ont toujours servi de contrepoids et permis de protéger le libéralisme de lui-même. Aussi doit-elle hâter sa renaissance. Reste à en trouver les voies : celle-ci passe-t-elle par une radicalisation comme le préconisent les altermondialistes ? Peut-elle venir d'une modernisation de la social-démocratie ? Ou bien viendra-t-elle de solutions nouvelles suggérées par la nouvelle donne écologique ?

CHAPITRE X

Une gauche mondiale ? Les limites des tentatives de radicalisation

Ce qui rend si difficile la rénovation de la social-démocratie, n'est-ce pas qu'elle est d'abord et avant tout « nationale » ? Aussi, la mondialisation l'a-t-elle, en quelque sorte, déracinée. Face à la mutation du capitalisme, à la relativisation des frontières, à l'affaiblissement du rôle de l'État, une tentative de réponse, elle aussi globale, s'esquisse pourtant. Mais elle surgit aux marges de la gauche politique et profite de son inertie comme de ses doutes pour se porter au premier plan. Elle le fait, dans le prolongement des critiques formulées par Gorz ou Wallerstein, d'autant plus efficacement qu'elle puise son énergie dans de nouvelles formes d'organisation et dans une rationalité conceptuelle mal définie mais qui emprunte incontestablement aux thèses de la rupture. Elle exprime une radicalisation, une forme de contestation, qui n'est pas loin de la reformulation d'une alternative au capitalisme triomphant dont le « marxisme » bien mal en point bénéficie plus qu'il ne lui profite !

Marx est-il bien mort ?

La question vaut cependant d'être posée parce que l'on est en droit de se demander si le socialisme peut se passer d'une théorie critique du capitalisme. S'il est, en un mot, détachable du marxisme ? À cette interrogation, l'histoire a répondu depuis longtemps. C'est dès 1917 que le divorce est consommé : la doctrine de Marx revisitée par Lénine ne semble plus inspirer au fil de l'entre-deux-guerres qu'un courant révolutionnaire, mettant le communisme à l'ordre du jour, mais privant du même coup la social-démocratie d'une véritable source d'inspiration. La dispute idéologique, en effet, tourne court : c'est vers les partis communistes que se tournent (ou contre ceux-ci que se retournent) intellectuels et maîtres à penser. Encore doué d'un indéniable dynamisme dans l'entre-deux-guerres, tirant tout le bénéfice du formidable impact de la révolution d'Octobre, autour de personnalités « critiques » comme Lukács, Gramsci ou encore Korsch, la pensée marxiste entre cependant en déclin dès le lendemain de la Seconde Guerre mondiale. Elle conserve, certes, quelques points d'appuis exceptionnels : le « socialisme réel », son extension aux nouvelles démocraties populaires d'Europe centrale, accroît son indiscutable fascination sur les milieux intellectuels, en particulier en France et en Italie. Mais cette fascination se réduit au fur et à mesure que s'installe le doute sur la nature exacte (bureaucratique et totalitaire) des régimes installés de l'autre côté du rideau de fer. À Paris, si l'on a fait en sorte que le 22e congrès du PCUS[1] ne laisse pas trop de traces, Roger Garaudy et Louis Althusser disputent ouvertement au cours des années 1960 des leçons à tirer de la « redécouverte » des écrits du jeune Marx : coupure épistémologique pour le second qui ne veut voir que le Marx de la maturité, implacable prophète d'une inévitable révolution ; retournement idéologique au contraire pour le premier, qui s'emploie à relativiser désormais, sous ce qu'il revendique comme étant l'humanisme de Marx, la foi dans le déterminisme économique.

1. Le rapport dit Khrouchtchev, d'abord tenu secret, y révélait les « excès » du stalinisme.

Le marxisme va surtout, à cette époque, comme le fait justement remarquer son historien, Perry Anderson, perdre sa force de propulsion idéologique. Liée à la proximité de la perspective révolutionnaire, celle-ci s'est affaiblie au fil du temps, à tout le moins en Europe occidentale. À bien y regarder, Yalta, en effet, est tout autant un compromis idéologique que géopolitique : à l'Ouest, le communisme, s'il reste une force politique importante, est néanmoins contenu, confiné sur les marges du système quand il n'y est pas, de facto et presque contre sa volonté, intégré. L'affaiblissement et l'éclatement de la classe ouvrière font le reste. Son élan, le marxisme le tenait du lien qu'il avait su établir entre philosophie politique et action. Il se voulait une philosophie politique en action. Condamné au statu quo, il reflue au point de ne plus être bientôt qu'un objet d'analyse académique. Le marxisme des années 1960 et 1970 quitte le prolétariat pour pénétrer l'université. Historiens (Eric Hobsbawm), économistes (Robert Brenner), sociologues (Nicos Poulantzas et Henri Lefebvre), en testent, pour leur discipline, les principaux concepts. Quand ils ne les remettent pas, après usage, totalement en question ! Ainsi de la philosophie marxiste de l'histoire, dont la logique est récusée par l'expérience même des événements du siècle pour lesquels ils ne forment plus un cadre d'analyse pertinent. Ainsi de la suprématie des forces productives supposées conditionner les relations sociales, contestée au nom de l'anthropologie, de la psychologie ou de la psychanalyse. C'est ainsi que les théoriciens de l'école de Francfort se mettent à discuter des rapports entre l'homme et la nature, évoquant non plus la domination de celle-ci par l'homme, mais leur nécessaire réconciliation. Herbert Marcuse[1] s'efforce d'intégrer au marxisme les thèses issues des travaux de Freud en réintroduisant dans la notion de « libération » de l'individu la dimension du plaisir.

De cette évolution, Perry Anderson dresse le bilan : « On peut maintenant recenser, résume-t-il, l'ensemble des traits qui définissent le marxisme occidental en tant que tradition distincte. Né de la défaite des révolutions prolétariennes dans les nations européennes des capitalismes avancés après la Première Guerre mondiale, il se

1. Herbert Marcuse, *L'Homme unidimensionnel. Essai sur l'idéologie de la société industrielle avancée*, Paris, Éditions de Minuit, 1968.

développa en une scission croissante entre la théorie socialiste et la pratique de la classe ouvrière. Le fossé ouvert à l'origine par l'isolement de l'État soviétique, par l'impérialisme, fut approfondi et fixé institutionnellement par la bureaucratisation de l'URSS et du Komintern sous Staline. Pour les nouveaux penseurs marxistes apparus en Occident, le mouvement communiste officiel représentait la seule incarnation réelle de la classe ouvrière internationale qui ait un sens pour eux [...]. Le divorce structurel de la théorie et de la pratique inhérent à la nature des partis communistes de cette époque empêchait tout travail politico-intellectuel unifié selon un type défini par le marxisme classique. Cela eut pour conséquence le confinement des théoriciens dans les universités, loin de la vie du prolétariat de leur propre pays, et un rétrécissement de la théorie, abandonnant l'économie à la politique pour se consacrer à la philosophie. Cette spécialisation s'accompagnait du recours à un langage de plus en plus difficile créant des barrières techniques proportionnelles à son éloignement des masses[1]. » Cette faiblesse de la pensée marxiste dans sa structure, comme dans sa diffusion, est enfin accentuée par la contre-attaque extrêmement violente engagée contre lui par les théoriciens de l'antitotalitarisme, à partir de la publication en 1974 de *L'Archipel du Goulag* d'Alexandre Soljenitsyne. La plupart des intellectuels français participent directement à cet exercice qui contribue à affaiblir pour longtemps, avec la référence au socialisme réel, celle faite au philosophe de Trèves lui-même, condamné pour ses mauvaises fréquentations posthumes...

Mais, au total, c'est d'abord de son échec à anticiper la « résilience » du capitalisme contemporain capable de résister à ses différentes crises pour se réinventer autour d'une nouvelle synthèse assurant prospérité, démocratie et solidarité, que souffre la pensée marxiste. Le renouveau est un moment attendu du tiers-monde et de la décolonisation. Frantz Fanon[2] et Herbert Mercuse voient dans le prolétariat mondial le substitut au prolétariat européen désormais « embourgeoisé ». Mais en vain : les espoirs mis dans les velléités

1. Perry Anderson, *Sur le marxisme occidental*, Paris, François Maspero, 1977, p. 128 et 129.

2. Frantz Fanon, *Les Damnés de la terre*, Paris, Maspero, 1961.

révolutionnaires et socialistes des nouveaux régimes cèdent vite, face à la montée de la corruption ou de l'embrigadement bureaucratique à la soviétique comme à Cuba.

De cette redoutable entreprise de démontage ne subsiste bientôt plus du marxisme qu'un concept à partir duquel il parvient pourtant, contre toute attente, à se relancer : celui d'aliénation ou de domination. Qu'il s'agisse d'Adorno, d'Horkheimer ou du jeune Habermas, ou de sociologues comme Pierre Bourdieu, c'est autour de la dénonciation des nouvelles formes d'aliénation que va s'opérer une réorientation critique d'inspiration marxiste de la société contemporaine. Dans le prolongement des travaux qu'Henri Lefebvre[1] mène sur la vie quotidienne, Bourdieu dénonce la « violence symbolique » qu'exerceraient sur les hommes les institutions et mécanismes de reproduction de l'ordre dominant. Celui-ci encadre insidieusement, via un ensemble de comportements normés, mais dont le sens échappe à ceux qui s'y soumettent, la vie sociale. Ainsi l'école, symbole républicain de l'émancipation, ne ferait que reproduire les inégalités sociales en leur donnant, qui plus est, la justification de la méritocratie... Les classes dominantes perpétuent leur pouvoir grâce à l'assentiment des classes dominées, trompées par un discours égalitaire dont la démocratie, véritable régime censitaire, si on veut bien y regarder de plus près, serait l'alibi.

Le rôle des intellectuels, particulièrement des sociologues, est par conséquent de révéler la réalité des mécanismes sociaux et idéologiques, quitte à attaquer à l'acide les institutions, à commencer par les institutions politiques renvoyées, à l'instar des critiques initiales de Marx, à leur statut purement « formel[2]. »

Ce néoradicalisme est en passe d'amorcer aujourd'hui une renaissance sinon du marxisme, du moins d'une critique du capitalisme, justifiant sa mise en question, à défaut de son véritable remplacement : la profondeur de la mutation économique, la montée de la précarité, la déconsidération du secteur public, les effets de la mondialisation fournissent à cette forme de contestation un terrain

1. H. Lefebvre, *Critique de la vie quotidienne*, Paris, L'Arche Éditeur, 1958 ; *La Révolution urbaine*, Paris, Gallimard, 1970.

2. Pierre Bourdieu, *La Misère du monde*, Paris, Seuil, 1993.

favorable. À tel point que serait à nouveau posée la question de savoir si « l'idée d'une alternative globale à la domination actuelle du capitalo-parlementarisme et de son idée à la fois misérable et guerrière de la liberté[1] » n'était pas revenue à l'ordre du jour.

Renouant en quelque sorte avec le prophétisme, de nombreux économistes n'hésitent plus à nouveau à prédire l'imminence de la crise finale, crise de suraccumulation liée à la croissance folle des forces productives, envahissant de leur logique marchande tous les recoins du monde jusqu'aux aspects les plus intimes de la vie personnelle, pour un profit appelé à se réduire irrésistiblement faute de nouveaux champs où se déployer avec la même rentabilité. « Aujourd'hui, écrit Isaac Johsua, nous ne sommes pas en présence, au premier chef, d'une crise financière qui a des répercussions sur l'économie réelle, mais confrontés à une crise du capitalisme dont les premières manifestations sont financières[2]. »

Cette approche « finaliste » n'est cependant pas partagée par tous. Ainsi, pour les animateurs de « Question Marx », elle est au contraire « la dernière illusion du marxisme, celle dont il importe de se déprendre si l'on veut faire un seul pas en avant, mais un pas décisif, dans la voie de la refondation de la pensée critique[3] ». Attachés à « la radicale liberté des sociétés vis-à-vis de leur avenir », ceux-ci tentent cependant de répondre à une autre exigence du marxisme : la détermination d'une ou de plusieurs forces sociales susceptibles, à l'instar du prolétariat dans la théorie du capital, de faire émerger par leur action une société différente, sans qu'il soit possible en revanche d'annoncer a priori les caractéristiques ultimes de cette dernière.

À tel point que, si l'inhumation de Marx a bien été officiellement décidée par de nombreux comités, son autopsie est loin de donner à ceux qui s'y livrent une analyse et un projet cohérents. Si la force de la social-démocratie est née au XIXe siècle de la rencontre d'un puis-

1. Alain Badiou et Slavoj Zizek, *L'Idée du communisme*, Fécamp, Nouvelle Édition Lignes, 2010.

2. Isaac Johsua, *La Grande Crise du XXIe siècle*, Paris, La Découverte, 2009, p. 47.

3. Pierre Dardot, Christian Laval, El Mouhoub Mouhoud, *Sauver Marx ?*, Paris, La Découverte, 2007, p. 5.

sant mouvement ouvrier et d'une doctrine allante, le marxisme, l'un comme l'autre font aujourd'hui défaut et là se trouve sans doute l'origine des difficultés et des ambiguïtés dans lesquelles restent plongées les principales tentatives de radicalisation que l'« altermondialisme » s'efforce de fédérer.

Un autre monde est-il encore possible ?

Le problème, c'est que l'altermondialisme est un mouvement avant d'être une pensée. Une sorte de réflexe instinctif face à la globalisation et à l'universalisation des marchés. Ne naît-il pas d'abord en réaction au sommet de l'Organisation mondiale du commerce et à la négociation d'un nouveau cycle de libéralisation des échanges assimilé à un recul des souverainetés populaires ? Et s'il parvient d'une certaine façon à faire échouer le sommet de Seattle, en 1999, il se développe ensuite en parallèle à l'agenda de ces différents sommets (G7, G8, G20, etc.) comme s'il ne pouvait s'en détacher pour trouver sa dynamique propre. Et la jonction qu'il opère avec les différents courants qui contestent le nouveau cours des affaires du monde ne peut suffire à masquer l'hétérogénéité des points de vue qu'il tente d'accorder : les uns donnant la priorité à la résistance sociale, les autres à la défense de la souveraineté, d'autres enfin à celle de l'environnement.

Grâce aux nouvelles technologies de communication, la spontanéité du mouvement ne nuit en rien cependant à son organisation, bien au contraire, qui s'appuie sur les réseaux sociaux tant pour faire passer ses messages que pour convoquer ses réunions ou ses manifestations. Se cherchant une cohérence, il franchit même une seconde étape avec la convocation des Forums sociaux mondiaux (FSM) faisant glisser le mouvement de l'« antimondialisation » à l'« altermondialisme », c'est-à-dire de la résistance à la proposition comme en témoigne le manifeste de Porto Alegre adopté en 2001. Sans que cela lui donne pour autant une cohérence idéologique !

Pour certains de ses animateurs, le doute pourtant n'est pas permis : « Il est clair que le clivage droite/gauche est en train de renaître et sous une nouvelle forme[...]. Les principaux traits de cette rénovation sont les suivants : une échelle globale incluant aussi bien les conflits locaux que nationaux ; une immense diversité tant politique que culturelle et la valorisation de celle-ci ; une nouvelle conception de l'action politique fondée non sur la polarisation des différences comme auparavant, mais plutôt sur leur prise en compte ; un appel à des formes de démocratie plus participatives à tous les niveaux, aussi bien national que local, qu'à l'intérieur de lui-même[1]. » Le mouvement désigne clairement son adversaire et se veut ainsi une réponse à un capitalisme qui, pour la première fois, se présente comme un modèle civilisationnel unique, soumettant tous les aspects de la vie à la loi de la valeur. À ce stade, il se veut un outil de lutte « épistémologique », en combattant la tendance du capitalisme à vouloir partout imposer sa seule rationalité, comme celle de la science, et à disqualifier toutes les autres formes de connaissance et d'expérimentation. Capitalisme qui présente comme obsolète tout ce qui ne correspond pas à ses propres critères de l'efficacité, du vrai ou du beau. Le mouvement prône par conséquent, sans en privilégier aucun, tous les lieux et toutes les formes de lutte contre le projet ultralibéral. Aussi l'altermondialisme peut-il alors se définir comme une utopie. Non qu'il prétende définir le contenu d'une alternative constituée à cette forme d'organisation économique et sociale qu'est le capitalisme, à l'instar des utopistes du début de XIXe siècle : l'utopie réside plutôt dans l'idée (face à un système qui se présente lui-même comme universel et irremplaçable) qu'une alternative est possible. Et c'est de la contestation même du système, du fait de lui opposer des résistances et des expériences concurrentes, qu'elle émergera. Le maître mot du mouvement est donc de réintroduire un pluralisme supposé corrosif par nature là où le capitalisme veut imposer une uniformité de penser et de faire. Aussi l'altermondialisme encourage-t-il toutes les formes d'expression partout et dans tous les domaines pour faire vivre une « démocratie de haute intensité » qui permette le partage du savoir et du pouvoir. C'est à ce prix, énonce-t-il, que la politique reprendra la main sur l'économique et garantira la diversité des valeurs, des cultures et des choix.

1. Sousa Boaventura Santos, préface à *The Rise of the Global Left*, Londres, Zed Books, 2006.

Poids et alters ?

De combien pèse, sur le cours du monde, une telle démarche. Certes, elle dérange, et la lutte que se propose de mener le mouvement altermondialiste n'est pas sans rappeler les objectifs que s'assignaient les mouvements nés de 1968 ou combattant pour le tiers-monde : lier le combat contre l'oppression économique à toutes les autres formes de combat contre les discriminations, qu'elles soient de genre, de race, etc. ; lier la recherche de l'égalité au respect des différences, l'action locale à l'action globale. « Que faire » des lois de la révolution, de la réforme, ces vieux outils du combat socialiste, sinon les récuser pour privilégier les initiatives non violentes visant à la fois à faire ressortir la réalité (oppressive) de chacune des institutions existantes et à soutenir tous ceux qui refusent d'être ravalés au rang de simples objets marchands ? Enfin, son internationalisme n'est pas fondé sur la définition de procédures, ni d'objectifs communs, mais sur l'addition, à défaut de synthèse de projets inspirés par la diversité culturelle, sociale, politique la plus large. Les nouveaux mots d'ordre sont « transversalité, flexibilité » quant à la méthode, mais aussi « démo-diversité », c'est-à-dire promotion de toutes les formes d'interventions citoyennes pour dépasser la démocratie simplement représentative.

Mais comment, dès lors, le mouvement altermondialiste pourrait-il éviter de se voir reprocher de ne porter en lui-même aucune véritable forme de « réponse » au capitalisme ultralibéral ? C'est, répond-il avec ironie, qu'à la différence du socialisme traditionnel il n'en porte pas « une », mais une infinité liée à toutes les actions engagées partout dans le monde pour favoriser les pratiques non marchandes, participatives, émancipatrices, etc. Ce dont témoigne le Forum social mondial qui se veut un modèle en termes d'ouverture, de dialogue, de transparence. Et l'idée que quiconque puisse parler au nom du mouvement tout entier est fermement rejetée. À la fois lieu d'échanges et moyen de démontrer, par la pratique, que le système en place ne constitue pas l'option unique… Est ainsi dépassée la vieille dialectique de la fin et des moyens : l'une et les autres se confondent.

Au point qu'on pourrait presque attribuer à l'altermondialisme la formule de Bernstein, pour qui « le but n'est rien, le mouvement est tout », le combat pour l'« émancipation », c'est-à-dire pour une société dans laquelle « les relations de pouvoirs sont remplacés par des relations fondées sur un partage d'autorité[1] », étant seul fédérateur. Sa finalité n'est donc pas spécifiquement sociale ou culturelle, elle est transposable dans tous les domaines sans qu'il ait à se fixer une quelconque priorité. Finalité qui n'en est d'ailleurs pas une puisqu'il s'agit de changer les rapports entre les hommes et entre les institutions sans préjuger de ce que ce changement pourra produire. Du seul fait qu'il sort du cadre imposé par le système, ce changement est supposé permettre à l'individu d'échapper à la loi du tout-marchand et aux hiérarchies que celle-ci construit. En somme, l'altermondialisme sait à qui il veut échapper sans pouvoir ni vouloir préciser vers quoi il veut aller, laissant à chacun le soin d'en décider en fonction du lieu où il agit et des partenaires qu'il se donne. Certains auteurs revendiquent d'ailleurs cette indéfinition : le combat révolutionnaire ne passe plus par la prise de pouvoir politique, dépassé et dangereux. Il vaut pour lui-même[2].

Ainsi défini, l'altermondialisme est bien le résultat d'un double processus : celui de la mondialisation elle-même auquel il a pour objectif de répondre naturellement ; mais aussi celui de l'affaiblissement des partis et des syndicats incapables de s'organiser à l'échelle internationale autour d'une vision commune. « La crise des perspectives alternatives au libéralisme tend à dissoudre le lien qui unit ces partis aux mouvements sociaux dans une vision d'ensemble de l'avenir à construire[3] », laissant à ceux-ci la responsabilité de reprendre toute l'initiative.

Mais cette souplesse et cette diversité ne font-elles pas aussi la faiblesse du mouvement ? Doit-il revendiquer la mise en place de nouvelles institutions internationales, démocratisées ou la réforme de celles qui existent ? Et peut-il du même mouvement encourager la

1. Sousa Boaventura Santos, *The Rise of the Global Left*, *op. cit.*, p. 114.
2. John Holloway, *Changer le monde sans prendre le pouvoir*, Paris, Syllepse, 2008.
3. Christophe Aguiton, *Le monde nous appartient*, Paris, Plon, 2001, p. 20.

réaffirmation des souverainetés nationales, comme lors du débat sur le traité européen, et la constitution d'espaces régionaux destinés à se protéger ? Si c'est par principe que ces questions, en son sein, ne sont pas tranchées, la tentation est grande alors d'y voir une fuite en avant. Christophe Aguiton l'admet implicitement qui table sur des succès ponctuels pour alimenter et amplifier le mouvement : « Une victoire, écrit-il, sur la taxe Tobin par exemple obligerait à définir la structure chargée de la concevoir ainsi que des procédés et des mécanismes de redistribution. Une victoire sur la dette obligerait également à une réflexion d'ensemble sur les investissements et les flux de capitaux entre le Nord et le Sud[1]. » Engagées depuis dix ans, ces batailles sont aujourd'hui pourtant restées vaines. Et les auteurs qui se sont efforcés de théoriser l'altermondialisme et ses débouchés sont, par ailleurs, peu nombreux, attestant d'une difficulté majeure à unifier le mouvement autour d'un projet commun. Michael Hardt et Toni Negri[2] s'y sont essayés, dénonçant le passage de l'impérialisme à cette nouvelle forme de souveraineté mondiale que serait l'« Empire », sorte de Moloch qui, à travers un réseau très dense d'échanges et d'influences, prétend décrire et dominer la vie sociale tout entière. Cet Empire serait d'autant plus redoutable qu'il n'a pas de centre national mais se caractérise au contraire par la coalition d'« une série d'organismes nationaux et supranationaux unis sous une logique unique de gouvernement[3] ». Cet ordre n'est ni spontané ni prémédité, il est plutôt la conséquence d'un processus, d'une série d'enchaînements : construction d'un pouvoir juridique supranational (à travers des concepts nouveaux tel celui de la « guerre juste » qui sert en réalité à justifier des interventions militaires, coloniales, etc.), légitimation de ce pouvoir par la nécessité, officialisée par l'ONU, de garantir la paix et l'ordre ; formation d'un consensus autour de ce double mouvement débouchant sur la formation de nouvelles institutions directives… Ce processus inclut également le développement des entreprises transnationales comme des moyens de communication utilisés pour surveiller les pays comme les individus. L'avantage

1. *Ibid.*, p. 233.
2. Michael Hardt, Antonio Negri, *Empire*, Paris, Exils, 2000.
3. *Ibid.*, p. 16.

d'un tel processus, cependant, selon Negri, c'est qu'il pourrait être détourné, retourné pour mettre ses forces au service non plus de la domination, mais de l'émancipation.

À travers ces exemples, l'altermondialisme est plus une nébuleuse qu'un mouvement et plus une resucée qu'une nouveauté. Il « peut être analysé comme le fruit de la mobilisation et de la reconversion partielle d'un ensemble de militants et d'organisations qui trouvent dans cette cause un nouvel espace pour déployer leur lutte[1] ». À y regarder de plus près, comment ne pas voir, en effet, qu'il s'est forgé à partir de l'engagement de militants aguerris dans les luttes des années 1960 et 1970, de la dénonciation du colonialisme et de la guerre du Vietnam, à la promotion des droits de l'homme et à l'action humanitaire. Cette forme de « recyclage » explique à la fois la fulgurante réussite du mouvement, qui a pu s'appuyer très vite sur des forces déjà organisées et dotées d'un vrai savoir-faire, mais aussi son hétérogénéité politique, dans la mesure où il s'est agi plus d'une confluence que d'une convergence. Ce mouvement a cependant réussi, dans un premier temps, à se donner une cohérence en imposant une (sa) lecture de son émergence et de son développement : l'altermondialisme serait ainsi, d'après ses fondateurs, le produit des évolutions économiques associées directement à la globalisation ; il exprimerait les réactions aux mutations imposées aux sociétés du Nord comme du Sud par la mondialisation du capital. La montée de la précarité, de l'exclusion, de l'exploitation générée par ces évolutions susciteraient des protestations variables selon les contextes sociaux et nationaux, que le mouvement socialiste ou syndical serait désormais incapable de comprendre et par conséquent de relayer. Dès lors, l'altermondialisme aurait vocation à fédérer toutes ces protestations en constituant « une Internationale sans nom », pour reprendre le terme de Christophe Aguiton, Internationale des résistances de toutes sortes face à la forme impériale prise par la domination capitaliste à la fin du XXe siècle, pour reprendre cette fois les mots d'Antonio Negri. C'est d'ailleurs l'affaiblissement corrélatif des États qui aurait conduit naturellement ces mouvements à recher-

1. Eric Agrikoliansky, Olivier Fillieule, Nonna Mayer, *L'Altermondialisme en France. La longue histoire d'une nouvelle cause*, Paris, Flammarion, 2005.

cher d'autres leviers d'action, à commencer par les organisations internationales, contribuant à former une société conviviale, transnationale, préfigurant l'annonce d'un nouvel espace public mondial dans lequel se tiendront demain les principaux débats et se livreront les principaux conflits.

Cette lecture a posteriori de son histoire que tente d'imposer le mouvement et à laquelle adhèrent nombre de commentateurs reste sujette à caution. Parce qu'elle fait l'impasse sur de nombreux phénomènes : d'abord, la résistance, plus que la démission des États-nations, qui empêche de voir dans l'évolution de l'économie internationale un dépassement des États puisque ces évolutions sont au contraire le résultat de leur propre stratégie. Ensuite, l'inexistence d'une véritable société civile internationale, qui est plutôt l'addition de mouvements nationaux, qui se sont progressivement dotés d'un ennemi commun ou plus exactement ont identifié une source commune à leurs maux : la mondialisation ! Il en va ainsi au Nord comme au Sud. Enfin, le poids des organisations existantes qui se sont reconverties dans la lutte altermondialiste sans rien abandonner de leur mode de fonctionnement, de mobilisation ou de pensée. Ainsi, si l'on veut s'en tenir au seul exemple français, il est clair que le mouvement altermondialiste est le produit de plusieurs processus datés. D'abord, la reconversion du mouvement tiers-mondiste opérée dans les années 1990 qui a permis la jonction entre marxistes et militants chrétiens ; ensuite, la dérive réformiste des organisations politiques et syndicales de la gauche traditionnelle dans la même période, qui a libéré des énergies militantes désormais disponibles et que la lutte contre la mondialisation a permis de fédérer en leur donnant à la fois plus de forces et une nouvelle légitimité. Enfin, la montée très sensible en France, toujours dans les années 1990, de nouveaux mouvements contestataires dont la grève de 1995 sera l'illustration emblématique.

L'altermondialisme apparaît moins comme une conséquence de la mondialisation que comme une création concomitante des deux concepts : la construction par des experts universitaires et militants d'un processus, la mondialisation ultralibérale, présentée comme la source fédératrice des maux dont souffrent les différentes parties du monde et justifiant l'organisation de ceux qui veulent la combattre. Ce qui fait la force du mouvement altermondialiste fait donc sa faiblesse et peut produire son échec. Doté d'une analyse globale désignant un ennemi commun qui permet de rassembler des mouvements d'origines très diverses, il s'est rendu totalement dépendant de la pertinence de cette analyse globale. Or, la mondialisation est-elle assimilable à la seule affirmation d'un capitalisme ultra-libéral ? Telle est bien la question centrale qui commande l'avenir du mouvement lui-même. Si cette analyse s'avérait fausse, il serait urgent de lui en substituer une plus pertinente, sauf à laisser perdre l'atout que représente en revanche pour la cause de la solidarité et de la justice sociale la mobilisation de milliers d'organisations dans le monde entier. Si bien que l'altermondialisme est plus l'héritier des analyses et des mouvements des années 1980 qu'une pensée nouvelle : celle qu'il nourrit est une sorte de bric-à-brac où sont reconvertis pêle-mêle des rebuts de la social-démocratie dans sa version la plus syndicaliste, du marxisme dans ses expressions ultimes, et d'une sociologie contestatrice du capitalisme déclinant des années 1990. Dès lors, l'altermondialisme, victime de son éclectisme, reste bloqué par les nombreux problèmes auxquels il a jusqu'à présent refusé de se confronter. Le souverainisme, d'abord, avec lequel il n'a pas réussi à clarifier ses rapports. La nature véritable de la mondialisation, ensuite : en associant tous les maux du monde à une seule cause ne prend-il pas le risque de passer à côté de la complexité de trop nombreuses problématiques ? S'il convient de ne pas sous-estimer sa faiblesse, qui l'empêche de jouer un rôle décisif dans la configuration du monde, il importe cependant de ne pas méconnaître sa capacité de mobilisation, son impact sur la jeunesse et les ponts qu'il a su jeter aux quatre coins du monde. Même s'il est une force qui va, l'altermondialisme est une force qui ne sait pas où elle va ! L'exigence d'un réveil intellectuel et doctrinal de la social-démocratie n'en est que plus pressante.

Viva Zapata !

La solution à la crise de l'idée socialiste viendra-t-elle alors plutôt de démarches régionales ? Il n'aura échappé à personne que la dernière décennie s'est montrée particulièrement favorable à la gauche en Amérique latine, chaque élection nationale sur le sous-continent semblant annoncer la victoire d'un de ses partis. De là pourtant à conclure à l'existence d'un possible modèle, il n'y a qu'un pas qu'il faut franchir cependant avec une extrême prudence.

Relevons tout d'abord l'extrême diversité des différents régimes selon qu'ils s'appuient sur des partis constitués, habitués à la confrontation démocratique comme au Costa-Rica, au Pérou, au Brésil, ou que ces partis aient été au contraire « investis » pour l'occasion, pour servir à des leaders charismatiques en mal d'organisation. C'est le cas du MAS d'Evo Morales en Bolivie, du MUR d'Hugo Chávez au Venezuela, ou encore de l'organisation constituée autour de Rafael Correa en Équateur.

De cette diversité structurelle découlent des formes de pratique du pouvoir très différentes : classiques et institutionnelles pour les premiers ; fondées au contraire sur la confrontation, l'appel aux mouvements sociaux, voire au peuple par le recours régulier aux référendums pour les seconds.

Notons, en revanche, que les succès électoraux obtenus par ces différents mouvements reposent souvent sur une même conjonction politique qui leur donne un arrière-plan commun. D'abord, le rejet des sortants, y compris lorsqu'ils appartenaient à la gauche, auxquels furent reprochées leur soumission au consensus de Washington et la régression sociale que les politiques inspirées alors par le FMI devaient produire. Mais ce rejet devait parallèlement alimenter de fortes poussées nationalistes peu compatibles avec la construction d'un mouvement unifié à l'échelle du sous-continent. En second lieu, la réintégration dans le processus démocratique, à peu près à la même époque, des forces de guérilla a permis, à l'exception notable de la Colombie et du Mexique, la constitution de larges alliances politiques, capables d'offrir une alternative électorale à gauche aux anciens partis démocratiques discrédités par les crises sociales et financières.

Au total, les différences entre les régimes installés en Amérique du Sud se réclamant du socialisme tiennent en réalité plus au poids des caractères nationaux qu'à des désaccords idéologiques profonds. Pour les raisons évoquées précédemment, les systèmes charismatiques ont utilisé des méthodes plus radicales : modification de la Constitution au Venezuela et en Bolivie ; nationalisation des ressources naturelles et redistribution de la rente liée à celle-ci en faveur des plus modestes, etc. Mais ni la démocratie ni la propriété privée n'ont été gravement remises en cause. De sorte que l'on a le sentiment d'avoir à faire moins à des mouvements révolutionnaires qu'à des mouvements de libération, à l'instar des courants nationalistes populistes qui ont existé par le passé en Argentine par exemple avec le péronisme. Ces mouvements semblent d'ailleurs s'être donnés pour première mission de refonder l'autorité de l'État pour assurer une plus juste répartition de la richesse. Et la radicalité du discours ne fait nulle part obstacle à une demande de libéralisation des échanges à l'égard des États-Unis comme de l'Union européenne. Aussi ne peut-on s'empêcher de penser qu'il s'agit là plutôt d'une forme originale, régionale, en construction de la social-démocratie, plutôt que d'un courant inédit dans lequel le socialisme tout entier pourrait trouver une nouvelle inspiration. En témoignent les stratégies divergentes adoptées en matière de diplomatie économique et financière : ces nations cherchent plus à se faire une place dans le monde qu'à le changer.

L'indépassable altérité de l'altermondialisme

Aussi a-t-on le sentiment qu'il y aurait autant d'altermondialismes que d'organisations ou de gouvernements s'en réclamant. Là, sans doute, se trouve l'explication du fléchissement du processus observable ces dernières années. À preuve, la brutalité de la crise financière n'a pas réussi à lui donner, contre toute attente, une nouvelle jeunesse. Mais c'est aussi et surtout parce qu'il reste une vieille idée. Loin d'être en rupture, il est sans doute la dernière et radicale expression d'un vieux socialisme qui ne veut pas mourir. L'issue qu'il propose paraît au final trop ambiguë. Si la contestation permet de fédérer, elle empêche de construire. Elle donne certes un sens aux combats multiformes qui vont des « sans-logis » de notre Europe aux « sans-terre » d'Amérique du Sud. Mais cette union des pauvres et des précaires ne résiste pas longtemps aux réalités : la précarité du contrat à durée déterminée ou d'intérim n'a que peu à voir avec la misère et la faim qui traversent les bidonvilles de Calcutta, du Caire ou de Niamey. Comment ignorer les contextes, relativiser le poids des structures sociales et de leur évolution plus ou moins avancée, ou le conservatisme des institutions ? L'altermondialisme rêve de faire des « sans-papier » de nouveaux « sans-culotte », mais la révolution mondiale à trop de Bastille à prendre. D'autant que les axes de revendication autour desquels s'opère le rassemblement de ces « nouveaux radicaux » sont, au total, assez éloignés de la rhétorique révolutionnaire. La lutte des classes a laissé la place au combat pour l'exclusion ; et l'émancipation sociale à la lutte pour la libération des mœurs, le tout aboutissant peut-être au paradoxe de laisser sur le côté, à tout le moins en Europe ou aux États-Unis, les vraies victimes de la mondialisation (les ouvriers de l'industrie) pour « privilégier » ceux que celle-ci menace dans leurs acquis (les salariés du public) ou leur imaginaire politique (les enseignants[1]). Quant aux outils proposés, ne restent-ils pas assez largement assimilables par le système : de la revendication de droits nouveaux pour les minorités à l'instauration d'une taxe sur les transactions financières en passant par une réforme des institutions mondiales existantes ?

Cette mobilisation, malgré ses contradictions, constitue pourtant une bonne nouvelle pour le socialisme. Elle a certes pu gêner sa refondation, en particulier en combattant la construction européenne qui constitue pourtant une étape indispensable sur le chemin de nouvelles solidarités. Mais elle n'a comblé que très partiellement le vide laissé par le désarroi de la social-démocratie. Sorte de pâté d'alouettes, l'altermondialisme n'a cependant fait que traduire à grande échelle les questions qui traversent un mouvement socialiste, hésitant à choisir entre l'affirmation du rôle des États, l'approfondissement de l'Europe ou le combat pour une nouvelle gouvernance mondiale.

1. Philippe Raynaud, *L'Extrême gauche plurielle*, Paris, Autrement, 2006.

CHAPITRE XI

L'échec des tentatives de régénération

C'est que la social-démocratie fut lente à réagir. Et elle le fit en ordre dispersé au point d'introduire un doute sur sa capacité à se réformer, à s'adapter aux conditions nouvelles de la lutte démocratique, économique et sociale que lui pose un « ultralibéralisme renaissant », stimulé par les changements d'échelle de l'activité économique. Cette inertie de la social-démocratie est cependant facile à comprendre. Ce qu'il est aujourd'hui convenu d'appeler la « mondialisation » est en réalité le point de convergence de trois grands changements survenus dans les années 1970 et 1980 ; et qui l'ont frappée au cœur.

D'abord, la rupture progressive du compromis fordiste auquel la social-démocratie européenne s'était identifiée. Celui-ci assurait l'intégration sociale de la plus grande partie de la population en échange d'une participation disciplinée à une production de masse. Le système, fondé sur une logique de grandes organisations, a peu à peu perdu de son efficacité et de sa productivité et a été mis sous tension par la révolution technologique... Ensuite, le développement des échanges, sous l'effet en particulier de la chute du mur de Berlin et de la mise en concurrence de systèmes sociaux, a contribué à affaiblir le rôle régulateur de l'État national, en même temps que surgissaient de nouveaux réseaux de communication, à commencer par Internet. Enfin, la montée d'une idéologie néolibérale du « tout-marché » qui, devant les difficultés de l'État providence à se réformer, n'a cessé de pousser son avantage et à une dérégulation généralisée, en particulier des mouvements de capitaux.

Ce processus a profondément affaibli le mouvement socialiste non seulement parce qu'il ne lui permet plus de garantir le plein-emploi, mais parce que, même là où les socialistes sont au pouvoir, ils sont amenés à pratiquer une politique de baisse des dépenses sociales, de limitation des salaires provoquant des réactions syndicales fortes, comme en Grande-Bretagne ; des adaptations politiques successives comme en Suède ; ou un désarroi idéologique croissant, comme en France.

À tel point que l'on ne peut s'empêcher de rapprocher cette situation de celle qui prévalait dans les années 1920 : on se souvient que, faute d'avoir pris la mesure des mutations qui avaient alors affecté le capitalisme, les socialistes et sociaux-démocrates au pouvoir n'avaient su qu'appliquer les recettes libérales de la déflation, au grand dam de leur électorat...

En quoi consiste la « troisième voie » ?

Les premiers à le comprendre furent sans conteste les travaillistes contraints de se reformer par une série de défaites les tenant éloignés du pouvoir sans discontinuer de 1979 à 1997... Ils mettront à profit cette période pour reconsidérer leur doctrine, non sans difficultés ni controverses : le New Labour ne sort véritablement des limbes qu'au milieu des années 1990, sous l'influence politique de Tony Blair et de Gordon Brown, après un travail de préparation indiscutable des deux précédents leaders, Neil Kinnock puis John Smith.

La mutation, cependant, se révèle d'autant plus spectaculaire qu'elle se traduit par une brillante victoire électorale en 1997, donnant aux promoteurs de la « troisième voie », à la convergence de la rénovation intellectuelle et de l'efficacité électorale, l'aura qui entoure ceux qui ont trouvé la formule magique. Pour autant, cette mutation n'a jamais été, vue du Continent, comme à l'intérieur du Labour, exempte de critiques, à tout le moins de questionnements. Et le succès attisant autant les jalousies que les adhésions enthousiastes, on ne tarda pas à demander à ses auteurs s'ils étaient bien socialistes et s'ils entendaient faire de leur recette un modèle à suivre, ce qui pour un travaillisme balbutiant retranché outre-Manche pouvait constituer à l'égard du vieux socialisme allemand, et surtout français, une perfide outrecuidance !

À Westminster donc, quoi de nouveau ? Pas moins qu'une révolution culturelle, certes, mais indéniable. Originale, cette troisième voie l'est, sans conteste, en ce sens qu'elle constitue à la fois une tentative de renouvellement idéologique, portée entre autres par Anthony Giddens (et à laquelle Tony Blair n'hésitera pas à s'associer[1]), et l'expérience gouvernementale la plus longue qu'ait connue le mouvement travailliste (treize ans). Au point que la tentation est grande de juger aujourd'hui l'une à travers l'autre. Il serait pourtant injuste de confondre la doctrine qui caractérise la troisième voie avec le bilan des gouvernements qui, de 1997 à 2008, s'en sont réclamés. Aussi aurons-nous soin de les étudier séparément.

Assumons-le d'emblée, quitte à déplaire à ses contempteurs (on ne les compte plus) : la réflexion sur la troisième voie constitue la première et la plus aboutie des tentatives de renouvellement de la doctrine socialiste dans un monde en profond bouleversement. Il s'agit en effet d'un effort d'actualisation visant à sortir la gauche d'une vision purement défensive pour l'inscrire de manière positive dans la dynamique de changement qui caractérise la mondialisation. Dynamique qui conduit à voir en celle-là moins une menace qu'une opportunité. La doctrine de la troisième voie repose ainsi sur un trépied.

D'abord, la reconnaissance, selon ses promoteurs, de la victoire définitive du marché : d'une certaine façon, le mouvement socialiste s'en était jusqu'alors accommodé, cherchant à l'équilibrer, mais conservant l'idée d'un rapport de forces. Pour Giddens, au contraire, la gauche doit prendre acte qu'il n'existe plus, après la défaite de la planification soviétique, d'alternative à l'économie de marché. C'est donc à l'intérieur de celle-ci qu'elle doit situer son action. Cette victoire du marché a pour inévitable conséquence l'acceptation du libre-échange mondial, y compris à travers ses conséquences sociales les plus rudes comme la disparition par exemple des vieilles industries.

1. Anthony Giddens, Tony Blair, *La Troisième Voie. Le renouveau de la social-démocratie*, préface de J. Delors, Paris, Seuil, 2002.

Les partisans de la troisième voie vont plus loin. Le bouleversement induit par cette victoire doit selon eux être jugé positivement. Foin de l'amertume des nostalgiques du compromis fordiste ou de la morosité des socialistes fâchés avec leur époque : le marché remet en cause les positions acquises et, loin de bénéficier au seul capital, il rééquilibre les rapports avec le travail pour autant que celui-ci incorpore un niveau élevé de savoir-faire. Pour Gordon Brown, par exemple, la qualité de la ressource humaine étant la condition de la réussite économique, le devoir de la gauche est de favoriser l'accès à la formation et à la qualification pour tous. Car la victoire du marché, vue de la London School of Economics, ne signifie pas pour autant la défaite de l'idée socialiste. Ses valeurs traditionnelles restent valables : justice sociale et émancipation de l'individu en sont toujours les deux mamelles. Encore faut-il, pour leur donner tout leur poids, les associer à un projet politique tenant compte des réalités du marché : le programme de la gauche ne doit plus s'appuyer exclusivement sur l'État, il doit aussi impliquer la mobilisation de la société civile, du mouvement associatif, des ONG, des individus eux-mêmes.

Le deuxième axe de l'analyse conduite par Giddens repose sur la prise en compte de la crise de la « modernité », négligée jusqu'alors par le mouvement socialiste. Bien plus que la mondialisation, cette crise bouleverse les visions du monde héritées des Lumières et de la révolution industrielle. Comment ne pas voir, argumente-t-il, que ce qui caractérise le monde nouveau, c'est à la fois la profusion des innovations technologiques et la difficulté de plus en plus grande à en maîtriser les effets ? Au rebours de ce que pensaient fermement les socialistes du XIXe siècle et croyaient encore ceux du XXe siècle, nous sommes entrés dans une société d'incertitude : l'histoire n'a plus de sens et la société a de plus en plus de mal à contrôler les conséquences de ses propres actions. Cela vaut aussi pour les institutions dont l'intervention peut produire des effets contraires à ceux recherchés : ainsi, l'indemnisation chômage peut-elle avoir pour résultat de maintenir les personnes en dehors de l'emploi.

La gauche doit ajuster ses interventions à cette réalité, avec deux conséquences. D'abord, le rôle de l'État ne peut plus être de « protéger les citoyens du berceau à la tombe ». Il doit s'agir au contraire d'équiper le plus tôt possible les individus contre les risques auxquels ils seront nécessairement confrontés. L'État doit se muer en investisseur social : prévention, dès la petite enfance, investissement dans l'éducation, aide au retour à l'emploi, etc. Ensuite, l'objectif ne doit pas être confondu avec l'outil. Crosland y voyait là la pire faiblesse du socialisme traditionnel. Ce qui compte, c'est ce qui est efficace. Aussi ne faut-il pas hésiter à « mixer » l'intervention de l'État avec celle du marché. Le troisième élément, conséquence des deux précédents, est la volonté de construction d'un centre radical. Ce monde nouveau ne peut être correctement appréhendé ni par le conservatisme (mis en contradiction par la « révolution » que produit une doctrine économique ultralibérale qui n'a que faire des vertus familiales, patriotiques, etc.) ni par le « socialisme à l'ancienne[1] ». Dépasser l'un et l'autre, c'est ouvrir une troisième voie, qui résulte directement du devoir d'invention qui incombe à la gauche face à la nouvelle donne économique, sociale et politique. Aussi faut-il cesser de croire que l'économique constituerait encore l'axe du clivage droite/gauche.

Les classes sociales traditionnelles ont explosé. Ne demeure qu'une sorte de vaste classe moyenne dont les préoccupations sont variées et les votes de moins en moins déterminés par l'origine ou le statut social.

Aussi la gauche doit-elle se positionner par rapport aux questions nouvelles qui constituent désormais l'agenda politique : le vieillissement, la violence, le réchauffement climatique tiennent de plus en plus de place dans le débat, sans pouvoir être résolus par référence à une doctrine. La montée de ces préoccupations présente un double avantage : elle offre d'abord la possibilité à la gauche de rallier des populations et des électeurs allant au-delà de son cadre électoral et social traditionnel ; elle appelle ensuite des solutions neuves, c'est-à-dire obligeant à faire preuve d'imagination, d'initiative, bref, à refuser les tabous. D'où l'idée d'un « centrisme » (non au sens de modération, mais de point de convergence) qui soit aussi « radical » (au sens d'une

1. Anthony Giddens, *Beyond Left and Right. The Future of Radical Politics*, Stanford, Stanford University Press, 1994.

politique déterminée, allant jusqu'au bout des choses tout en restant inspirée par les valeurs traditionnelles de la gauche).

Pour déstabilisante qu'elle soit, « cette triple approche n'en débouche pas moins sur la formulation d'un vrai programme d'action, cohérent : « Le but ultime de la politique de la troisième voie, écrit Anthony Giddens, est d'aider les citoyens à se frayer un chemin à travers les révolutions majeures de notre temps : la mondialisation, la transformation de la vie privée, nos relations avec la nature. » Ces trois processus affectent profondément les rapports entre l'État et l'individu, comme entre l'État et l'économie. Il en résulte trois principes autour desquels la troisième voie propose d'articuler son projet politique.

Pas de droits sans responsabilités tout d'abord : l'État a le devoir de protéger les plus faibles et de préparer globalement les citoyens au monde nouveau, par l'éducation, etc. Mais l'efficacité de son intervention commande qu'il prenne en compte la personnalité des bénéficiaires et exige de ceux-ci leur implication, c'est-à-dire les responsabilise. Son ambition ne doit pas être de verser des allocations, mais de favoriser l'« intégration sociale » en permettant aux individus de trouver et de garder leur place dans une société qui bouge. Ce qui ne peut se faire sans leur concours actif.

Pas d'autorité sans démocratie ensuite : l'affaiblissement de la tradition, la remise en cause des hiérarchies, le respect exigé par chaque individu obligent l'État, pour construire la cohésion sociale indispensable, à inventer de nouvelles formes de délibérations qui associent plus les individus : démocratie participative, décentralisation, mais aussi prise en compte de l'exigence « communautaire », c'est-à-dire renforcement du sentiment d'appartenance à une collectivité portée par des valeurs communes.

Conservatisme philosophique enfin : autre formulation d'un principe de précaution, qui appelle une attitude pragmatique envers le changement, une perception nuancée de la science et de la technologie, en raison des conséquences équivoques qu'elles peuvent avoir sur notre vie.

Projet d'autant plus original qu'il a fait l'objet d'une mise en œuvre par le gouvernement de Tony Blair, avec lequel Anthony Giddens a tenu néanmoins, et encore tout récemment, à prendre ses distances[1]. Il est évidemment difficile de juger de la pertinence de la troisième voie à partir d'un bilan gouvernemental, dans la mesure où la politique est toujours fortement influencée par le contexte dans lequel elle est amenée à se mettre en place.

Ainsi, la politique économique de Blair a d'abord été marquée par une forme de réticence à l'égard de l'orthodoxie socialiste visant à purger le travaillisme de l'accusation de céder à la tentation de dépenser et de taxer sans compter qui lui était accolée depuis son échec de 1979. L'un des premiers gestes du gouvernement travailliste est de donner son indépendance à la Banque d'Angleterre pour fixer librement les taux d'intérêt et la valeur de la monnaie. Le second est, avec Brown, de poser le principe de l'équilibre budgétaire « au-dessus de la ligne », obligeant à couvrir la totalité des dépenses de fonctionnement par des recettes courantes, hors emprunt. Enfin, il ne sera jamais question de revenir sur les privatisations opérées par Margaret Thatcher, en particulier les transports. En revanche, une large politique d'emplois publics et de soutien aux services publics est développée qui va permettre de réduire le chômage. En revanche, sa politique sociale s'inspire, elle, directement des maximes de la troisième voie : les programmes dits de « New Deal » reposent très exactement sur l'idée de droits et d'obligations, tout comme les politiques de luttes contre la pauvreté, le tout accompagné d'une action déterminée contre la violence et la criminalité. Enfin, la « démocratisation de la démocratie » se traduit par des réformes importantes de la Chambre des lords et une large dévolution des pouvoirs au pays de Galles, en Écosse ou en Irlande par exemple. Jusqu'à l'éclatement de la crise, les résultats économiques sont jugés bons, enregistrant une forte croissance et une baisse du chômage, bilan que la crise et le dossier irakien vont cependant contribuer à minimiser[2].

L'examen de la politique menée par le Labour ne se révèle guère concluante pour répondre aux deux questions qui continuent de tarauder tous ceux qui se sont, pour le meilleur ou pour le pire,

1. A. Giddens, *Over to you, Mr Brown*, Cambridge, Polity Press, 2007.

2. Florence Foucher-King, Patrick Le Galès, *Tony Blair*, 1997-2007, Paris, Presses de Sciences-Po, 2007.

intéressés à l'expérience blairiste. La première est toujours dans les esprits : le New Labour est-il encore socialiste ? Le maniement de nouveaux concepts, comme la référence au centre gauche ; le souci de l'efficacité avant celui de la doctrine ; le refus réitéré de s'inscrire dans le cadre de l'Europe sociale ; le rapprochement, via le concept de « progressisme », avec les démocrates américains, tout cela a nourri un procès en désertion qui mérite plus que des nuances si l'on s'en tient principalement à la théorie plutôt qu'à la pratique.

Admettons tout d'abord, à la décharge du New Labour, que la rupture avec la tradition travailliste est loin d'être avérée, si l'on veut bien échapper aux passions pour se replacer dans le contexte idéologique de la gauche britannique tout au long du siècle dernier. Certes, le mythe de cette rupture a été nourri par le New Labour lui-même, tant il tenait à se distinguer de la dernière expérience travailliste à la fin des années 1970. Mais le Labour de l'époque n'avait lui non plus rien de « révolutionnaire ». Il était depuis longtemps acquis à l'économie de marché et prudent face aux nationalisations. C'est d'ailleurs sa modération qui devait provoquer la colère syndicale qui précipita son échec.

On retrouve dans la troisième voie de nombreux traits spécifiques au travaillisme britannique ; en particulier sa dimension éthique que l'on pourrait qualifier de moralisatrice, déjà très présente chez les fabiens comme dans le mouvement syndical : la reconnaissance de l'effort, du travail, de la responsabilité à l'égard de sa famille constituent des valeurs de base du mouvement ouvrier britannique sur lesquelles le New Labour a pu développer sa théorie du « pas de droits sans responsabilités ou sans obligations », sans susciter de véritables critiques. D'autant que, ce faisant, il place ses pas dans ceux des défenseurs vénérables du « socialisme éthique », très vivace au XIXe siècle, qui voyait dans le socialisme une forme de régénération morale, une libération de l'aliénation vis-à-vis de l'argent plutôt qu'une transformation du système économique, traits visibles aussi bien chez William Morris que chez les socialistes chrétiens.

Plus globalement, il est difficile de faire reproche au New Labour de s'être séparé de l'idéologie « sociale » du mouvement travailliste, tant celle-ci est difficile à définir. Dès l'origine, le Labour n'entretient-il pas des rapports ambigus avec les syndicats ? Ceux-ci sont certes directement à l'origine de sa fondation. Pour autant, ils n'entendent pas substituer l'action politique à l'action syndicale et cloisonnent fortement les deux. Leur interlocuteur, que nul ne s'y trompe, c'est l'employeur, qu'il soit public ou privé, et l'intervention de l'État dans les relations de travail est et restera mal perçue. Aussi le travaillisme ne prendra-il jamais la forme d'un compromis social-démocrate fonctionnant sur un partage de responsabilités entre les syndicats et l'État. Et le refus des syndicats d'être associés à la gestion des entreprises comme leur forte résistance à l'égard du thème de la « démocratie industrielle » seront chez eux une constante ! Il n'en reste pas moins que le refus du New Labour de revenir sur les restrictions imposées par Margaret Thatcher à l'influence et à l'action syndicales dans les entreprises ne manquera pas de nourrir parmi le TUC de fortes frustrations.

On se souvient que les syndicats autour de Bevin jouèrent à la veille de la guerre un rôle décisif dans l'évolution de la politique du Labour, mais sans pour autant contribuer à forger une doctrine. Si le poids des « unions » permit de faire obstacle à la montée du marxisme (porté par Hyndman et la Social Democratic Federation), il a favorisé aussi une forme de confédération d'idées dont émergera globalement, et non sans des réserves, le principe avancé par Béatrice et Sydney Webb d'une intervention dirigiste de l'État. La référence maintenue jusque dans les années 1990 (la clause 4) à la collectivisation des moyens de production servira ainsi de fondement à une politique de nationalisation, interrompue seulement dans les années 1960, le gouvernement Wilson lui préfèrant une régulation par l'impôt et la dépense publique. N'est-ce pas notamment avec cette dernière « méthode » que le New Labour va rompre en s'en remettant plus largement au marché et à l'orthodoxie budgétaire ? Là se trouve peut-être sa seule, et somme toute limitée, entorse au « dogme ».

En admettant que la troisième voie soit restée, avec plus ou moins d'errements, dans le prolongement du travaillisme, est-elle demeurée pour autant « socialiste », s'interrogent les plus sceptiques ? Autrement dit, la rupture avec le « socialisme à l'ancienne », pour être revendiquée, représente-t-elle réellement une césure complète ou plutôt une transformation progressive de l'idée socialiste dans le droit fil des changements déjà intervenus par le passé ? Question légitime qui peut s'adresser à tous les partis socialistes. La gauche européenne n'a-t-elle pas partout réduit ses ambitions et renoncé à la transformation radicale de la société ? La nouveauté de la troisième voie tiendrait alors uniquement dans le fait qu'elle revendique sa modération plutôt que de chercher, comme les partis frères sur le Continent, à s'en excuser. Giddens et Blair la théoriseront même.

À ce stade, ne nous y trompons pas : les principes dont se réclament Anthony Giddens et Tony Blair sont indiscutablement des valeurs de gauche. Elles sont en tout cas revendiquées comme telles et présentées comme s'inscrivant dans une tradition. Ainsi Giddens, reprenant l'ouvrage de Norberto Bobbio[1], adhère à cette idée que le critère discriminant entre la gauche et la droite reste bien l'égalité (ou le refus des inégalités) associée à la revendication de justice sociale. Et que le gouvernement a un rôle à jouer dans la poursuite de ce but : c'est ce que Giddens et Blair appellent la politique d'émancipation, qui permet l'estime de soi et garantit l'égalité des chances, la cohésion sociale et le bon usage de tous les talents.

Ce qui est en revanche nouveau dans l'analyse de la troisième voie, c'est que cette vision de la justice sociale, qui suppose l'engagement de la collectivité, ne repose pas sur une vision critique de la société. Elle est même entièrement et exclusivement tournée vers l'individu. La thèse de la responsabilité personnelle est mise en avant sans être directement reliée à la condition sociale. La troisième voie, par conséquent, ne repose plus sur une critique du capitalisme désormais inexistante. Elle récuse même toute conflictualité sociale, la société étant considérée simplement comme composée d'individus confrontés à des préoccupations et des risques auxquels il convient de répondre par des politiques inspirées simplement par des valeurs de justice. Elle constitue à cet égard un révisionnisme bien différent de celui défendu par Bernstein ou De Man, ou même, après la guerre, par Crosland, qui n'avaient pas renoncé à considérer la société à travers les grands groupes sociaux qui la constituent et qui s'y opposent.

1. *Droite et gauche*, *op. cit.*

En bref, la troisième voie revendique une « intégration sociale » des individus plus qu'une mise en cause des conséquences sociales du système économique qui ne fait nullement partie de son bagage intellectuel. En revanche, et là se situe la nuance, son attachement à la démocratie la conduit plus loin que la gauche traditionnelle : cela tient à sa méfiance à l'égard de l'État, mais surtout à une meilleure prise en compte de l'individualisation de la société qui suppose une plus large participation du citoyen s'il veut se sentir impliqué et concerné. Ainsi le Labour saura-t-il très vite imposer en son sein des règles de parité, de diversité, qui vont contribuer au renouvellement de sa représentation parlementaire. Pour autant, les réformes accomplies concrètement en ce sens par le gouvernement travailliste resteront limitées, et même en recul si l'on tient compte du problème des libertés individuelles (ainsi des mesures d'exception face au terrorisme qui « jurent » au regard de la tradition libérale britannique en matière de protection des personnes).

L'acceptation de l'économie de marché ne constitue pas non plus une nouveauté. Elle s'est imposée au moins depuis l'après-guerre, non sans susciter des programmes de planification ou de régulation et sans que le parti renonce aux nationalisations. Certes, dans les années 1960, la plupart des partis socialistes s'écarteront d'une conception de l'économie « dirigée » fondée sur un équilibre entre secteur public et secteur privé pour favoriser plutôt des politiques redistributives par l'impôt, la protection sociale, l'éducation, l'accès aux services publics, et de régulation par le budget et les taux d'intérêt. Mais la troisième voie franchit une étape supplémentaire. La nouveauté est que le marché est présenté désormais comme un fait : la mondialisation ne permettrait d'y rien changer. Et aussi comme un outil au même titre que l'État ou le mouvement mutualiste pour atteindre les objectifs de la social-démocratie. Mais sa dénonciation de la « fétichisation » des outils – nationalisation, plan, politique fiscale – pour privilégier au contraire les finalités qui sont celles de l'émancipation de l'individu, et de l'intégration sociale, est déjà présente dans le travaillisme à la fin des années 1950.

Comment, de ce rapide examen, ne pas conclure que la troisième voie s'inscrit indiscutablement dans le prolongement de la philosophie travailliste comme de l'évolution de la doctrine socialiste ? Elle franchit cependant une nouvelle étape dans le sens d'un retrait supplémentaire de l'idée socialiste de la sphère de l'économie. Pour le New labour, celle-ci comporte sa propre logique d'évolution à laquelle il est impossible de s'opposer dans la mesure où elle ne répond plus à des intérêts spécifiques mais à un mouvement propre d'innovation. Le socialisme doit donc s'efforcer d'aider les individus à prendre en compte cette nouvelle réalité à partir du principe d'égalité. Il ne s'agit plus alors, comme dans la conception sociale-démocrate de l'après-guerre, d'imposer en son nom un nouveau compromis entre social et économique, mais d'intégrer au mieux le social dans l'économique.

Dans une étude publiée en 2004, John Crowley[1] fait justement remarquer : « Une dynamique politique se construit au point de rencontre d'un moment, d'une identité et d'un rapport d'antagonisme », ce qui est une façon d'insister sur l'inévitable singularité de tout projet de rénovation. Or, celui conduit par Giddens et Blair ne peut être compris indépendamment du contexte idéologique dans lequel il intervient (à savoir après vingt ans d'hégémonie thatchériste), ni de la tradition dans laquelle il s'inscrit (à savoir la formidable spécificité et plasticité du travaillisme anglo-saxon). Pour le New Labour, l'enjeu n'est pas de renoncer aux valeurs de gauche, mais de trouver le moyen d'enraciner celles-ci dans une société qui préfère désormais l'individu à toutes autres formes d'institutions, en récusant égalitarisme et collectivisme comme deux outils obsolètes d'une pensée progressiste. L'ambition de la troisième voie est d'articuler l'objectif constant de la justice sociale avec une société où le marché a pris le pas sur l'État, et la globalisation sur le cadre national : « L'enjeu est donc d'inventer un modèle d'action et d'organisation qui s'oppose point par point au collectivisme, à l'étatisme et au nationalisme en prenant appui sur les logiques profondes de la société contemporaine : l'individualisation, la dynamique de marché et celle de la société civile, le tiers secteur, la globalisation[2]. » En d'autres termes, si l'on doit prendre note de l'affaiblissement des formes de solidarité

1. John Crowley, « Problèmes actuels de la social-démocratie », *Nouvelle Revue socialiste*, n° 17, septembre 2004, p. 86.

2. *Ibid.*, p. 91.

traditionnelles que sont l'État, l'école ou le système de protection sociale, quelles nouvelles formes d'intervention ou de coopération imaginer qui permettront de maintenir valable la perspective de justice sociale ? L'idée est, dès lors, de prendre appui sur les forces en mouvement et de leur confier le « transport » de ces valeurs (marché, société civile, etc.).

Ce hâbleur de Blair

Cette vision peut-elle constituer un modèle pour le reste du mouvement socialiste ? Telle était bien l'ambition de Tony Blair qui n'eut de cesse de venir défier, au sein de l'Internationale, comme du parti socialiste européen, ses challengers, en particulier un Lionel Jospin peu suspect de complaisance. Une diplomatie « idéologique » se mit même en place, chaque ambassade multipliant les invitations aux dirigeants politiques de l'Europe entière à venir admirer l'expérience travailliste. Ce prosélytisme, pas plus que l'originalité et la cohérence de la pensée de Giddens, ne suffit pourtant à désarmer les résistances du socialisme continental, à l'exception, pendant un court moment, de la social-démocratie allemande. Comment expliquer pareille mauvaise volonté ?

À en juger du seul point de vue britannique, l'association réussie d'un projet idéologique cohérent et d'une succession de trois victoires électorales plaide pour la pertinence de la démarche. Mais pour le reste du mouvement socialiste, c'est moins la politique menée que les prémices qui lui servent de fondement qui sont mis en question et qui vont empêcher la troisième voie de devenir la matrice d'un nouveau socialisme européen. Certes, le manifeste dit des « modernisateurs » publié le 8 juin 1999, à quelques jours des élections européennes, par Tony Blair et Gerhard Schröder, peut donner un moment le sentiment qu'un mouvement est lancé dans le sens d'un élargissement de la troisième voie au continent via l'un de ses principaux leaders. Le contenu du document est d'ailleurs sans ambiguïté : rappelant leur attachement aux valeurs éternelles de la social-démocratie, les deux hommes invitent néanmoins à ne plus confondre justice sociale et égalité des revenus pour mieux récompenser l'effort et le sens des responsabilités ; ne plus confondre progrès social et augmentation des dépenses publiques pour privilégier au contraire une réforme de l'État visant à améliorer son efficacité ; régulation et substitution de l'État à l'initiative individuelle, le marché devant continuer à jouer un rôle « essentiel » ; droits et devoirs, ceux-ci à l'égard de soi-même, de sa famille, comme de son pays devant être rappelés en permanence, en particulier dans la lutte contre la criminalité. Le manifeste n'hésite pas à faire siens les objectifs de lutte contre l'insécurité, à dénoncer la bureaucratie et à proclamer que la social-démocratie doit être l'amie des petites et moyennes entreprises. Paradoxalement, ce document qui aurait pu et, dans l'esprit de ses auteurs, aurait dû enclencher une dynamique favorable à la troisième voie ou au nouveau centre va plutôt contribuer à accentuer les oppositions, les refus et les résistances.

Cela tient tout d'abord à certaines ambiguïtés du texte, en particulier sur le terme de « centre » qui, dans l'esprit de Gerhard Schröder, vaut clairement ouverture vers un électorat modéré, supposé être séduit par son pragmatisme. Une telle approche suscite l'hostilité des partis, notamment en France, appelés à composer avec des coalitions de gauche.

Cela tient ensuite à la brutalité des rapprochements opérés entre libéralisme et socialisme, effectués sans préparation et présentés soit comme une évidence, soit comme une anomalie enfin corrigée. Bodo Hombach, ministre à la chancellerie allemande, écrit : « La rénovation du modèle politique social-démocrate, au-delà des catégories droite/gauche, est une tendance internationale qui tient depuis longtemps compte des réalités existantes[1]. » Ou Tony Blair, en 1997, au congrès du Parti travailliste déclare : « La division des radicaux entre les libéraux et les travaillistes il y a une centaine d'années a conduit à la domination du parti conservateur au cours du XXe siècle. Je veux que le XXIe siècle soit celui des radicaux[2] », c'est-à-dire des socialistes et des libéraux réconciliés.

---

1. Bodo Hombach, « L'Élan, la politique du nouveau centre », texte allemand de 1998.

2. Cité par Laurent Bouvet dans « Note pour la Fondation Jean-Jaurès », 1999, « Un Royaume-Uni plus fort en Europe grâce à la troisième voie ».

Cela tient enfin à la faiblesse de l'argumentation développée dans le manifeste qui, sous couvert d'innovations, se borne à énoncer des lieux communs qui suscitent aussitôt la perplexité des mieux disposés et la critique virulente des autres. Ainsi des rapports entre régulation et marché qui sont abordés autour de formules creuses telles que l'« État doit tenir le gouvernail et non les rames », ce qui en dit peu sur son rôle exact. De même, le rôle des partenaires sociaux, leur place dans la négociation ne sont pas évoqués et la façon de garantir plus de justice sociale dans un ensemble économique plus efficace n'est même pas traitée, en tout cas du point de vue des moyens à mettre en œuvre. L'échec de la démarche n'est cependant pas total : de nombreux partis décident de s'ouvrir aux thèses de la troisième voie, qui au sein du Parti socialiste ouvrier espagnol, qui en Scandinavie, qui dans la gauche italienne, chacun à sa manière. Cependant, Blair lui-même se détournera rapidement du Parti socialiste européen pour regarder vers le grand large et offrir aux démocrates américains la perspective d'une « Internationale progressiste » restée, au final, dans les limbes.

Au total, si chacun s'accorde aujourd'hui à reconnaître les limites du New Labour[1], celui-ci a cependant tenté d'apporter des réponses aux questions auxquelles la social-démocratie ne peut se soustraire. Il l'a fait avec un mélange de pragmatisme et de bonne conscience, un éclectisme intellectuel aussi, qui est le propre, historiquement, du travaillisme, et qui ont rendu difficile, voire impossible, son extension à l'ensemble du socialisme européen. C'est cependant sous sa pression, sinon sous son influence, que celui-ci s'est à son tour mis en mouvement, mais pas partout, et avec des fortunes diverses.

La social-démocratie moderne est-elle réformable ?

Ainsi, un révisionnisme se fait-il jour dans les années 1980, sur d'autres bases cependant que le New Labour, amorçant plutôt une

1. « Le New Labour en tant que tel est mort et il est temps d'abandonner le terme lui-même », s'est exclamé Giddens dans une tribune publiée par *Le Monde*, « Au-delà du New Labour », 16 et 17 mai 2010.

critique de la « croissance quantitative » propre à rapprocher la social-démocratie des courants écologistes émergents, promouvant l'idée d'une réforme de l'État providence pour répondre aux nouveaux enjeux de l'emploi et esquissant une volonté de coopération internationale, et plus particulièrement européenne, en rupture avec ses traditions. Ce mouvement ne trouvera cependant pas son unité ni ne parviendra véritablement à s'assurer une descendance. Si bien qu'« en dépit de l'essor de ce courant intellectuel en Suède dans les années du thatchérisme, un nouveau "modèle social-démocrate" aussi solide et performant que celui que l'on avait connu durant les trois décennies de l'après-guerre n'est pas né[1] », ni dans les pays scandinaves ni en Allemagne.

Réforme dans la réforme

À la différence du travaillisme qui a toujours constitué une exception dans la gauche européenne, le système suédois est sans doute l'exemple le plus stable et le plus durable de ce que peut produire le compromis social-démocrate entre le capital et le travail. Et c'est à ce titre qu'il fut longtemps applaudi, associant à une incontestable performance économique un haut niveau de protection sociale financé par l'impôt. Ce « modèle » reposait sur un triptyque : un État providence actif, garantissant à chacun, proportionnellement à son revenu, un niveau de couverture sociale élevé et l'accès à des services publics de qualité pour l'éducation, la santé, la petite enfance ; un compromis social fondé sur la coexistence de deux grandes forces patronale et syndicale se portant l'une et l'autre garantes dans les entreprises et au niveau des branches des engagements pris à l'échelon national ; un partage des rôles enfin, entre l'État, chargé de la stabilité de l'économie et de l'équilibre des finances publiques, et des partenaires sociaux mobilisés autour d'une politique décentralisée, privilégiant le retour au travail. Toutes ces données sont évidemment remarquables. Mais, si ce modèle est aujourd'hui, après des

1. *De la nation à l'Europe. Paradoxe et dilemme de la social-démocratie*, sous la direction de Mario Telò, Bruxelles, Bruylant, 1993, p. 17.

années difficiles, de nouveau mis en avant[1], c'est moins pour la tradition qu'il représente que pour la façon dont il saura traverser la crise profonde dans laquelle il sera plongé durant les années 1980. Le chômage atteint alors les plus mauvais niveaux français (plus de 10 %), la croissance marque le pas et les déficits sociaux font leur apparition. Confronté à ces défis, le modèle suédois va apporter la preuve d'une autre de ses qualités : sa souplesse, c'est-à-dire sa capacité à se réformer, à s'adapter en douceur, sans renoncer aux principes qui le fondent.

Et ainsi engager un programme conséquent dont les résultats ne se font pas attendre. La Suède retrouve rapidement ses performances antérieures : haut niveau d'investissement, y compris venant de l'extérieur ; forte productivité, liée à un engagement résolu dans la recherche et l'innovation (la Suède consacre à peu près 2 points de PIB de plus que la France à la recherche et à l'enseignement supérieur, les différences venant pour l'essentiel d'un investissement plus massif du secteur privé, la contribution du secteur public étant égale à la nôtre) ; excédents commerciaux et budgétaires spectaculaires.

Le prix à payer est pourtant élevé : coupes budgétaires sévères, réduction des niveaux d'indemnisation du chômage, modération salariale, début de privatisation des services publics (par le recours aux concessions), diminution de près de 20 % de l'emploi public. Mais cette rigueur n'est que transitoire et, loin de se transformer, de basculer vers un modèle plus libéral, le système réussit au contraire à retomber sur ses pieds, démontrant que l'État providence était réformable, adressant à toutes les gauches d'Europe le message qu'une cure de jouvence méritait d'être tentée…

L'État en Suède, loin de se retirer, réussit à réorienter son intervention : politique de filières, y compris dans les secteurs traditionnels pour accompagner les transformations industrielles (par exemple dans le secteur du bois, de la forêt ou de la métallurgie) ; priorité donnée aux dépenses productives sur les dépenses courantes, etc. Et le consensus, à droite comme à gauche, parmi les syndicats comme le patronat, est alors total pour considérer que l'État, modernisé dans

1. Dominique Méda, Alain Lefebvre, *Faut-il brûler le modèle social français ?*, Paris, Seuil, 2006.

son financement, doit jouer un rôle essentiel dans la réussite économique du pays, non en intervenant directement, par la propriété publique, mais en facilitant l'indispensable mise en réseau de tous les acteurs. De l'avis de tous les analystes, le succès relatif de ce système repose sur la parfaite coopération entre l'innovation sociale et l'innovation économique. Tourné prioritairement vers l'investissement dans la formation et le reclassement rapide des demandeurs d'emploi, les pouvoirs publics y apportent une contribution décisive. Mais le dynamisme du système économique doit aussi beaucoup à des syndicats souvent à la pointe de la demande de changement.

En dépit de ces résultats, il faut bien admettre cependant que ce « modèle » reste sous tension, l'histoire n'ayant pas encore livrée totalement son verdict. Le débat s'est d'ailleurs vivement ouvert au sein même de la gauche suédoise sur les leçons à tirer des inflexions opérées dans les années 1990. Autour, en particulier, de la question des services publics : faut-il revenir, se demande-t-on à Stockholm, sur certaines des privatisations opérées par exemple dans l'énergie, ou maintenir une gestion des services publics par des opérateurs privés, placés sous contrôle public mais laissant aux usagers une plus grande liberté de choix et donc une plus large influence ? De même, la faille introduite dans le compromis social par la décentralisation des négociations salariales va-t-elle définitivement compromettre les équilibres habituellement trouvés entre le capital et le travail, par une négociation jusqu'alors menée au seul échelon national pour prévenir tout risque de dumping ? La porte ne s'est-elle pas entrouverte vers une précarisation du travail qui n'avait jusqu'alors pas cours et ne risque-t-on pas d'assister, en particulier sous la pression d'une immigration récente, à une stagnation relative des salaires ? Au fond, le système suédois s'interroge aujourd'hui sur sa capacité à résister ou à s'adapter encore un peu plus au vent de la mondialisation qui souffle à travers l'ouverture des frontières. L'affaiblissement du pouvoir syndical, comme l'éclatement du capitalisme national nourrissent naturellement cette perplexité. L'influence syndicale s'est réduite et, avec elle, le nombre de ses adhérents. La prise de contrôle d'un grand nombre d'entreprises suédoises par des capitaux étrangers, l'apparition concomitante de nouvelles règles de management social ont perturbé les relations de travail. L'esprit de « Saltsjöbaden » (du nom de la banlieue de Stockholm où avait été conclu pour la première fois un grand accord national), qui donna le ton pour les décennies à venir, a sans doute vécu, en raison aussi d'un émiettement des intérêts patronaux, le capitalisme familial ayant laissé la place à un actionnariat fragmenté, via les fonds de pension et d'investissement, rendant soudain plus de latitude aux managers. L'arrivée des multinationales étrangères s'est traduite par l'apparition d'intérêts nouveaux dont la prise en compte se fait désormais à une autre échelle, non plus seulement nationale, mais aussi européenne ou mondiale. Cela étant, pour les plus optimistes, cette évolution offre de nouvelles opportunités à l'État : celui-ci n'a-t-il pas un nouveau rôle à jouer pour garantir la qualité des services publics et des infrastructures, de la formation comme de la sécurité des parcours professionnels ? Nombreux sont, en Suède, les dirigeants de gauche qui pensent que l'éclatement des compromis nationaux qui s'imposaient aux politiques a rendu à ceux-ci une vraie marge de manœuvre.

La social-démocratie suédoise est donc appelée une fois de plus à se réformer. Écartée du pouvoir malgré ses bonnes performances, elle s'efforce aujourd'hui d'adapter son message aux nouveaux enjeux économiques et sociaux. Donnant à l'émancipation de l'individu la priorité, elle continue de vouloir faire, à la différence du New Labour, des institutions démocratiques et sociales le lieu où doivent se résoudre les inévitables contradictions d'une société bousculée par la mondialisation. Sa réussite dépendra de la capacité d'un État réformé, de syndicats novateurs et d'associations dynamiques à faire contrepoids au pouvoir de l'économie. De la capacité aussi de la gauche suédoise à relever le défi d'une immigration croissante de populations dont la culture peut heurter les valeurs de base de la société moderne, comme le droit des femmes. De l'effort, enfin, qu'elle devra accomplir pour parvenir à se distinguer d'une droite habile, reconduite au pouvoir pour avoir su proposer de réformer l'État providence dans le sens d'une moindre dépense sans remettre en cause ses acquis, à l'exception notable du plein-emploi.

Schröder ou le coût de la transgression

Au total, cependant, la social-démocratie scandinave résiste mieux que son homologue allemande. Celle-ci va en effet aller beaucoup plus loin dans la voie d'une « libéralisation » qui lui a fait perdre une partie de ses traits distinctifs comme de son attractivité électorale.

Longtemps écartée du pouvoir, en raison notamment de ses errements à l'égard de la réunification (critiquée, contre l'avis de l'opinion, pour sa brutalité et son coût par le candidat socialiste à la chancellerie en 1990, Oskar Lafontaine), elle s'efforce dans un premier temps de se reconstruire autour d'une vision neuve puissamment marquée par l'enjeu écologique. Adopté en 1989, sous l'influence de Peter Glotz, son programme est marqué par la volonté de rétablir un équilibre entre les exigences de rentabilité économique et les préoccupations sociales et environnementales qui traversent la société moderne. Il s'agit bien, en clair, de fixer des limites au marché, ce qui traduit alors, sinon un retournement, du moins un ressaisissement de la social-démocratie, aussi bien qu'un retour aux sources : « le marché, peut-on y lire, ne doit pas déterminer dans quelle direction la société se développe », ce qui conduit à une nouvelle évocation de l'idée de Plan, ressuscitée puis abandonnée au début de la décennie précédente par le socialisme français. De même, une conception du travail qui ne saurait être réduite à une marchandise est réaffirmée et sert de point d'appui à une proposition de réduction du temps de travail. Enfin, c'est au nom d'une philosophie humaniste que ces propositions sont avancées. L'ambition affichée par la social-démocratie à l'instar, quarante ans plus tôt, d'Anthony Crosland, est de gagner sur le marché des espaces de liberté en matière de loisirs, d'activité culturelle, d'éducation. La prospérité économique, est-il affirmé, n'a ainsi pas de valeur en elle-même, mais par les possibilités d'épanouissement qu'elle doit offrir à tous. Et de souligner, du même coup, l'importance des services publics, des activités associatives et, au final, des « valeurs féminines » comme « la sensibilité, l'imagination, l'amour et la convivialité, le rêve et la réflexion », comme un prolongement des thèses d'Herbert Marcuse. Le programme affirme enfin que « pour que la société devienne humaine, elle doit cesser d'être virile » et plaide pour une « alliance des nouveaux et anciens mouvements sociaux » autour des syndicats dont l'évolution est encouragée.

Mais le changement, peut-être le plus spectaculaire, réside dans l'affirmation totalement nouvelle sous la plume d'un grand parti social-démocrate de l'enjeu écologique qui appelle à une restructuration de l'économie autour de la production de biens durables, d'une consommation maîtrisée, qui inclut le recyclage des matériaux, une réduction des dépenses énergétiques et l'encouragement aux énergies nouvelles. En dépit de son histoire industrielle, et de celle du pays, le SPD plaide également pour une reconversion de l'industrie chimique et de l'industrie lourde, une priorité au transport collectif, notamment ferroviaire. « Il faut que croisse, peut-on y lire, ce qui consolide les bases de la vie, améliore sa qualité, favorise l'autodétermination et les activités autonomes de création. Il faut que décroisse ce qui menace les bases naturelles de la vie. » Ce qui revient à conditionner les critères d'efficacité et de rendement à des critères socio-écologiques, la contradiction étant levée, selon les auteurs du projet, par les perspectives importantes de développement que recèle une économie verte (énergie solaire, stockage du CO_2, etc.). Si l'on retrouve dans ces propositions l'analyse faite dès les années 1980 par Oskar Lafontaine[1], qui plaide pour « une croissance qualitative », celles-ci tombent cependant à plat. Destinées à reconquérir les jeunes et les classes moyennes diplômées, elles viennent contredire les attentes d'un électorat ouvrier frappé plus durement par le chômage, et d'un électorat de l'Est qui aspire au contraire, après de longues décennies de pénurie, à profiter des « avantages » d'une société de consommation de masse. Si bien que le SPD doit essuyer deux revers électoraux, en 1990 et 1994, qui le laissent pratiquement sans programme lorsqu'il parvient finalement au pouvoir en 1998. Après quelques années de tâtonnement, Gerhard Schröder prend seul, alors, l'initiative d'un complet chambardement : confronté à l'endettement élevé lié au coût de la réunification (150 milliards de marks par an), à un chômage persistant et à un déficit des comptes sociaux, il choisit pragmatiquement de faire du retour à la compétitivité de l'indus-

1. Oskar Lafontaine, *L'Autre Progrès*, 1989.

trie allemande sa priorité : aussi est-ce à la surprise générale qu'il annonce au Reichstag, le 14 mars 2003, un programme de redressement fondé sur la réduction des dépenses sociales, et en particulier des indemnisations chômage (L'agenda 2010 dont le clou est la réforme Hartz 4). Le parti, comme les groupes parlementaires ont été laissés dans l'ignorance de cette volte-face qui présente également l'inconvénient de rompre avec une tradition de consensus avec le DGB, le plus grand syndicat allemand.

Si cette politique va enclencher un processus de renouveau économique dont le gouvernement conservateur d'Angela Merkel tire aujourd'hui les bénéfices, elle a aussi pour effet de plonger le parti social-démocrate dans une crise morale et idéologique dont il s'efforce toujours de se relever aujourd'hui.

Le prix à payer est en effet particulièrement élevé : non seulement le parti a perdu le tiers de ses adhérents ; non seulement il obtenait, en 2009, les plus mauvais résultats de son histoire (23 %) ; mais surtout sa base électorale se fractionne. Si les fonctionnaires et les ouvriers qualifiés des grandes branches industrielles restent fidèles, les victimes de la mondialisation et les précaires rejoignent le « Parti de gauche », alors que les classes moyennes et les diplômés adeptes du social-écologisme votent désormais pour les Verts. Cette évolution est partiellement la conséquence de l'éloignement progressif du SPD de sa base syndicale, lié non seulement à la nature des politiques suivies au pouvoir par les sociaux-démocrates, mais aussi à la représentation de leur structure sociale respective. Le DGB est resté dominé par les secteurs traditionnels de l'industrie, alors que l'électorat du SPD s'est globalement diversifié, de sorte que ses dirigeants ont eu tendance à considérer, en particulier Schröder, que l'« alliance syndicale » n'était plus aussi déterminante que par le passé.

Aussi, écarté du pouvoir, le SPD, dans son programme d'Hambourg adapté en octobre 2007, amorce-t-il une réorientation sociale de sa politique. Certes, la question écologique y tient encore une place importante : le projet se veut tourné vers l'avenir et celui-ci passe toujours par la « croissance qualitative », mélange d'innovations technologiques, de gains de productivité, d'économies d'énergie. Mais le souci de justice et de redistribution est redéfini et renforcé. Ainsi, le SPD propose-t-il, à l'instar du pacte de stabilité financière, un pacte de stabilité sociale comportant des « objectifs et les normes de dépenses nationales en matière d'affaires sociales et d'éducation, en fonction des performances économiques de chaque pays de l'Union[1] ». De même, préconise-t-il la réforme de l'État social, invité à rééquilibrer la part respective du remède et de la prévention, ce second volet visant à favoriser une meilleure intégration au travail (formation tout au long de la vie pour assurer la « sécurité dans le changement »). L'« État social prévoyant », tout en préservant les mécanismes de prestations réparatrices liés à l'assurance, devra ainsi dégager de nouvelles sources de financements par l'impôt et investir dans les structures d'accueil de la petite enfance, les progrès de l'éducation et l'intégration des populations immigrées.

Le programme d'Hambourg reste en revanche relativement discret quant à la façon par laquelle la social-démocratie entend répondre aux objectifs qu'elle s'assigne ouvertement de « modeler la mondialisation grâce à la démocratie politique » et de refuser que « l'action politique soit soumise à l'économie ». Elle invite, certes, à un renforcement de l'Europe sociale, à la protection des biens communs que sont la santé, la culture, l'éducation, qui doivent être mis à l'abri de l'influence du marché, et à l'engagement des citoyens. Mais elle reste lacunaire sur les moyens politiques qu'elle envisage de se donner pour réguler l'économie afin de permettre un égal épanouissement de tous. Elle réaffirme, certes, la valeur de la redistribution, de l'égalité des chances et du service public. Elle en appelle à « une culture du don de soi et de l'intérêt général ». Mais renvoie, pour la mise en œuvre de ses ambitions, à une alliance des partis, des syndicats et des engagements citoyens dont les leviers d'action restent imprécis. Malgré ses faiblesses, on ne peut néanmoins que se féliciter de cet effort de synthèse dont l'impact sur l'électorat allemand reste encore difficile à mesurer. D'autant que le débat interne continue de faire rage entre ceux qui se réclament de l'héritage « gestionnaire » de Schröder, à l'image du chef du groupe parlementaire, Frank-Walter Steinmaier, et ceux qui veulent rompre avec lui sans pour autant briser le parti. Mais sans doute est-ce là l'effort le plus

1. Programme d'Hambourg. Notes de la Fondation Friedrich Hebert.

poussé que puisse consentir la social-démocratie traditionnelle. Aussi mérite-t-il, à ce titre et malgré ces limites, d'être salué !

Au total, on voit bien que la social-démocratie n'a pas réussi à se réformer autrement qu'à travers des expériences nationales originales mais qui toutes ont posé problème. Soit celui de leur nature : le New Labour semble s'être rallié totalement au marché au point de donner le sentiment que le progrès social ne peut plus être qu'un résidu, obtenu « faute de mieux ». Soit celui de leur exemplarité : le socialisme suédois a su, pour sa part, s'engager dans la rénovation des outils de la social-démocratie traditionnelle, ce que celle-ci, à l'instar de l'Allemagne, a beaucoup de mal à envisager et plus encore à opérer. Ce faisant, la social-démocratie reste en panne de réponse, suscitant d'inévitables appels à son dépassement. Il n'est que de traverser le Rhin, en effet, pour que bruissent critiques et anathèmes, chacun prédisant le mort de la social-démocratie du fait de son grand âge ou par empoisonnement. Le paradoxe est que le socialisme français, bien que placé au premier rang des contradicteurs, n'a plus guère d'arguments à faire valoir à son avantage.

Que reste-t-il du socialisme français ?

C'est que, face à la crise des années 1980, le socialisme démocratique d'Europe du Sud s'est banalisé[1]. Sa politique au pouvoir ne l'a pas distingué des partis frères sociaux-démocrates sur la critique desquels il avait pourtant bâti partiellement son projet politique. Le destin des uns comme des autres semble donc étroitement lié. Pourtant, le socialisme démocratique continue parfois contre toute évidence à revendiquer, en France par exemple, une identité, une originalité qui s'expriment notamment par une plus grande radicalité à l'égard du capitalisme… ou du reste de la social-démocratie européenne.

Au point que, pour beaucoup, c'est précisément sa difficulté à incarner, voire même à assumer cette radicalité qui serait à l'origine des derniers échecs des socialistes français.

1. Cf. chapitre VIII.

Électoralement, ces échecs sont cependant à relativiser : non seulement parce que le Parti socialiste reste le premier parti de France en nombre de collectivités locales dont il assume la gestion, et de loin ; mais aussi parce qu'il a su, après son effondrement de 1993, revenir rapidement au pouvoir. À se référer cependant aux seules présidentielles, il accumule les revers depuis 1995, comme si cette forme d'élection, qui nécessite pour son candidat d'opérer la synthèse de courants différents, lui était plus difficile qu'un scrutin parlementaire dans lequel la logique de coalition permet de suppléer l'absence d'accord fondamental.

C'est que cette exigence de radicalité plonge ses racines assez loin ! Conséquence de la compétition qu'a imposée au Parti socialiste au moins jusqu'au milieu des années 1980, un Parti communiste français puissant et majoritaire au sein de la classe ouvrière, elle tient aussi à la présence d'une droite dont le versant social, surtout avec le gaullisme, l'a obligée à se différencier en trouvant toujours insuffisantes des réformes dont, au même moment, s'accommodaient fort bien les gouvernements sociaux-démocrates.

Mais cette radicalité trouve aussi sa source dans un défaut de synchronisation entre les gauches européennes quant au moment « choisi » pour arriver au pouvoir dans les années 1970 et qui empêche le PS de tirer les leçons des expériences menées ailleurs.

Alors que Brandt, Palme, Kautsky dirigent les gouvernements de leurs pays, le socialisme français, prolongeant sa cure d'opposition, se montre naturellement plus réceptif au « gauchissement » du discours politique et social associé à l'après-1968. Loin d'être atteint par la remise en question provoquée par les événements de mai 1968, comme par la répression du printemps de Prague, le marxisme retrouve d'ailleurs en France une brève mais nouvelle jeunesse qu'illustre l'affirmation de courants, certes critiques, mais qui puisent à sa source, via Sartre, Lucien Sève ou Henri Lefebvre. Les deux ailes rénovatrices du nouveau parti socialiste né à Épinay, celle issue de la SFIO (le Ceres) comme celle issue du PSU (autour de Michel Rocard), nourrissent, elles aussi, un discours également radical dont la synthèse s'opère autour du triptyque « Plan – Nationalisation (voilà pour la première) – Autogestion (voici pour la seconde) » qui, si elle exprime des préoccupations contradictoires, n'en traduit pas moins une même volonté de rupture avec le capitalisme dont le congrès d'Épinay (1971) fera son emblème. Il est difficile de démêler, du tropisme révolutionnaire du Parti socialiste ou de la conjoncture politique, ce qui a alors le plus joué dans un processus qui s'opère, d'un point de vue doctrinal, sous la forme d'un véritable retour à l'orthodoxie. Plutôt que d'adapter la doctrine à la pratique, comme le firent la plupart des partis sociaux-démocrates des années 1950 et 1960, le nouveau parti socialiste français trouve en effet plus simple d'adapter sa pratique à sa doctrine : loin de s'affirmer réformiste, il recourt au vocabulaire de la rupture, non sans ambiguïté d'ailleurs ! Et l'originalité du congrès d'Épinay tient moins à l'élaboration d'une nouvelle ligne doctrinale (qui reste au fond dans le prolongement de l'orthodoxie mollétiste[1]), que dans l'adoption d'une stratégie électorale visant à associer le Parti communiste à une perspective désormais, et pour la première fois, ouvertement assumée de conquête de pouvoir. Et c'est dans cet objectif, beaucoup plus que dans son programme, que se trouve la principale novation introduite par François Mitterrand. Mais si cette ambition sera couronnée de succès, celui-ci sera vite terni par l'inertie doctrinale qui ne cessera de le handicaper.

Le projet socialiste adopté en 1980 est en effet dès l'origine miné par ses contradictions. Certes, il affiche un volontarisme que n'aurait pas renié le gouvernement d'Harold Wilson, qui en 1974 remettait également au premier plan planification et nationalisation. Ces deux outils semblent pourtant incompatibles avec le troisième, l'autogestion, qui fait appel à l'idée d'une participation forte des salariés dans leur entreprise et des citoyens dans leur collectivité, à l'élaboration des grandes orientations économique de la nation. Les socialistes en sont d'ailleurs conscients qui font eux-mêmes, au même moment, le procès d'une « étatisation » des entreprises à l'instar de ce qui s'est passé avec Renault à la Libération, qu'ils dressent presque en contre-modèle, pensant avoir trouvé dans cette forme de démocratisation

1. Ce qui ne manquera pas de faire sursauter les acteurs de cette histoire, mais comment ne pas observer que la SFIO n'avait jamais officiellement renoncé à se défaire du capitalisme et que Guy Mollet pouvait être pris en faute sur tout sauf sur le catéchisme marxiste !

l'antidote à la dérive bureaucratique. On sait ce qu'il en adviendra. De même ne parviennent-ils pas à expliquer comment la planification, notion affaiblie par la critique qu'en fournit la dérive autoritaire des pays de l'Est, pourrait être conciliée avec un marché que l'on n'entend pas véritablement remettre en cause, sauf à s'engager dans une politique de fermeture économique que semble annoncer cependant la volonté exprimée dans le projet socialiste de réduire la part du commerce extérieur dans le PIB, proposition qui sonne curieusement au moment où la globalisation des échanges commence à pointer son nez.

Aussi ce projet ne met-il pas deux ans avant de révéler ses défaillances qui tiennent plus à sa nature même qu'à l'offensive néolibérale à laquelle le socialisme européen est, partout, bientôt confronté.

La réalité, c'est que la recette keynésienne, même associée à des réformes de structure, est, elle aussi, en panne. Et que loin de conduire à la relance, les déficits amènent les gouvernements à la dévaluation et à une austérité vécue par l'électorat comme une trahison même si ironiquement le PS veut, lui, n'y voir qu'une parenthèse.

Là se situe le second contretemps qui va amener progressivement les socialistes français à se figer dans l'inertie doctrinale. C'est qu'à la différence du SPD en 1959 ou du Labour dans les années 1990, c'est au pouvoir qu'il lui faut se réinventer ! Ce qui lui laisse certes du temps (la Ve République présentant l'avantage de la stabilité) mais lui donne moins de profondeur et l'incite, autant par contrainte que par tempérament, à faire preuve plutôt de souplesse tactique que d'innovation programmatique. D'autant que, de par sa structure même, le Parti socialiste n'est pas obligé de « se repenser » en totalité, à la différence des autres partis européens. L'effondrement progressif de la classe ouvrière l'affecte en effet moins que le Parti communiste qui y laisse, lui, l'essentiel de ses forces électorales ; la prise en compte, à travers des propositions sociétales, des préoccupations des classes moyennes diplômées, voire des cadres supérieurs, lui est ensuite rendue plus facile par une culture déjà ouverte à l'individualisme. Enfin, à la différence du New Labour, il n'a pas à se débarrasser d'une « doctrine collectiviste » qui ne tient qu'une toute petite place dans son bagage idéologique et que l'attitude ambiguë de la SFIO à son égard a même contribué à déconsidérer. Son enracinement local, enfin, plus que militant, lui donne la capacité de surmonter ses échecs électoraux en 1986 puis en 1993, revenant à chaque fois au pouvoir dans des délais assez brefs. Sans avoir cependant jamais « purgé » les contradictions initiales que la dureté des temps ne pouvait manquer de faire resurgir et que dix ans passés, depuis 2002, dans l'opposition n'ont pas suffi à lever. Pourquoi ?

D'abord parce que le socialisme français reste taraudé, plus qu'aucun autre peut-être, par la question de l'égalité. Celle-ci nourrit une critique sociale sans équivalent dans d'autres sociétés européennes, pourtant socialement plus clivées[1]. Autour du travail de Pierre Bourdieu, on l'a vu, une dénonciation féroce des mécanismes systématiques de la « reproduction » des inégalités s'est développée dont des mouvements comme Attac ont pris le relais sur le plan économique. Ce mouvement de contestation, qui constitue dans les années 2000 l'élément le plus vivant du débat public, s'est cependant toujours arrêté aux portes de l'État, privant du même coup le socialisme français de toute véritable capacité à se réformer. Loin d'être inclus dans sa critique, l'État, pour des raisons liées sans doute à son histoire républicaine, a toujours été préservé pour être présenté même comme le seul outil à partir duquel les conditions indispensables au rétablissement d'une véritable égalité sociale et d'une solide souveraineté politique peuvent être réunies. Si bien que le mouvement socialiste français semble s'être figé dans la vénération d'antiques instruments dont une de ses fractions (autour de Michel Rocard) soulignait pourtant, trente ans plus tôt, les faiblesses et les contradictions. Si les nationalisations ne sont plus revendiquées comme un outil permettant d'allier justice et efficacité, toute privatisation est en revanche exclue comme contribuant à la marchandisation de la société. Si l'appel à l'impôt n'est pas ouvertement prôné, le déficit, à défaut de la dévaluation, fait figure de réponse à tout, en particulier pour relancer la croissance portée par une sorte de nostalgie keynésienne, qui dans les années 1960, avait pourtant été, dans ses rangs, vivement critiquée.

1. La France est l'un des pays de l'OCDE où les écarts de revenus se sont le moins creusés au cours des vingt dernières années.

Cette inertie doctrinale a évidemment d'autres causes, encore plus profondes. Quasiment assuré d'être au second tour de chaque élection, le Parti socialiste n'est guère encouragé à se remettre en question. À noter qu'en son sein le système dit « des courants » le paralyse, d'autant plus que les questions émergentes telles que l'écologie, sur lesquelles auraient pu s'opérer de nouveaux clivages, ont été sous-traitées à ses alliés potentiels.

Le PS se veut ainsi le parti de la réforme par l'État mais refuse toute réforme de l'État : il laisse donc le champ libre à ses contempteurs sans se donner les moyens d'y réussir une fois parvenu aux responsabilités. Aussi, les changements au sein de l'État conduits par ses seuls adversaires prennent-ils des formes qui affaiblissent l'esprit du service public et soumettent son fonctionnement à des exigences de rationalité comptable privilégiées par ceux qui veulent assimiler l'action publique à celle d'une entreprise privée. Faute d'en avoir pris l'initiative, le PS laisse la « réforme » à une droite qui a fini d'en « dégoûter » les fonctionnaires, rendant désormais toute évolution encore plus difficile.

Les conséquences de cette inertie ne s'arrêtent pas là. Il en résulte aussi une démobilisation des autres forces de la société civile, associative, syndicale, qui ne se vivent pas comme des instruments d'une possible transformation sociale, elles sont des moyens de pression destinés seulement à influencer les orientations politiques du parti au pouvoir. Qui ne voit pourtant qu'un changement véritable ne peut venir que d'une nouvelle alliance entre l'État et la société ?

Cette vacuité doctrinale se lit enfin dans les textes dont le PS est prolixe, qui l'enferment dans un économisme d'autant moins convaincant que c'est justement sur le terrain de l'économie que font défaut les solutions concrètes. Il reste ainsi obsédé par la recherche et la dénonciation d'un adversaire (hier le capitalisme, aujourd'hui le libéralisme sauvage ou la mondialisation) décrivant le monde à travers ses pathologies sans plus jamais offrir de véritables perspectives.

Le désert des Tartares...

Le naufrage de la gauche italienne démontre cependant, à la décharge des socialistes français, qu'il est possible d'arriver à de mêmes résultats par des voies différentes.

Loin de récuser sa transformation, et même de refuser de la penser, la gauche italienne l'a, au contraire, décidée et menée à son terme, sans jamais revenir sur ses engagements.

L'originalité est que ce processus ait été conduit par l'ancien parti communiste, plutôt que par le Parti socialiste italien, emporté dans la tourmente, qui transforma de fond en comble le paysage politique italien au début des années 1990 sous l'impact de la crise civique déclenchée par la lutte contre la corruption.

Dès lors, c'est le PCI qui s'est trouvé chargé d'incarner la modernisation d'une idée socialiste de laquelle il s'était d'ailleurs, au cours des années 1970 et 1980, assez largement rapproché. Non seulement il avait amorcé, par exemple en Émilie-Romagne dont il assurait l'administration, un mouvement vers le réformisme en encourageant le développement d'une myriade d'entreprises coopératives, mais il avait aussi, sur un terrain plus idéologique, progressivement assumé un éloignement progressif d'avec le référent soviétique. Et si les distances avaient été prises dès la chute de Staline, elles s'étaient accentuées après Prague avec la tentative d'un communisme ouvert en direction des forces démocratiques de l'Ouest (dit eurocommunisme) et en Italie, via l'idée du compromis historique, en direction de la démocratie chrétienne, tout cela sous la responsabilité du secrétaire général d'alors, Enrico Berlinguer. Mais c'est après la mort de celui-ci et concomitamment à la chute du Mur que le PCI devait achever ce processus en renonçant d'abord ouvertement au marxisme, lors de son congrès de 1989, puis en changeant même de nom, devenant en 1992 le Parti démocratique de la gauche (PDS).

Cette transformation n'a pas atteint cependant ses objectifs. Le problème, c'est que, bien que largement débattue et réfléchie, elle s'effectue au moment même où la social-démocratie européenne entre en crise et parallèlement à la transformation du système politique italien qui ne laisse au final, au nouveau parti, qu'une influence limitée qui le fait plafonner à 20-25 % du corps électoral : la situation financière désastreuse de l'Italie oblige le PDS à se rallier à une vision réaliste, rigoureuse des comptes publics ; l'éclatement du Parti socialiste italien, comme de la Démocratie chrétienne, ne lui permettant en outre que d'en fédérer les lambeaux.

Sans doute, le changement a-t-il été mené trop brutalement au point de conduire le PDS à perdre en route une partie de ses forces. Mais, surtout, il semble avoir été victime d'une forme d'aveuglement. Entamé à la fin des années 1980, dans le prolongement des initiatives antérieures visant à dégager le PCI de l'orbite soviétique, le processus a été mené principalement dans le souci de rompre l'isolement de celui-ci sur la scène politique européenne. Le ralliement idéologique à la social-démocratie s'est effectué sans véritablement tenir compte de la spécificité de la situation de la gauche italienne, de ses traditions idéologiques comme de ses rapports avec le mouvement syndical. Il a donc été largement incompris et n'a pas produit pas les effets attendus. Le PDS, devenu désormais le Parti démocratique, ne s'est pourtant pas véritablement réorienté au vu des différents échecs qu'il a pu connaître, s'efforçant de plus en plus à ressembler au parti démocratique américain, malgré les fortes résistances d'une partie de l'électorat.

Le recours aux « primaires » pour choisir ses candidats à toutes les élections illustre d'ailleurs parfaitement ce décalage, les Italiens de gauche semblant préférer à chaque fois les candidats libres à ceux de l'appareil. Cette contestation des partis existants constitue-t-elle l'ultime étape de leur décomposition ou une invitation à se régénérer ? La question s'adresse en réalité à tous les partis de gauche en Europe.

CHAPITRE XII

Les chemins de la reconquête

À l'évidence, le socialisme n'a plus les idées claires. Aussi ne pourra-t-il retrouver un projet cohérent qu'après avoir surmonté les obstacles qui sont encore sur sa route.

Dépasser la social-démocratie !

Au total, et en utilisant à peu près partout les mêmes outils, la social-démocratie n'est parvenue qu'à se prolonger. Au point de ne plus apparaître aujourd'hui que comme une survivance. Et loin de la relancer, la terrible crise financière de 2008 a plutôt révélé, voire même accentué ses faiblesses…

Reconnaissons-lui cependant un mérite : celui de la combativité, puisqu'elle a su contenir, au moins jusqu'à une période récente, un déclin qui se lit désormais dans les chiffres.

Ainsi, après la formidable période de turbulences des années 1980, sut-elle d'abord se ressaisir au point d'être à nouveau associée au pouvoir, voire même de diriger plus des trois quarts des gouvernements de l'Union européenne au tournant du nouveau millénaire ! Cette « résurrection » a sans doute été la conséquence de son habileté tactique : plier face à la vague libérale plutôt que s'y opposer frontalement. Roseaux sous la bourrasque, les sociaux-démocrates se sont ainsi faits les chantres de la « bonne gestion », tentant d'apporter la démonstration de leur capacité à rétablir les comptes publics et à réduire les dépenses sans trop pénaliser les plus faibles. Plutôt que de défendre « idéologiquement » l'État providence, ils se sont même essayés[1] à en rationnaliser le fonctionnement afin d'en prouver l'efficacité, c'est-à-dire la compatibilité avec les exigences de la compétitivité économique. En rendant des points à ses adversaires et en mettant en particulier le bémol à son programme de redistribution fiscale, la social-démocratie s'est également ajustée à la mondialisation, faisant plus ouvertement que jamais dans les années 1990 le pari de l'Europe. Attachée à la mobilité sociale, c'est vers les politiques éducatives, dotées désormais de toutes les vertus, qu'elle a tourné ses attentes : la formation devenant le remède à des inégalités traitées autrefois par la redistribution sociale. Enfin, pour conduire cette politique si éloignée à bien des égards de ses principes et de ses traditions, n'a-t-elle pas hésité à prendre ses distances avec le milieu syndical pour pratiquer une forme de « social-technocratisme » dans lequel l'État et notamment la législation ont été appelés à jouer un rôle renforcé. Et Tony Blair, comme Gerhard Schröder, Lionel Jospin comme Göran Persson en Suède font alors sans états d'âme apparents le choix d'affirmer leur capacité de leadership, le plus souvent au détriment du dialogue social comme de la participation des citoyens…

Cette stratégie gagnante à court terme ne lui a cependant offert qu'un bref répit.

D'abord, sur le plan électoral : les meilleurs résultats obtenus à cette époque par les partis socialistes et sociaux-démocrates se révèlent bien inférieurs à ceux des années 1980 (29,7 % en moyenne, contre 31,1 %, pour les treize pays de l'Union européenne gouvernés alors par la gauche[2]) et plus encore à ceux des années 1960 et 1970 (33,2 %). Moins robuste que celui des décennies précédentes, son socle électoral s'est fissuré plus rapidement, précipitant à la fin de cette période la plupart des partis sociaux-démocrates dans l'opposi-

1. À l'exception française enfin, on l'a vu !

2. Gérassimos Moschonos, « Nouveau Chantier du socialisme », mis en ligne le 18 janvier 2010, p. 36.

tion à l'instar de la Suède, de la France, de l'Allemagne ou encore de la Grande-Bretagne.

C'est que la parenthèse ouverte après la chute du Mur reposait sur une illusion qui ne mettra pas quinze ans à se dissiper, avec l'évaporation du vote populaire. Et le prix à payer pour cette période de latence sera la fin progressive de l'enracinement de la social-démocratie au sein de la classe ouvrière, qui constitue, on en conviendra, un retournement politique et culturel majeur. Son électorat traditionnel n'a pas accepté le « reprofilage » auquel la social-démocratie s'est livrée dans la mesure où celui-ci n'a pas fait la preuve de son efficacité : au cours des deux dernières décennies, la part des salaires dans la richesse nationale a partout décru, le chômage s'est au contraire maintenu à un niveau élevé, y compris parmi les diplômés, trahissant la promesse faite via l'investissement dans l'éducation et l'université ; la place de l'industrie n'a cessé de décroître et l'écart de revenus entre le décile le plus riche et celui le plus pauvre de s'élargir... En somme, la social-démocratie n'a réussi à se maintenir au pouvoir qu'en sabordant ce qui faisait sa spécificité.

Le processus s'est, en effet, prolongé sur le plan idéologique. Or, au petit jeu du recentrage, la droite européenne s'est montrée plus habile : renonçant à attaquer de front le pacte social, elle a su rallier à elle les classes moyennes séduites par les promesses de baisses d'impôt, pendant que, dans le même temps, la montée des questions de l'immigration, comme celles de l'insécurité, déplaçait vers les partis contestataires une fraction importante du vote populaire.

Identifiée à une Europe en panne perçue même parfois comme un vecteur de dislocation des acquis sociaux, la social-démocratie s'est par ailleurs révélée partout incapable de réagir à l'exploitation orchestrée d'un sentiment national excité par la recherche d'une identité mise à mal par le « multiculturalisme » reproché à la gauche et qu'encourageraient les pressions de l'Union européenne.

Comme presque un siècle auparavant, la social-démocratie se montre encore d'autant plus mal à l'aise pour répondre à ce défi, que son internationalisme n'a toujours été que de façade. Ainsi ne parvient-elle pas à concrétiser ses propositions de « nouvelle gouvernance mondiale » pas plus que la perspective d'un espace social européen… Pour la raison simple que, si son cœur l'y conduit, sa nature l'en éloigne.

Pur produit des États-nations, la social-démocratie est née avec eux dans la seconde moitié du XIXe siècle, épousant leur culture, leurs frontières, même leurs querelles, ce que devait dramatiquement illustrer en 1914 son choix pour l'Union sacrée au détriment de la « solidarité ouvrière » pourtant prônée dans ses congrès. C'est aussi dans ce cadre national qu'elle se reconstruit au lendemain de la Seconde Guerre mondiale, s'appuyant d'abord sur la demande intérieure et le contrôle des échanges commerciaux. Ne nous y trompons d'ailleurs pas, les partis sociaux-démocrates se sont le plus souvent montrés réticents face au projet européen naissant, s'y ralliant là encore sur le tard, mais sans y apporter de supplément d'âme, les plus avancées en matière sociale, tels les Scandinaves, se montrant souvent les plus opposés à une intégration sociale plus poussée. Et ne s'y ralliant qu'au moment justement où l'Europe, faute de projet, s'est enfermée dans une impasse, accroissant du même coup le sentiment d'impuissance qui s'est emparé de l'ensemble de la social-démocratie. Et dont elle ne parvient plus du coup à s'extraire…

Fatalité ? Malheur des temps ? Ou n'est-ce pas plutôt que le projet social-démocrate est, en réalité, « historiquement achevé[1] » ! Son ambition originelle – construire de grands partis enracinés dans la classe ouvrière, capables d'obtenir pour celle-ci une amélioration sensible de sa condition au point d'équilibrer l'économique par le social – n'a-t-elle pas été globalement atteinte durant les Trente Glorieuses ? Ses réalisations méritent d'ailleurs mieux que les caricatures qu'en ont faites les diverses extrêmes gauches.

Mais si le projet social-démocrate touche à sa fin, la social-démocratie n'en constitue pas moins encore en Europe une réalité politique, qui continue de compter et dont il serait dramatique de refuser l'enseignement. Sur près d'un siècle, en effet, bien que sous des formes différentes, et malgré les errements de ces derniers temps, la social-démocratie est plutôt restée fidèle à elle-même : son objet n'a été rien d'autre que la recherche, l'établissement et l'approfondissement d'un compromis de classe.

---

1. La formule est de Laurent Bouvet…

Cette ambition s'appuie, ce qui a toute son importance, sur une vision de la société marquée par l'antagonisme social : un antagonisme qu'elle veut résoudre, certes (elle a définitivement écarté l'idée de révolution après 1917), mais qui structure sa stratégie. Du point de vue social-démocrate « la vie n'est pas un long fleuve tranquille ». Il s'agit au contraire de dégager les lignes de fracture qui traversent la société et dont la principale est celle qui oppose la classe des producteurs à celle qui dirige l'économie. Son ambition est de rassembler, organiser, représenter cette classe de producteurs de façon que le rapport de forces ainsi obtenu soit le gage d'avancées sociales durables, c'est-à-dire institutionnalisées, consacrées dans la loi par la création de systèmes de droits et de prestations : en somme un pacte social. Au regard de la timidité du discours de la gauche aujourd'hui, on mesure peut-être mieux ce que ce projet a d'original et de fort !

On pourrait certes tirer argument de la remise en question de ce compromis auquel on assiste à présent pour chercher à donner à la social-démocratie une deuxième chance ! Et nombreux sont ceux qui soufflent encore sur les braises. Mais ce serait oublier que les conditions propres au succès du projet social-démocrate ne sont aujourd'hui plus réunies. Le sentiment de classe, en particulier, parmi les employés et les ouvriers n'est plus mobilisateur. Les couches populaires ont pris leur distance avec les partis de gauche, autant par désillusion que parce que le rapport des citoyens à la politique et aux partis a profondément changé, ce qu'illustre l'indiscutable recul du militantisme ; le tissu étatique et national sur lequel la social-démocratie a brodé son projet est chaque jour un peu plus mité par les progrès de la globalisation ; enfin, l'objectif du plein-emploi s'est estompé sous l'effet des délocalisations et celui de la croissance est remis désormais en question par la contrainte environnementale... La société est devenue plus fluide, presque liquide[1]. Le conflit social, loin d'opposer deux masses indistinctes définies par leur place dans les rapports de production, s'est déplacé sur de multiples terrains (féminisme, écologie, précarité, logement, etc.), en même temps que les fondements du pacte social se sont fissurés. Et l'affai-

1. Zygmunt Bauman, *Le Présent liquide*, Paris, Seuil, 2007.

blissement des syndicats, la perte d'influence de l'État national témoignent inéluctablement de l'affaissement des bases institutionnelles du compromis social-démocrate !

Ayons la lucidité de reconnaître qu'une page est tournée mais aussi le souci d'en mesurer les conséquences. La fin de la social-démocratie débouche sur une nouvelle configuration politique et idéologique. Son succès reposait en effet sur un paradoxe à l'origine de bien des malentendus qui ont nourri sa critique : la social-démocratie en appelait à un rapport de forces… pour déboucher sur un consensus…

Ce faisant, sa stratégie présentait l'avantage d'intégrer (à leur corps défendant peut-être) les forces contestatrices vivant sur ses marges : le courant révolutionnaire ou contestataire, coupé de la masse de la classe ouvrière, était obligé, comme en Suède, de lui apporter son soutien sauf à disparaître du paysage politique ; le libéralisme, dans sa version sociale, y trouvait aussi son compte, puisque le projet social-démocrate, s'il part de prémisses différentes (une approche de classe de préférence à une approche en termes de liberté individuelle), aboutit partiellement aux résultats attendus par les libéraux, à savoir la démocratisation des institutions politiques et sociales, comme le renforcement de l'autonomie de la personne humaine et le progrès économique.

Dans cette synthèse, ou ce « juste milieu », se trouvent les sources du succès idéologique et électoral de la social-démocratie pendant près d'un demi-siècle. Mais là se trouve aussi l'explication de sa disparition programmée : le temps n'est plus au compromis !

Du coup, les forces politiques que la social-démocratie parvenait à entraîner avec elle ont repris leur liberté. Un courant contestataire, refusant parfois même jusqu'à l'idée de l'exercice du pouvoir, s'est détaché captant le mécontentement d'une partie de plus en plus large des couches populaires, à l'instar de Die Linke en Allemagne ou de l'extrême gauche en France. Le cœur de la social-démocratie s'est dès lors déporté vers le « centre gauche » cherchant auprès des classes moyennes et diplômées un appui qu'elle n'a obtenu qu'au prix de l'abandon de sa référence de classe et plus encore de sa critique sociale du capitalisme. La social-démocratie européenne ressemble désormais à une banquise de laquelle se détachent progressivement des blocs entiers dont la dérive semble difficilement réversible. Il ne faut pas chercher plus loin la cause d'un déclin électoral et politique que les concessions faites au « libéralisme économique » ou le rapprochement effectué en direction des forces les plus modérées ont été incapables d'enrayer durablement.

Ce déport peut, certes, dans le meilleur des cas (et il se trouve en France de vaillants auteurs pour prôner ce point de vue), déboucher sur une reviviscence du courant républicain : celui-ci n'avait-il pas, dès l'origine, pris acte de l'individualisation des rapports sociaux à laquelle il entend, en revanche, apporter une réponse, non en termes de contrat ou de pacte social, mais de droits, faisant de l'État ou de la loi le substitut à la faiblesse des courants syndicaux ? Mais cette approche, outre qu'elle ne peut être partagée par les partisans d'une contestation sociale, radicale, bute d'abord sur le délitement de la synthèse républicaine, lui aussi à l'œuvre depuis une trentaine d'années. Le gouvernement par la vertu heurte de plein fouet la montée des formes d'hédonisme et l'émergence d'une citoyenneté fractionnée, c'est-à-dire de formes d'engagement étroitement conditionnées par la seule défense d'intérêts particuliers ou par le surgissement d'événements ponctuels. Enfin, la loi comme la logique des droits ont de plus en plus de mal à épouser une réalité sociale mouvante et émiettée. À quoi s'ajoute le risque de faire entrer le « social » dans un processus de « victimisation » consistant à répondre à des problèmes, dont les causes sont liées au dysfonctionnement de la société, par l'attribution de nouveaux droits civils à l'instar de ce qui se passe aux États-Unis.

Le paradoxe, mais aussi la force, de la gauche de la gauche, sur l'autre versant, est en revanche d'avoir pris conscience de cette « labilité » sociale. Si elle se dépense sans compter pour trouver une « figure de substitution au prolétariat » (Patrick Hagerty), elle privilégie les formes d'auto-organisation, ce qu'elle appelle un « mouvementisme » qui se déploie sur tous les champs : emploi, logement, sans-papiers, etc., dont elle ne parvient pas cependant à trouver l'élément fédérateur. Cette absence de débouchés l'« énerve » et la conduit à se retourner contre un « socialisme électoral » accusé de se fondre dans un « centre » inconséquent.

Cette double évolution, qui traduit la cassure intervenue au sein du socialisme européen, ne laisse pas d'inquiéter. Mais impose, sans conteste, sa conclusion : le socialisme ne pourra trouver une nouvelle jeunesse que s'il s'éloigne de la social-démocratie ! Il doit une fois pour toutes admettre que les temps ont changé et renoncer à la nostalgie des Trente Glorieuses. Mais ce détachement ne doit pas prendre la forme d'un divorce.

Parce que, ainsi que ce livre a entrepris de le démontrer, le socialisme est d'abord une histoire en marche, c'est-à-dire un projet, qui n'a dû sa pérennité qu'à sa capacité à s'adapter sans cesse aux mutations de ce frère ennemi qu'est le capitalisme ! Passer la social-démocratie par pertes et profits reviendrait dès lors à perdre le fil de cette histoire. Pour nécessaire qu'elle soit, la mutation du socialisme doit donc s'envisager non en rupture avec la social-démocratie, mais dans le prolongement de celle-ci.

Or, que nous apprend-elle dont nous devons conserver l'enseignement ? Que la société est, de tout temps, traversée de conflits internes dont il faut faire l'analyse et la critique pour en unifier les enjeux. Et que ceux-ci ne peuvent trouver leur solution que dans des formes d'institutionnalisation qui garantissent à la fois l'équilibre et la stabilité des compromis passés : « Le défi social-démocrate, écrit Patrick Hagerty, [...] est de penser à la fois les antagonismes sociaux, dans leurs formes éventuellement très nouvelles, et les modalités, forcément novatrices, de leur institutionnalisation[1]. »

Déjouer les pièges du social-libéralisme

La conclusion à laquelle nous venons de parvenir constitue la première étape d'une indispensable reconquête idéologique. La social-démocratie s'est en quelque sorte reposée sur son succès de l'après-guerre : elle a oublié de lui fournir une armature intellectuelle autre que le « reniement » du marxisme et l'affirmation d'un humanisme généreux mais vague. L'explication tient sans doute à la transformation des partis ouvriers, de partis d'opposition en partis d'exercice du

1. Patrick Hagerty, « Peut-on être encore social-démocrate ? »

pouvoir, désormais moins disponibles pour le débat spéculatif comme pour la réflexion collective. Elle tient aussi à l'attraction qu'a continué d'exercer le marxisme sur les milieux intellectuels qui, sans nécessairement se rallier au communisme, n'ont eu de cesse d'orienter leurs travaux autour, on l'a vu, de ses concepts, que ce soit pour tenter de les conforter ou pour faire vivre un marxisme critique.

De sorte qu'après le formidable effort de Karl Polanyi nul ne s'est soucié de doter le socialisme démocratique d'une définition autrement qu'en creux : celui-ci est à la fois l'adversaire du tout-État à la soviétique et du tout-marché ultralibéral.

Mais cette carence s'est révélée et se révèle encore dramatique : si le socialisme a souhaité se détacher du marxisme-léninisme, dès 1920, et du marxisme « stricto sensu » officiellement à la fin des années 1950, il s'est montré incapable de jeter les bases d'une reformulation doctrinale, au point que l'on pourrait sans peine finir par le confondre avec le libéralisme, un libéralisme avancé, certes, un libéralisme social, mais qui l'aurait comme colonisé au point de le priver de tout ressort propre. C'est ce piège qu'il lui faut déjouer !

Quitte à rappeler, contre de beaux esprits, que malgré leurs points communs, libéralisme et socialisme demeurent, après plus de deux cents ans de confrontations et de coopérations, fondamentalement différents, idéologiquement et politiquement ! Et qu'en se fondant dans un libéralisme social le socialisme s'engagerait dans une impasse ! Sans doute à survoler un peu trop rapidement l'histoire du siècle écoulé, on pourrait en déduire que le socialisme a peu à peu cédé la place. Et de citer les étapes de ce « chemin de Damas » : de l'intégration du socialisme dans le régime représentatif et parlementaire, au début du XXe siècle, à l'acceptation du marché (certes régulé) au lendemain de la Seconde Guerre mondiale, ou à la volonté de favoriser aujourd'hui une « libéralisation » des mœurs…

Le plus redoutable est que, pour certains, cette fusion ne serait d'ailleurs qu'un retour aux sources : celle des Lumières, puis de la Révolution française, où le socialisme a puisé sa conception non de la société (c'est là au contraire ce qui va le différencier), mais de l'émancipation de la personne humaine. Ce serait cependant oublier que le premier socialisme, loin d'être une philosophie de la liberté individuelle, se voulait au contraire celle d'un ordre retrouvé. Ce dont témoigne tout aussi bien l'œuvre de Marx : contrairement à ce que répète une analyse bâclée, le marxisme est une anthropologie. Il part de l'individu et son exigence première est celle de sa libération. Sauf qu'il prétend partir de l'individu « réel », plongé dans une société qui l'aliène, qui le prive, par la division du travail et l'appropriation des produits de son activité, de son plein épanouissement. Le marxisme veut supprimer les obstacles qui empêchent l'individu de revenir à lui-même, au rang desquels naturellement la religion, le système de propriété, l'idéologie, etc. Or là se situe sans doute le point de césure : individualiste, le socialisme n'hésite pas à proclamer que l'émancipation des hommes sera l'œuvre des hommes eux-mêmes. Mais il ne s'en remet pas, pour y réussir, à l'action de la seule raison, cette qualité essentielle qui fonde la liberté de chacun. Il s'appuie au contraire sur l'histoire et ses lois qu'il prétend connaître. Cette « nécessité » de la liberté constitue le point d'achoppement décisif d'avec le libéralisme. Même si les socialistes n'auront de cesse au cours de leur histoire de relativiser puis de corriger l'impact de ce « déterminisme ».

Ainsi, l'étude approfondie de Marx lui-même, en particulier de ses manuscrits de jeunesse, viendra-t-elle confirmer l'intuition de Jaurès selon laquelle la liberté des hommes et des groupes interfère avec le mouvement des forces économiques et sociales au point que l'avenir reste toujours une page blanche !

Plus largement, en récusant la violence de la révolution, au lendemain de la Première Guerre mondiale, puis en choisissant le « compromis historique » avec le capitalisme que représente la social-démocratie, l'idée socialiste va « rendre » à la liberté sa double caractéristique de moyen et de fin. Mais elle ne renonce pas pour autant à ce qui continue de la distinguer du libéralisme, à savoir la volonté d'organiser, d'ordonner la société pour en corriger les injustices et en réduire les inégalités[1]. La liberté ne lui suffit pas pour elle-même : elle ne se conçoit que débarrassée de ce qui la handicape, la contraint, la restreint, ce que seule la société, par son action,

1. Bernstein, à la fin du XIXe siècle, parle certes du socialisme comme d'un « libéralisme organisé », mais la formule est plus politique que conceptuelle. Il y a là en effet une contradiction dans les termes.

peut lui obtenir et lui garantir. Qu'on le veuille ou non, il existe fondamentalement dans le socialisme cette idée, cette exigence même, d'un ordre social, d'une sorte d'harmonie qui fait tenir le tout ensemble ; une idée définitivement rétive à la prétention libérale d'accorder les contraires par le seul jeu des égoïsmes et des « intérêts bien compris »

Certes, face au mouvement du siècle, le libéralisme n'est pas resté inerte. Mais, révolutionnaire à son origine puisqu'il met entre les mains de tout homme les clefs d'un avenir que la raison et la science vont éclairer, il subit une première captation avec la première révolution industrielle qui en fait, dans sa version économique, l'adversaire du socialisme. Peut-on aller jusqu'à écrire qu'il est alors instrumentalisé par une bourgeoisie-Jivaro qui en réduit la tête pour ne lui laisser qu'un tronc économique, celui du laisser-faire, laissez-passer ? Oublieux peut-être de ses fondateurs, le libéralisme coexiste en tout cas à merveille avec un corps social conservateur qui ne pousse au changement que dans l'ordre économique. Comme le fait remarquer Marcel Gauchet[1], c'est à son association paradoxale avec la tradition que le libéralisme doit d'abord son succès. Sa dimension « révolutionnaire » est canalisée vers la sphère de la production et des échanges et détournée du même coup d'une société attachée à ses rites, sa hiérarchie, ses avantages.

Allons plus loin cependant et reconnaissons que le libéralisme n'est « pas privé de toute éthique ou de conscience sociale[2] » et si s'affirme avec la systématisation du capitalisme, à la fin du XIXe siècle, un libéralisme du marché pur et parfait, s'affiche également à ses côtés un libéralisme moral, social, soucieux face aux tendances centrifuges qui travaillent la société de concilier liberté individuelle et cohésion sociale. Ce mouvement prend en France la forme politique du républicanisme pour qui l'émancipation des individus ne peut reposer non sur l'abstention de l'État, mais au contraire sur son engagement via l'éducation, censée faire échapper l'homme à sa condition sociale ; via la laïcité destinée à le prémunir des influences

1. Marcel Gauchet, *La Crise du libéralisme*, Paris, Gallimard, 2007.

2. Catherine Audard, *Qu'est-ce que le libéralisme*, Gallimard, « Folio Essais », 2009.

religieuses non consenties ; via la solidarité visant, par l'assurance, à corriger les inégalités nées des aléas de la vie. Ce libéralisme social, qui se développe sous l'influence d'un Stuart Mill en Grande-Bretagne ou d'un Renouvier ou d'un Bourgeois en France, semble si proche du socialisme qu'une partie de celui-ci manque de s'y laisser prendre. Il constitue en tout cas, pour ce dernier, un allié. Avec lequel il convient cependant de ne pas le confondre ! Il serait alors de la part du socialisme d'autant plus dommageable de succomber à son appel que cette « socialisation » du libéralisme reste de peu de poids face à l'ampleur des transformations qui affectent et divisent la société : cartellisation de l'économie, montée des impérialismes, affirmation numérique et idéologique de la classe ouvrière…

À l'orée du XXe siècle, l'idée d'une organisation de la société paraît mieux convenir aux temps nouveaux qui semblent être ceux des masses qu'une doctrine fondée sur la souveraineté du seul individu[1]. Aussi est-ce bien le reflux du libéralisme qui s'annonce sous l'impact de la guerre, puis de la grande dépression. On se rappelle que ce n'est pourtant pas le socialisme qui tire profit de cette crise, mais les idéologies totalitaires qui se nourrissent de celle-ci. Au point que les deux autres protagonistes, libéraux et socialistes, ne se rapprochent à nouveau l'un de l'autre que par leur commune impuissance à formuler une réponse adéquate aux cahots du monde. La Seconde Guerre mondiale les verra cependant, et sombrer et renaître pour au total se retrouver. Qui du socialisme ou du libéralisme fait alors le principal pas vers l'autre ? La réponse est d'autant plus complexe qu'à mesure qu'il gagne en influence intellectuelle le libéralisme social paradoxalement s'affaiblit (en France, en Grande-Bretagne par exemple) comme force politique, alors que le socialisme suit le mouvement exactement contraire. Au point de laisser penser que le premier serait devenu en quelque sorte et par la force des choses l'inspirateur de l'autre. C'est en effet du courant libéral qu'émergent les idées nouvelles qui vont s'imposer après 1945, à savoir notamment la création et l'affirmation de l'État providence, que vont s'approprier les socialistes, comme la mise en place de politiques de la demande, conçues par Keynes mais placées au cœur

1. Cf. chapitre V.

de la plate-forme du Parti travailliste en 1945, avant de gagner toute la social-démocratie européenne. N'assiste-t-on pas alors à la fusion des deux doctrines antagonistes du XIXe siècle dans un même courant démocratique n'ayant plus pour adversaire que le totalitarisme, c'est-à-dire, après 1945, le communisme ? Bien des raisons poussent, à ce stade, à la prudence, et d'abord leur conception respective de la démocratie.

C'est que si le socialisme ne se rallia que progressivement à la démocratie, il en alla de même pour le libéralisme. Celui-ci est dès l'origine défiant à l'égard du suffrage universel parce qu'il redoute la tyrannie de la majorité sur les minorités, surtout, rappelle Tocqueville, sous la pression terrible qu'exerce sur la liberté l'aspiration montante à l'égalité. Si bien que le libéralisme politique est d'abord le fait d'une élite qui ne se convertit à la démocratie qu'à peu près au même moment que le socialisme, c'est-à-dire dans les dernières années du XIXe siècle. Mais cette conversion est favorisée par une mutation doctrinale qui n'a rien de socialiste : elle s'opère autour de l'idée, non du pouvoir du peuple par le peuple, assimilé au contraire à la démagogie, mais au pouvoir pour le peuple, c'est-à-dire d'un pouvoir mis au service de la connaissance partagée et du bien-être pour tous. Sa notion clef est dès lors celle de l'égalité des chances, qui ne saurait se confondre avec l'idée socialiste d'égalité des conditions : l'approche part de l'individu, de ses talents et de ses mérites, qu'il s'agit de valoriser, mais elle n'assume pas les conséquences de son éventuel échec. Ses valeurs de base restent bien l'effort personnel, le travail, le mérite, même associés à une forme de « réparation » via les assurances sociales.

Aussi serait-il plus juste de dire que l'on assiste alors, au lendemain de la Seconde Guerre mondiale, plutôt qu'à une fusion ou une synthèse, à une forme de croisement des doctrines libérales et socialistes. Le socialisme emprunte au libéralisme son attachement à la démocratie représentative et reconnaît la libre entreprise, tout en considérant que la société doit être guidée par la recherche du bien commun auquel l'individu doit rester subordonné. Le libéralisme, de son côté, accepte l'intervention de l'État pour corriger les inégalités sociales, mais seulement dans la stricte limite du renforcement de la souveraineté de l'individu qui ne saurait être remise en cause.

Et ce « croisement », malgré ses ambiguïtés, va définir en quelque sorte le fond commun idéologique du débat politique durant les Trente glorieuses sur lequel nous vivrons jusqu'à la chute du Mur.

Pour beaucoup, celle-ci constituerait un tournant et marquerait la « fin du socialisme » et, à travers celle-ci, la fin d'une exception. Le socialisme selon eux[1] ne se serait éloigné du libéralisme que sous l'influence perverse d'un marxisme désormais en charpie dont le reflux laisserait le champ ouvert à une convergence idéologique trop longtemps différée.

Cela ne reviendrait d'ailleurs qu'à acter officiellement une évolution largement entamée. Cela permettrait ensuite de répondre efficacement aux défis de la société moderne qui ne peut s'envisager sans primauté reconnue à la liberté individuelle. Cela ne ferait enfin que réconcilier le socialisme avec son histoire « libérale » dans laquelle le marxisme n'aurait constitué qu'une parenthèse.

L'affront fait à Jaurès

Assimiler le socialisme prémarxiste au libéralisme, même avancé, constitue une indiscutable mystification. Il ne suffit pas en effet, pour démontrer pareille symétrie, de faire appel au jugement porté par Leroux sur le « socialisme libéral » de Proudhon ou de se retrancher derrière l'éternelle citation faite de Jaurès lors d'une conférence présentant le socialisme comme un individualisme complet. C'est oublier dans les deux cas que Proudhon comme Jaurès conçoivent la liberté non en soi, mais dans un environnement transformé par l'action socialiste. Leur objectif final est certes le plein épanouissement de l'individu, mais tous deux renvoient pour ce faire à une volonté collective dont le principe même est contraire à la philosophie libérale.

Les différencie, en premier lieu, leur prise en compte de la société comme un ensemble à transformer par l'engagement d'individus, certes, mais à partir d'analyses des réalités sociales, des conflits opposant des groupes entre eux, « unis » non par la raison mais par

1. Monique Canto-Sperber, *Le Libéralisme et la gauche*, Paris, Hachette, « Pluriel », 2003.

des intérêts divergents. Proudhon plaide pour la coopération, et non pour la lutte des classes, mais c'est après avoir dénoncé la propriété privée et opposé ceux qui en bénéficient à ceux qui en sont exclus. Son objectif est de bâtir une nouvelle solidarité fondée sur la coopération plutôt que sur l'intervention de l'État, dont il se défie. Même le fédéralisme, à tous les niveaux qu'il préconise, a peu à voir avec le contractualisme libéral. Avant lui, Leroux comme Louis Blanc, s'ils s'efforcent de réconcilier liberté et égalité, le font par le truchement de la démocratie et de l'État qui n'ont alors guère les faveurs d'un libéralisme attaché au suffrage censitaire et à la protection des biens, comme à la sûreté des personnes.

Ce que l'on appelle, à tort, « socialisme libéral » n'est en réalité que la volonté des socialistes prémarxistes, succédant à Saint-Simon, de faire échapper l'avenir au déterminisme de l'histoire et de l'économie pour rendre à la politique sa pleine portée. Assimiler ces points de vue à une forme d'adhésion au libéralisme relève, au mieux, de l'anachronisme tant le courant libéral ne ralliera ses points de vue que plusieurs décennies plus tard !

Le socialisme, loin de se fondre dans le libéralisme, cherche plutôt à l'absorber sans renoncer à ce qui fait son identité et en constitue le prolongement naturel, mieux et plus complètement que le libéralisme économique qui nie le citoyen et la personne privée douée de droits civils propres dans la personne du producteur. C'est la conclusion à laquelle parvient, de son exil en France, Carlo Rosselli : « Rien de plus que le développement logique poussé à ses extrêmes conséquences du principe de liberté. [...] Si on veut bien le comprendre dans son sens fondamental et le juger par ses résultats comme le mouvement concret d'émancipation du prolétariat, poursuit-il, c'est le libéralisme en action ; la liberté qui entre dans la vie des pauvres. » Et d'ajouter : « La reconnaissance abstraite de la liberté de conscience et des libertés politiques pour tous, bien qu'elle présente un moment essentiel dans le développement de la théorie politique, est une chose d'intérêt limité quand la plupart des hommes sont forcés de vivre au gré des circonstances de leur naissance et dans une situation de pauvreté morale et matérielle, abandonnés sans aucune possibilité d'apprécier la signification de la vie ni de tirer aucun avantage de celle-ci. La liberté sans l'accompagnement, le développement et le soutien d'un minimum d'autonomie économique, sans l'émancipation des nécessités matérielles, n'existe pas pour l'individu, c'est un simple fantasme[1]. »

Pour Rosselli, le capitalisme, ou plus exactement l'économie de marché, a attiré le libéralisme vers une forme de système social qui est en contradiction avec ses principes mêmes. Aussi est-ce aux socialistes de rendre au libéralisme sa vocation qui est celle de favoriser la libération des individus de toutes les formes d'oppressions, qu'elles soient spirituelles, économiques ou sociales. « Au nom de la liberté et dans le but d'assurer son effective disposition à tous les hommes, non pas seulement à une minorité privilégiée, les socialistes postulent à la fin des privilèges de la bourgeoisie et l'extension concrète des libertés de la bourgeoisie à tous. Au nom de la liberté, ils en appellent à une distribution plus juste de la richesse et à la mise en place de garanties automatiques pour assurer à chacun une vie qui mérite d'être vécue. Ils veulent une vie sociale dirigée non par les critères égoïstes de l'utilité personnelle, mais par des critères sociaux, des critères de l'intérêt collectif. Le mouvement socialiste est par conséquent l'héritier objectif du libéralisme, il porte l'idéal de liberté au-delà des vicissitudes de l'histoire, vers son actualisation. Libéralisme et socialisme, plutôt que de devoir être opposés de manière caricaturale et polémique, sont au contraire étroitement liés. Le libéralisme est la force d'inspiration et le socialisme est sa force de réalisation. » L'on pourrait ainsi dire que le second est le dépassement du premier dans la mesure où il se préoccupe de la « société réelle » et intègre la bataille pour les droits de l'individu dans un combat social plus large qui met aux prises des groupes aux intérêts antagonistes, combat qui doit garder un caractère pacifique et sans rien céder de son importance et de sa centralité. N'est-ce pas cette conception du socialisme qui devait donner son sens au compromis social-démocrate qui s'ébauchera durant la Seconde Guerre mondiale ?

Plus ou moins dégagé du marxisme, ce socialisme-là n'en reste pas moins un socialisme dont les auteurs s'efforcent, et c'est là leur principal apport, de concilier volonté d'organisation et responsabi-

---

1. Cité par Sheri Berman, *The Primacy of Politics*, *op. cit.*, p. 107.

lité, voire accentuation des libertés. Pour eux, et c'est le point de clivage essentiel, insurmontable même, le souci de la liberté n'efface pas la réalité sociale, faite de divisions et de conflits, que l'attribution de droits ne suffit à résoudre. Aussi est-ce bien dans cette catégorie qu'il convient de faire entrer Jaurès en lui épargnant le procès qui lui est de nouveau intenté. Reprenant une querelle qui date de l'unification socialiste, d'aucuns se plaisent aujourd'hui à imputer à Jaurès la disparition du socialisme français dans ce qu'il avait d'original, de non marxiste, à défaut de libéral[1]. En acceptant l'unité après Amsterdam aux conditions de l'Internationale, c'est-à-dire de la vieille orthodoxie marxiste incarnée par Guesde, Jaurès aurait jeté par-dessus bord l'identité du socialisme français… Mais c'est oublier la façon dont Jaurès, à peine trois ans plus tard, reprit en mains à Toulouse la SFIO, dressant le plus vibrant et le plus cohérent plaidoyer pour une « évolution révolutionnaire », c'est-à-dire une volonté réformatrice que le socialisme « autorisé » avait jusqu'alors pratiquée sans l'avouer. Il ne s'agit pas pour lui d'officialiser une sorte d'opportunisme, mais bien plutôt de donner à la réforme ses fondements théoriques. Ceux-ci s'inscrivent dans une perspective plus globale qui est celle de la transformation profonde des rapports sociaux qui ne pourra pas s'accomplir d'un coup, elle se fera par un glissement continu mobilisant les forces politiques, sociales, mais aussi les esprits. D'une certaine manière, la révolution, pour Jaurès, sera la conséquence d'une série d'acquiescements au changement d'où sortira une société remodelée. Ce faisant, Jaurès ne trahit en rien la tradition socialiste française. Au contraire, il donne un sens plus fort et plus large à l'action politique qui, loin d'être stérilisée dans l'attente du mouvement révolutionnaire, peut s'épanouir dans la réforme et dans la pédagogie de la réforme. Jaurès ne réduit donc pas le socialisme à un simple changement de la condition matérielle des hommes, il associe celle-ci à une mutation des esprits gagnés à la grandeur d'une cause qui valorise la solidarité, la dignité, la liberté.

1. Vincent Peillon, *La Révolution française n'est pas terminée*, *op. cit.* « Le prix théorique de l'unité pratique des socialistes, écrit-il p. 72, a été si coûteux que le socialisme français n'a cessé de le payer tout au long du siècle qui vient de s'écouler et qu'il le paye encore ! »

Loin de s'en remettre à l'État, Jaurès implique les forces syndicales, associatives, intellectuelles, chacune appelée à tenir sa place dans ce mouvement d'ensemble. Comment ne pas retrouver ici l'héritage des Leroux, Proudhon, Fourier et tant d'autres, même s'il ne les cite guère.

Mais Jaurès ne rompt pas avec le marxisme. Et là se trouve sans doute l'origine de l'affront qui lui est fait. S'il s'y refuse, ce n'est pas par lassitude ni par tactique. C'est d'abord parce qu'il place le socialisme dans une continuité historique et idéologique. Il ne sent nul besoin de rupture, et ne met pas Marx plus haut que ceux qui l'ont précédé (et plus encore suivi). Il lui donne toute la place qu'il occupe alors au tournant du siècle et indique ce qu'il considère comme étant son apport original : la rigueur de la critique sociale ; la mise au jour des mécanismes du capital.

Ensuite, dans le prolongement de cette première explication, Jaurès prend appui sur Marx, mais pour aller plus loin. Il mesure ce que le marxisme a apporté au socialisme en le dotant d'une doctrine et d'une stratégie partagée. Il a fait franchir à l'idée socialiste une étape dans sa construction, et au mouvement ouvrier une étape dans sa mobilisation. Le marxisme qu'il évoque dans *L'Armée nouvelle* n'est pas une loi implacable qu'il faut suivre, c'est une analyse, une perspective, qu'il faut toujours avoir en tête. L'esprit d'invention des grands capitalistes lui semble indispensable à son temps parce qu'il met en branle, en faisant entrer la science et la technologie dans les entreprises, l'immense potentiel des forces productives modernes. En revanche, Jaurès critique le droit de propriété dont ces capitalistes se sont arrogé l'exclusivité. Si c'est à la société tout entière que profite leur génie, pourquoi n'est-ce pas entre la société tout entière que pourraient être partagés leurs profits ? Il trouve d'ailleurs une vertu supplémentaire à la lutte des classes, celle de conduire bourgeoisie et prolétariat à préparer, par leur compétition, un ordre supérieur : avancées sociales consenties ici, recherche de rentabilité obtenue là… Jaurès n'est pas libéral en ce sens qu'il est convaincu que l'histoire économique est une vaste machinerie dans laquelle sont engagées les forces qui débordent l'individu. Mais loin d'être écrasé par des forces en mouvement, celui-ci peut trouver dans leur jeu le moyen de sa liberté. Introduisant l'État et la démocratie dans le face-à-face de ces masses contraires, il anticipe même le futur compromis social-démocrate : « Ainsi la lutte sociale, précisément parce qu'elle est tous les jours plus mature et plus ample, aboutit nécessairement à des contrats, à des transactions, à des réformes, et elle éveille par l'acuité même des crises qui semblent menacer l'organisme de dissolution une réaction profonde des solidarités vitales[1]. »

Trente-cinq ans avant le pacte social conclu à la Libération, Jaurès « anticipe » ce que sera le socialisme démocratique. Il commence à en esquisser les grandes lignes et ne sera empêché d'aller à terme que par le surgissement de la guerre. L'incapacité de ses successeurs à prendre le relais d'une pensée si riche en condamne-t-elle le contenu et les préconisations ? Comment ne pas y voir plutôt l'effet de la scission de l'après-guerre, retirant au socialisme une partie de sa force, le privant de sa sève si près de la floraison ? C'est avec ce fil perdu, un instant repris par Karl Polanyi, soucieux de conférer après la victoire des Alliés ses lettres de noblesse au socialisme démocratique, qu'il nous faut renouer, plutôt que d'entretenir une confusion[2] entre libéralisme et socialisme que l'offensive que le premier vient d'engager contre le second devrait suffire à lever.

Quand le libéralisme rompt la trêve

S'il fallait une preuve ultime de la distinction indispensable à opérer entre libéralisme et socialisme, l'épreuve engagée par le premier contre le second au sortir des années 1970 suffirait à l'apporter.

Certes, une fraction du courant libéral ne s'est jamais résignée à l'armistice idéologique signé en 1945 : Hayek, le premier, en avait dénoncé l'inanité. Non du point de vue principiel, mais en mettant en cause l'efficacité d'un compromis fondé sur une intervention maîtrisée de l'État. Pour l'auteur des *Chemins de la servitude*, celle-ci est par nature antiéconomique dans la mesure où la multiplicité des informations indispensables au bon fonctionnement des marchés est irréductible à toute forme de contrôle ou de régulation par un plan,

1. *L'Armée nouvelle*, p. 228.
2. Bertrand Delanoë, *De l'audace*, Paris, Robert Laffont, 2008.

fût-il indicatif… Mais c'est surtout l'existence d'un « socialisme réel » qui devait entretenir la controverse, d'abord feutrée, puis de plus en plus vive : l'Union soviétique constituant selon les libéraux une menace impossible à minimiser et les obligeant à une vigilance constante. Celle-ci se nourrit d'abord d'un scepticisme idéologique qui les conduit (Raymond Aron, Karl Popper, Isaiah Berlin) à contester toute vision unitaire, globalisante du monde qui ne peut aboutir qu'à la négation des libertés. Ce doute, quant à « l'efficacité » de la raison, les conduit à privilégier la liberté d'être (en fonction des choix de chacun) sur la liberté de faire (en fonction des moyens que la société vous donne). Ce faisant, elle annonce une critique de l'État providence. Lequel aboutirait en effet à affaiblir la liberté individuelle, non en raison des règles qu'il établit ou des prélèvements qu'il exige, mais parce qu'il fait de chaque individu un consommateur passif d'allocations et de prestations.

Le surgissement de la crise et plus encore l'effondrement de l'Union soviétique donnent un nouvel impact à ces critiques dans les années 1980 ! L'attaque est d'abord menée contre le « Welfare » au nom de son coût trop élevé et de son incapacité à assurer son équilibre financier. Mais la chute du mur de Berlin va permettre aux plus politiques des libéraux d'aller beaucoup plus loin en assimilant au communisme toute forme d'intervention publique dans l'ordre économique et social. Cette dérive du « néolibéralisme », en tout cas par rapport à la tradition sociale qui l'a longtemps marqué, s'explique aussi très largement par le contexte sociétal de la période. La montée des revendications individuelles, amorcée par les mouvements de mai 1968, n'a-t-elle pas pris le relais des revendications sociales plus traditionnelles ? L'exigence de chacun de voir reconnue sa singularité sexuelle, religieuse, etc., sonne « le glas des mouvements de masse typiques des luttes sociales et politiques du XXe siècle en faveur d'actions ciblées, fragmentées et individualisées, organisées de manière fluide autour de problèmes précis, mais sans cesse changeants[1]… ». Cette dérive accompagne aussi une mutation du capitalisme qui réussit à « récupérer » ses nouvelles valeurs en renonçant à la production de masse pour, à travers de nouvelles

1. Catherine Audard, *Qu'est-ce que le libéralisme ?*, *op. cit.*, p. 393.

formes d'organisation du travail, sérier et mieux capter les différents types de demandes. La réalité est que, si le compromis social-démocrate convenait bien à un « capitalisme de la production », le « néolibéralisme » prend à l'évidence mieux à son compte les caractéristiques d'« une société de la consommation ». Les conséquences de cette évolution sont considérables : les valeurs économiques (rentabilité) investissent (au point de sembler se confondre avec) les valeurs morales et politiques et en réalité les subvertissent au grand dam des « libéraux classiques », mais pour la plus grande satisfaction des partisans du tout-marché, qui les placent en surplomb de toute autre considération, éthique, sociale ou démocratique. Cette « dérive » explique sans doute pourquoi une partie de la critique de l'ultra-libéralisme viendra aussi des franges d'un libéralisme désireux, dans le prolongement des auteurs du XIXe siècle, de redonner la priorité à la justice sociale sur les impératifs économiques.

C'est la tâche à laquelle s'emploie par exemple John Rawls[1] pour qui la liberté, de principe politique, devient alors un enjeu moral. Elle constitue, selon lui, une potentialité qui doit être accessible à chacun, justifiant des politiques structurelles allant plus loin que la seule égalité des chances. Rawls s'efforce même de refonder le compromis social des années 1950-1960. Pour lui, la justice sociale n'est pas un absolu : elle est relative à l'idée que s'en font les contemporains. C'est via la délibération démocratique, réhabilitée à ce titre, qu'elle doit être définie et évoluer tout au long de la vie, ce qui suffit à légitimer selon lui les repoussoirs pour l'ultralibéralisme que sont l'impôt progressif et les politiques de redistribution.

Une telle tentative de reconstitution du compromis social est-elle aujourd'hui envisageable ? Elle se heurte d'abord à des difficultés pratiques. Celles de l'autorité publique susceptible de faire respecter des principes sociaux et politiques à une échelle qui ne serait plus celle de la nation. Mais elle bute également sur des difficultés politiques : le libéralisme voit la liberté à la fois comme un outil d'organisation et un moyen de résistance. Il semble considérer qu'une société libre peut être le produit de la simple addition d'individus libres, y compris au regard des contingences matérielles ou sociales.

1. John Rawls, *Théorie de la justice*, Paris, Seuil, 1997.

Le socialisme ne peut se satisfaire d'une telle réponse. Non seulement le libéralisme se refuse à prendre en compte les conflits qui traversent la société ou plus exactement n'y voit que des contradictions inévitables. Mais, surtout, il ignore les limites de la liberté ainsi définie. Que pèse-t-elle face aux intérêts économiques, corporatistes, regroupés dans de grandes organisations ? Plus encore, comment résout-elle la question de la cohésion de la société confrontée à une demande croissante de différenciation et donc de reconnaissance ? Comment, sans valeurs collectives (ce que les auteurs américains appellent « valeurs communautaires »), obtient-elle une adhésion au bien commun ? Comment, sans une association des citoyens, permet-elle de faire face à la pression des grands appareils ?

Pour autant, bien qu'ayant rompu la trêve, le libéralisme n'oblige pas le socialisme à lui déclarer la guerre. Mais il l'invite à se ressaisir et à se redéfinir. À sortir de l'apathie doctrinale dans lequel le libéralisme social l'avait autorisé à se plonger.

Le socialisme est né d'une volonté d'organisation. Celle-ci s'est vue privée, au cours des cinquante dernières années, de ses principaux ressorts. Les premiers socialistes voulaient la fonder sur les lois d'une société suivant une trajectoire linéaire allant du mieux vers le bien. Or, toute forme d'action publique se heurte aujourd'hui à une incertitude, celle des situations dans lesquelles elle intervient, comme celle des résultats qu'elle peut obtenir. Le socialisme s'est ensuite rallié à une certaine idée de l'État, appelé à rechercher et à préserver l'intérêt commun. Or, l'État est aujourd'hui non seulement affaibli par la diffusion du pouvoir et du savoir à l'échelle planétaire, mais contesté dans sa légitimité à agir, comme dans son efficacité à le faire ! Cette volonté d'organisation avait pour objectif final l'émancipation de l'individu, et à plus court terme l'établissement des formes de l'égalité et de la justice sociale. Or, cette exigence s'adresse aujourd'hui plus à des personnes – avec leur histoire, leur environnement et leur trajectoire – qu'à des groupes, rendant plus difficiles sa définition et sa mise en œuvre. C'est à une « dissociété[1] » que le philosophe, le politique et le philanthrope ont désormais à faire. Alors qu'au regard des conséquences des

1. Jacques Généreux, *La Dissociété*, Paris, Seuil, 2006.

dérégulations climatiques, financières, politiques, le besoin de règles n'a jamais été aussi évident, la possibilité d'en édicter n'a jamais été aussi faible. À mesure que disparaissent les frontières – entre les États, entre le public et privé, entre le laïc et le religieux, etc. –, d'autres s'en redessinent, plus redoutables et plus nombreuses. Que faire ?

Ni antilibéralisme ni anticapitalisme !

Si le libéralisme n'apporte pas de réponse satisfaisante à ces problèmes, l'antilibéralisme ne le fait pas non plus : il contribue même paradoxalement à les accentuer. D'abord, parce que, si l'adversaire du socialisme est ultralibéral en économie, il est conservateur en politique, menaçant la liberté au nom de la lutte contre l'insécurité, attisant le nationalisme au nom de la défense de l'« identité nationale » face aux flux migratoires, etc. Le qualifier de libéral reviendrait à se priver d'une partie (une partie seulement) des moyens de le combattre. Ensuite, parce que le socialisme a fait sienne une partie (une partie seulement) de l'héritage libéral : y renoncer, de la défense des droits de l'homme à l'attachement aux procédures démocratiques, du droit des minorités à la suprématie des droits fondamentaux sur la loi des majorités, constituerait un véritable retour en arrière. Bref, le libéralisme peut et doit toujours servir…

L'anticapitalisme ne peut pas non plus lui offrir un point d'appui suffisant pour permettre à nos sociétés de reprendre en mains leur destin. Pour la simple raison que les seules alternatives au « système » actuel résident non pas tant dans l'économique que dans le politique, le social et le culturel. Le capitalisme, voilà l'ennemi ? Cette assertion a perdu tout son sens : l'anticapitalisme est une fausse piste, aussi difficile à définir que le modèle auquel il prétend s'opposer[1].

1. Introduisant le mot « capitalisme » dans sa réflexion, Fernand Braudel nous dit avoir le sentiment de faire entrer « le loup dans la bergerie […] tant […] ce mot de combat est ambigu, terriblement chargé d'actualité et virtuellement d'anachronisme », *La Dynamique du capitalisme*, Flammarion, « Champs », 2008, p. 49.

Comme le rappelle fort opportunément le Cercle des économistes, « le capitalisme a pour noyau dur la propriété privée des moyens de production et la coordination par les marchés [...]. Au-delà il prend des formes très différentes[1] ». Aussi parle-t-on à qui mieux mieux de capitalisme rhénan ou anglo-saxon, de capitalisme familial ou actionnarial, de capitalisme industriel ou financier[2]. Ce qui revient à reconnaître que, sur un même soubassement (les fameuses infrastructures de Marx), naissent et s'organisent des types différents de société. L'anticapitalisme comporte ce biais de vouloir ramener à l'unique ce que le jeu des rapports sociaux, culturels et historiques rend naturellement pluriel. Ce qui, en toute logique, devrait nous conduire à la conclusion que ce dont nous avons à débattre relève moins de la nature du système économique, que de l'idéologie, ou pour prendre un terme braudélien, qui renvoie au temps long : des croyances qui, sur une période donnée, en influencent et en ordonnent le développement.

S'il est possible d'affirmer qu'il n'existe plus d'alternative au capitalisme, c'est que nul ne songe plus, en réalité, à remettre en cause ni le principe de la propriété privée, ni le rôle des marchés. En revanche, le débat s'ouvre assez naturellement sur l'opportunité d'imposer des limites ou des restrictions à l'une comme à l'autre. Et c'est autour de ces problématiques que se noue désormais l'opposition entre libéralisme et socialisme. Avec cependant un élément complémentaire et déterminant : le capitalisme est d'abord et surtout une extraordinaire force d'accumulation. « C'est l'état de l'économie qu'elle doit atteindre lorsque rien ne vient entraver sa loi, c'est-à-dire la loi de l'efficacité[3]. » Sa logique le porte à repousser sans cesse ses limites : sa manière comme sa capacité de produire, la nature des objets ou des services qu'il produit, les domaines dans lesquels il fait entrer la logique de la production, de la propriété et de la concurrence.

---

1. Le Cercle des économistes, *La guerre des capitalismes aura lieu*, Paris, Perrin, 2008, p. 10.
2. Bruno Amable, à partir des formes institutionnelles qu'ils prennent, distingue, lui, « cinq capitalismes » (*Les Cinq Capitalismes*, Paris, Seuil, 2005).
3. Jean Baechler, *Les Origines du capitalisme*, Paris, Gallimard, 1991, p. 97.

Entre l'État et le marché, le socialisme de l'association

Si le socialisme moderne ne peut plus être ni libéral, ni antilibéral, ni social-démocrate, ni anticapitaliste, qu'est-il donc ? Et si l'on ne peut plus le définir par rapport à l'État, ni par rapport au marché, comment le définir ? Simplement par son rapport à l'individu et à la société ?

Loin de se contenter de vouloir « remplir les estomacs », comme on lui en fit reproche au XIXe siècle, ou de « remplir les camps », comme le fit outrageusement le « socialisme réel » du XXe siècle, le socialisme d'aujourd'hui a pour ambition la cohésion de la société et l'épanouissement de l'individu, les deux se conditionnant l'un l'autre. Comment y parvenir, sinon en repartant de l'homme et de ses préoccupations fondamentales ?

À cet égard, la faiblesse du marxisme n'est pas d'avoir identifié le terme d'aliénation, mais de n'avoir envisagé celle-ci que du point de vue économique alors qu'elle est d'abord le résultat de l'inéluctable confrontation de la personne humaine avec ces deux réalités auxquelles elle ne peut échapper : « l'autre », avec lequel son destin social le met nécessairement en rapport, voire en compétition ; la mort, par laquelle se conclut son destin personnel. L'homme est d'abord fait de cette double angoisse, et sa vie tout entière dépend de la façon dont il y répond. Cette exigence ne peut par conséquent se satisfaire simplement d'une « solution » matérielle. Et même si est promis à « chacun selon ses besoins », ceux-ci ne pourront être pleinement satisfaits par la seule révolution dans la répartition des choses ou des richesses. C'est ce constat qui conduisit de nombreux socialistes, à commencer par Jaurès ou Blum, mais aussi De Man ou André Philip, à chercher à faire de leur philosophie une sorte de religion, une forme de dépassement.

« Seul le socialisme sera en mesure de faire comprendre à l'humanité sa grandeur religieuse, c'est-à-dire "qu'elle porte l'infini en elle"[1] », sous la forme de la justice. Mais ce dépassement ne peut venir que de la libération de l'homme de ce qui le retient aux choses :

1. Vincent Peillon, *Jean Jaurès et la religion du socialisme*, *op. cit.*

l'argent, le pouvoir, qui s'obtiennent par la lutte et la confrontation, pour encourager au contraire ce qui élargit la sphère du dialogue, de l'échange, de la réflexion, de la coopération, et favorise la réconciliation avec l'autre et avec soi.

L'économisme ne peut, à l'opposé, qu'accroître l'angoisse d'exister puisque sa logique, qui est d'abord celle de la concurrence, repose sur l'affrontement entre les consommateurs, mais aussi sur l'exacerbation des demandes comme des besoins matériels. Sa dynamique est fondée sur une promesse jamais tenue : il prétend épancher, par la consommation toujours plus poussée d'objets toujours plus nombreux, une angoisse existentielle qu'il ne cesse d'entretenir par le marketing, la publicité et l'enjeu de la croissance. Au total, la « raison économique » ne peut qu'échouer en voulant faire croire à l'individu que la maîtrise des choses pourrait lui donner la maîtrise de soi. Il serait évidemment trop simple d'en conclure à la nécessité d'un retour à une économie du troc… Et il n'est évidemment pas possible d'imaginer une société d'où la raison économique serait exclue. Mais elle doit être rééquilibrée par une « raison humaine », ce que seul le renforcement des pôles de coopération présents dans la société peut permettre.

« L'économie au-delà du marché, la politique au-delà de l'État »

Dès lors, la résistance au tout-marchand et à l'ouverture de tous les champs sociaux aux lois de la compétition doit être le premier temps de la contre-offensive idéologique à mener par le mouvement socialiste. Fidèle à ses idées de toujours, il doit s'efforcer de penser les conditions d'une réelle autonomisation de la sphère politique, sociale et culturelle. Celle-ci ne pourra s'opérer que via l'exercice d'une volonté démocratique renouvelée. Elle doit d'abord être constituée intellectuellement pour servir d'outil de lutte contre l'ultra-économisme. Elle appelle le développement d'une pensée critique qui fasse ressortir l'ambivalence des choses : l'échange, dont est né le marché, ne peut-il aussi prendre la forme de services gratuits ou fondés sur la simple réciprocité ? La concurrence ne peut-elle aussi déboucher sur la notion d'émulation, c'est-à-dire d'un encouragement apporté aux activités que la société souhaite valoriser (la recherche, l'éducation, l'art, la créativité[1]) ? Cette lutte ne saurait se confondre avec le rappel nostalgique des belles années du fordisme et du compromis social qui l'accompagnait. Et il n'est pas non plus possible de s'en remettre à « une poignée de lois parlementaires[2] » pour y parvenir. Comment imaginer que l'État, dans sa forme et son mode de fonctionnement actuel, c'est-à-dire fondé sur une séparation croissante du politique et du citoyen, et toujours hypercentralisé et réglementaire, puisse apporter des réponses à une économie fonctionnant en réseaux à l'échelle désormais de la planète tout entière ?

C'est pourquoi « envisager l'économie au-delà du marché, et la politique au-delà de l'État, constitue les conditions mêmes d'un renouvellement de l'approche du changement social[3] ». Une telle conception doit conduire à la fois à introduire le pluralisme dans l'économie, via les politiques fiscales et de redistributions adaptées, tout en confiant la gestion d'un maximum d'activités économiques, comme d'intérêt général, à des structures à but non lucratif ou soumises à des cahiers des charges leur imposant le caractère d'un service public.

Mais parce qu'il n'existe pas de véritable pluralisme sans réciprocité, cette conception suppose également l'engagement de toutes les parties prenantes, redonnant à la notion de « droits et de devoirs » une dimension nouvelle : comment nier qu'une politique de protection sociale reposant sur la mise en œuvre de critères abstraits débouche sur une forme d'assistance ou en tout cas transforme son bénéficiaire en citoyen passif, alors que c'est sa qualité de membre du corps social qui justifie l'aide qui lui est apportée. Ce qui signifie de sa part engagement et don à la société (recherche active de travail, formation, participation à la gestion des systèmes concernés, etc.). La logique de la « nationalisation » des politiques laisse alors la place à celle, plus juste, de « socialisation », c'est-à-dire de contrôle

1. Christian Arnsperger, *Critique de l'existence capitaliste*, Paris, Cerf, 2005.
2. Jacques Généreux, *La Dissociété*, *op. cit.*, p. 350.
3. Jean-Louis Laville, *Politique de l'association*, Paris, Seuil, 2010, p. 285.

et de pilotage non par l'État ou la nation, mais par la société elle-même à travers ses membres, en particulier les plus concernés. Ce qui signifie que l'État se consacre d'abord à la protection politique et juridique d'espaces libérés de la logique du profit et renonce à leur gestion dont la responsabilité devrait relever de formes d'organisation issues de la société civile laissant largement la place à l'initiative locale et citoyenne. Ce processus peut être soutenu et encouragé en confiant aux citoyens eux-mêmes le soin de veiller au respect de certaines règles que la communauté a souhaité édicter : l'« action collective » autorisée aux associations de consommateurs en fournit une illustration frappante qui permettrait ainsi de partager, avec les services de l'État, le soin de veiller à la qualité intrinsèque, comme à la traçabilité des produits. La mise en place de mécanismes d'évaluation des services publics ouverts aux usagers répondrait à la même préoccupation susceptible, par le regain d'initiatives qu'elle susciterait, de mettre là où c'est nécessaire des limites au marché ou à l'arrogance des organisations bureaucratiques qu'elles soient privées ou publiques. L'individu ne pourra ainsi sortir de ce face-à-face inégal avec l'État et le marché qu'en développant son tissu relationnel, en allant chercher chez l'autre ce qu'il croit être le secret d'une angoisse qu'ils ont en réalité en partage. Il s'agit moins dès lors de dégager un nouveau compromis entre l'économique et le social, l'État et le marché, que d'intercaler entre l'un et l'autre une société vivante, responsabilisée et solidaire. Une société où les individus tissent entre eux des liens, répondant aux besoins fondamentaux qui sont les leurs : apprendre, aimer, créer, donner ou recevoir.

On pourrait nous reprocher d'appuyer notre réflexion sur une approche naïve de l'humanité. L'homme, depuis Hobbes, c'est-à-dire depuis plus de trois siècles, n'est-il pas un loup pour l'homme ? L'idée d'association, de coopération se heurterait aussi bien aux lois de la nature humaine qu'aux leçons de l'histoire sociale. Et, pourtant, je n'hésite pas à réaffirmer que c'est en renouant pour partie avec ses origines que le socialisme retrouvera une identité et un élan. N'a-t-il pas toujours considéré qu'il devait encourager toutes les formes d'associations, c'est-à-dire d'engagements, reliant librement autour d'un but commun des hommes et des femmes ? S'y rattache la tradition syndicale et mutualiste, aussi ce que l'on appelle aujourd'hui l'économie sociale et solidaire ; pourraient demain s'y rattacher des initiatives nouvelles visant à associer à la gestion d'un bien, d'un service, d'une activité, des personnes réunies autour de ce but sur un pied d'égalité. Maintenant qu'il a renoncé, comme le moquait l'un de ses premiers historiens, Louis Reybaud, « à l'art d'improviser des sociétés irréprochables[1] », le socialisme peut et doit revendiquer sa double dimension, individualiste et collective.

Ainsi, son ambition ne peut être seulement de « contenir » les dérives du capitalisme, comme semblent le laisser croire les appels à la « moralisation » du système. Il doit au contraire faire feu de tout bois pour introduire partout dans l'État, l'économie, la société, les bases d'une autre sociabilité. Contre les ultralibéraux, les socialistes doivent partir de la double identité de l'individu, à la fois être en soi et être social. La société l'établit autant qu'il contribue, par son engagement, son travail, sa participation, sa conviction, à l'établir. La liberté est donc indissociable non seulement de l'organisation politique, mais aussi de l'organisation sociale. Il doit pouvoir y prendre toute sa part en tant que citoyen et en tant que sociétaire ou associé. C'est son humanité, c'est-à-dire son rapport à l'universel, qui doit le protéger contre toute forme de domination non consentie et lui garantir des droits acquis. C'est son existence, c'est-à-dire son rapport au concret, qui lui crée des droits nouveaux.

C'est cette relation étroite à l'origine du socialisme, entre le collectif et l'individuel, qu'il faut réactualiser avec d'autant plus de détermination qu'elle s'inscrit dans le prolongement des recherches les plus récentes de la primatologie, de la paléoanthropologie et de la psychologie du développement[2]. Celles-ci démontrent que la survie et la reproduction des individus sont, dès l'*Homo faber*, facilitées par l'organisation du groupe. Et que cette organisation porte le progrès de l'intelligence et la compétence sociale. La personne humaine émerge ainsi des liens sociaux qu'elle tisse dès la naissance, si bien « qu'il faut en passer par les autres pour être

1. Louis Reybaud, *Études sur les réformateurs contemporains, ou socialistes modernes*, Paris, Librairie Guillaumin, 1842.

2. François Flahault, *Où est passé le bien commun ?*, Paris, Mille et une nuits, 2011, p. 102.

soi[1] ». Une telle assertion a pour effet de réduire les bases sur lesquelles s'est construite la théorie du contrat social supposé associer des individus libres, conduits à cette association par leur seule raison. Mais si elle prive le libéralisme de ses bases, elle ne justifie pas plus une conception « holiste » qui ferait de l'individu un être subordonné à une organisation, à une hiérarchie sociale. Elle refonde, au contraire, à travers la notion d'échange social, celle de « coopération » sur laquelle s'est construit le socialisme.

Ce que nous dit aujourd'hui la science, c'est que l'émancipation et le développement de l'individu sont liés à la qualité des relations sociales qui s'établissent au sein des groupes, l'épanouissement de la personne étant dès lors étroitement dépendante de ce que l'on pourrait appeler la qualité de la vie que lui garantit son environnement économique, politique et social. Cette approche conduit tout aussi bien à rompre avec une certaine conception du progrès mesuré par le seul développement de la production des biens et des échanges marchands qui sert aujourd'hui de référence exclusive. Ce que nous appellerons l'ultra-économisme. Au fond, ce que l'on apprend aujourd'hui de l'étude des origines de nos sociétés, c'est que celles-ci sont d'autant plus fortes qu'elles s'appuient sur l'individu, lequel n'est jamais aussi fort que lorsqu'il est soutenu par des liens sociaux.

Autant les économistes que les sociologues contemporains font ce même constat. Qu'ils s'intéressent à l'entreprise, démontrant que les meilleures méthodes de management sont celles qui réduisent les écarts hiérarchiques et encouragent la participation des salariés[2], ou à la question de la sociabilité, démontrant que l'individu contribue d'autant plus au développement économique qu'il peut s'appuyer sur un vaste réseau social, entretenu par l'éducation, la convivialité et les formes d'engagements philanthropiques[3], tous insistent sur la nécessité aussi bien humaine que productive de créer les conditions d'un environnement favorable à l'épanouissement de l'individu. Les progrès de la neurologie ne nous disent d'ailleurs pas autre chose, qui

1. *Ibid.*

2. Thomas Philippon, *Le Capitalisme d'héritiers*, Paris, Seuil, 2010.

3. Robert Putmann, *Democracies in Flux. The Evolution of Social Capital in Contemporary Society*, Oxford, Oxford University Press, 2002.

font de la capacité d'empathie (c'est-à-dire la souffrance psychique que crée la solidarité spontanée qui naît au spectacle de la douleur de l'autre) une donnée naturelle qu'une IRM fonctionnelle permet d'observer in vivo. De ce constat, à l'opposé des lieux communs sur l'individualisme, le socialisme moderne, pour autant qu'il veuille bien s'y intéresser, devrait tirer une énergie nouvelle. Non en tant qu'alternative au capitalisme, c'est-à-dire au développement des forces productives, mais comme contrepoids. Reste à s'interroger sur les conditions dans lesquelles réintroduire dans notre société, au vu des rapports de forces qui la traverse, cette volonté d'équilibre et de coopération.

CHAPITRE XIII

Un formidable appel d'air

Si l'on veut bien admettre que le socialisme n'est que le revers du capitalisme, la logique voudrait qu'au nouvel âge de l'un corresponde un nouvel âge de l'autre. Or, le processus de mutation, s'il a été symétrique, a rarement été synchronisé. Les convulsions de l'entre-deux-guerres témoignent que le socialisme peine alors à s'adapter aux nouvelles formes du capitalisme, plus centralisé, plus organisé, plus productif auxquelles il doit s'affronter. Et le mouvement mit longtemps à s'approprier ce qui n'était pourtant que son propre héritage.

Ces difficultés se retrouvent aujourd'hui accentuées peut-être encore par la disqualification du long terme à laquelle se consacre une société du spectacle, juste capable de « mettre en scène » les défis qui la concernent, mais certainement pas de les penser (il suffit d'observer comment est abordé, d'une manière purement émotionnelle, le problème du réchauffement climatique).

À quoi s'ajoute l'absence d'élément unificateur autour duquel organiser la mobilisation intellectuelle et politique. La lutte puis la coopération du capital et du travail ont été l'axe autour duquel s'est constitué le premier, puis le deuxième, socialisme. Dans une société dominée par une formidable fragmentation des catégories sociales comme des institutions, des opinions comme des réflexions, c'est le point d'appui qui fait défaut. Le passage à une économie comme à une société « liquides » ne signifie pas qu'il n'existe plus de conflits d'intérêts, de groupes antagonistes ou d'enjeux collectifs, mais que relier ceux-ci à une même cause et, plus encore, à un même objectif est devenu quasi impossible. Et bien que l'opinion n'ait jamais été aussi avide de trouver des « responsables » aux malheurs du monde, celui-ci n'a jamais été aussi incapable de lui en désigner. Aux « deux cents familles » ont succédé fonds de pension et fonds spéculatifs. Et aux grandes organisations syndicales ou patronales, la multiplication de nébuleuses nées ou disparues avec tel ou tel mouvement ponctuel. Nul ne s'autorise plus enfin à fournir une explication globale aux mouvements qui affectent notre planète. La prolifération des acteurs est si grande qu'il est difficile de dire qui, au fond, agit et sur quoi…

Pourtant, le pessimisme n'est plus de mise, et aussi bien la crise financière que la menace que fait peser sur l'avenir de la planète le réchauffement climatique fournissent l'occasion de la contre-offensive ! À défaut de pouvoir partir d'une critique sociale, suffisamment élaborée ; à défaut de pouvoir identifier et réunir les protagonistes des défis futurs, comme on l'a fait au lendemain de la Seconde Guerre mondiale, ne faut-il pas redéfinir le socialisme précisément à partir, sinon des causes, du moins des effets des désordres contemporains ?

Le mouvement socialiste dispose aujourd'hui, pour autant qu'il ait la lucidité de le voir, d'un levier dont il ne dépend que de lui de se saisir. Levier en forme d'enjeu qui recoupe, mieux que le marxisme, le libéralisme, la social-démocratie ou l'anticapitalisme, ses préoccupations de toujours.

L'avenir de l'idée socialiste réside désormais dans l'écologie ! Non pas entendue comme une philosophie alternative, à laquelle il lui reviendrait de se rallier, ou comme une nécessité à laquelle elle ne saurait échapper. L'écosocialisme ne peut être le produit d'une idéologie de substitution, ni de la dictature des faits ; il est le point de rencontre d'une série d'évolutions, le point de maturation de mutations politiques, économiques et sociales dont il est temps de tirer les leçons. L'écosocialisme prétend prendre en compte et agir sur le milieu dans lequel évolue la personne humaine pour préserver son intégrité, sa dignité et, plus largement, ses conditions et ses chances d'existence. Son émergence est aujourd'hui favorisée ou, plus exactement encore, appelée, par la conjonction de trois phénomènes qui, d'une nature différente, convergent tous vers le même résultat : la gravité de la crise du système financier international ; l'aggravation de la crise d'identité, d'humanité même, qui traverse toutes nos sociétés ; la prise de conscience de l'urgence climatique poussent toutes dans le même sens d'une critique radicale, c'est-à-dire socialiste, et d'une réponse globale, c'est-à-dire écologique, à l'ultra-économisme qui s'est emparé du monde.

Le capitalisme a désormais mauvais esprit

Ce qui fait le cœur du socialisme, et le distingue du libéralisme, c'est son refus de voir dans l'ordre des choses la conséquence de lois naturelles, auxquelles il ne serait possible de répondre que par l'initiative individuelle. Cet « antifatalisme » s'accompagne de la volonté de procéder à une lecture critique de l'organisation économique et sociale pour y déceler les tensions, les antagonismes, les grands courants qui l'agitent. L'idée socialiste ne sera donc fidèle à elle-même que pour autant qu'elle veuille bien partir d'une lecture sans concession des événements contemporains.

Or, la brutalité inhabituelle de certains comportements sociaux, l'avidité manifestée par les acteurs économiques et financiers, pour ne pas dire politiques, conduisent naturellement à se demander si ce n'est pas justement l'« esprit du capitalisme[1] » qui s'est modifié. Cet « esprit » de compromis, d'équilibre, de solidarité qui, au lendemain de la guerre, avait rendu possible la mise en œuvre d'une économie régulée, « esprit » qui aurait laissé place à une totale absence de considération pour des questions telles que celles du bien commun, de la cohésion sociale, du respect de l'être humain.

La crise pétrolière n'a été que le révélateur de la baisse d'efficacité du système né du compromis fordiste issu de l'après-guerre : de grandes entreprises intégrées verticalement et horizontalement, échangeant la paix sociale contre une répartition plus équitable de la richesse et un système social protecteur. La rupture s'est produite

1. Luc Boltanski, Ève Chiapello, *L'Esprit du capitalisme*, Paris, Gallimard, 1999.

entre deux dates clefs : 1968 et l'exacerbation du rejet des formes tayloriennes de travail, 1971 et la non-convertibilité du dollar en or. L'une fut la cause, l'autre la conséquence d'une baisse de la productivité globale, traduisant la perte d'efficacité du « capitalisme fordiste ». Cette double contestation structurelle, à la fois sociale et monétaire du système en place, s'est accompagnée d'une transformation profonde des conditions de la concurrence. Déstabilisation des grandes organisations sous l'effet du progrès technique lié à la rapidité de sa diffusion et de la baisse du prix d'entrée sur les nouveaux marchés créés par l'innovation ; réactivité plus grande exigée des entreprises pour répondre à ces nouveaux défis se traduisant par des délestages d'activités ; déréglementation financière et des changes permettant d'élargir l'éventail des financements disponibles ; utilisation enfin de l'espace-monde, plus encore après la chute du Mur, comme champ de confrontation et de compétition favorisant les investissements extérieurs et les délocalisations d'emplois ; pression sur les coûts, en particulier les coûts du travail, pour répondre aux défis d'une compétition désormais globale retirant aux entreprises la maîtrise de leurs prix ; tels sont les grands traits d'une transformation qui a conduit d'un « capitalisme démocratique » à un « capitalisme patrimonial[1] ».

Il en a résulté, via la mobilité du capital, une inversion du rapport de forces au profit des actionnaires et au détriment des salariés. Les États eux-mêmes ont participé de cette évolution réduisant leurs dépenses sociales pour complaire au marché ou au contraire se mettant dans la main de ceux-ci en finançant leurs déficits sociaux par un appel de plus en plus large à des couvertures étrangères. En 2010, ce sont 1 500 milliards de dollars que le trésor américain devait trouver sur les marchés pour se financer ! Dès lors, si les réponses peuvent varier selon les modèles économiques et sociaux[2], tous sont néanmoins confrontés à la même question : existe-t-il encore une possibilité d'orienter cette évolution, par une pression politique et sociale adéquate, vers un nouveau compromis ? Le défi est d'autant plus redoutable que le nouveau système est particulièrement instable.

1. R. Reich, *Supercapitalisme*, *op. cit.*
2. Bruno Amable, *Les Cinq Capitalismes*, *op. cit.*

La dérégulation financière et l'acceptation de larges déficits extérieurs par les États-Unis ont contribué à constituer un excédent de liquidités. Lequel, plutôt que de soutenir des projets durables de développement, a privilégié toutes les formes d'affectations spéculatives : l'immobilier, les matières premières, la nouvelle économie, etc. La division du travail s'est par ailleurs accentuée. La complexité des tâches comme des techniques fait que la production de biens comme de services appelle l'intervention d'un plus grand nombre de qualifications et de compétences.

Une croissance spectaculaire du salariat à l'échelle du monde, qui représente près de huit à neuf actifs sur dix, en a résulté. À l'instar de ce qu'analysait déjà Bernstein, ce salariat est très hétérogène et recouvre des intérêts contradictoires qui peuvent même être amenés politiquement et socialement à s'affronter.

La production des biens, et même aujourd'hui des services, rend parallèlement nécessaire une accumulation renforcée du capital. Qu'il s'agisse d'investissements productifs, liés aux progrès de l'automatisation et au développement des nouvelles technologies, ou d'investissements immatériels (recherche, promotion, marketing…) qui prennent une place croissante et changent les conditions du développement économique. C'est le coût initial qui est particulièrement élevé dans cette économie de la connaissance, la production ayant au contraire un rendement croissant[1]. Enfin, les questions nouvelles, telles que la protection des droits intellectuels, sont devenues centrales. Ce phénomène d'accumulation a une double conséquence : la concentration du capital dans des entreprises monopolistiques ou oligopolistiques ; le développement (incontrôlé) de nouveaux instruments financiers.

Parallèlement, la création de valeurs s'est de plus en plus déplacée de la production classique aux services : l'activité de leasing rapporte plus aux grands groupes automobiles que la vente de voitures ; le placement de sa trésorerie est une source considérable de profit pour la grande distribution, et la gestion de leurs portefeuilles rapporte plus aux banques que leur activité traditionnelle de dépôt.

1. Dominique Plihon, *Le Nouveau Capitalisme*, Paris, La Découverte, 2003.

Dernière observation, et contrairement à ce qui est souvent avancé par des commentateurs un peu trop pressés de dénoncer un processus de libéralisation tous azimuts, la part de l'économie non marchande reste enfin significative et même, au niveau des pays de l'OCDE, croissante : de 31 à 37 % du produit intérieur brut entre 1975 à 2000. Si l'État a vu sa place reculer dans la sphère de la production, il a en revanche mieux assis sa position en matière de biens publics indispensables à la stabilité des marchés eux-mêmes. Le problème est ailleurs : les États-nations et les organisations internationales qu'ils ont constituées sont en effet désormais concurrencés sur la scène internationale par des entreprises dites multinationales qui réalisent des chiffres d'affaires parfois supérieurs au PIB de certaines petites nations. Cela ne signifie pas que les États sont dépassés, mais qu'ils doivent compter avec de nouveaux interlocuteurs traitant d'égal à égal. « Le basculement de l'État au marché a de fait transformé les sociétés transnationales en acteurs politiques. Le paradoxe est que cela n'est pas arrivé par accident. Le glissement de l'autorité de l'État vers l'autorité du marché a été largement le fruit des politiques étatiques[1]. »

À cette description statistique ajoutons l'impact de la mondialisation qui ne fonctionne pas, comme le rappelle Charles-Albert Michalet[2], comme une sorte d'ouragan extérieur aux États, mais comme un processus qui entraîne et implique les territoires. La mondialisation correspond à la fois à une extension des échanges internationaux, une imbrication plus forte des économies (faut-il rappeler que 40 % des produits industriels échangés sont destinés à la fabrication d'autres produits !) et la libre circulation des capitaux (qui fait par exemple que 50 % du capital des entreprises du CAC 40 en France sont désormais détenus par des investisseurs étrangers).

1. Suzanne Strange, *Le Retrait de l'État. La dispersion du pouvoir dans l'économie mondiale*, Paris, Temps présent, 2011, p. 89-90.

2. Charles-Albert Michalet, *Qu'est-ce que la mondialisation ?*, Paris, La Découverte, 2004.

Une nouvelle aristocratie

Analysant la nature de la société britannique en 1956, caractérisée selon lui par la montée du pouvoir managérial, le développement du petit actionnariat, le rôle croissant des syndicats et l'intervention de l'État dans la répartition des revenus via notamment la politique fiscale, Anthony Crosland interroge : « Est-ce toujours le capitalisme[1] ? » pour conclure triomphalement : « La réponse est non ! » Que répondre aujourd'hui à cette même question ? Si l'on veut considérer, à l'instar de Sheri Berman, que le système issu de la guerre en Europe était bien un système ad hoc, doit-on en conclure que le capitalisme a aujourd'hui repris tous ses droits ?

Crosland poursuit : « La définition du capitalisme en termes de propriété a totalement perdu sa signification et son intérêt, dès lors que la propriété ne détermine plus l'ensemble des relations sociales [...]. Il est beaucoup plus pertinent de définir les sociétés en termes d'égalité, de relations entre les classes et de systèmes politiques[2]. » Sans « noircir le tableau », tenter de renseigner aujourd'hui les critères proposés hier par Crosland ne peut qu'amener à constater, comparativement au bilan qu'il dressait de la situation au milieu des années 1950, une indiscutable régression. Prenons la question du « rapport de classes », que l'on pourrait aussi évoquer sous le couvert du concept de cohésion sociale. Il est impossible de conclure aujourd'hui que ces relations se sont améliorées. Au contraire, la compétition dans tous les domaines, et d'abord entre les individus, n'a fait que s'accentuer. Partout en Europe comme aux États-Unis, la négociation sociale recule, en volume comme dans ses périmètres (le champ de l'entreprise se substituant aux accords interprofessionnels ou de branches). L'association des salariés à la gestion de leur entreprise n'a cessé de faiblir : de manière générale, dans les entreprises publiques, phénomène accentué par leur totale ou semi-privatisation, mais aussi dans le secteur privé. La cogestion en Allemagne est frappée au cœur ; le syndicalisme en Grande-Bretagne, par

1. *Op. cit.*, p. 46.
2. *Ibid.*, p. 46.

exemple, reste déconsidéré et bloqué par les lois que Mme Thatcher a fait voter et que le New Labour s'est gardé de corriger. En France, les institutions représentatives du personnel sont confinées à la gestion des œuvres sociales, et toutes les tentatives pour favoriser une réflexion collective sur l'évolution des emplois ou des métiers, comme sur le statut de l'entreprise, sont restées quasiment lettre morte.

Comment s'étonner dans ces conditions qu'un grand nombre de salariés éprouvent un sentiment d'insatisfaction ? Les rythmes de travail, ses formes d'organisation, la stagnation du pouvoir d'achat et le développement de la précarité ne les obligent-ils pas à n'être que les figurants de ce que l'un des théoriciens de la nouvelle école (sociologique) de Francfort, Axel Honneth, appelle d'un mot terrible « la société du mépris[1] » ? Le problème est d'autant plus vif que cette dégradation des relations sociales, dont témoigne également la montée de la violence et des incivilités, n'a pas trouvé sa contrepartie dans une amélioration et un rapprochement des conditions matérielles. À cet égard, la France constitue une exception puisqu'elle n'a pas vu les écarts de revenus s'accroître significativement ces deux dernières décennies. Pour autant, en France comme ailleurs, le niveau et le mode de vie du 1 % que représentent les plus riches s'est éloigné du niveau et du mode de vie standard d'une manière encore jamais vue depuis un demi-siècle. Si bien que s'est peu à peu reconstituée une forme de nouvelle aristocratie, groupe qui « s'inspire d'un passé lointain dans le sens où il distingue totalement son sort de celui des autres[2] ». Groupe qui se recrute au sein d'une société transnationale, mais matériellement et culturellement homogène, faite de « grands patrons », de gestionnaires de fonds spéculatifs ou de fonds de pension, de responsables de grands organes de presse, comme d'ailleurs de personnalités médiatiques issues du sport, du cinéma ou de la politique. Groupe enfin qui, par les moyens formidables dont il dispose, s'efforce de fixer le cap « idéologique » de sociétés invitées à communier dans le culte de la performance, religion exigeant, pour

1. Axel Honneth, *La Société du mépris*, Paris, La Découverte, 2006.
2. Lionel Jospin, *Le Monde comme je le vois*, Paris, Gallimard, 2005, p. 163.

permettre la réussite d'un petit nombre d'élus, des efforts raisonnables et continus de tous les autres…

Enfin, les restrictions apportées aux dépenses sociales n'ont cessé de distendre les solidarités, encourageant le recours à des assurances privées dans le domaine de la santé, de la retraite et, bientôt, de la dépendance. Au total, si nos sociétés sont devenues plus riches, y compris celles qui émergent du sous-développement, elles ne sont ni plus paisibles ni plus justes que celles d'autrefois. Cette observation suffit à justifier la recherche qui est la nôtre d'une idée socialiste retrouvant sa cohérence, son ardeur et son élan.

La « victoire » de l'ultra-économisme

Comment ne pas conclure à l'impossibilité de poursuivre dans la voie dans laquelle nos sociétés sont engagées, à savoir celle d'un économisme hégémonique auquel le socialisme a, lui aussi, en son temps, sacrifié ? Le mérite du libéralisme fut de rendre à l'individu, dans ses différentes activités, son autonomie. Libéré du poids des hiérarchies, des croyances comme des traditions, il y gagna la possibilité de développer, sans autre contrainte que les faits, sa libre initiative dans les sphères différentes de la politique, des relations culturelles et sociales et de l'économie. Mais cette dernière s'est finalement imposée à toutes les autres : portée par le dynamisme des marchés, la pression des besoins, le goût du profit et une formidable propension à « inventer », la loi marchande a bousculé et renversé toutes les résistances que la société par tradition ou par choix tendait à lui opposer. Le premier socialisme ne s'y était d'ailleurs pas trompé, qui reprochait d'abord aux Lumières et à la Révolution non d'avoir renversé l'ordre ancien, mais de ne pouvoir produire autre chose qu'un terrible désordre économique, social et, plus encore, moral.

C'est en cela que le marxisme a constitué, dans l'histoire du socialisme, une première rupture : loin de s'indigner des bouleversements introduits par le capitalisme et la bourgeoisie marchande, il a au contraire célébré sa « démarche » révolutionnaire au nom d'un déterminisme économique qui, de mutations en contradictions internes, déboucherait nécessairement sur une nouvelle forme d'organisation des rapports de production que seraient le socialisme puis le communisme. Le marxisme est, à cet égard, bien de son temps : les besoins les plus élémentaires sont loin d'être satisfaits et l'industrie, portée par une vague d'innovations sans précédent, servie par le progrès de la science, ouvre indiscutablement une ère nouvelle. Mais, ce faisant, le marxisme communie avec le libéralisme dans une même foi : celle d'un économisme supposé apporter à l'humanité le moyen de résoudre les questions qu'elle se pose, comme si celles-ci ne pouvaient avoir qu'une unique dimension, celle de la satisfaction des besoins de l'individu, et une motivation exclusive, la recherche de son intérêt !

Cette dérive « économiste », impressionnante par ses développements, préoccupante par son impact, n'a été véritablement canalisée qu'au sortir de la Seconde Guerre mondiale avant de rompre à nouveau ses amarres à la faveur de la crise que nous connaissons depuis les années 1970. La logique marchande est aujourd'hui en passe de tout emporter. Non sous l'effet d'un complot, auquel prendrait part une élite dirigeante bénéficiant de la complicité de gouvernements acquis à la dérégulation[1]. Mais par la logique d'un processus de transformation rendu nécessaire par la perte d'efficacité du « capitalisme fordiste », observable dès le début des années 1970, aussi bien à travers la baisse de la productivité des grandes entreprises que dans la contestation des formes de travail par les salariés eux-mêmes ; aussi bien dans l'évolution d'une demande de plus en plus différenciée que dans les progrès d'un individualisme associé au recul de toutes les formes de traditions ou d'autorité depuis mai 1968. L'ultra-économisme puise cependant sa force dans la double caractéristique qui est la sienne : puissance productive, elle offre à l'individu la perspective d'accroître sans cesse le champ de ses satisfactions matérielles ; puissance symbolique, elle amène l'humanité[2] tout entière

1. Je ne rejoins pas ici les conclusions de Jacques Généreux (*Le Socialisme néomoderne*, *op. cit.*) avec lequel je partage pourtant de nombreux points de vue.

2. « Chaque homme, selon le jugement de la société homogène, vaut selon ce qu'il produit, c'est-à-dire qu'il cesse d'être une existence pour soi : il n'est plus qu'une faction, ordonnée à l'intérieur de limites mesurables », G. Bataille cité par Christian Laval, in *Sauver Marx ?*, *op. cit.*, p. 324.

à penser selon les catégories qu'elle a su imposer. Ainsi, chaque activité n'est-elle plus mesurable qu'au regard de sa contribution à l'activité économique, ses réalisations ne relevant plus d'aucun jugement social ou moral. On en vient à considérer comme normales des rémunérations folles ou justifiées des investissements dans la publicité plus coûteux que la fabrication des produits eux-mêmes.

Cette idéologie, je l'ai qualifiée d'« ultra-économisme », tant elle ne s'inspire que d'une seule logique, d'une seule forme de rationalité, celle qui garantit la rentabilité la plus élevée au point d'avoir débordé un libéralisme qui n'avait jusqu'alors jamais totalement rompu avec l'idée d'un certain ordre social. N'y voir que la « loi du profit » serait insuffisant. Il s'agit plus largement d'une sorte de « maladie de la gestion[1] » qui s'est emparée de l'ensemble du corps social et qui soumet toute activité au même type d'évaluation. La recherche du profit est un objectif, le primat de la « gestion », un mode de fonctionnement qui peut certes contribuer à améliorer les bénéfices des structures qui en relèvent, mais qui prétend trouver en elle-même sa légitimité. « On assiste au triomphe de la rationalité instrumentale face à la raison, de l'intelligence commutative (celle du calcul) face à l'intelligence compréhensive (qui produit du sens). La gestion tend à appliquer à l'homme les outils conçus pour gérer les choses[2]. » Une nouvelle forme d'organisation scientifique du travail s'est ainsi mise en place sous couvert de management. Sauf qu'elle n'a en réalité (pas plus d'ailleurs que la précédente) rien de scientifique, et qu'elle ne s'applique pas qu'au travail, mais à la totalité de l'activité humaine.

Mais, si l'ultra-économisme a remporté une bataille, force est de constater qu'il n'a pas encore gagné la guerre. Emporté par son processus de « destruction créatrice », il s'attaque aujourd'hui trop visiblement et trop durement aux bases mêmes de toute société : il affaiblit les États, corrode les démocraties, vide de son contenu le pacte social, détruit ce qu'il reste des valeurs traditionnelles (la patrie, la famille, l'épargne, le travail, etc.). Il menace même de

1. Vincent de Gaulejac, *La Société malade de la gestion*, Paris, Seuil, 2009.
2. *Ibid.*, p. 326.

s'auto-détruire. Quand il ne rend pas plus incertaine, réchauffement climatique aidant, la survie de la planète !

Une crise financière sans fin

La crise financière de la fin des années 2000 aurait pu placer le socialisme devant ses responsabilités. Curieusement, le capitalisme, lui, a échappé aux siennes : mais celui-ci répond à une logique qui est celle du profit et qu'il a naturellement tendance à pousser à son extrême limite, fût-elle proche de l'autodestruction, s'il ne rencontre pas d'obstacle. Or, notre monde fut incapable de lui en poser aucun. Loin de punir ou sanctionner les abus manifestes, les États sont même réduits au rôle de « pompiers » de service, seuls en mesure d'arrêter l'incendie sans s'autoriser pour autant à en chercher les causes ni à en dénoncer les auteurs. Au point même d'en présenter la facture aux peuples qui n'en peuvent plus !

Certes, un jeu de rôle convenu conduit nombre d'esprits rebelles, d'autres plus opportunistes, à en appeler à la moralisation, la refondation, même au dépassement, voire à la sortie du capitalisme ! Phrases vaines, discours creux, oubliant l'essentiel, car ce qui est en cause, via la violence de la crise, ce n'est pas le capitalisme, mais l'absence (plus que la défaillance) de ses partenaires et adversaires – gouvernements, intellectuels, syndicalistes, publicistes, citoyens – incapables de penser, pour la redéfinir, leur propre sphère d'actions et de responsabilités. À leur décharge, on s'écriera qu'ils ont cédé à une « pensée unique », facteur anesthésiant auquel auraient succombé même les plus rétifs. Ne serait-il pas plus juste de constater que l'ultra-économisme, porté certes par les mutations économiques de ces trente dernières années, n'a fait qu'occuper l'espace laissé vide par ses contradicteurs ? L'hypercapitalisme s'est mondialisé beaucoup plus vite que le syndicalisme ou le socialisme qui n'ont jusqu'à présent pas trouvé la force de s'opposer au développement de l'idéologie qui l'accompagne et l'autorise à franchir toutes les frontières (politiques, morales, etc.) qui limitaient son expansion. Au fond, l'économie a su renouveler son modèle au moment où celui de ses adversaires/partenaires restait figé. L'État n'a pas su se moderniser, ni la société trouver de nouvelles formes d'organisations collectives. Au point que, loin d'appeler à une réforme en profondeur des mécanismes qui ont conduit à son déclenchement, la crise va déboucher, de G20 en G20, à un simple retour à la normale... « Au total, il faut bien avouer qu'une large partie de ce que nous a appris la crise; nous le savions déjà, mais nous l'avions oublié, s'offusque Élie Cohen. D'une part, les successions des crises depuis 1997 auraient dû nous alerter sur l'instabilité de notre système financier. Mais leurs leçons n'ont pas été retenues. D'autre part, l'instabilité fondamentale de notre système financier n'est pas une découverte. Keynes l'évoquait déjà dans sa théorie générale et plus près de nous elle avait été décrite et théorisée par Hyman Minsky, économiste qui écrivait [...] que les Wall Street du monde entier généraient des forces déstabilisatrices qui n'étaient prises en compte dans aucun des modèles dérivés de la théorie économique standard : "Le défaut majeur de notre système économique est qu'il est instable. Cette instabilité n'est pas due à des chocs externes ou à l'incompétence ou l'ignorance de nos hommes politiques. L'instabilité est due au processus interne de nos types d'économies. La dynamique de l'économie capitaliste, sa structure financière complexe et mouvante entraînent le développement des conditions qui conduisent à l'incohérence (inflation galopante ou récession profonde). Mais on peut se préserver de cette fatalité, car les institutions et les politiques économiques peuvent contenir cette instabilité ; on peut donc, pour ainsi dire, stabiliser l'instabilité."[1] »

À cette instabilité, qui osera s'attaquer ? Elle est pourtant la conséquence d'un double mouvement parfaitement identifié : l'un conduisant à répondre à l'afflux massif de liquidités lié à l'accroissement des réserves des pays excédentaires par la création de nouvelles formes de placements ; l'autre résultant d'une tendance purement idéologique, cherchant à accentuer la déréglementation qui en a résulté au nom d'une théorie de l'« efficience informationnelle des marchés », supposés mieux à même de traiter la multiplication des données liées aux échanges financiers que n'importe quelle autre autorité... Si le premier processus reste valable, le second a démon-

1. Élie Cohen, *Penser la crise*, Paris, Fayard, 2010, p. 131.

tré sa faillite : il n'en continue pourtant pas moins à inspirer des « décideurs » qui ne cessent de faire obstacle à toute véritable régulation. La « lessiveuse financière », dont la complexité a permis dans un premier temps d'améliorer la fluidité des échanges et le développement de l'économie, a fini par ne plus fonctionner que pour elle-même, inventant sans cesse de nouveaux produits, non plus pour répondre à la demande, mais pour accroître ses opportunités de rentabilité : la logique s'est inversée sans que personne ne s'en émeuve…

Au vu du danger auquel nos économies sont exposées, on serait alors en droit d'attendre qu'un tiers, les États ou les organisations internationales, intervienne en arbitre pour redéfinir les règles applicables. Le G20 s'y est bien essayé sans véritable volonté et par conséquent sans véritable succès. La raison en tient peut-être à la rapidité avec laquelle la situation a été rétablie, les risques de contagion et d'effondrement du système bancaire ayant été écartés en quelques semaines, rendant moins urgente la perspective de réformes structurelles.

Pour autant, les causes du mal sont toujours là et susceptibles de produire leurs effets. Les ébauches de régulation européenne ou mondiale sont largement insuffisantes pour écarter les possibilités de récidives. D'autant que l'on ne s'est pas non plus résolument attaqué au déséquilibre économique à l'origine de la croissance exponentielle des marchés financiers. Les besoins sont pourtant énormes : ils pourraient conduire à chercher à sécuriser les placements des pays excédentaires comme de l'ensemble des épargnants du monde vers les économies en développement, premières victimes de l'instabilité des capitaux. Ils pourraient déboucher sur la constitution de fonds d'aide au développement associant critères traditionnels (change, commerce extérieur, inflation…) et critères de développement humains : ces aides pourraient ainsi être orientées prioritairement vers les dépenses de santé et d'éducation. Et c'est en considération des écarts ou des retards constatés au regard de ces derniers indices que les organisations financières internationales pourraient être invitées à intervenir. Contrairement à ce que dit le rapport Stiglitz[1], ce n'est

1. Joseph Stiglitz, Fayard, 2010.

pas seulement un nouveau système monétaire international qu'il conviendrait de créer, mais un nouveau système international tout court ! Pourquoi serions-nous incapables de réussir ce que les gouvernements de l'après-guerre furent capables d'entreprendre avec la création du FMI et de l'OIT, de l'Unesco et des multiples chartes accompagnant ces politiques d'avenir ?

De même que, au plan intérieur, c'est une théorie de la coopération à l'échelle internationale qu'il conviendrait de développer. Cela exigerait des socialistes qu'ils se fassent les promoteurs d'un tel projet associant régulation et développement. Leur silence, perturbant, est certes révélateur du « biais » qui leur fait encore préférer l'exercice, même limité, de la souveraineté à son transfert ou à sa mise en commun. Ce faisant, le mouvement socialiste tente d'accompagner une fois de plus un repli national (qu'illustre le recours à l'inter-gouvernemental en matière européenne de préférence à l'action de la Commission ou du Parlement), que les conservateurs sont cependant plus habiles à exploiter. Sauf à céder à la tentation du protectionnisme, présenté comme le moyen de défendre ce qui reste de nos industries et de nos emplois, au détriment des pays socialement moins avancés.

Au regard des enjeux sociaux et électoraux qui en découlent, une telle thèse ne peut pas être écartée par principe, et l'on comprend que certains la préfèrent à l'impuissance à laquelle ils se sentent condamnés. Comment ne pas voir qu'aussi justifié soit-il, le recours, même sélectif, à la protection véhicule aussi une vision du monde dans lequel le socialisme n'aurait plus sa place. Si la vocation de celui-ci est d'encourager une approche globale des problèmes et de rechercher leur résolution par la coopération, on voit qu'il perdrait dans le choix de la protection toute véritable crédibilité et capacité de rebond intellectuel. À s'en tenir à des solutions partielles, qui plus est nationales, le socialisme renoncerait à assumer la compréhension et la lecture critique des réalités de ce monde. Au même titre que, par la quête écologique, c'est notre humanité tout entière qui est désormais concernée par la crise économique et financière. Et si elle l'est dans sa totalité, c'est parce qu'elle doit faire face à une menace unique et totale, à savoir l'hégémonie idéologique de l'« ultra-économisme », qui ne pourra être contrebattue que dans sa globalité. Aussi ne peut-on qu'inviter les socialistes à redécouvrir les vertus d'une Internationale qui reste à réinventer. Au club très « *british* » qui se réunit aujourd'hui de temps à autre, il conviendrait de substituer une organisation destinée à « penser » le monde dans ses différentes dimensions. Il ne s'agit plus d'une nécessité mais d'une exigence pour quiconque se réclame de l'idée socialiste.

Une profonde « crise d'humanité »

Non seulement l'ultra-économisme qui s'est emparé de nos sociétés est vecteur de désordre, mais, plus encore, il met en péril la cohésion de celles-ci en privant leurs membres des liens élémentaires sans lesquels aucune communauté humaine ne peut perdurer. L'homme est désormais déraciné par la rapidité des échanges, la liquidité des rapports sociaux pour le meilleur parfois, mais aussi pour le pire…

La preuve est faite aujourd'hui que l'homme ne peut être à lui-même sa propre fin. Être social, il ne peut se satisfaire d'un monde qui organise non la coopération, mais la compétition. Être conscient, il ne peut se réaliser à travers la seule possession d'objets marchands. Et le culte des héros du sport ou du show-biz ne peut combler le besoin de dépassement de soi que nourrissent artificiellement les médias.

Non seulement l'autonomie conquise par l'individu dépend de son degré d'intégration dans le système économique, c'est-à-dire de la qualité de son emploi et de son niveau de revenus, mais elle est en passe de devenir une sorte de prison. Elle se révèle exclusive de toutes autres formes de rapports humains en se limitant à la sphère étroite de l'environnement du travail ou de la famille. D'autant qu'elle a pour contrepartie une exigence de « responsabilités » qui laisse chacun seul face à ses obligations, ses devoirs, ses réussites ou ses échecs. Cette « difficulté d'être soi[1] » est à l'origine de nombreuses pathologies qui semblent caractériser nos sociétés. Elle est aussi à la base d'une crise d'identité que nos sociétés semblent préférer ignorer ou dont elles cherchent seulement à traiter les effets, à défaut d'en envisager les causes profondes. Réduit à sa qualité de

1. Alain Erhenberg, *La fatigue d'être soi*, Paris, Odile Jacob, 2010.

producteur et de consommateur, l'homme moderne nourrit au mieux la nostalgie d'un passé supposé plus riche et plus solidaire, au pire un besoin de se retrouver à travers le pullulement des affirmations communautaires, ethniques, religieuses ou sectaires.

L'« humanité économique[1] », mécontente de sa condition, cherche à faire rentrer par les fenêtres les dimensions spirituelles, éthiques, solidaires à laquelle nos sociétés ont fermé la porte. Ce retour du refoulé se fait non sans violence, mais par nécessité. Être multidimensionnel, l'individu voit sa réduction à la seule dimension économique, aussi prometteuse soit-elle, au regard de la « consommation » d'objets qu'elle lui fait miroiter, comme une amputation, voire une aliénation. Il ne peut trouver un équilibre que dans une société qui fasse sa part aux différents éléments sans lesquels il ne peut pleinement s'épanouir. Cette crise d'identité est sans doute l'une de celles auxquelles le socialisme semble a priori le moins bien préparé. Prisonnier du couple « économique contre social », il est le plus souvent désemparé face à la montée des revendications culturelles, régionalistes ou religieuses. Aussi est-il soit tenté d'y céder au nom de la reconnaissance de la liberté et des différences qu'elle implique, quitte à s'abandonner à la tentation d'une société multiculturelle, c'est-à-dire éclatée ; soit enclin à s'y opposer au nom par exemple de la laïcité, au point de ne pas voir ce que ces demandes contiennent de potentiellement subversif pour l'ultra-économisme ambiant. C'est pourtant dans la contestation de celui-ci que se trouve la réponse. Dans la capacité de rétablir une société plurielle qui ne communie pas uniquement dans le culte du veau d'or.

Faute de réponse, cette véritable « crise d'humanité » ne peut qu'empirer ! Il n'est pas un individu, quels que soient sa couleur, sa société d'appartenance, ses sentiments, sa culture, qui puisse accepter de ne pouvoir jouer sur toute la palette de son « humanité ». Pas un qui puisse se satisfaire de n'être « qu'une machine, doublée d'une machine à calculer », selon le mot de Marcel Mauss. Et contre l'uniformisation apparente des comportements qu'entretient le développement des médias se développe une contestation souterraine dont la

1. G. Bataille, cf. *supra*.

résurgence des revendications d'identité religieuse est sans doute aujourd'hui l'une des illustrations les plus puissantes.

Certes, elle est loin de représenter la menace terrible à laquelle on voudrait la réduire, ou d'avoir la cohérence que lui attribuent par exemple les contempteurs d'un islamisme que ses dimensions multiples n'autorisent pas à réduire à un sectarisme, voire à un terrorisme ou même à un totalitarisme d'un type nouveau. Ces sectateurs existent, mais leur idéologie ne rend pas compte d'un processus plus profond. Comment expliquer sinon que, sur ce terreau prétendument obscurantiste, ait pu naître au Maghreb ou au Machrek une puissante et maîtrisée revendication démocratique ? Celle-ci s'accompagne sans doute de l'expression d'une grande fierté identitaire. Mais n'est-ce pas d'abord la volonté des peuples arabes de rompre le cycle de l'humiliation qui y trouve son expression, plutôt qu'une quelconque forme d'irrédentisme religieux ?

Sans sombrer dans l'« angélisme », il faut substituer la connaissance et l'intérêt pour les civilisations à l'ignorance et à la peur qu'elles engendrent. Cette « crise d'humanité », c'est-à-dire ce recul de ce qui fait l'homme sous la poussée de l'ultra-économisme, appelle une réponse d'ensemble, qui ne pourra trouver son seul remède dans la croissance. Ceux qui en appellent à un partage de la prospérité font preuve sans aucun doute de plus de générosité et de lucidité que les spéculateurs ou les investisseurs à court terme… Mais la prospérité, dont nous verrons qu'elle doit être rediscutée, n'apportera pas toutes les réponses à nos sociétés qui aspirent au contraire à se développer pour les unes, à se reconstruire pour les autres, autour d'un ensemble de valeurs partagées. Celles-ci renvoient à une agile articulation des courants philosophiques, religieux, culturels et sociaux qui traversent nos sociétés.

Dans nos sociétés, dont les membres sont de plus en plus livrés à eux-mêmes, ces courants peuvent être à la fois une menace et un soutien pour la démocratie. Une menace, puisqu'ils peuvent être tentés de placer la défense de certains intérêts particuliers ou communautaires (définis à travers l'exercice d'un culte par exemple) au-dessus de l'intérêt collectif tout entier. Un soutien, parce que, dans l'immense espace qu'a ouvert la mondialisation, « les identités religieuses et culturelles apportent des réponses aux individus et aux groupes[1] ». Pour en arriver à une pareille conclusion, il faut admettre (et garantir) que les engagements pris par les individus sont plus le résultat d'un choix que du poids de la tradition. Ainsi l'homme se construit-il à travers l'expérience et les différentes identités qu'il se donne. Il peut en résulter une confusion, un trouble, voire une révolte. Mais l'affirmation de cette liberté de choix constitue aussi le moyen à partir duquel contester l'unilatéralisme de la raison économique. Il ne s'agit donc pas de combattre la poussée de ces revendications identitaires, accentuées par les aléas et les disputes du monde (le postcolonialisme qui s'interroge sur les incidences de la colonisation sur la liberté des peuples aujourd'hui indépendants), mais de les canaliser pour les remettre à leur place, secondaire par rapport à l'intérêt général. À la condition que celui-ci, via un réveil de la démocratie et de la citoyenneté, se voit donner un contenu, un sens qui s'impose à tous.

C'est en effet l'organisation du débat démocratique, la prise en compte loyale des différents points de vue qui peuvent donner sa légitimité à la décision prise au final par la puissance publique. L'historien néo-zélandais John Poccock considère ainsi qu'il est indispensable pour assurer l'équilibre de nos démocraties de permettre à chacun de trouver « des moyens d'affirmer que nous sommes des personnes, des citoyens, et de nous associer avec d'autres pour avoir droit à la parole et avoir la capacité d'influencer l'élaboration de nos mondes[2] ». Certains voient dans le respect de la différence un paradoxe mortel s'il s'agit d'en faire un outil pour garantir au final la cohésion de la communauté humaine. Et de préconiser le rappel à la règle, la réaffirmation de l'autorité publique, la nécessaire adhésion aux normes collectives. Le paradoxe n'est-il pas plutôt de prétendre faire reculer la vision « globalisante » de l'ultra-économisme en niant l'importance du « sujet » ? Comment remettre l'homme au centre de l'organisation sociale sans le prendre en compte dans sa diversité ? Celle-ci ne fait obstacle à l'affirmation de la collectivité que pour autant qu'elle soit perçue comme une forme d'altérité irréductible, inassimilable. Mais si l'individu, dans le respect

1. Michel Wieviorka, *Neuf leçons de sociologie*, Paris, Robert Laffont, 2008.
2. Cité par Benjamin Barber, *Djihad versus Macworld*, Paris, Hachette, 2001.

de tout ce qui le constitue, est au contraire invité à participer par le débat, la délibération, le vote, à la formulation de l'intérêt collectif, ne sera-t-il pas plus enclin à s'y reconnaître et, par conséquent, à s'y soumettre ?

La prise de conscience de l'urgence écologique

Si ces maux sont bien identifiés, ils ne peuvent suffire à provoquer le changement. Le véritable détonateur est ailleurs. Il est dans l'urgence écologique qu'il faut dégager de l'emprise d'un discours de culpabilisation ou d'angoisse pour le replacer sur le terrain de ce qu'il faudrait appeler « un débat et une politique de civilisation » (Edgar Morin). Chacun s'accorde aujourd'hui à considérer que notre modèle de développement économique n'est pas durable, c'est-à-dire ne peut être prolongé en l'état sans conduire à terme à un appauvrissement lié à la pénurie de ressources qu'il aura provoquée. Malgré cela, la mondialisation n'est pour l'instant rien d'autre que la généralisation de ce modèle : or, comme le rappelle Lester Brown, « si les Chinois devaient consommer autant de papier et d'automobiles que les Américains, la Chine à elle seule utiliserait plus de bois et de pétrole que le monde n'est capable d'en produire[1] ». Dès lors, c'est à l'humanité tout entière qu'est posée la question de la « capacité des générations actuelles d'assurer que le développement prenne en compte les besoins présents sans compromettre la capacité des générations futures à satisfaire leur propres besoins[2] ».

Le problème va, aujourd'hui, bien au-delà, puisque ce sont les conditions de vie sur la planète qui sont désormais mises en question : à la diminution de la biodiversité s'ajoute la menace que fait peser le réchauffement climatique dont les conséquences dramatiques ne pourront être évitées faute d'une réduction de moitié des émissions de CO_2 d'ici 2050 (par rapport à celles de 1990 !). L'impact à venir de ces phénomènes est si spectaculaire qu'il pourrait conduire à reléguer au second plan le débat politique, pour lui

1. Lester Brown, *Éco-Économie*, Paris, Seuil, 2003.
2. Rapport Brundtland, 1987.

substituer la seule nécessité d'agir. Le système international donne en effet le spectacle de son impuissance face à la mauvaise volonté des États comme de la plupart des acteurs économiques, chacun ne s'engageant que sous réserve d'une réciprocité qui peine à se concrétiser.

Cette impuissance met naturellement en jeu la responsabilité des gouvernements. Le monde est mal armé pour anticiper et corriger les conséquences d'une logique économique à laquelle il souscrit désormais dans son ensemble. L'ultra-économisme ne fournit aucun moyen de répondre au défi écologique. Au contraire, il est à son origine et se révèle par conséquent incapable de le penser dans sa complexité. Il a depuis longtemps externalisé les coûts liés à la destruction de l'environnement, comme l'exploitation des ressources naturelles. À s'en tenir aux instruments de mesure dont nous disposons, la réduction de la biodiversité, c'est-à-dire notre appauvrissement écologique, équivaut à un enrichissement économique… Ce ne sont, par conséquent, pas seulement des intérêts qui sont en jeu, mais une vision unilatérale du monde qui fait entrer l'homme et la nature à l'intérieur de la sphère économique. C'est cette « nouvelle raison du monde[1] » qu'il convient non pas tant de démasquer (gardons-nous de la thèse du complot) que de comprendre.

Dans un tel cadre, et à supposer que la « contrainte » écologique soit prise en compte, celle-ci ne peut être à son tour qu'absorbée, récupérée par la logique marchande. L'objectif reste celui de la rentabilité, qui se déplace vers de nouveaux secteurs – économies d'énergie, produits recyclables, technologies propres, bioproduction – qui constituent certes un progrès, mais restent inscrits dans une logique productiviste et consumériste dont les contradictions apparaissent désormais au grand jour. Ainsi, les biocarburants, accusés d'encourager la production intensive des céréales au détriment des productions vivrières, et de générer au moins autant de CO_2 en amont qu'ils permettent d'en économiser en aval.

Dès lors, à y bien regarder, l'écosocialisme constitue si j'ose dire la dimension naturelle du socialisme. Soucieux de l'épanouisse-

1. Pierre Dardot, Christian Laval, *La Nouvelle Raison du monde*, Paris, La Découverte, 2009.

ment de la personne humaine, respectée dans sa singularité comme dans sa qualité d'être social, il se préoccupe de son environnement dont la préservation constitue pour lui une valeur intrinsèque. Le socialisme moderne est par définition écologique. Il ne lui reste plus qu'à s'en convaincre pour en tirer intellectuellement les bénéfices et, pour ce faire, de renouer le fil de son histoire, de sa mémoire. Et c'est parce qu'il l'a un moment perdu (durant près de trente ans) qu'il se trouve aujourd'hui retardé dans sa modernisation. Puisqu'il ne s'agit pas pour lui de se convertir à l'écologie mais bien de s'y retrouver.

Chapitre XIV

Vers l'écosocialisme

La prise en compte de l'enjeu écologique constitue d'emblée pour l'idée socialiste une nécessité, puisqu'elle va commander l'organisation et le devenir de notre société pour les décennies à venir, mais surtout une formidable opportunité. D'abord, pour redéfinir son rapport au progrès, notion désormais ambiguë, trop longtemps associée à l'évolution de la science et des technologies[1], comme au développement qu'elle permettait. Elle semblait ouvrir un avenir sans limites qui n'aurait d'autres questions à résoudre que celle du partage d'une richesse dont la croissance ne pourrait plus être remise en cause. Le mouvement socialiste a longtemps participé de cette vision dont la social-démocratie, certes contestée sur ces marges, notamment en 1968, avait fait son schéma de prédilection.

La crise dans laquelle est entrée la modernité oblige aujourd'hui à revoir les prémisses d'une telle analyse. Comme l'a fait remarquer Ulrich Beck[2], notre société est devenue « une société du risque » au sens où les « progrès » intellectuels et technologiques qu'elle produit sont susceptibles de se retourner contre elle.

Ce processus peut encourager un sentiment d'angoisse, de peur et d'insécurité qui nourrit aussi bien certaines récupérations politiques

1. Jacques Ellul, *Le Système technicien*, Paris, Calmann-Lévy, 1977.
2. Ulrich Beck, *La Société du risque*, Paris, Aubier, 2001.

que l'affirmation d'un catastrophisme « antihumaniste ». Une partie des réflexions philosophiques auxquelles le réchauffement climatique a donné lieu ne conclut-elle pas ainsi à la reconnaissance de droits séparés de la nature distincts de ceux de l'humanité ; la première ayant sur l'autre des droits spécifiques à faire valoir ? Une telle approche pourrait aller jusqu'à justifier, au nom de ce conflit de légitimité, des mesures inconciliables avec notre conception de l'humain : remise en cause du droit égal à subsister comme du libre choix démocratique, entre autres.

Mais ce processus peut tout aussi bien aider à enrichir et à repréciser notre rapport au progrès. Non seulement en reconnaissant l'ambivalence du progrès scientifique (principe de précaution), et par conséquent la nécessaire prudence à lui témoigner, y compris du point de vue démocratique, via l'évaluation citoyenne. Mais aussi en élargissant la notion de progrès à celle, plus large, plus riche, plus ouverte de progrès humain, c'est-à-dire à la prise en compte des différents critères permettant de mesurer ou d'apprécier de façon satisfaisante l'évolution de la qualité de la vie de chacun en société. La commission Stiglitz en a déjà proposé une forme à travers la notion de « bonheur national brut ». Jacques Généreux voit plus loin à travers un « indicateur du progrès humain[1] » qu'il définit comme « une amélioration conjointe des capacités individuelles à mener une vie bonne, et personnelle, de la sociabilité, de l'égalité et de l'écosystème laissé en héritage aux générations futures ». Pourraient être ainsi répertoriés et servir de références toutes les données disponibles sur l'espérance de vie, le taux d'emploi et de sous-emplois, la qualité des logements, la mixité sociale, l'état des libertés formelles, les émissions de CO_2, etc., occasion d'un formidable débat démocratique sur l'orientation prise par chaque société.

L'écosocialisme offre ensuite la possibilité à l'idée socialiste de réactualiser plusieurs de ses valeurs identitaires, à commencer par la justice sociale, dont le contenu s'est flouté au fil du temps. La lutte à mener pour celle-ci est en effet indissociable du combat pour la protection de l'environnement. Chacun s'accorde en effet à considérer que le réchauffement climatique aura des conséquences d'autant

1. Jacques Généreux, *Le Socialisme néo-moderne*, *op. cit.*, p. 297.

plus lourdes que certaines populations, parmi les plus pauvres, les plus déshéritées, auront été plus exposées. Réduire l'injustice sociale, c'est aussi réduire cette exposition. Et donner, à l'échelle de chaque nation, comme dans les rapports entre pays riches et pays pauvres, une impulsion nouvelle aux idéaux de redistribution. À cela s'ajoute l'idée que le droit de chacun à la subsistance doit être plus que jamais affirmé et garanti, invitant à la mise en place de régulation des marchés alimentaires, mais aussi à une aide au développement tournée vers les productions vivrières. Il convient, à cet égard, de couper le cou à cette idée fausse selon laquelle encourager la croissance des pays pauvres serait contradictoire avec la recherche d'objectifs écologiques. Comme le rappelle Éloi Laurent : « La pauvreté est aussi une malédiction écologique parce qu'elle entraîne une exploitation maximale des ressources naturelles[1]. » Enfin, comment douter que plus la croissance sera équitablement partagée, moins il sera nécessaire qu'elle atteigne un niveau élevé, dans la mesure où les gaspillages auront été évités et les types de consommation redéfinis ?

Est-ce à dire que l'« écosocialisme » doit s'identifier à la « décroissance[2] » ? Le socialisme a reconnu d'autant plus de vertu à la croissance qu'il l'a associée à la redistribution et au plein-emploi. Mais si la croissance les facilite, elle n'en est cependant pas la condition exclusive. Une politique fiscale plus juste ne dépend pas seulement de la taille du gâteau à partager même si celle-ci peut aider à la répartition. Elle dépend de son degré d'universalité (tous les revenus sont-ils pris en compte et de quelle manière), de sa progressivité comme de la place laissée aux services publics (éducation, santé, etc.) dont l'accès n'est pas commandé par la disposition de revenus.

De la même manière, à la question de l'emploi pourraient être apportées d'autres formes de réponses prenant mieux en compte les temps de la vie (formation tout au long de la vie, réduction négociée du temps de travail, développement du temps partiel choisi, encouragement à la mobilité professionnelle favorisant la mobilité sociale, développement des services collectifs, en particulier l'aide aux per-

1. Éloi Laurent, *Social-écologie*, Paris, Flammarion, 2011, p. 68.
2. Serge Latouche, *Le Pari de la décroissance*, Paris, Fayard, 2010.

sonnes, etc.). Il s'agit là d'un véritable projet de société qui ne se limite plus à une relance de l'économie et permet du coup de différencier le socialisme d'un libéralisme social. À quoi s'ajoute l'exigence de réformes qui l'accompagne : il n'est en effet pas exclusif, bien au contraire, d'une maîtrise de la dépense sociale (à travers, par exemple, la priorité donnée à la prévention en matière sanitaire comme en matière d'éducation).

L'écosocialisme conduit enfin à réhabiliter les outils politiques socialistes. Cette orientation ne peut en effet pas reposer sur des ajustements économiques incertains. Elle devra déboucher sur des résultats pour ne pas compromettre l'objectif initial que la collectivité s'est assigné. Ainsi conviendra-t-il à l'échelle nationale, et si possible européenne, de se doter de véritables outils de planification, s'agissant en particulier des conditions d'approvisionnement et de dépense énergétiques. De même sera-t-il nécessaire d'orienter la consommation vers les services ou l'immatériel, afin de rééquilibrer les enjeux du développement économique. La formule d'un nouveau plan indicatif et démocratique serait ici manifestement la plus appropriée. Une deuxième vie pour Henri De Man ? Anthony Giddens, sans doute l'un des sociologues les plus attentifs aux enjeux du changement climatique, a du mal à se rallier à cette idée, faisant valoir que l'exercice auquel la collectivité aura alors à se livrer aura moins à voir avec la fixation d'objectifs quantifiés qu'avec l'anticipation a priori des effets sur le futur, des changements ou des innovations introduites à un moment donné. Chacun s'accorde cependant, et Giddens le premier, à reconnaître que l'« État conserve la plupart des moyens susceptibles d'être mobilisés pour impacter sérieusement le processus de réchauffement climatique[1] ».

À cet égard, le défi lancé à la société comme à l'État n'est pas moindre que celui que les nations furent invitées à relever au lendemain de la grande dépression. Il s'agissait, là aussi, rien moins que de trouver les réponses à des dérèglements que nul n'avait anticipés. Il serait tragique que le socialisme ne saisisse pas cette opportunité, en plaçant la recherche de l'efficacité énergétique et la lutte contre le

1. Anthony Giddens, *The Politics of Climate Change*, Cambridge, Polity Press, 2009, p. 91.

réchauffement climatique au cœur de son projet. Il doit en faire l'axe déterminant de son programme et de tous ses autres aspects, à commencer par la politique économique et sociale.

Une pédagogie doit être engagée le plus en amont possible pour déboucher non sur une culpabilisation des citoyens, mais sur la démonstration que la lutte contre le réchauffement climatique peut être, plus encore qu'une question de survie à moyen terme, une opportunité pour améliorer les conditions de la vie quotidienne, du logement au transport, etc., en passant par les avantages qu'elle peut présenter pour le pouvoir d'achat, les économies d'énergie...

Un discours offensif devra s'associer à une politique claire qui s'appuiera sur toute la panoplie des outils offerts à l'action publique : la taxation carbone pour intégrer les externalités écologiques dans les prix ; l'interdiction soit de produire, soit de faire de la publicité de produits considérés comme trop consommateurs en énergie. « Pour pousser le citoyen à agir dans le sens du développement durable, l'État ne devrait-il pas d'abord être exemplaire. On attend de lui qu'il montre, par ses décisions et ses pratiques quotidiennes, qu'il prend au sérieux son propre discours. Cela passe par des efforts d'écoresponsabilité (l'économie d'énergie, le papier, etc.) dans le fonctionnement quotidien des services, la prise en compte des critères sociaux et environnementaux dans la commande publique, etc.[1]. » Cette mutation vers l'écologie soulève enfin des problèmes qui ont de tout temps passionné le mouvement socialiste. Ainsi du droit de propriété, non seulement appelé à subir de nouvelles limitations au nom de la protection de l'environnement, mais dont l'usage devra, s'agissant par exemple de la voiture, être soumis à de nouvelles réglementations collectives. De même encore, pour certains marchés dont la création, loin de dépendre de l'initiative privée, reposera entièrement sur la décision de la collectivité d'imposer ou de subventionner certains types de production ou de consommation (le solaire, etc.). De même enfin conviendra-t-il de chercher à favoriser, à l'échelle mondiale, un système de gouvernance qui assure la protection des « biens publics mondiaux », que sont les océans, les

1. Bernard Perret, *Le capitalisme est-il durable ?,* Carnets Nord, 2008.

fleuves, l'atmosphère, etc., renouant avec l'internationalisme à partir de questions concrètes !

L'écosocialisme permet de sortir d'un débat piégé, depuis la chute du Mur : celui des instruments d'une intervention publique efficace et crédible, qu'il conduit à réhabiliter. Il ne saurait naturellement s'agir d'en revenir aux formes traditionnelles d'intervention de l'État, mais plutôt d'encourager le travail conjoint d'une multitude d'acteurs (gouvernements, entreprises, associations, ONG...) autour d'objectifs définis démocratiquement à tous les échelons de la société.

... et l'écodémocratie

Ces bouleversements rendent évidemment indispensable une transformation en profondeur de nos systèmes d'administration publique. À cet égard, l'écosocialisme est inséparable d'une éco-démocratie. L'acceptation d'un certain degré de risque, la définition des limitations à apporter à certaines formes de production ou de consommation, les incitations adressées au marché, la mise en place d'une nouvelle planification incitative ne peuvent évidemment se concevoir sans une totale transparence des choix politiques, ni sans la participation active des citoyens ou des groupes qui les unissent. De la même manière, l'importance prise par le contrôle de la connaissance scientifique et l'appropriation du pouvoir financier et symbolique par des groupes limités, placés à la tête d'immenses appareils, contribuent à faire de la question de la démocratie un combat politique et social majeur. Cette nouvelle donne conduit en effet à considérer que la question de la répartition du pouvoir n'est plus réglée par la seule intervention du suffrage universel.

À cet égard, le mouvement socialiste n'échappe pas aux questions soulevées par la crise contemporaine de la démocratie : faible participation électorale ; critique de la représentation ; réduction de l'éventail des choix, etc. Ne faut-il pas revenir à l'essentiel ?

Rappelons ainsi que le ralliement du socialisme à la démocratie s'est accompagné de caractéristiques déjà mises en avant, en leur temps, par Bernstein, De Man ou Jaurès, à savoir la consolidation de la citoyenneté politique par l'affirmation d'une citoyenneté sociale, tout cela dans un cadre national. Ce sont ces trois piliers qui doivent être aujourd'hui remis en discussion.

L'écosocialisme doit, en premier lieu, conduire à lutter pour l'extension du suffrage et de la citoyenneté politique en revendiquant un suffrage vraiment universel. Cette lutte, gagnée très tôt en France pour l'électorat masculin, s'est prolongée tout au long du XIXe siècle dans la plupart des grands pays européens et aux États-Unis. Elle ne fut achevée qu'avec la reconnaissance du droit de vote des femmes acquis en France seulement en 1945. Ce combat est toujours d'actualité. Notamment lorsque émergent ce que de nombreux politologues appellent « les exclus du suffrage universel » : les jeunes, les classes populaires sont ainsi de moins en moins nombreux à s'inscrire sur les listes électorales et à voter. Comment réintégrer concrètement et non plus formellement ces catégories entières de la population dans la citoyenneté[1] ? Sans oublier naturellement la question du vote des immigrés.

Le retrait civique des catégories populaires se croise avec un processus de « confiscation » du politique par les lobbys représentatifs des grands intérêts économiques qualifiés de « post-démocratie[2] », dont l'influence s'exerce jusqu'à l'intérieur des partis sociaux-démocrates oublieux par leur composition, comme par leur pratique, des milieux qu'ils sont pourtant censés représenter. C'est dire que le socialisme moderne ne peut se concevoir sans une réforme (« une rénovation ») en profondeur des organisations politiques réputées l'incarner. Ce combat est inséparable de la préservation d'un espace public au sein duquel l'intérêt général peut être normalement débattu, ce qui suppose de pratiquer un « art de la séparation[3] » garantissant qu'un avantage acquis dans l'une des sphères du pouvoir (qu'elle soit économique, sociale, politique ou autre) ne puisse influencer et déséquilibrer le rapport de forces dans une sphère contiguë : l'influence qu'un détenteur de richesses pourra exercer sur le système politique devra ainsi être limitée ; de la même manière, les

1. Gaël Brustier, Jean-Philippe Huelin, *Recherche le peuple désespérément*, Paris, François Bourin Éditeur, 2009.

2. Colin Crouch, *Post-Democracy*, Cambridge, Polity Press, 2005.

3. Michael Walzer, *Sphères de justice*, Paris, Seuil, 1997.

responsables politiques ne pourront user des responsabilités qui sont les leurs dans d'autres domaines que ceux qui leur sont confiés. Façon d'actualiser le principe libéral en montrant combien le socialisme moderne, tout en se distinguant de celui-ci, ne s'en sépare pas en reconnaissant que c'est moins l'autonomie des individus que celle des institutions qui est en dernière instance le meilleur garant des libertés.

Cette protection de la démocratie, des influences qu'elle peut être appelée à subir et qui la détourne de l'intérêt général, conduit naturellement à se fixer pour seconde priorité de préserver et de favoriser la qualité du débat démocratique. Un autre penseur socialiste s'en est fait le promoteur : Jürgen Habermas revendique ainsi la création d'un espace public, médian entre la sphère privée (la famille et le marché) et la sphère étatique (la bureaucratie), à travers lequel un public de plus en plus large participe par le détour de la discussion et de l'argumentation à la formation des décisions collectives. S'il note que l'évolution de la société marchande a eu pour conséquence de vider les lieux censés symboliser la définition collective de l'intérêt général de leur substance, il ne lui échappe pas que cette menace du marché a été relayée par celle de l'État à travers les dérives totalitaires dont le XXe siècle a donné malheureusement l'exemple.

Dès lors, il invite la politique démocratique (c'est-à-dire l'exercice de sa souveraineté par le peuple) à ne pas s'assigner des buts, mais à veiller au respect des procédures et des règles qui garantissent la recherche par la discussion du bien commun. Plaidant pour « une éthique de la discussion », Jürgen Habermas considère que, dans une société où la tradition a définitivement perdu de sa force, c'est aux discussions et aux arguments qu'il appartient de refonder les rapports sociaux. Il importe donc de déployer à tous les niveaux – mondiaux, nationaux et locaux – des espaces de discussion et de dialogue en tenant en respect aussi bien la sphère économique que la sphère étatique ; aussi bien l'intérêt privé que la bureaucratie, pour dégager l'intérêt collectif. Se trouvent là jetées les bases d'une démocratie participative, certes, mais qui donne aussi un statut et des garanties à ceux qui sont chargés de l'expression de la conscience publique : lutter contre la concentration des médias, garantir la déontologie des journalistes, assurer la préservation d'un service public de radio et de télévision, etc. L'écosocialisme est un socialisme soucieux de l'environnement démocratique.

La vitalité de la démocratie dépend aussi, et c'est là le deuxième principe tiré de l'histoire démocratique de l'idée socialiste, de celle de la citoyenneté sociale. Le recul de celle-ci, avec la montée du chômage, le développement de la précarité, les restrictions apportées au système de protection sociale, interpelle par conséquent directement le socialisme. Aussi considère-t-il la reconstruction de liens de solidarité indispensable à la vitalité et même à la solidité de notre démocratie, voire même de tout changement : « C'est la démocratie comprise dans sa dimension sociétale qui dessine de la sorte l'avenir du socialisme[1]. » Ce qui appelle à la fois à la reconstitution d'un bloc de droits associé à chaque salarié[2], qui tire les conséquences de l'éclatement du statut de l'emploi attaché jusqu'alors au seul contrat de travail, et à une politique dite de la reconnaissance, qui restitue aux différents groupes formant la société une visibilité et une conscience d'eux-mêmes qui doit faciliter leur expression et leur contribution au débat public.

Pour l'écosocialisme, la démocratie moderne est en effet celle qui « reconnaît les individus et les collectivités comme sujets, c'est-à-dire les protège, les encourage dans leur volonté de vivre leur vie [...] de sorte que ce qui limite le pouvoir n'est pas seulement un ensemble de règles [...], mais la volonté positive d'accroître la liberté de chacun[3] ». Ainsi s'établit un nouveau type de rapport entre l'individu et la société, entre le citoyen et la politique, qui permet de remplacer le monologue de la raison, de l'histoire ou de la nation par le dialogue des individus et des cultures.

« L'histoire de la liberté dans le monde moderne est celle d'une association de plus en plus étroite entre l'universalisme des droits des êtres humains et la particularité des situations et des rapports sociaux dans lesquels ces droits doivent être refondés [...], associa-

1. Pierre Rosanvallon, « Réinventer la démocratie », *Le Monde*, 29 avril 2009.

2. Robert Castel, *L'Insécurité sociale*, Paris, Seuil, 2003 ; et Alain Supiot, *Au-delà de l'emploi. Transformations du travail et devenir du droit au travail en Europe*, Paris, Flammarion, 1999.

3. Alain Touraine, *Qu'est-ce que la démocratie ?*, Paris, Fayard, 1994.

tion qui ne peut être réalisée que par les acteurs eux-mêmes[1]. » Dès lors, le rôle de l'espace démocratique est non plus de nier les différences, mais de les reconnaître et d'organiser leur dialogue dans les limites du bien commun. Si bien qu'au lieu d'identifier l'espace public comme un espace qui rompt les appartenances, il faut au contraire désormais le reconnaître comme celui où elles se combinent.

Le cadre enfin dans lequel s'exerce la démocratie est l'ultime problématique à laquelle l'écosocialisme, dans son approche de la démocratie, doit répondre. Le premier enjeu est évidemment la constitution (possible ?) d'une démocratie-monde[2] et de savoir sur quelles bases elle peut se construire. Il est clair qu'elle ne peut pas être la simple prolongation de la coopération entre les États et de la logique parlementaire qui existe à l'échelle de chaque nation. À la « diplomatie des connivences[3] » qui s'accommode d'une gestion oligarchique des affaires du monde, il faudra travailler à substituer un système fondé sur le respect et la responsabilisation des nations. Le mouvement socialiste se retrouve ici face à une vieille problématique qu'il ne peut plus éluder. Volonté pour un peuple d'exister, la nation reste une donnée politique essentielle. À la fois comme instrument de cohésion interne et comme base d'un véritable dialogue, d'une possible délibération sur les questions mondiales. Cette démocratie là reste à inventer.

Mais la question se pose aussi de savoir si la démocratie ne doit pas se construire contre l'État via une forte décentralisation du pouvoir (de manière à éloigner celui-ci de l'influence que peuvent exercer les grands leviers économiques et industriels) et l'organisation de réseaux associatifs capables de prendre en charge le maximum de responsabilités[4]. Cette revitalisation de la démocratie s'appuiera sur un réveil de la société civile que l'État devra encourager. Si cela passe par un renforcement des autorités locales, cela suppose aussi de favoriser le développement et le rôle des réseaux associatifs. Ben-

1. *Ibid.*

2. Ulrich Beck, *Pouvoir et contre-pouvoir à l'heure de la mondialisation*, Paris, Flammarion, 2003.

3. Bertrand Badie, *La Diplomatie de connivence*, Paris, La Découverte, 2011.

4. Paul Hirst, *Associative Democracy*, Cambridge, Polity Press, 1993.

jamin Barber développe ainsi l'idée d'une démocratie forte[1] qui ne soit pas seulement, selon la formule du philosophe américain John Dewey, un mode de gouvernement, mais un mode de vie : « Il nous faut reprendre, dit-il, le langage traditionnel de la société civile et nous remettre à penser nos activités quotidiennes comme référées à trois sphères : les pouvoirs publics, le secteur privé et le domaine civil, ou espaces civiques ou encore société civile […]. Cet espace civique se situe entre la sphère du gouvernement et celle du secteur privé. Ce n'est pas là que l'on vote ni que l'on fait commerce ; c'est le lieu où l'on rencontre ses voisins pour parler de la surveillance d'un carrefour, organiser une kermesse pour l'école du quartier, discuter de la façon dont l'église ou la synagogue pourra abriter des sans-logis, ou organiser un tournoi sportif pour les enfants […]. Nous restons bien dans un domaine "privé" voué à la poursuite coopérative (non obligée) d'intérêts publics. Cette aire de la coopération et de voisinage partage avec le secteur privé l'avantage de la liberté : il est volontaire et constitué d'individus et de groupes librement associés ; mais, à la différence du secteur privé, il vise des intérêts collectifs et utilise des modes d'action consensuels, c'est-à-dire intégrateurs et coopératifs[2]. »

Socialisme oblige…

Le paradoxe est sans doute que le retour en force du socialisme, à travers sa vision « associative et coopérative », se heurtera d'abord à la perplexité des socialistes eux-mêmes. S'est constituée en leur sein une « élite » qui partage avec les autres milieux dirigeants, y compris de l'économie, trop de valeurs communes, pour qu'elle ne soit pas tentée de dénier toute légitimité au seul projet susceptible de lui rendre pourtant une autorité intellectuelle et morale. Le mouvement n'est pas nouveau : Adorno déjà dénonçait la tendance bureaucratique des grands partis débouchant sur la constitution d'un groupe dirigeant, coopté et peu soucieux des procédures démocratiques.

1. Benjamin R. Barber, *Démocratie forte*, Paris, Desclée de Brouwer, 1997.
2. B. Barber, *Djihad versus Macworld*, *op. cit.*, p. 290.

Mais les choses ont, si l'on peut dire, empiré. Ce groupe restait à l'époque, plus d'ailleurs dans les grands partis sociaux-démocrates que dans les petits partis socialistes, issu des classes qu'il était censé défendre et représenter. Ce n'est qu'au cours des années 1970 et 1980, à mesure que se distendaient les liens avec le syndicalisme, que ce groupe dirigeant s'est mis de plus en plus à ressembler à n'importe quel autre, que l'on observe son parcours universitaire, son niveau de revenus ou son mode de vie. Nouvelle trahison des clercs ? Plutôt « révolte des élites[1] » désavouant plus ou moins ouvertement l'« archaïsme », la « vulgarité », le « simplisme » des modes de pensée du peuple ! La dénonciation unanime du « populisme » n'en est-elle pas l'irrécusable démonstration ? Comme si stigmatiser l'expression des citoyens valait mieux et servait mieux la « cause » que d'en comprendre et d'en traiter les raisons.

Plutôt que porter un jugement moral sur une attitude qui conduit les élites à « ne plus se parler qu'à elles-mêmes[2] », il importe de comprendre que cette dérive est due à un double processus qu'il est possible de contester et, par conséquent, d'interrompre : l'hégémonie idéologique de l'« ultra-économisme » qui réduit, faute d'alternative, les politiques socialistes à l'impuissance ou à la connivence ; la disparition progressive de tous les lieux susceptibles de favoriser un échange pluraliste : partis, syndicats, réunions publiques, laissant chacun seul face au poids, au langage, à l'autorité des institutions.

Il en découle, presque mécaniquement, une « fin du courage[3] », c'est-à-dire de cette vertu civique qui s'appuie sur l'organisation de la démocratie pour exprimer une opinion dissidente ou, mieux encore, pour revendiquer le point de vue de l'intérêt général. Décision ou acte individuel, le courage dépend en réalité du collectif. Non seulement parce qu'il suppose que l'on soit suffisamment conscient de son devoir comme de son droit (ce qui dépend de la totalité de la communauté citoyenne) pour l'exercer, mais parce qu'il appelle des

1. Christopher Lasch, *La Révolte des élites*, Paris, Flammarion, « Champs », 2007.
2. *Ibid.*, p. 125.
3. Cynthia Fleury, *La Fin du courage*, Paris, Fayard, 2010.

mécanismes ou des procédures à partir desquels il sera entendu, pris en compte, répercuté, voire amplifié. Le courage présuppose le respect. Héroïque, il peut s'en passer ou s'en émanciper. Simplement civique et humain, il exige reconnaissance et visibilité. À cet égard, la dévalorisation de la parole populaire, socialement disqualifiée, constitue un formidable obstacle à la vitalité de notre démocratie. Aussi pour retrouver droit de cité, cette parole doit-elle être à nouveau « représentée » par les élites qui s'en réclament. Ce qui suppose de la part de celles-ci, outre la prise de conscience idéologique déjà évoquée précédemment, une prise de conscience de cette réalité sociale aujourd'hui rejetée. Cela ne sera pas possible sans le retour à une forme d'exemplarité (à l'opposé de ce que laisse transparaître l'affaire DSK) qui devrait conduire tout dirigeant socialiste à mettre son mode de vie en concordance avec les valeurs qu'il défend[1].

Une telle approche redonne tout son poids aux références éthiques : dès lors que le bonheur des individus sur terre ne relève plus d'un choc révolutionnaire ou d'un système utopique, il dépend de plus en plus des politiques concrètes suivies, mais aussi du comportement des membres de la société, de leurs dispositions morales et psychologiques, de cette « *common decency* » si chère à George Orwell pour qui « l'essentiel de l'associationnisme réside, ainsi, dans la contestation de la conception atomiste de l'individu, dans l'expérience vécue de la solidarité réciproque [...] qui correspond au souci d'enraciner au plus profond de la pratique socialiste les vertus humaines de base[2] ».

Le socialisme moderne sera d'autant plus lui-même qu'il saura se réapproprier les formes élémentaires, et facilement popularisables, de la convivialité, de l'entraide, du désintéressement. Bref, rendre au lien social son importance et sa valeur en soi, et à l'attitude de chacun sa valeur pédagogique.

Léon Blum ne dit pas autre chose, lorsqu'il définit « les deux premiers échelons de l'échelle humaine que le socialisme entend de

1. À cet égard, on n'hésitera pas à opposer l'attitude d'un Schröder « valorisant », pour un salaire hors de proportion, ses relations avec le chef du gouvernement russe, avec celle d'un Lionel Jospin retournant en quelque sorte après le pouvoir à sa charrue...

2. Jean-Louis Laville, *Politique de l'association*, *op. cit.*, p. 285.

nouveau faire gravir à la société en général et à chacun de ses membres en particulier : d'abord élaborer une représentation globale du développement humain et des domaines où il devrait s'authentifier après y avoir été mis en œuvre ; ensuite, caractériser les comportements et les conduites validant de tels objectifs[1] ».

Ainsi défini, l'écosocialisme est une sorte de retour aux sources. Le premier socialisme ne s'est-il pas d'abord soucié d'harmonie ? Son ambition n'était-elle pas de réconcilier l'individu avec la société, c'est-à-dire avec son environnement entendu au sens large ? Débarrassé des déterminismes, il renoue avec la liberté et fonde sur le respect de la personne humaine sa recherche de l'égalité. Cette voie est la seule qui permette d'en finir avec les approximations : confronté au triple défi que lui lancent la crise financière, la crise d'humanité et la crise écologique, le socialisme est invité à en finir avec les facilités de la politique pour renouer avec les principes et les ambitions d'un vrai projet. Celles et ceux qui continuent de s'en réclamer ne se trouvent pas dans une situation très différente de celle qu'eurent à affronter les socialistes et les humanistes qui survécurent à la Deuxième Guerre mondiale. Comme eux, nous devons nous persuader que nous entrons dans une aire entièrement nouvelle et qu'il nous faut inventer l'équation qui garantira l'équilibre entre l'économique, le politique et le civil. Pour être d'une autre nature, la menace qui pèse sur le monde n'en met pas moins en péril notre civilisation. La force ahurissante qu'ont pris l'économie et la science exige que nous soyons capables de mobiliser une « force humaine » au moins équivalente, non pour les combattre, mais pour les canaliser et les équilibrer. Tourné vers l'avenir, fondé sur la raison, doté d'une conscience collective, le socialisme, ou plus exactement l'écosocialisme, n'a jamais autant été nécessaire à notre temps.

1. Raphaël Draï, « Léon Blum ou le socialisme des comportements », *Revues citées*, n° 43, 2010, p. 94.

Conclusion

Vingt ans après la chute du Mur, l'homme est de nouveau fondé à vouloir organiser la société. Née voici près de deux siècles, l'idée socialiste reste plus que jamais d'actualité ! Parce que, face à la complexité du monde, elle répond par la réaffirmation de la liberté. Débarrassée des prétendues lois de l'histoire, de la science ou du progrès, elle prétend, désormais contre tous les déterminismes, qu'il est encore possible d'agir « à l'échelle humaine ». Non par pragmatisme, mais à dessein...

Ce qui fait sa force, c'est qu'elle n'a rien d'un dogme. Elle a su, au fil des temps et des événements, se redéfinir, non sans peine, mais en affinant constamment son rapport aux choses, et d'abord à l'économie. Le dessein qu'elle affirme n'est rien d'autre qu'une perpétuelle recherche d'un équilibre qui puisse satisfaire à la fois les besoins des hommes et leurs droits. Comment se fait-il alors qu'elle traverse une crise si profonde ?

L'explication tient sans doute au fait que le socialisme, malgré (ou en raison de) sa souplesse, a toujours éprouvé bien du mal à se réformer. Et ne l'a fait, le plus souvent, lorsqu'il s'y est résolu, plus sous le poids d'influences extérieures qu'à partir d'une dynamique propre. Non que celle-ci n'ait pas existée : Leroux, Bernstein, Jaurès, De Man, Crosland en témoignent. Tous se sont efforcés, à l'écart de toute forme d'opportunisme, d'aller au bout de la logique que leur suggérait le mouvement de l'idée socialiste. Tous ont eu aussi bien le souci d'articuler de manière cohérente la philosophie à l'action, la pensée au contexte dans lequel celle-ci devait être formulée.

Comment expliquer, dès lors, que ce qui était souvent politiquement et socialement juste n'ait pas réussi plus facilement à s'imposer ?

La première raison est le souci obsessionnel de l'unité. C'est lui qui fait préférer le confort des certitudes aux risques du changement. Le révisionnisme de Bernstein intervient certes à un moment où les thèmes de la prolétarisation comme de la paupérisation de la société peuvent à bon droit être discutés. Mais au moment aussi où l'unité des socialistes vient à peine d'être conquise autour d'une idéologie, le marxisme, dont la cohérence et la force intellectuelle ont réussi à fendre les armures des courants adverses. À peine les grands partis ouvriers se sont-ils constitués autour de ce ciment idéologique apparemment solide qu'on les invite à le remettre en question ? Fondé sur sa singularité sociale – la représentation du prolétariat – le socialisme fait le choix en parallèle de préserver, face à une gauche qui s'affirme, elle aussi, à ce tournant du siècle, sa singularité idéologique. L'unité a été trop chèrement acquise. Elle est riche aussi de trop de promesses : les sociaux-démocrates n'augmentent-ils pas à chaque scrutin le nombre de leurs élus ? D'autant qu'à cette vertu, celle de l'efficacité électorale, s'en ajoute une autre, morale celle-là : ne pas décevoir l'espérance ouvrière. Ambition qui trouvera plus tard d'autres formulations…

L'enjeu de l'unité est tout aussi prégnant dans l'entre-deux-guerres. De Man et ses proches offrent pourtant au mouvement socialiste les moyens d'affronter la crise et ceux de réconcilier, autour du plan, classes moyennes et populaires. Mais c'est sur fond, tétanisant, de montée du fascisme ! Aussi Blum juge-t-il plus sûre l'alliance avec le Parti communiste que le saut dans l'inconnu que représente alors pareille innovation programmatique. La constitution du Front populaire signifie ainsi en France la fin du planisme. Ailleurs, les idées de rénovation ne progressent que là, justement, où l'unité n'est pas menacée, comme en Grande-Bretagne ou en Suède, où ni le communisme ni le fascisme n'ont réussi à s'introduire efficacement.

Mais si la dimension dramatique de l'histoire peut expliquer cette obsession de l'unité, celle-ci tire aussi sa force de la nature même du mouvement. Parce qu'il est une idée avant d'être une organisation, le socialisme prête sans cesse à discussion. Aussi, les forces centripètes de la diversité philosophique l'ont-ils toujours angoissé. D'où l'attachement renouvelé à un marxisme orthodoxe, que ceux qui le contestent contribuent, sans le vouloir, à renforcer…

Le poids, comme l'aveuglement, de la bureaucratie partisane constitue un autre rempart au changement. Nous l'avons vu à l'œuvre à de multiples reprises et en particulier à la Libération. Mais celui-ci ne joue à plein qu'en raison d'une forme d'anti-intellectualisme dont le socialisme a toujours peiné à se libérer. Le syndicalisme, révolutionnaire ou non, a alimenté cette défiance à l'égard d'un socialisme politique « confisqué » par les intellectuels[1]. Sans pour autant jamais en triompher. Pas un des grands dirigeants socialistes du XIXe siècle ou de la première moitié du XXe qui n'ait eu le souci d'ajouter une corde théorique à l'arc de son leadership ! Ainsi de Kautsky ou de Guesde. Cela démontre une attention au mouvement des idées qui ne s'est affaibli qu'au cours des années 1950 : absorbés par les tâches de gestion, les sociaux-démocrates au pouvoir, qui se veulent alors pragmatiques, faisant passer leur compétence technique avant tout effort de conceptualisation politique ou idéologique. Les Trente Glorieuses sont d'ailleurs celles où les valeurs socialistes semblent les mieux installées. Leur triomphe, associé à la prospérité, n'est-il pas le gage de leur pérennité ? D'où l'inappétence à les rediscuter malgré les signes de turbulences que donnent, dès la fin des années 1960, l'économie et la société.

Sans doute s'agit-il aussi d'un habituel coup de balancier. Aux humanistes et littérateurs, hermétiques aux règles de l'économie qui prévalent avant et après la Première Guerre mondiale, succèdent des « ingénieurs », formés à la gestion et soucieux pour les plus attentifs d'abord de sociologie. Pour avoir trop pesées, la science historique comme la philosophie sont passées par-dessus bord, au point de rompre le fil d'une pensée et de laisser ses héritiers sans même le bénéfice d'un inventaire.

1. Georges Lefranc, *Jaurès et le socialisme des intellectuels*, *op. cit.*

Les principaux changements se sont ainsi faits plus sous la pression des événements que par l'acharnement d'un raisonnement. Peut-être faut-il y voir, avec un brin de fatalisme, la loi de la dialectique qui anime le rapport entre l'action et les idées politiques. Non seulement l'action ne peut se laisser enfermer dans les cadres que lui offre la raison. Mais l'idée, par un curieux paradoxe, profite peu du débat collectif. Elle n'en sort qu'au prix d'une perte de cohérence ou d'originalité. Non parce qu'il n'y aurait de compromis ou de consensus qu'appauvri, mais parce que interfèrent dans le débat des considérations propres à la vie de chaque organisation, à la perception qu'elle a de ses atouts internes ou électoraux, à sa lecture des événements, qui contribuent à arrondir les angles d'une pensée plus forte ou plus aiguë. Cela posé, mieux vaut encore pareilles amputations auxquelles se sont livrés les « chirurgiens » de l'histoire socialiste, que l'apathie qui règne aujourd'hui et dont nul ne peut se satisfaire.

Le deuxième terme de l'explication à la crise de l'idée socialiste ne souffre à mon sens aucun doute : le socialisme[1] a perdu son « hégémonie culturelle » ! Alors que c'est à sa source que, du second après-guerre au milieu des années 1970, chacun venait puiser, il n'en va plus de même aujourd'hui. L'effondrement du mur de Berlin et du communisme y est pour beaucoup. Mais le processus s'est amorcé antérieurement. La critique du « totalitarisme » s'est accompagnée d'une remise en cause des idéaux mêmes de la Révolution française dont le marxisme apparaissait, en quelque sorte, comme le continuateur : c'est en cohorte que se sont mis en marche les « penseurs » et autres nouveaux philosophes, voyant peu à peu dans la seule affirmation de la raison et de la volonté politique l'origine de tous les maux[2]. Et l'abandon, imposé selon eux par le verdict de l'histoire, du rêve prométhéen, rendait nécessaire une nouvelle « greffe de foi ». À quoi bon croire au collectif si cette croyance doit se faire au détriment de l'individu : dès lors, seule compte la défense de ses propres droits. Marcel Gauchet eut beau dire que « les droits de l'homme ne font pas une politique », il était déjà trop tard. La cri-

1. Et la gauche…

2. Cf. Michael Christofferson, *Les Intellectuels contre la gauche*, Marseille, Agone, 2009.

tique s'est vite élargie comme un outil de combat au socialisme démocratique. D'autant plus injustement que celui-ci ne cherchait plus à renverser mais bien au contraire à moderniser et à améliorer l'efficacité de la démocratie libérale : affirmation du rôle des exécutifs, mise en place d'outils de prévision et de planification, développement de l'efficacité sociale de l'État. Ces ingrédients, loin d'affaiblir ce qu'il y avait de libéral au sein de nos systèmes politiques, l'ont au contraire utilement complété et renforcé. Mais de cette critique a résulté « une éclipse de la souveraineté du peuple au profit de la souveraineté de l'individu [qui] pousse inexorablement [...] dans le sens d'une démocratie minimale[1] ». Ce qui revient à dire qu'en ayant accepté de placer la protection des droits individuels au cœur de l'action publique celle-ci s'est, par un mouvement parallèle, retirée de la sphère des choix collectifs qui s'effectuent ailleurs selon le poids des lobbys ou au gré du jeu de la concurrence sur les marchés.

Ce processus est trop intimement lié à l'évolution de nos sociétés pour envisager un simple retour à la situation antérieure : l'autonomisation de l'individu constitue une exigence incontournable dans l'ordre juridique contemporain et peut être qualifiée sans hésitation de progrès si l'on veut bien juger des avancées liées par exemple à la lutte contre toutes les formes de discrimination.

Aussi, le socialisme ne saurait-il nourrir ni ressentiment ni nostalgie, confronté à ce que ses dirigeants dénoncent souvent avec une pointe de mépris comme la « montée de l'individualisme ». Celle-ci va rencontrer tout naturellement ses limites. Et les frustrations que suscite aujourd'hui la stagnation de nos sociétés, bien en peine de concrétiser les promesses que le marché fait au consommateur, constituent déjà le point d'appui d'une possible reconquête. À la double condition que le mouvement socialiste assume tout d'abord son histoire et récuse, autant de fois que nécessaire, tout lien avec la dérive totalitaire qu'a représentée le communisme. Et qu'il n'hésite pas ensuite à replacer dans une perspective le projet qu'il porte. Face à la « dictature de l'urgence », il lui faut revendiquer le temps du politique aussi bien en termes de résultats que de procédures et

1. Marcel Gauchet, *La Démocratie, d'une crise à l'autre*, Nantes, Éditions Cécile Defaut, 2007, p. 80.

d'objectifs à atteindre. Il est en effet paradoxal que l'individu prétende à toujours plus d'autonomie (réalité incontestable au regard du relâchement du poids qu'exercent sur sa destinée son origine, sa famille, sa religion, etc.) au moment même où la collectivité avoue, elle, quand elle ne le théorise pas (les néolibéraux), sa perte de maîtrise sur les événements.

Ce retour de l'histoire et de la politique suppose cependant de mener, pour l'imposer, une bataille d'idées qui n'est pas amorcée. Pourtant, le mouvement socialiste, mieux qu'aucun autre, est légitime à se référer à un véritable devoir d'agir tout en en reconnaissant utilement les limites : il peut s'écarter de toute vision catastrophiste de l'avenir du monde, sans nier l'urgence du combat écologique, ni les risques, difficiles à combattre, des nouveaux processus technologiques. Il peut et doit s'inscrire dans une démarche de construction d'un ordre international nouveau sans s'enfermer dans une approche « occidentaliste » qui serait fondée sur l'angoisse ressentie par la mise en cause de « valeurs universelles ». Il doit surtout veiller à articuler la recherche de l'épanouissement de l'individu avec la réaffirmation des valeurs collectives, qui ne peuvent plus surgir du simple devoir moral ou de l'exercice de l'autorité. Il s'agit de la réhabilitation de la notion d'intérêt général à la définition duquel chacun devrait être appelé à contribuer. Si l'individu ne veut plus se reconnaître dans un groupe totalisant (famille, classe ou nation), et l'on ne peut l'en blâmer, la mondialisation des problèmes et des menaces le ramène à l'évidence de son appartenance à la seule collectivité qui vaille : son humanité, directement menacée dans son existence même par la perte de maîtrise des processus de développement. À défaut, il se rabat déjà vers des communautés de taille plus modeste qui lui promettent la sécurité et l'identité qu'il recherche…

Cette bataille est d'autant plus décisive que les adversaires du socialisme l'ont déjà engagée. L'attaque portée contre l'État, l'égalité, la justice, a affaibli ses défenses immunitaires. La droite a su non seulement fissurer le bloc idéologique du socialisme et de la social-démocratie, mais aussi y pénétrer, par effraction, et sans états d'âme. C'est à un retournement idéologique redoutable que l'on assiste aujourd'hui. C'est au nom même de la solidarité que la droite façonne, en Suède ou en France, le repli de l'État providence ; au nom de la laïcité, qu'elle s'attaque, partout en Europe, à l'islam ; au nom de la citoyenneté, qu'elle prétend réserver aux nationaux qui travaillent le bénéfice des aides et des prestations sociales ; au nom de la défense du service public, qu'elle s'en prend à l'Europe. Au point de ne plus incarner la défense de l'ordre (et c'est en cela qu'elle ne constitue pas un mouvement réactionnaire) mais bien la contestation du système mieux que ceux qui en ont pourtant fait profession (comme en témoigne l'affaiblissement du Parti communiste ou de l'extrême gauche). Avec pour résultat, aux États-Unis comme en Europe, un bouleversement de la géographie électorale, les conditions de vie déterminant désormais les votes plus sûrement que les conditions de travail[1].

Ce processus n'a rien d'inéluctable, le mouvement socialiste ayant été victime d'abord de son attentisme. Le comble pour les partis qui se veulent « réformistes » n'est-il pas justement de se faire voler le talisman de la réforme ? Est-il temps de le ressaisir ? Ce ne sera possible que si le socialisme choisit à nouveau de se revendiquer comme tel !

Le socialisme, c'est plus que la gauche !

Il n'est en effet de tâche plus urgente pour le socialisme que de retrouver son identité alors qu'il s'est trop facilement laissé assimiler à la gauche.

La tentation est là, qui affleure dans l'Europe entière : l'épuisement de la social-démocratie a fait mûrir un « centre gauche » dont les épigones ne se recrutent pas seulement sur les marches septentrionales de l'Europe, mais tout aussi bien en Italie ou en Espagne. En France, sous couvert d'une indispensable rénovation, la question a aussi été posée. Non sans arrière-pensée : pour se tourner vers l'avenir, rompons avec le passé ! Identifié à la société industrielle, au vieux prolétariat comme à la lutte des classes, le socialisme ne devrait-il pas tirer sa révérence, ses vieux habits idéologiques sous le

1. Gaël Brustier, Jean-Philippe Huelin, *Recherche le peuple désespérément*, *op. cit.* et, des mêmes, *Voyage au bout de la droite*, Paris, François Bourin Éditeur, 2011.

bras, abandonnant la scène à une gauche plus moderne ? Curieux retour de flamme que ce retour en grâce : et si la gauche fait la une éditoriale[1], le socialisme, lui, ne trouve plus guère preneur. Pour les promoteurs de cette révolution sémantique, le mal ne serait pas bien grand. Et même plutôt nécessaire. Tourner la page du socialisme, ne serait-ce pas simplement dire adieu au marxisme pour renouer, comme d'aucuns l'ont théorisé, avec une philosophie politique que l'« influence germanique » avait vouée à disparaître ? Ne serait-ce pas tout bonnement prendre acte qu'à la société de classes a succédé celle des individus, rétifs aux doctrines et soucieux de solutions concrètes plus que de concepts abstraits ? À cette rhétorique qui ne manque pas d'arguments, il faut pourtant opposer une fin de non-recevoir. Y consentir serait un renoncement idéologique doublé d'une erreur historique. C'est que, si gauche et socialisme appartiennent à la même génération (l'une comme l'autre s'affirmant avec la double révolution politique et industrielle de la fin du XIXe siècle), cette concordance des temps n'est pas une concordance des genres. Le socialisme est une philosophie, la gauche, un tempérament. L'une et l'autre peuvent s'accorder sans concorder. Et c'est bien ainsi que l'histoire nous invite à les considérer.

Les rapports entre le socialisme et la gauche doivent par conséquent être examinés avec prudence. La gauche est libérale, le socialisme ne l'est pas. La gauche s'est faite autour de l'idée que l'émancipation de l'homme s'identifiait aux progrès des libertés individuelles, permis et garantis par des institutions démocratiques. Si le socialisme s'est approprié ce point de vue, il a toujours refusé de s'y réduire, liant libertés personnelles et collectives.

À cet égard, la gauche l'a aidé à fixer à son volontarisme politique des limites indispensables au respect de la personne humaine, dont le communisme s'est dramatiquement affranchi. Le rapprochement qui s'opère à la fin du XIXe siècle permet ainsi d'intégrer dans le socialisme les valeurs libérales que sont celles de liberté, d'humanisme,

1. On ne compte plus depuis quelques années les ouvrages qui lui sont consacrés. Retenons parmi ceux-ci : Edgard Morin, *Ma gauche*, Paris, François Bourin Éditeur, 2010 ; ou Louis Gautier, *Table rase. Y a-t-il des idées de gauche*, Paris, Flammarion, 2008. Sous la direction d'Alain Caillé et Roger Sue, *De gauche ?*, Fayard, 2009…

contribuant à la mutation démocratique du mouvement ouvrier. Ainsi le protégera-t-il des dérives dans lesquelles se laisseront entraîner les tenants d'un socialisme révolutionnaire et bientôt national, par vagues successives via le boulangisme, puis la guerre et enfin le fascisme[1].

Mais le socialisme, s'il s'est nourri de l'apport de la gauche, l'a toujours dépassé, l'invitant à regarder la société comme un tout, traversé de conflits sociaux, influencé par des rapports de forces, modelé par l'évolution des sciences et des technologies. À ce mouvement collectif, il répond par une approche collective oscillant entre le recours à l'État ou à la mutualisation.

Le socialisme ne peut ainsi retrouver sa pleine identité que s'il choisit non pas de s'affranchir de la gauche libérale, mais d'intégrer plus encore celle-ci à une démarche globale. Ce qui signifie que l'influence de cette gauche libérale, si elle doit être préservée, doit être aussi bien limitée pour que le socialisme ne renonce pas à ce qui est sa vocation première, à savoir une analyse critique et globale de la société visant à proposer au final une nouvelle organisation. S'il devait s'éloigner de la gauche, le socialisme risquerait de sombrer à nouveau dans une forme de populisme, d'anti-intellectualisme, de retour du nationalisme, dont on voit bien ici ou là les traces et les options possibles. Mais s'il devait s'en tenir à la gauche libérale, le socialisme perdrait toute capacité d'attraction sur les milieux populaires.

Aussi ne saurait-on trop conseiller de ne pas céder à une tentation vague : le libéralisme n'a retrouvé un élan que faute de concurrence. Et parce que la gauche a cultivé le laisser-faire, le laisser-passer idéologique ! Aussi est-ce bien le socialisme qu'il convient de remettre au goût du jour. En s'efforçant, comme ce livre a vocation à y aider, de ne pas se méprendre sur le concept. Rien n'est plus dangereux aujourd'hui que de renoncer à le définir. L'urgence est d'autant plus forte que, si l'on trouve encore des socialistes, de socialisme point ! L'adjectif a effacé le substantif, comme si se « qualifier » de socialiste suffisait à en fournir une signification politique. Cette approche tautologique est trop commode pour ne pas

1. Marc Crapez, *Naissance de la gauche*, Paris, Éditions Michalon, 1998.

être vénéneuse. Elle n'entretient l'ambiguïté qu'aux dépens d'un socialisme livré aux vents contradictoires d'interprétations multiples. Or, de son histoire, qu'avons-nous appris, sinon qu'il n'est pas fondé sur le renversement du capitalisme mais bien plutôt sur sa critique ? Sa vocation, celle qu'ont défendue, mise au jour, actualisée, propagée, partagée ses dirigeants et ses théoriciens, n'est pas de remplacer le système capitaliste, mais bien de l'équilibrer. De Saint-Simon à Leroux, en passant par Marx, Jaurès ou Crosland, il se veut l'expression d'une volonté : celle de la société de domestiquer, d'encadrer démocratiquement la formidable dynamique de l'économie que le capitalisme libère. Passé sa parenthèse marxiste qui se referme dès le lendemain de la Première Guerre mondiale, le socialisme démocratique n'eut de cesse de distinguer la sphère de la production de celle de la vie sociale et des valeurs qui doivent la gouverner.

Il serait dramatique, pour tous ceux qui n'ont pas renoncé à obtenir de l'organisation sociale qu'elle se rapproche un peu plus des valeurs de justice et de solidarité, de renoncer à pareille approche. Non pour entretenir une lutte interminable ou pernicieuse. Mais pour ne pas s'en laisser conter par les autres forces à l'œuvre qui ne cherchent qu'à accroître leur puissance autour des critères inspirés de leur seule rationalité. Le socialisme n'est pas l'ennemi de la banque mais n'admet pas que celle-ci dicte sa loi au monde…

L'histoire, à cet égard, nous a appris que cette lutte ne peut cesser. Qu'elle est la condition de l'équilibre entre deux pôles opposés et pourtant extrémités d'une même planète, celui du développement des capacités de production et d'accumulation, d'une part ; celui de la volonté de les réguler et de les encadrer au nom de l'intérêt supérieur de la collectivité humaine tout entière, d'autre part.

L'actualité d'une idée…

Cet ouvrage n'a ainsi d'autre but que de démontrer que ce regain, le socialisme ne pourra l'envisager que s'il opère un véritable retour sur lui-même, non pour se replier sur ses valeurs fondatrices, mais pour aborder la modernité en prenant appui sur elle. À l'exception du premier Saint-Simon, et au moins jusqu'au second Marx, celui d'après 1848, le socialisme n'eut de cesse de s'opposer à la loi d'airain de l'économisme, pour promouvoir les valeurs humaines d'harmonie, de plaisir ou de mutualisation. Du droit à la paresse, brandi par Lafargue, à la revendication de la journée de huit heures, de l'éducation pour tous aux universités populaires, il s'est bâti sur l'idée que l'économie ne pouvait être qu'au service de l'homme. Aussi doit-il revenir aux valeurs de maîtrise de soi et de maîtrise du temps, qui s'accordent, mieux qu'aucun autre principe, avec les exigences d'une économie et d'une société désormais respectueuses de leur environnement.

Cette approche débouche naturellement sur une politique valorisant tout ce dont l'apport à la communauté humaine est jugée « incalculable ». Le socialisme ne doit pas avoir peur de mener ce combat qui, loin de nier l'importance de la science, de la technologie et de l'initiative économique, les replace au contraire dans un cadre et une perspective partagés par tous.

La richesse d'une société se mesure aussi à tout ce qu'un compte d'exploitation ne sait pas enregistrer : l'intensité des formes d'engagement, le désintéressement, la qualité des relations de voisinage, la stabilité et l'harmonie des familles, la satisfaction au travail, la confiance dans les institutions. La communauté humaine repose, pour son développement, autant sur les forces productives qui sont son soubassement que sur la nature et la densité des relations humaines qui s'établissent entre ses membres. Ce qui conduit à restituer toute leur importance aux actes gratuits (le simple service rendu), aux formes d'associations sociales ou économiques dénuées de but lucratif, mais aussi à l'urbanisme, c'est-à-dire aux types d'échanges que favorise ou décourage la conception d'un immeuble ou d'un quartier, ou encore à l'aménagement, c'est-à-dire à l'équilibre des territoires.

« Aussi faut-il réactiver tout ce qu'il y a eu d'excellent ou tout simplement de raisonnable au début du XIXe siècle dans les multiples critiques socialistes, anarchistes et populistes de la modernité[1]. » Non qu'il faille remettre celle-ci en cause, mais en dépasser les caractéris-

1. Jean-Claude Michéa, *Impasse Adam Smith*, Paris, Flammarion, 2006, p. 53.

tiques qui reposent sur la confusion des idées d'émancipation et d'indépendance. Si le libéralisme eut ainsi le mérite de libérer l'homme du poids des hiérarchies et des corporatismes, il ne lui a pas pour autant donné la liberté dans la mesure où celle-ci n'est pas envisageable sans l'appui de la société.

La nouvelle alliance de la société et de l'État

Le détour par la société fixe le cadre d'une reconquête par le socialisme du terrain perdu. Infiltré par l'« ultra-économisme » et privé de facto, sinon de jure de ses élites, le mouvement socialiste ne peut se reconstituer qu'à la double condition de prendre ses distances par rapport à l'État, comme par rapport au marché. Sans rompre ni avec l'un ni avec l'autre. Mais sans accorder à l'un ou à l'autre d'avantages particuliers.

Le premier socialisme né pourtant de la volonté de reconstruire une communauté humaine déstabilisée par la double révolution, politique et industrielle, de la fin du XIXe siècle, avait débouché sur la formulation d'une utopie alternative justifiée par la violence de son affrontement avec un capitalisme sauvage. À ce projet économique et idéologique donné, celui du capitalisme libéral, le socialisme et d'abord le marxisme opposèrent certes un projet idéologique et économique destiné à s'y substituer. L'un comme l'autre restent pourtant marqués par le contexte historique et intellectuel de leur formulation : un positivisme faisant de la science l'artisan d'un progrès linéaire.

La rencontre de ces deux projets, d'abord idéologiquement violente, s'est pacifiée à travers une association inédite de l'économique et du social qui a « coïncidé » avec la phase la plus aiguë de prospérité et de développement que le monde occidental ait connue. Cette alliance qui n'avait, à bien y regarder, rien de « contre nature », puisque socialistes comme libéraux communiaient dans la même foi dans la croissance, était fécondée par les progrès de la démocratie. Aussi n'a-t-elle pu fonctionner d'une manière satisfaisante qu'autant qu'elle a correspondu à l'exercice de la souveraineté dans un cadre national. Parce qu'il était d'abord un projet national, transposable mais propre à chaque pays, le projet social-démocrate a survécu dans son principe aux attaques dont il fut l'objet. La globalisation a signé sa mort clinique, son obsolescence étant irréversible en raison de l'impossibilité absolue de réinventer à l'échelle de la planète l'équivalent d'un État, d'une autorité politique mondiale. Celle-ci n'aurait été envisageable qu'à la condition de voir naître en parallèle une opinion publique elle-même mondiale susceptible d'arbitrer au nom d'un intérêt public, à son tour « mondial ». Même si les problèmes qui se posent à l'humanité sont de plus en plus proches selon les continents, des différences fondamentales de développement, de culture, d'intérêt limitent la « gouvernance mondiale » à un effort de compréhension réciproque, au mieux à une coordination partielle et épisodique.

La solution ne peut donc venir de la transposition à une autre échelle du compromis social-démocrate entre l'État et le marché. Aussi sommes-nous convaincus que le troisième âge du socialisme sera celui d'une nouvelle alliance entre l'État et la société, qui devra, pour jouer son rôle, s'émanciper pour partie du politique et de l'économique. N'était-ce pas là d'ailleurs l'ambition des mutualistes de tout poil ? Par un curieux renversement de l'histoire (des idées), l'anarchie, c'est-à-dire l'absence d'un pouvoir politique central comme en rêvait Proudhon, s'est opérée via la mondialisation de l'économie. L'absence de règles encadrant celle-ci est ce dont le monde a le plus à souffrir aujourd'hui.

Certains s'y sont en quelque sorte résignés. Leur concession à l'« ultra-économisme » peut certes se justifier par la nécessité de ne pas voir leur pays, leur société, trop distancés dans la compétition internationale. Et, à ce titre, on ne peut leur reprocher d'accepter une large part des règles d'un jeu dont la crise financière et écologique nous ont cependant révélé la folie. Mais à mesure qu'ils s'y engagent, leur identité disparaît, absorbés qu'ils sont par les sables mouvants de la « raison économique ».

C'est pourquoi l'idée socialiste garde aujourd'hui toute son importance. Elle seule, par la force que lui donne une histoire de deux siècles, par la volonté qui a été la sienne de trouver des alternatives, peut offrir, à ceux qui la cherchent, une véritable issue. Celle-ci ne viendra pas de la révolution politique, même si elle reste possible à l'échelle de certains États, parmi les plus autoritaires. Elle viendra de la volonté réaffirmée de changer de perspective et de ne plus faire de la valeur marchande la mesure de l'humain.

Sa tâche sera facilitée par le fait que cette valeur marchande ne se contente plus d'instrumentaliser les individus ou leur environnement, mais elle engage un processus de destruction à leur encontre. De même que la première puis la deuxième révolution industrielle ont détruit allégrement les obstacles que lui opposait la société d'Ancien Régime : la religion, la famille, la tradition ; de même, cette troisième révolution s'est-elle attaquée aux frontières, non seulement séparant les États, mais aussi le public du privé, le marchand du non-marchand, l'intouchable du consommable ! À cette offensive, nos sociétés ne sauraient résister que pour autant qu'elles recouvrent le sens de leur solidarité. C'est en s'associant, et par le simple fait de s'associer pour gérer, contrôler, contester, que les hommes remettront l'économie à sa place. C'est en s'associant que les États, malgré leurs divergences, donneront au monde un autre cours. Le combat idéologique à conduire et à gagner aura justement à prouver que l'homme n'existe qu'à travers les relations sociales qu'il noue et que son épanouissement n'est pas que le fruit de sa capacité à consommer, mais plutôt à apprendre, à connaître, à voir, à admirer, à créer, à échanger.

Cet appel à la société ne peut rester qu'une sorte de SOS. Il doit au contraire s'adresser à des citoyens invités à se ressaisir de leurs droits, comme de leurs responsabilités. L'humanité ne peut être et n'a jamais été spectatrice de son destin. Elle n'est soumise à aucune fatalité. Les questions qu'elle se pose ne s'adressent pas à elle abstraitement, mais concrètement à chaque homme, à chaque femme, sur tous les continents. Et tous ont en commun le souci d'exister et d'en préserver les conditions.

L'urgence écologique est alors en mesure de jouer le rôle d'un formidable éveilleur de conscience : elle démontre l'absolue nécessité de coopération que la justice sociale aussi bien que la survie de l'humanité vont placer au sommet de l'agenda politique dans tous les pays. Il ne sera, on l'a vu, possible d'y répondre qu'en mobilisant les outils de l'intervention publique que le « tout-économique » avait réussi à décrédibiliser.

Ne vaudrait-il pas mieux faire de « nécessité » vertu et adopter un tel programme au moment où il ne s'impose encore que dans les consciences ? De crainte qu'imposé plus tard par les faits il ne prenne la forme d'une sorte de « dictature verte » fondée sur l'instinct de survie. L'écosocialisme, à cet égard, est un ensemble plus cohérent que tout autre et peut-être que les autres formes de socialisme n'ont jamais été. Sa vision de l'environnement ne se limite pas à la protection de la nature ou des espèces ; elle inclut tout ce qui fait une « vie humaine » : la beauté, le savoir, le respect, le confort du logement, la sociabilité, etc. Et c'est au nom de la protection de cet environnement qu'il invite les hommes à s'organiser, c'est-à-dire à ne pas céder aux formes d'impuissance que l'atomisation de la société a insinuées depuis des décennies dans les esprits.

La nouveauté de la démarche, et ce qui la rend particulièrement moderne, c'est qu'elle n'est pas déterminée par un quelconque a priori : elle ne s'assigne pas un but final, déduit comme le produit inéluctable d'une « juste » analyse de la société et de son évolution. Elle repose au contraire sur l'inventivité démocratique, sur une forme de révisionnisme permanent, sur la formule de Bernstein : « Le but n'est rien, le mouvement est tout ! » Elle tire son énergie et ses capacités d'anticipation des pratiques sociales elles-mêmes, pour autant qu'elles aient pour objet, à leur échelle, de valoriser ce qui fonde l'humain et justifie sa demande de justice et d'harmonie sociale : la qualité de son rapport à l'autre, qui passe par le respect, le refus de l'humiliation ou de la domination, la compassion, la complicité gratuite… Elle s'emploie à construire une société civilisée tout autant qu'une « société décente » : « Une société civilisée, nous explique Avishaï Margalit, est celle dont les membres ne s'humilient pas les uns les autres, alors qu'une société décente est celle où les institutions n'humilient pas les gens[1] ! »

L'histoire que nous venons de parcourir est par conséquent revivifiante. Et c'est en suivant son fil que les socialistes pourront retrouver leur chemin. Mais elle est aussi et pour une part teintée d'amertume, parce qu'elle est faite de tant d'occasions manquées. À chaque carrefour, les socialistes semblent avoir hésité à choisir la

1. Avishaï Margalit, *La Société décente*, Paris, Flammarion, 2007, p. 13.

voie du renouveau pour s'enfermer dans une inertie, une apathie, qui leur valu plus d'une fois de manquer de disparaître. Les conséquences en furent parfois tragiques, comme dans ce terrible entre-deux-guerres d'où sortirent les pires démons que put produire le XXe siècle. Comment l'expliquer ? Simplement peut-être par la difficulté de faire cohabiter philosophie et politique. Ce que la réflexion amène naturellement à considérer comme nécessaire et vrai, le jeu des intérêts, des concurrences ou des alliances, ce qui fait au total l'exigence de l'action politique, peut conduire, on l'a vu, à le combattre ou à l'écarter. Au cours des deux siècles qui viennent de s'écouler, pas une fois où les réformateurs n'aient été mis dans un premier temps en minorité. Cela sera-t-il encore le cas aujourd'hui ? L'idée socialiste est à nouveau à l'un de ses moments cruciaux où il faut choisir une direction plutôt qu'une autre. Ses représentants sauront-ils faire ce choix ? S'égareront-ils une fois de plus ? Ou bien ne trouveront-ils le chemin adéquat qu'après coup, une fois que les événements auront produit tous leurs effets, ne pouvant plus intervenir que pour en amender ou en corriger les conséquences ?

Bibliographie

ADDISON Paul, *The Road to 1945*, Londres, Pimlico, 1975.

AGLIETTA Michel et BERREBI Laurent, *Désordres dans le capitalisme mondial*, Paris, Odile Jacob, 2007.

—, *La Crise*, Paris, Michalon, 2008.

AGRIKOLIANSKY Eric, FILLIEULE Olivier, MAYER Nonna, *L'Altermondialisme en France*, Paris, Flammarion, 2005.

AGUITON Christophe, *Le monde nous appartient*, Paris, Plon, 2001.

AMABLE Bruno, *Les Cinq Capitalismes*, Paris, Seuil, 2005.

ANDERSON Perry, *Sur le marxisme occidental*, Paris, Maspero, 1977.

ANDLER Charles, *La Civilisation socialiste*, Latresne (Gironde), Éditions du Bord de l'Eau, 2010.

—, *La Vie de Lucien Herr*, Paris, Maspéro 1977.

—, *Le Manifeste communiste*, Paris, Les Éditions Rieder.

ARAGON Louis, *Les Cloches de Bâle*, Paris, Gallimard, 1965.

ARMSPERGER Christian, *Critique de l'existence capitaliste*, Paris, Le Cerf, 2005.

ARON Raymond, *Le Marxisme de Marx*, Paris, Éditions de Fallois, 2002.

AUDARD Catherine, *Qu'est-ce que le libéralisme*, Paris, Gallimard, 2009.

AUDIER Serge, *La Pensée solidariste*, Paris, PUF, 2010.

BADIOU Alain et ZIZEK Slavoj, *L'Idée du communisme*, Fécamps, Nouvelles édition Lignes, 2010.

BAECHLER Jean, *Les Origines du capitalisme*, Paris, Gallimard, 1971.

BAHRO Rudolf, *L'Alternative*, Paris, Stock, 1978.

BARBER Benjamin, *Démocratie forte*, Paris, Desclée de Brouwer, 1997.

—, *Djihad versus Macworld*, Paris, Hachette Pluriel, 1995.

BAUER Otto, *La Question des nationalités et la social-démocratie*, Arcantère Éditions, 1987.

BAUMAN Zigmunt, *Le Présent liquide*, Paris, Seuil, 2007.
BEAUD Michel, *Histoire du capitalisme*, Paris, Seuil, 1981.
BECK Ulrich, *La Société du risque*, Paris, Aubier, 2001.
—, *Pouvoir et contre-pouvoir à l'heure de la mondialisation*, Paris, Flammarion, 2003.
BECKER Jean-Jacques, CANDAR Gilles (dir.), *Histoire des gauches en France*, Paris, La Découverte, 2004.
BEECHER Jonathan, *Fourier*, Paris, Fayard, 1993.
BENICHOU Paul, *Le Temps des prophètes*, Paris, Gallimard, 1977.
BERGOUNIOUX Alain et GRUNBERG Gérard, *L'Utopie à l'épreuve*, Paris, Éditions de Fallois, 1996
—, *La Social-démocratie ou le compromis*, Paris, PUF, 1979.
BERLIN Isaiah, *Le Sens des réalités*, Paris, Édition des Syrtes, 1996.
BERMAN Sheri, *The Primacy of Politics and the Making of Europe's Twentieth Century*, New York, Colombia University Press, 2006.
BERNSTEIN Edouard, *Socialisme théorique et social-démocratie pratique*, Éditions Les nuits rouges, 2010.
BEVERIDGE William H., *Full Employment in a Free Society*, Allen and Unwin, 1944.
BLAIS Marie-Claude, *La Solidarité. Histoire d'une idée*, Paris, Gallimard, 2007.
BLANC Louis, *L'Organisation du travail*, 1839.
BLUM Léon, *L'œuvre de Léon Blum*, 6 vol., Paris, Albin Michel, 1972.
—, *À l'échelle humaine*, Paris, Gallimard, 1945.
BOBBIO Roberto, *Droite et gauche. Essai sur une distinction politique*, Paris, Seuil, 1997.
BOIVIN Pierre, LEFRANC Georges, DEIXONNE Maurice, *Révolution constructive*, Librairie Valois, 1932.
BOLTANSKY Luc, CHIAPELLO Ève, *L'Esprit du capitalisme*, Paris, Gallimard, 1999.
BOSCUS Alain, *Jaurès, la CGT, le syndicalisme révolutionnaire et la question sociale*, Toulouse, Institut régional CGT d'histoire sociale Midi-Pyrénées, 2010.
BOURDIEU Pierre, *La Misère du monde*, Paris, Seuil, 1993.
BOUVET Laurent, « Un Royaume-Uni plus fort en Europe grâce à la troisième voie », in *Note pour la Fondation Jean Jaurès*, 1999.
BOYER Robert, *Une théorie du capitalisme est-elle possible ?*, Paris, Odile Jacob, 2004.
BRANDT Willy, KREISKY Bruno, PALME Olof, *La Social-démocratie et l'avenir*, Paris, Gallimard, 1976.
BRAUDEL Fernand, *La Dynamique du capitalisme*, Paris, Flammarion, 2008.
BROUSSE Paul, *Le Marxisme et la IIème Internationale*, 1882.
BROWN Lester, *Éco-Économie*, Paris, Seuil, 2003.
BRUSTIER Gaël, HUELIN Jean-Philippe, *Recherche le peuple désespérément*, Paris, Bourin Éditeur, 2009
—, *Voyage au bout de la droite*, Paris, Bourin Éditeur, 2011.

BURIN Philippe, *La Dérive fasciste*, Paris, Seuil, 1986.
BURNHAM James, *L'Ère des organisateurs*, Paris, Calmann Levy, 1947.
CAILLÉ Alain et SUE Roger (dir.), *De gauche ?*, Paris, Fayard 2009.
CANTO-SPERBER Monique, *Le Libéralisme et la gauche*, Paris, « Pluriel », 2003.
CERCLE DES ÉCONOMISTES (Le), *La guerre des capitalismes aura lieu*, Paris, Perrin, 2008.
CHANIAL Philippe, *La Délicate essence du socialisme*, Latresne (Gironde), Éditions au Bord de l'Eau, 2009.
CHRISTOFFERSON Michaël, *Les Intellectuels contre la gauche*, Marseille, Agone, 2009.
COHEN Elie, *Penser la crise*, Paris, Fayard, 2010.
—, *Le Nouvel Âge du capitalisme*, Paris, Fayard, 2005.
—, *L'Ordre économique mondial*, Paris, Fayard, 2001.
COLE George Douglas Howard, *Robert Owen*, Londres, Ernst Benn Limited, 1925.
—, *Principles of Economic Planning*, Londres, Macmillan and Co. Limited, 1935.
—, *Fabian Socialism*, Allen and Unwin, 1943.
COLLECTIF, *Penser à Gauche*, Paris, Éditions Amsterdam, 2011.
CRAPEZ Marc, *Naissance de la gauche*, Paris, Michalon, 1998.
CROSLAND Anthony, *The Future of Socialism*, Londres, Robinson Publishing, 2006.
CROSSMAN R.H.S., *Nouveaux essais fabiens*, Paris, Éditions ouvrières, 1954.
CROUCH Colin, *Post-democracy*, Cambridge, Polity Press, 2005.
CROWLEY, John, « Problèmes actuels de la social-démocratie », *Nouvelle revue socialiste,* n° 17, 2004, p. 86.
—, *Sans épines, la rose : Tony Blair, un modèle pour l'Europe ?*, Paris, La Découverte, 1999.
DARD Olivier, *Le Rendez-vous manqué des relèves des années 30*, Paris, PUF, 2002.
DARDOT Pierre, LAVAL Christian, *La Nouvelle Raison du monde*, Paris, La Découverte, 2009.
—, EL MOUHOUB Mouloud, *Sauver Marx ?*, Paris, La Découverte, 2007.
DAHRENDORF Ralf, *Réflexions sur la révolution en Europe 1989-1990*, Paris, Seuil, 1991.
DE MAN Henri, *L'Idée socialiste*, Paris, Grasset, 1935
—, *Au-delà du marxisme*, Paris, Seuil, 1974.
DE SOUSA SANTOS Boaventura, *The Rise of the Global Left*, Londres, Zed Books, 2006.
DÉAT Marcel, *Perspectives socialistes*, Paris, Librairie Valois, 1930.
—, *Le Plan français, doctrine et plan d'action*, Fasquelle éditeur, 1935.
DONZELOT Jacques, *L'Invention du social*, Paris, Fayard, 1984.
DROZ Jacques, *Histoire générale du socialisme*, 4 vol., Paris, PUF, 1997.
DUCLERT Vincent, *La Gauche devant l'histoire*, Paris, Seuil, 2009.

DUCOULOMBIER Romain, *Camarades*, Paris, Perrin, 2010.
—, *Les Socialistes dans l'Europe et la guerre*, Paris, L'Harmattan, 2010.
DURKHEIM Emile, *Le Socialisme*, Paris, PUF, 1928.
ELLUL Jacques, *Le Système technicien*, Paris, Calmann-Lévy, 1977.
ENGELS Friedrich, *Socialisme utopique et socialisme scientifique*, Paris, Éditions Sociales, 1971.
ERHENBERG Alain, *L'Individu incertain*, Paris, Calmann-Lévy, 1995.
ERICH Matthias, *Idéologie et pratique : le faux débat Bernstein-Kautsky*, Paris, Armand Colin, 1964.
ESPING-ANDERSEN Gosta, *Les Trois Mondes de l'Etat-providence*, Paris, PUF, 1999.
—, *Politics against Markets*, Princeton, Princeton University Press, 1992.
FANON Frantz, *Les Damnés de la terre*, Paris, La Découverte, 2002.
FLAHAULT François, *Où est passé le bien commun ?*, Paris, Mille et une nuits, 2011.
FLEURY Cynthia, *La Fin du courage*, Paris, Fayard, 2010.
FOUCHER-KING Florence, LE GALÈS Patrick, *Tony Blair. 1997-2007*, Paris, Presses de Sciences-Po, 2007.
FURET François, *Le Communisme, le passé d'une illusion*, Paris, Robert Laffont, 1995.
GALBRAITH John Kenneth, *Le Nouvel État industriel*, Paris, Gallimard, 1979.
GAUCHET Marcel, *À l'épreuve des totalitarismes. 1914-1974*, Paris, Gallimard, 2010.
—, *La Crise du libéralisme*, Paris, Gallimard, 2007.
—, *La Démocratie, d'une crise à l'autre*, Éditions Cécile Dufaut, 2007.
—, « La droite et la gauche », *in* Pierre Nora (dir.), *Les Lieux de mémoire*, t. III, Paris, Gallimard, 1997.
GAULEJAC Vincent de, *La Société malade de la gestion*, Paris, Seuil, 2009.
GAUTIER Louis, *Table rase. Y a-t-il des idées de gauche ?*, Paris, Flammarion, 2008.
GÉNÉREUX Jacques, *Le Socialisme néo-moderne*, Paris, Seuil, 2009.
—, *La Dissociété*, Paris, Seuil, 2006.
GERSAL Luc, *L'Athènes de la Sprée*, Paris, Albert Savine Éditeur, 1892.
GIDDENS Anthony, « Au-delà du New-Labour », *Le Monde*, 16 et 17 mai 2010.
—, *Beyond Left and Right. The Future of Radical Politics*, Stanford, Stanford University Press, 1994.
—, *Over to you, Mr Brown. How Labour Can Win Again*, Londres, Polity Press, 2007.
—, *The Politics of Climate Change*, Londres, Polity Press, 2009.
—, BLAIR Tony, *La Troisième Voie. Le renouveau de la social-démocratie*, Paris, Seuil, 2002.
GOLDBERG Harvey, *Jaurès*, Paris, Fayard, 1970.

GORCE Gaëtan, *Choisir. Lettre ouverte à ceux qui veulent encore espérer de la gauche*, Paris, Lignes de Repères, 2008.
GORZ André, *Adieux au prolétariat*, Paris, Galilée, 1980.
GOUGEON Jacques-Pierre, *La Social-démocratie allemande. 1830-1996*, Paris, Aubier, 1996.
GRÉAU Jean-Luc, *L'Avenir du capitalisme*, Paris, Gallimard, 2005.
HABERMAS Jürgen, *Après Marx*, Paris, Fayard, 1985.
HALEVY Élie, *Histoire du socialisme européen*, Paris, Gallimard, 1974.
HALL Peter, *The Political Power of Economic Ideas*, Princeton, Princeton University Press, 1989.
HAMON Léo, *Socialisme et pluralités*, Paris, Gallimard, 1976.
HARDT Mickaël, NEGRI Antonio, *Empire*, Paris, Exil, 2000.
HAUPT Georges, LOWY Michaël, WEIL Claude, *Les Marxistes et la question nationale. 1848-1914*, Paris, L'Harmattan, 1997.
HENRY Michel, *Marx*, Paris, Gallimard, 1976.
HIRST Paul, *Associative Democracy*, Londres, Polity Press, 1994.
HOLLOWAY John, *Changer le monde sans prendre le pouvoir*, Paris, Syllepse, 2008.
HONNETH Axel, *La Société du mépris,* Paris, La Découverte, 2006.
HUGUENIN François, *Résister au libéralisme. Les penseurs de la communauté*, Paris, CNRS Éditions, 2003.
JACKSON Tim, *Prosperity without Growth*, Oxford, Earthscan, 2009.
JAUME Lucien, *L'Individu oublié ou les paradoxes du libéralisme français*, Paris, Fayard, 1997.
JAURÈS Jean, *L'Armée nouvelle*, Paris, Éditions sociales, 1915.
—, « Organisation socialiste », *Revue socialiste*, n° 128, août 1895.
—, *Rallumer tous les soleils*, Paris, Omnibus, 2006.
—, *Préface aux discours parlementaires*, Genève, Slatkine, 1980.
JOHSUA Isaac, *La Grande Crise du* XXIe *siècle*, Paris, La Découverte, 2009.
JOSPIN Lionel, *Le monde comme je le vois*, Paris, Gallimard, 2005.
JOUVENEL (de) Bertrand, *L'Économie dirigée*, Paris, Librairie Valois, 1928.
JUDT Tony, *Après la guerre*, Paris, Armand Colin, 2009.
—, *Le Marxisme et la gauche française* (préface F. Furet), Paris, Hachette, 1986.
KARLEBY Niels, *Le Socialisme face à la réalité*, 1926.
KAUTSKY Karl, *Le Programme socialiste*, Pantin, Les bons caractères, 2004.
KORSCH Karl, *La Fin de l'orthodoxie marxiste*, ICC, vol. 3, n° 11 à 12, décembre 1937.
—, *Karl Marx*, Paris, Champ libre, 1971.
KRIEGEL Annie, *Le Pain et les roses*, Paris, PUF, 1968.
KUISEL Richard, *Le Capitalisme et l'État en France*, Paris, Gallimard, 1984.
LACOUTURE Jean, *Léon Blum*, Paris, Seuil, 1977.
LAFONTAINE Oscar, *L'Autre Progrès*, 1989.
LASCH Christopher, *La Révolte des élites*, Paris, Flammarion, 2007.

LATOUCHE Serge, *Le Pari de la décroissance*, Paris, Fayard, « Pluriel », 2010.
LAURENT Eloi, *Social-écologie*, Paris, Flammarion, 2011.
LAVILLE Jean-Louis, *Politique de l'association* Paris, Seuil, 2010.
LAZAR Marc (dir.), *La Gauche en Europe depuis 1945*, Paris, PUF, 1996.
LEFEBVRE Henri, *Critique de la vie quotidienne*, Paris, L'Arche Éditeur, 1958
—, *La Révolution urbaine*, Paris, Gallimard, 1970.
LEFORT Claude, *Essais sur la politique*, Paris, Seuil, 1986.
LEFRANC Georges, *Essai sur les problèmes socialistes et sociaux*, Paris, Payot, 1970.
—, *Jaurès et le socialisme des intellectuels*, Paris, Aubier, 1968.
—, *Le Mouvement socialiste* (2 tomes), Paris, Payot, 1977.
LEROUX Pierre, *Inventeur du socialisme*, Latresne, Le Bord de l'Eau, 2007.
LINDENBERG Daniel, *Le Marxisme introuvable*, Paris, Calmann-Levy, 1975.
LÖWY Michaël *et al.*, *Écologie et socialisme*, Paris, Éditions Syllepse, 2005.
LUXEMBOURG Rosa, *Réforme et révolution*, Paris, Spartacus, 1947.
—, *L'Accumulation du capital*, 1912.
MALLET Serge, *La Nouvelle Classe ouvrière*, Seuil, 1969.
MALON Benoît, *La Morale sociale*, Latresne, Le Bord de l'Eau, 2007.
MARCUSE Herbert, *L'Homme unidimensionnel. Essai sur l'idéologie de la société industrielle avancée*, Paris, Éditions de Minuit, 1968.
MARGALIT Avishaï, *La Société décente*, Paris, Flammarion, 2007.
MARX Karl, ENGELS Friedrich, *Critique du programme de Gotha et d'Erfurt*, Paris, Éditions sociales, 1972.
MENDES-FRANCE Pierre et Gabriel Ardant, *Science économique et lucidité politique*, Paris, Gallimard, 1973.
MICHALET Charles-Albert, *La Mondialisation, la grande rupture*, Paris, La Découverte, 2007.
MICHÉA Jean-Claude, *Impasse Adam Smith*, Paris, Flammarion, 2006.
MICHEL Henri, *Les Courants de pensées de la Résistance*, Paris, PUF, 1962.
MOCH Jules, *Socialisme et rationalisation*, Paris, L'Églantine, 1927.
MORIN Edgard, *Ma Gauche*, Paris, François Bourin éditeur, 2010.
MORIN François, *Le Nouveau Mur de l'argent*, Paris, Seuil, 2006.
MOSCHONOS Gérassimos, *Nouveau Chantier du socialisme*, mis en ligne le 18 janvier 2010.
MYRDAL Gunnar, *Crisis in the Population Question*, 1930.
PASSET René, *Les Grandes Représentations du monde et de l'économie*, Paris, LLL, 2010.
PEILLON Vincent, *Pierre Leroux et le socialisme républicain*, Latresne, Le Bord de l'Eau, 2003.
—, *La Révolution française n'est pas terminée*, Paris, Seuil, 2008.
—, *Jean Jaurès ou la religion du socialisme*, Paris, Grasset, 2000.
PEPPER David, *Eco-socialism : from Deep Ecology to Social Justice*, Londres, Routledge, 1993.

PERRET Bernard, *Le capitalisme est-il durable ?*, Carnet Nord, 2008.
PHILIP André, *Henri de Man et la crise doctrinale du socialisme*, Librairie Universitaire Gamber Éditeur, 1928.
—, « Socialisme et christianisme », *Le Christianisme social*, avril 1930, p. 326-339.
—, *Le socialisme trahi*, Paris, Plon, 1957.
PHILIPPON Thomas, *Le Capitalisme des héritiers*, Paris, Seuil, 2007.
PICON Antoine, *Les Saint-simoniens,* Paris, Belin, 2002.
PLIHON Dominique, *Le Nouveau Capitalisme*, Paris, La Découverte, 2003.
POLANYI Karl, *La Grande Transformation*, Paris, Gallimard, 1972.
PROCHASSON Christophe, *Saint-Simon ou l'anti-Marx*, Paris, Perrin, 2005.
—, *La gauche est-elle morale ?*, Paris, Flammarion, 2010.
PROUDHON Pierre-Joseph, *Liberté, partout et toujours*, Paris, Les Belles Lettres, 2009.
—, *De la Justice dans la Révolution et dans l'Église*, Garnier Frères, 1858.
—, *Philosophie de la Misère*, Antony, Groupe Fresnes Antony, 1983.
RAWLS John, *Théorie de la justice*, Paris, Seuil, 1997.
RAYNAUD Philippe, *L'Extrême-Gauche plurielle*, Paris, Autrement, 2006.
REBERIOUX Madeleine, *Jaurès et la nation. Parcours engagés dans la France contemporaine*, Paris, Belin, 1999.
REICH Robert, *Supercapitalisme*, Paris, Vuibert, 2008.
RENAUT Alain, *L'Ère de l'individu*, Paris, Gallimard, 1989.
REYBAUD Louis, *Études sur les réformateurs contemporains aux socialistes modernes*, 1841.
ROSANVALLON Pierre, *Le Capitalisme utopique*, Paris, Seuil, 1979.
—, *L'Âge de l'autogestion*, Paris, Seuil, 1976.
—, *L'État en France*, Paris, Seuil, 1990.
RUBEL Maximilien, *Marx, critique du marxisme*, Paris, Payot, 1974.
SALANSKIS Jean-Michel, *La Gauche et l'égalité*, Paris, PUF, 2009.
SADOUN Marc, *Les Socialistes sous l'occupation*, Paris, Presses de la fondation nationale des sciences politiques, 1982.
SASSOON Donald, *One Hundred Years of Socialism*, I.B. Tauris, 2010.
SCHARPF W. Fritz, *Crisis and Choice in European Social-Democracy*, Cornell University Press, 1991.
SEN Amartya, *L'Idée de Justice*, Paris, Flammarion, 2009.
SIDELSKY Robert, *The End of Keynesian Era*, Londres, Palgrave Macmillan, 1977.
SIMONE Raffaele, *Le Monstre doux. L'Occident vire-t-il à droite ?*, Paris, Gallimard, 2010.
STEGER Manfred, *The Quest for Evolutionary Socialism,* Cambridge, Cambridge University Press, 1997.
STIGLITZ Joseph E., *Le Rapport Stiglitz*, Paris, LLL, 2010.
—, *Quand le capitalisme perd la tête*, Paris, Fayard, 2003.
—, *Un autre monde*, Paris, Fayard, 2006.

SUPIOT Alain, *L'Esprit de Philadelphie*, Paris, Seuil, 2010.
—, *Au-delà de l'emploi*, Paris, Flammarion, 1995.
TELO Mario (dir.), *De la nation à l'Europe. Paradoxe et dilemme de la social-démocratie*, Bruxelles, Breylant, 1993.
—, *New Deal européen. La pensée et la politique sociales-démocrates face à la crise des années trente*, Bruxelles, Éditions de l'université de Bruxelles, 1998.
TILTON Tim, *The Political Theory of Swedish Social Democracy*, Oxford, Clarendon Press, 1990.
TOURAINE Alain, *L'Après-socialisme*, Paris, Grasset, 1983.
—, *Qu'est-ce que la démocratie ?*, Paris, Fayard, 1994.
VAN DER ESCH Patricia, *La Deuxième Internationale 1889-1923*, Paris, Marcel Rivière et Cie, 1957.
VERGNON Gilles, *Les Gauches européennes après la victoire nazie. Entre planisme et unité d'action*, Paris, L'Harmattan, 1997.
WALLERSTEIN Immanuel, *L'Après-libéralisme. Essai sur un monde à réinventer*, La Tour-d'Aigues, Éditions de l'Aube, 1999.
WALZER Michael, *Sphères de justice*, Paris, Seuil, 1997.
WEBB Béatrice et Sidney, *Industrial Democracy*, Londres, Longsman, Green and Co., 1897.
WIEVIORKA Michel, *Neuf leçons de sociologie*, Paris, Robert Laffont, 2008.
WINOCK Michel, *Le Socialisme en France et en Europe*, Paris, Seuil, 1992.

Table

Introduction 9

PREMIÈRE PARTIE
Le temps des confrontations

CHAPITRE PREMIER – L'ère des organisateurs 23
CHAPITRE II – La parenthèse de 1848 35
CHAPITRE III – L'ère des imprécateurs 48
CHAPITRE IV – Mort de Marx, naissance du marxisme 58
CHAPITRE V – Le socialisme est-il soluble dans la démocratie ? 74
CHAPITRE VI – Le retour du refoulé révolutionnaire… 97

DEUXIÈME PARTIE
Le temps des compromis

CHAPITRE VII – L'impensable transition vers le socialisme 127
CHAPITRE VIII – Les prémisses d'un « nouveau » socialisme 172
CHAPITRE IX – Un modèle ou un moment social-démocrate ? 198

TROISIÈME PARTIE
Le temps des interrogations

CHAPITRE X – Une gauche mondiale ?
Les limites des tentatives de radicalisation 231

CHAPITRE XI – L'échec des tentatives de régénération 248
CHAPITRE XII – Les chemins de la reconquête 279
CHAPITRE XIII – Un formidable appel d'air 310
CHAPITRE XIV – Vers l'écosocialisme 332

Conclusion 347
Bibliographie 363

Photocomposition Nord Compo
Villeneuve-d'Ascq

Cet ouvrage a été imprimé
par CPI Firmin-Didot
à Mesnil-sur-l'Estrée
pour le compte des Éditions Fayard
en août 2011

Dépôt légal : juillet 2011
N° d'édition : 36-14-2574-6/01- N° d'impression : 106252
Imprimé en France

Pour l'éditeur, le principe est d'utiliser des papiers composés de fibres naturelles, renouvelables, recyclables et fabriquées à partir de bois issu de forêts qui adoptent un système d'aménagement durable.
En outre, l'éditeur attend de ses fournisseurs de papier qu'ils s'inscrivent dans une démarche de certification environnementale reconnue.